Nicole Funck, Michael Narten, Roland Hanewald

Nordseeküste Niedersachsen

„Das Land ist weit, in Winden, eben,
sehr großen Himmeln preisgegeben."
Rainer Maria Rilke

Impressum

Nicole Funck, Michael Narten, Roland Hanewald
REISE KNOW-HOW Nordseeküste Niedersachsen

erschienen im
REISE KNOW-HOW Verlag Peter Rump GmbH,
Osnabrücker Str. 79, 33649 Bielefeld

© REISE KNOW-HOW Verlag Peter Rump GmbH
1995, 1997, 1999, 2001, 2004,
2006, 2009, 2010, 2013, 2015
**11., neu bearbeitete
und komplett aktualisierte Auflage 2019**

Alle Rechte vorbehalten.

ISBN 978-3-8317-3164-0

Gestaltung und Bearbeitung:
Umschlag: G. Pawlak, P. Rump (Layout);
    M. Luck (Realisierung)
Inhalt: G. Pawlak (Layout); M. Luck (Realisierung)
Fotonachweis: M. Narten (mna), J. Zogel (jz),
    Ostfriesische Landschaft (osl),
    Nordseebad Cuxhaven Touristik (nct)
Kartografie: der Verlag; B. Spachmüller; C. Raisin
Lektorat: M. Luck

Druck und Bindung:
mediaprint solutions GmbH, Paderborn

Anzeigenvertrieb:
KV Kommunalverlag GmbH & Co. KG,
Alte Landstraße 23, 85521 Ottobrunn,
Tel. 089-928096-0, info@kommunal-verlag.de

REISE KNOW-HOW Bücher finden Sie in allen gut sortierten
Buchhandlungen. Falls nicht, kann Ihre Buchhandlung
unsere Bücher hier bestellen:
D: Prolit, prolit.de und alle Barsortimente
CH: AVA Verlagsauslieferung AG, ava.ch
A, Südtirol: Mohr Morawa Buchvertrieb, mohrmorawa.at
B, LUX, NL: Willems Adventure, willemsadventure.nl
oder direkt über den Verlag: **www.reise-know-how.de**

Bildlegende Umschlag und Vorspann
(alle Bilder von M. Narten)
Titelbild: Deich mit Urlaubern in Neuharlingersiel
Vordere Umschlagklappe:
    Kutter im Hafen von Neuharlingersiel
S. 1: Schwarzbunte Milchkuh
S. 2/3: Möwe auf hölzerner Duckdalbe in Greetsiel

Nicole Funck,
Michael Narten,
Roland Hanewald

NORDSEEKÜSTE

NIEDERSACHSEN

Vorwort

Wer die Nordseeküste Niedersachsens von West nach Ost bereisen will, hat mehr als **500 Kilometer Küstenlinie** vor sich. Die vielseitige Landschaft ist geprägt durch die Farben Grün und Blau. Sie hat vor allem eins zu bieten: Weite, viel Wasser und kleine malerische Orte mit Häfen, in denen Schiffkutter und Jachten liegen.

Deiche schützen das flache Land vor der **Nordsee.** Häufig sind darauf die weißen Tupfen der Schafe zu sehen, die vielerorts zur Deichpflege eingesetzt werden. Die Nordsee kommt und geht in regelmäßigen Intervallen. Wenn das Wattenmeer trocken gefallen ist, sieht man die vielen Priele, die sich durch das Watt

schlängeln. Überall türmen sich die Sandhäufchen der Wattwürmer auf. An der ganzen Küste lässt sich in Begleitung eines Wattführers ein informativer Spaziergang auf dem Meeresboden machen. Auf den Salzwiesen, die zweimal täglich überflutet werden, wachsen nur zwei Pflanzenarten: Queller und Schlickgras.

Kilometerlange Spaziergänge führen entlang der **Deiche,** die vielen Bänke fordern zu einer Pause auf und bieten einen atemberaubenden Blick auf den weiten Horizont. Wer allerdings darauf hofft, zu jeder Zeit ein Bad in der Nordsee machen zu können, hat Pech: Meist ist das Wasser weit weg. Und wem der Begriff „Rasenstrand" seltsam vorkommt, wird staunen, dass Strandkörbe von dort aus genauso schöne Aussichten bieten, wie von den an der Küste in der Regel künstlich angelegten Sandstränden.

nskns_086 mna

Der **Wind** weht meist recht beharrlich aus westlicher Richtung und bringt frische Luft mit sich. Das Spiel zwischen Sonne und Wolken verändert die Landschaft oftmals im Minutentakt. Surfer, Kitesurfer und Segler finden an der Nordseeküste ideale Reviere. Hinter dem Deich kann man auf Kanälen und Flüssen paddeln und Tretboot fahren. Für Radfahrer gibt es ausreichend geeignete Wege. Stromtankstellen für E-Bikes sind inzwischen sogar an vielen entlegenen Stellen eingerichtet worden – Tendenz steigend.

Das **Binnenland** wartet mit alten Alleen auf, an denen vom Wind zerzauste, schiefe Bäume stehen. Gräben, Sieltiefs und Kanäle entwässern das Land, das der Mensch dem Meer durch Eindeichung über Jahrhunderte abgetrotzt hat und das oft unterhalb des Meeresspiegels liegt. Auf den Feldern rasten viele Vögel, besonders natürlich während der Zeiten des Vogelzugs. Einsam liegen die Wiesen mit Kühen und Schafen, bunte Flecken entpuppen sich beim Näherkommen als einzelne Bauernhöfe aus dem hier typischen roten Ziegelstein. Es gibt viele alte Kirchen in staunenswerten Dimensionen. Liebhaber von Windmühlen und alten Orgeln finden hier ein Entdeckerparadies. Überall trifft man auf geschichtsträchtige Gebäude, Orte und viele tolle Museen. Die Städte Leer, Emden, Wilhelmshaven, Bremerhaven, Cuxhaven und Stade laden zum Bummeln und Teetrinken ein.

In vielen Gemeinden gibt es Tourist-Informationen, die bei der Suche nach einer Unterkunft helfen und Tipps zur Freizeitgestaltung bereithalten. Für ein Wochenende bieten sich Touren in die Nähe einer Stadt an, damit man Ziele sowohl für gutes als auch für schlechtes Wetter ansteuern kann. Für einwöchige Touren schlagen wir eine Reise in die drei Zielregionen Ostfriesland, Oldenburgische Küste und das Elbe-Weser-Dreieck vor. **Jede Region hat ihren Reiz,** und zu jeder Jahreszeit gibt es besondere Momente zu erleben. Wer nach der Lektüre dieses Reiseführers Lust bekommen hat, die ganze Küste abzufahren, macht dies am besten mit einem Wohnmobil. Fast überall gibt es Stellplätze, auch in den großen Städten. An der niedersächsischen Küste findet sowohl der Ruhe und Erholung suchende Städter schöne Plätze als auch Familien mit Kindern in den großen Badeorten wie Norddeich, Schilling oder Cuxhaven, wo im Sommer bunte Strandprogramme für abwechslungsreiche Unterhaltung sorgen.

Ein Tipp zum Schluss: Im Gepäck sollte immer **wind- und wetterfeste Kleidung** sein. Durch den vielen Wind wechselt in der Regel an der Küste das Wetter häufiger, und man sollte stets auf Überraschungen vorbereitet sein.

Wir wünschen unseren Lesern schöne Tage in einem besonderen Landstrich!

Nicole Funck,
Michael Narten
und *Roland Hanewald*

◁ Freiburg an der Elbe –
Boote spiegeln sich im glatten Hafenwasser

Inhalt

1 **Die ostfriesische Küste** **26**

2 **Die oldenburgische Küste** **130**

⊡ Das glänzende Wattenmeer

nskrs_087.mna

Exkurse

Karten

▷ Niedersachsens Nordseeküste zieht
viele Urlauber an (im Bild Cuxhaven-Duhnen)

Hinweise

Übernachtung: Preiskategorien

In diesem Buch sind die Übernachtungspreise in drei Kategorien unterteilt. Die Preise für Hotels, Hostels und Jugendherbergen richten sich nach dem günstigsten Angebot des Hauses und gelten jeweils **pro Person im Doppelzimmer mit Frühstück.** Zimmer mit Seeblick, Balkon oder mehr Platz sind meist teurer.

① bis 45 €
② 45–65 €
③ über 65 €

Wichtige Hinweise

■ Die **Internet- und E-Mail-Adressen** in diesem Buch können – bedingt durch den Zeilenumbruch – so getrennt werden, dass ein Trennstrich erscheint, der nicht zur Adresse gehören muss!

■ **Nicht verpassen!** Diese Tipps in den Buchkapiteln sind **gelb hinterlegt.**

UNSER TIPP: steht für **spezielle Empfehlungen und Tipps** der Autoren nach persönlichem Geschmack.

Der Schmetterling kennzeichnet Einrichtungen oder Aktivitäten, die sich durch **Nachhaltigkeit** und besondere **Naturnähe** auszeichnen.

Der **Kinder-Tipp** steht für Angebote, bei denen vor allem kleine Gäste und ihre Familien auf ihre Kosten kommen.

4 Die **Ziffern** in den farbigen Kästchen bei den **praktischen Informationen zu den Orten** verweisen auf den jeweiligen Legendeneintrag im entsprechenden Stadtplan.

■ **Updates nach Redaktionsschluss:** Auf der Produktseite dieses Reiseführers im Internetshop des Verlages finden sich zusätzliche Informationen und wichtige Änderungen.

nskns_088 mna

Die Regionen im Überblick

1 Die ostfriesische Küste   26

Deutschlands nordwestlichste Region ist flach wie ein Kuchenblech, gehört aber zu einer der faszinierendsten Regionen der Republik. Wer Echtes und Ungekünsteltes sucht, ist hier genau richtig. Das Land ist wenig besiedelt, die Orte sind beschaulich und klein, weit verstreut liegen teilweise prächtige Gulfhäuser, geschichtsträchtige Kirchen und alte Windmühlen. Die allgegenwärtigen Deiche schützen das Land und laden zu stundenlangen Spaziergängen mit Blick auf das Wattenmeer ein. Für Fahrradfahrer findet sich hier ein ideales Revier. Der ostfriesi-sche Küstenbereich wartet mit viel Grün und zahllosen Sehenswürdigkeiten auf, sodass man dort abwechslungsreiche Ferien erleben kann. Größte Stadt der Region ist das an der Ems gelegene **Emden** (S. 49).

2 Die oldenburgische Küste   130

Die mittlere Region der niedersächsischen Küste ist ebenso sehenswert wie Ostfriesland. Die Landschaft ist ähnlich flach, und auch die Deiche sind wie überall von weit her zu sehen. Vom Segeltörn bis hin zum Badeurlaub ist hier

vieles möglich. Die kulturelle Vielfalt folgt aus der wechselhaften Geschichte des Landstrichs; von 1815 bis 1918 war das Oldenburger Land ein selbstständiges Großherzogtum. Es gibt in der Region viele Museen und Kirchen, auch in der größten Stadt, dem 1869 gegründeten **Wilhelmshaven** (S. 144). Entlang des Küstenstrichs rund um den Jadebusen und an der Halbinsel Butjadingen liegen viele Ferienorte. Die Landschaft ist grün und von zahlreichen Kanälen durchzogen, es gibt sogar einen kleinen Urwald.

(S. 175), der größten Stadt der Region, nach **Cuxhaven** (S. 195) von Süd nach Nord ausgerichtet ist. Vom quirligen Nordseebad Cuxhaven bis nach Stade geht es an der Niederelbe entlang, die Landschaft ist geprägt vom Obstbau und der Landwirtschaft. Auch im Kehdinger Land gehören die Deiche unabdingbar zum Landschaftsbild. Es gibt wundervolle Flusslandschaften und schöne alte Gemäuer zu bestaunen. Ideal ist es hier für „Ship Spotter", besonders auf der Elbinsel Krautsand lässt sich dieses Hobby mit einem Badeurlaub verbinden.

 Das Elbe-Weser-Dreieck   172

Auch das sogenannte Elbe-Weser-Dreieck ähnelt den beiden anderen Regionen, mit dem Unterschied, dass die Küste von **Bremerhaven**

Auf einen Blick

Natur und Kultur erleben

Mehr als 500 Kilometer ist allein die Nordseeküste Niedersachsens lang. Dabei ist es egal, ob man die Küstenlinie von Ost nach West oder von West nach Ost erkundet. Jede der drei beschriebenen Regionen hat ihren Reiz, und das Gute ist, dass **für jeden Geschmack das passende Ziel** dabei ist. Der Ruhe und Erholung suchende Naturfreund wird genauso glücklich werden, wie Familien mit Kindern während der Ferienzeit. Da die Region schon seit Langem besiedelt ist, gibt es viel historisches Kulturgut, vor allem Mühlen und Kirchen mit teilweise prächtigen Orgeln. Die älteste be-spielbare Orgel Nordeuropas ist beispielsweise in Rysum zu finden, und viele Windmühlen an der Küste sind in die Niedersächsische Mühlenstraße einbezogen worden.

Viel ist überhaupt ein Wort, das hier gut passt: Es gibt vor allem Wasser, ländliche Gebiete, Schafe, Kühe, Gänse, Parks, Watt, Kirchen, kleine Dörfer, malerische Häfen, Krabbenkutter, Museen, Cafés und Restaurants sowie zahlreiche Unterkünfte. Nur das Meer ist meist weit weg – zweimal täglich fällt das Watt trocken. Dann aber kann man, zumindest von Frühling bis Herbst, unter kundiger Leitung eines Wattführers eine informative Wanderung über den Meeresboden machen. Zwar bekommt man schmutzige Füße, und das Gehen auf dem weichen Untergrund ist anstrengend, doch

nskns_138 mna

wird einiges an Wissen über einen stark besiedelten Lebensraum vermittelt. Eine **Wattwanderung** ist ein tolles Erlebnis für Jung und Alt. Jedes Mal bietet sie andere Eindrücke, sogar auf derselben Tour, denn das Wattenmeer ist ein sehr dynamischer Lebensraum. Die Lage der Priele ändert sich ständig, und so müssen auch innerhalb der Saison bei Bedarf die Wege angepasst werden. Allein sollte sich niemand in den Schlick begeben. Auch wenn es zunächst ungefährlich aussieht, kann es schnell zu kritischen Situationen kommen, wenn das Wasser wieder ansteigt und ein tiefer Priel den Rückweg ans Festland versperrt.

Attraktionen zu jeder Jahreszeit

Jede Jahreszeit hat ihre Höhepunkte, sei es die Rhododendronblüte im **Frühling,** die Zeit der Vogelzüge, die Hauptsaison im **Sommer** am Strand oder **Herbst und Winter,** wenn es stürmisch wird und man die Kraft der Natur bei einem Spaziergang auf dem Deich besonders deutlich spüren kann. Die Museen und kulturellen Einrichtungen haben in der Saison fast immer geöffnet, während im Winter einiges geschlossen ist – auch Restaurants und Unterkünfte. Deshalb sollte man sich rechtzeitig informieren und seine Reisedaten entsprechend der eigenen Interessen und mit Blick auf die Öffnungszeiten der Sehenswürdigkeiten und Unterkünfte planen. Im Winter gibt es in einigen Küstenorten kleine **Weih-**

nachtsmärkte, die nur an bestimmten Tagen geöffnet sind. Die größeren Weihnachtsmärkte in den Städten sind in der Vorweihnachtszeit eine Attraktion und ziehen viele Besucher an. Nicht verpassen sollte man auch die Teilnahme an einer traditionellen **Teezeremonie.** An der Küste, besonders in Ostfriesland, gehört das Teetrinken ohne Wenn und Aber zum Alltag. Nirgendwo auf der Welt (!) wird mehr Tee getrunken als dort: Rund 300 Liter durchschnittlich pro Person im Jahr machen die Ostfriesen zum Weltmeister unter den Teetrinkern – sie stehen damit sogar im Guinnessbuch der

nskns_136 mma

◁ Sehenswert – das Wasserschloss Norderburg in Dornum

◮ „Schwimmender" Weihnachtsbaum im Hafen von Carolinensiel

nske rs_139 rma

Rekorde. Wie genau das „Drei-Gänge-Menü" funktioniert, lässt man sich am besten bei einer Vorführung zeigen.

Unterkünfte und Camping

An der gesamten Küstenlinie Niedersachsens gibt es **Hotels in verschiedenen Preisklassen,** besonders hoch ist die Dichte in den Hauptbadeorten. Vom Luxushotel bis zum einfachen Familienhotel ist alles dabei, natürlich auch Pensionen unterschiedlicher Güte. Wer lieber privat wohnen möchte, findet **„Bed & Breakfast"-Angebote** – manch eine dieser Unterkünfte hat sich auf Radfahrer spezialisiert. Zehn **Jugendherbergen**

◠ Gewitterstimmung über dem Campingplatz in Burhave

von Emden bis Stade bieten preisgünstige Unterkunft für ganze Familien mit Verpflegung von Halb- bis Vollpension. Diese Häuser sind entsprechend ausgestattet, sodass dort auch bei schlechtem Wetter für Kinder Möglichkeiten zum Spielen und Toben bestehen. Eine der größten Jugendherbergen ist das Club-Dorf in Neuharlingersiel. Die Jugendherbergen haben den Vorteil, dass dort viele Familien anzutreffen sind und die Kinder schnell gleichaltrige Freunde finden. Ergänzt wird das Übernachtungsangebot durch die vielen **Ferienhäuser und -wohnungen,** die es in allen Preiskategorien und in unterschiedlichen Ausstattungsvarianten gibt, sodass für jeden Geldbeutel das Passende zu finden ist. Einige Tourist-Informationen haben Pauschalangebote für Auto- oder Radfahrer im Programm – das Angebot reicht vom Wochenendtrip bis zum kompletten Jahresurlaub.

In den drei Zielgebieten liegen einige der größten **Campingplätze** Europas, wie etwa in Schillig. Mit Wohnwagen oder Zelt lässt sich ein zentraler Standort finden, von dem aus sich mit Tagesfahrten die verschiedenen Sehenswürdigkeiten in der Umgebung erkunden lassen. Einige Campingplätze bieten Mietwohnwagen oder -zelte und Ferienhütten an. Die wichtigsten Standorte der Camping- und Wohnmobilstellplätze sind den Umschlagseiten dieses Buches zu entnehmen, nähere Informationen dazu befinden sich in den jeweiligen Regionalkapiteln. Hinweise und Details zu Sehenswürdigkeiten, Preisen und Öffnungszeiten der Wohnmobilstell- und Campingplätze sind in der Regel auch auf den Internetseiten der Tourist-Informationen zu finden.

Eigenes Fahrzeug oder öffentlicher Nahverkehr?

Am bequemsten reist es sich natürlich **mit dem Auto oder Wohnmobil.** Große Parkplätze sind entlang der Küstenlinie in den kleinen Ortschaften und Städten praktisch überall zu finden, allerdings sind sie fast immer kostenpflichtig. Leider ist das Netz an öffentlichen Verkehrsmitteln im ländlichen Raum oftmals nicht besonders gut ausgebaut und das Angebot besonders im Winter stark eingeschränkt. Hinzu kommt, dass es kaum aufeinander abgestimmte Fahrpläne der verschiedene Omnibusunternehmen gibt. Entsprechend **schwierig** gestaltet es sich oft, **mit dem öffentlichen Nahverkehr** zu reisen. Um die Anreise zu erleichtern, haben sich viele Omnibusunternehmen in Verkehrsverbänden organisiert, zum Beispiel im Verkehrsverband Ems Jade (VEJ) oder den Verkehrsbetrieben Wesermarsch (VBW). Mit dem **Fernbus** gibt es regelmäßige Verbindungen aus Köln, Düsseldorf, Essen, Dortmund, Hamburg, Bremen und Berlin direkt in die ostfriesischen Küstenorte sowie in kleinere und größere Orte wie beispielsweise Schortens oder Wittmund. Städte wie Leer, Emden, Wilhelmshaven, Bremerhaven, Cuxhaven und Stade oder Nordenham lassen sich auch bequem mit der **Bahn** erreichen. Die Deutsche Bahn fährt sogar direkt bis nach Norddeich/Mole zum Fähranleger nach Norderney und Juist.

Ein Paradies für Radler

Da die Landschaft eben ist und es sich bei den wenigen Steigungen meist um Brücken oder Deiche handelt, herrschen in der Region für jeden Fahrradfreund **perfekte Bedingungen** vor. Egal, ob man in gemütlichem Tempo durch die Natur radeln möchte oder schnelles Fahren mit dem Rennrad liebt. Da der Landstrich dünn besiedelt ist, gibt es auf den Nebenstraßen auch wenig Autoverkehr, dafür aber viele ausgeschilderte Routen für Radwanderungen oder -ausflüge. Allein Ostfriesland weist ein mehr als **3500 Kilometer langes Radwegenetz** auf. Die gut asphaltierten und fla-

▷ Hamburger Leuchtturm in Cuxhaven

chen Straßen eignen sich ebenfalls ideal für Liege- und Spezialräder, z.B. für den Transport von Kindern oder Waren. Auch einige Radfernwege führen entlang der niedersächsischen Nordseeküste. Wer sich seine Touren individuell zusammenstellen möchte, findet umfangreiche Informationen über reizvolle Strecken und Unterkünfte auf den Websites der Tourist-Informationen, z.B. www.ostfriesland.de, oder auf www.radkompass.de und www.outdooractive.com. Die meisten Gemeinden haben sich auf Radfahrer eingestellt und bieten inzwischen E-Bike-Ladestationen auch an entlegenen Orten sowie an vielen Museen und anderen Sehenswürdigkeiten an. Auch Unterkünfte an der ganzen Küste heißen Radfahrer willkommen. Jeder Ferienort hat mindestens einen

Fahrradverleih für diejenigen, die nur gelegentlich fahren und ihr eigenes Rad nicht mitnehmen oder vielleicht einmal ein E-Bike ausprobieren wollen. Der Fahrspaß ist auf jeden Fall garantiert, egal mit welchem Gefährt geradelt wird und egal, ob man von einem Standort aus sternförmige Touren oder mit Gepäck mehrtägige Fahrten unternimmt.

Segeln im Wattenmeer

In vielen Küstenorten gibt es **Häfen und Jachthäfen** für Segler mit entsprechender Infrastruktur, sodass man bei einem Segeltörn entlang der niedersächsischen Küste nicht nur in den Jachthäfen der Inseln festmachen kann. Knapp dreißig sind es an der Zahl. Informationen dazu bieten beispielsweise die Internetseite www.marinas.info sowie die einzelnen Regionalkapitel in diesem Reiseführer. Wer kein eigenes Boot hat, sondern sich nur für einen Törn eines mieten möchte, wird in vielen Küstenorten eine Segelschule mit dem entsprechenden Angebot finden. Und wer auf den Geschmack kommen möchte, kann dort auch einen Segelkurs machen, um den Segelschein zu erwerben.

Welche Reisedauer ist ideal?

Wer an der niedersächsischen Küste wenige „Schnuppertage" verbringen möchte, macht am besten Stopp in einem der kleinen Küstenorte in den drei Destina-

 Radfahrer mit dem Dollart am Horizont

nskns_140 mna

tionsgebieten, der dem eigenen Wohnort am nächsten liegt. Die meist beschaulichen Ferienorte sind auf Gäste eingestellt, es gibt Restaurants, Cafés und Kneipen, kleine Museen und natürlich viel Natur vor und hinter dem Deich. Für Menschen, die es lieber quirliger mögen, ist ein Wochenende in einer der größeren Städte das Richtige. Hier gibt es viel Kultur, abwechslungsreiche Unterhaltung von Musik bis Theater und Unterkünfte in allen Preisklassen. Für mehrtägige Aufenthalte hängt der ideale Standort von den **persönlichen Vorlieben** ab, also ob man einen Aktivurlaub vorzieht oder sich lieber in der Natur erholt. Die Beschreibungen der drei Regionen geben detailliert darüber Auskunft, was man dort jeweils sehen und erleben kann. Für einen mehrwöchigen Urlaub bietet es sich an, mit dem Wohnmobil die gesamte Küstenlinie von Ost nach West oder umgekehrt zu bereisen. Wohnmobilstellplätze gibt es reichlich, darunter auch solche mit perfekter Aussicht für „Ship Spotter", z.B. in Cuxhaven oder an der Wesermündung.

Veranstaltungen für jeden Geschmack

Alle Orte entlang der niedersächsischen Nordseeküste versuchen für ihre Besucher ein abwechslungsreiches Angebot zu entwickeln. Der Fantasie sind keine Grenzen gesetzt, und so gibt es **von der Apfelmesse bis zum Volleyballturnier** eine Vielzahl von Veranstaltungen, die mit viel Liebe zum Detail durchgeführt werden. Einige sehenswerte Beispiele sind die im Spätherbst stattfindende zauberhafte Lichtinstallation der „Illumina"

im Schlosspark Lütetsburg, die donnernden Pferdehufe beim Duhner Wattrennen im Juli, der schwimmende Weihnachtsbaum im Hafen von Carolinensiel im Winter, die Zugvogeltage im Oktober an Dollart, Jadebusen und im Kehdinger Land, die Orgelkonzerte bei Kerzenschein in der Dornumer St.-Bartholomäuskirche oder die gigantische Windjammerparade zur „Sail" in Bremerhaven, die in allen auf Null oder Fünf endenden Jahren stattfindet. Traditionell von den Einheimischen ausgetragene **Wettkämpfe** sind das weitverbreitete Boßeln, wo es darum geht, mit möglichst wenigen Würfen eine Kugel über eine vorher festgelegte Strecke zu werfen, oder das Pult- oder Paddstockspringen, bei dem man mit Hilfe eines drei Meter langen Holzstabs mit viel Schwung über einen Graben springen muss, ohne dabei nass zu werden. Zunehmender Beliebtheit erfreuen sich die Schlickschlittenrennen, egal, ob man teilnimmt oder zuschaut.

Entdeckungsreise mit Kindern

Das **Strandleben** an fast allen Sand- und Rasenstränden bietet eine Menge Spaß und Attraktionen. Vielerorts gibt es Spielgeräte, Trampolins, Hüpfburgen und Beachvolleyballplätze. In den Ferien lockt zusätzlich ein reichhaltiges Aktionsprogramm für verschiedene Altersgruppen. Wer mit seinen Kindern aktiv in der Natur unterwegs sein möchte, kann eine der vielen geführten **Wattwanderungen** unternehmen. Viele Nationalparkhäuser, die überall an der Küste zu finden sind, haben ein Angebot an speziellen **Führungen** in die Natur, darunter auch nächtliche Wanderungen. Auch die **Badewelten** und **Indoor-Spielparadiese,** die die meisten Gemeinden betreiben, bieten viel Abwechslung und sind eine gute Alternative, falls das Wetter einmal nicht mitspielt. Zahlreiche **Museen** haben sich ebenfalls auf die Zielgruppe Kinder eingestellt und sorgen für jede Menge Spaß und Unterhaltung mit hohem Erlebniswert: zum Beispiel das Phaenomania in Carolinensiel, wo an verschiedenen Stationen naturwissenschaftliche Phänomene selbst ausprobiert werden können, das Gruseleum in Hooksiel, wo man in einer alten ehemaligen Kirche mit der ganzen Familie schaurig-schöne Stunden erleben kann, oder das Natureum in Balje, ein Naturpark mit Pflanzen und Tieren und einem dazugehörigen Museum mit Aquarien und einem Walskelett. Informationen über entsprechende Angebote sind den jeweiligen Regionalkapiteln zu entnehmen.

Touren und Ausflüge

Überall in den Küstenorten werden Schiffsausflüge und Rundfahrten angeboten. Auf diese Weise lassen sich bequem verschiedene **Häfen, Kanäle und Grachten** entdecken oder auch Seehunde aus nächster Nähe betrachten. Gern werden **Tagesausflüge zu den Ostfriesischen Inseln** unternommen, beispielsweise von Emden nach Borkum, von Norddeich nach Juist und Norderney, von Neßmersiel nach Baltrum, von Bensersiel nach Langeoog, von Neuharlingersiel nach Spiekeroog und von Harlesiel nach Wangerooge. Die Inseln Scharhörn und Neuwerk lassen sich von Cuxhaven aus erreichen. Die Kombination einer Wattwanderung mit einer Schiffsüberfahrt wird gern von Familien gemacht: Die eine Strecke geht es zu Fuß, die andere per Schiff. Von Schillig aus kommt man mit einer geführten Tour auch zur Vogelschutzinsel Minsener Oog, betreten darf man man aber nur einen ganz kleinen Teil, der Rest ist als Naturschutzgebiet ausgewiesen, das nur der Vogelwart betreten darf. Lediglich Borkum und Juist lassen sich nicht zu Fuß erreichen. Empfehlenswert sind auch **naturkundliche Schiffsausflüge,** die von einigen Nationalparkhäusern organisiert werden, beispielsweise mit dem historischen Segelschiff „Gebrüder" vom Museumshafen in Carolinensiel aus. In vielen Küstenorten lassen sich stundenweise **Tret- und Paddelboote** mieten, es gibt sogar einige Anbieter, die Paddel- und Pedaltouren anbieten. Die Tourist-Informationen haben einen guten Überblick über solche Angebote und helfen gern bei der Planung.

Vielseitige sportliche Aktivitäten

An der Küste hat natürlich der **Wassersport** hohe Priorität. Surf- und Segelschulen verleihen Surfbretter, Kite-Surfer, Strandsegler und Boote. Ergänzt wird das Angebot durch Kurse und Einzelunterricht. Viele Schwimmbäder bieten ebenfalls ein abwechslungsreiches Programm für verschiedene Zielgruppen an, z.B. Schwimmkurse oder Wassergymnastik. Zu Fuß lassen sich entlang der gesamten Küste ausgedehnte **Wanderungen und Spaziergänge** unternehmen. Die Nationalparkhäuser und private Guides bieten aber auch geführte

Touren an. Etliche **In- und Outdoor-Kletterparks** mit verschiedenen Schwierigkeitsstufen laden die ganze Familie ein. Klettern mit Aussicht macht Spaß, und man ist gut gesichert, sodass nichts passieren kann. Niedersachsen ist **Pferdeland.** Pferdeliebhaber finden an der gesamten Küste ein ganz besonderes Refugium mit vielen Angeboten an geführten Touren, Ausflügen oder auch Strandausritten und Reitunterricht. Wer den Angelsport schätzt, hat hinter dem Deich an den Kanälen, Teichen und Seen beste Bedingungen. Und per Boot kann man zum **Angeln** vielerorts auch aufs Meer hinausfahren. Hundebesitzer lassen ihre Vierbeiner am besten an den speziell ausgewiesenen Hundestränden toben oder auf Hundeübungsplätzen trainieren.

⌄ Kitesurfer in der See vor Neuharlingersiel

Wellness und Gesundheit

Die **Kurorte** legen allesamt großen Wert darauf, ein **attraktives Angebot** an verschiedenen Thalassotherapien und Massagen zu haben. Meist gibt es finnische und Bio-Saunen, ein Dampfbad und oft auch einen Hamam. Hier lässt sich nicht nur eine Schlechtwetterperiode überbrücken, sondern auch Ruhe und Erholung nach einer langen Radtour oder Wanderung finden. Physiotherapeutische Angebote gibt es ebenso wie alles rund um das Thema Schönheit und Kosmetik. Einige Schwimmbäder und Kurhäuser haben Fitnesskurse und -geräte-Parcours, an denen man in Eigenregie trainieren kann. Mit ausgewiesenen Nordic-Walking- und Walking-Touren verschiedener Länge lässt sich das jeweilige Feriengebiet mit einer Trainingseinheit zur Stärkung von Herz und Kreislauf verbinden. Die gute Luft tut ihr Übriges in allen drei Zielgebieten.

nskns_141 mna

SeeStadtFest Bremerhaven: Schiffe und mehr in den Havenwelten

EWE-Nordseelauf: sportlicher Etappen-Wettbewerb entlang der Nordseeküste

1. Januar: **Neujahrsschwimmen/** Anbaden im kalten Wasser für Mutige

Drachenfest in Norddeich: internationales Treffen der Drachenflieger

Vogelzüge (Hauptzeit)

Hauptsaison

JAN	FEB	MÄR	APR	MAI	JUN

31. Dezember: **Silvesterparty in Norddeich –** Tanz, Spaß und Moderation am Meer

Mitte März bis Mitte April: **Ostersamstag/ Osterfeuer** an der gesamten Küste

Pfingstmontag: **Internationaler Mühlentag –** die meisten Mühlen haben geöffnet

Emder Matjestage: Fisch vom Feinsten mit buntem Rahmenprogramm

Nachtorgelkonzerte Dornum: internationale Meisterspieler von Juni bis August

Drachenfest in Schillig: buntes Fest mit Gastronomie und Verkaufsständen

Street Art Festival: Straßenmaler aus aller Welt kommen nach Wilhelmshaven

Gallimarkt in Leer: Viehauktion, Gewerbeschau, Feuerwerk und vieles mehr

Duhner Wattrennen (spannende Pferderennen auf nassem Geläuf) und **Ritterfest zu Dornum** (mittelalterliches Spektakel am Schloss)

Cuxhavener Buttfest: Folklore, Tanz und Live-Musik

Drachenfest in Greetsiel-Upleward: Treffen der Drachenfreunde mit Spiel und Spaß

Emder Museumstage: mit Verbundkarte gibt es Zutritt zu vielen Museen

Hauptsaison (Weihnachten bis Heilige Drei Könige)

Hauptsaison

Vogelzüge und **Vogelzugtage** (an der ganzen Nordseeküste)

JUL	AUG	SEP	OKT	NOV	DEZ

Deichbrand-Festival in Nordholz: großes Musikfestival bei Cuxhaven

Anfang August: **WattenSail in Carolinensiel** – großes Treffen der Traditionssegler und Museumsschiffe

Anfang Oktober: **Illumina im Lütetsburger Park** – Lichtkunst unter dem Motto „Poesie des Lichts"

Weihnachtsmärkte: der einzige schwimmende Weihnachtsbaum steht in Carolinensiel

Dangaster Hafenfest und Schlickrennen: buntes Programm mit sportlichem Wettbewerb

11. November: **Stader Fastnacht/** Saisoneröffnung um 11:11 Uhr

FÜNF FEINE CAFÉS

nskns_092 mna

Café ten Cate in Norden | 95

Hier trifft Tradition auf Qualität. Der Familienbetrieb wurde im Jahr 1878 eröffnet und wird heute in fünfter Generation geführt. Besonders empfehlenswert sind die handgemachten Trüffel, Pralinés, Schokoladen und leckerstes Marzipan. Aber auch herzhafte Kleinigkeiten stehen auf der Karte.

nskns_091 mna

Schlossparkcafé im Lütetsburger Park | 86

In einem der schönsten Privatgärten Ostfrieslands bietet das ausgezeichnete Café täglich frische hausgemachte Kuchen und Torten sowie saisonale Küche an. Unter mehr als 50 Jahre alten Rebstöcken findet man bei schlechtem Wetter einen geschützten Platz unter Glas, im Sommer bietet die Terrasse bezaubernde Ausblicke.

nskns_090 mna

Café am Schloss in Jever | 144

Im ehemaligen Gartenzimmer des Eulenturms im Schloss Jever verbindet sich italienische Lebensfreude mit Konditortradition in historischem Ambiente. Das Café offeriert eine **erlesene Auswahl an Kaffee- und Teespezialitäten.** Unbedingt probieren sollte man die köstliche Pistazien-Marzipan-Torte nach einem alten Familienrezept. Einfach nur lecker!

nskns_093 mna

Siebhaus in Wremen | 191

Idylle trifft auf leckeren Kuchen und Kaffee. Eine Sünde wert sind die Natas, eine portugiesische Gebäckspezialität aus Blätterteig und Pudding, die hier pralinengroß ständig frisch gebacken werden. Vom Café aus schaut man auf den Leuchtturm Kleiner Preuße und den Hafen. Bis zum Jahr 2002 wurden im Siebhaus die frischen Krabben gesiebt.

nskns_094 mna

Altstadtcafé in Stade | 223

Das Café befindet sich mitten im Herzen der Stader Altstadt im ersten Stock des denkmalgeschützten Hökerhus, einem Kaufmannshaus mit prächtiger Fassade. Im Sommer lädt die **sonnige Dachterrasse mit Blick über die Dächer** zum Verweilen ein. Die Kuchen sind selbst gemacht, und vom Frühstück bis zur warmen Mahlzeit bekommt man alles, was das Herz begehrt.

FÜNF SCHÖNE STRÄNDE

Norddeich | 85

Dicht an dicht stehen im Sommer die Strandkörbe auf dem **acht Hektar großen Sandstrand.** Zahlreiche Spielgeräte und ein großes Beachvolleyballfeld laden zum Spielen ein, während die Eltern relaxen oder am benachbarten Hundestrand ihre Vierbeiner ausführen können. Ideal ist es hier auch für Surfer.

nskns_108 mna

Neuharlingersiel | 115

Der **sieben Hektar große Sandstrand und der knapp halb so große Rasenstrand** sind sowohl mit Auto und Fahrrad als auch zu Fuß gut erreichbar, 600 Strandkörbe haben hier Platz. An dem einen Strandabschnitt findet der Wind- und Kitesurfer alles Notwendige vor, der andere lädt zum Entspannen ein.

nskns_109 mna

Horumersiel | 135

Dieser Rasenstrand erstreckt sich über mehrere Kilometer und ist genau der richtige Ort für ein entspanntes Sonnenbad in einem der bunten Strandkörbe. Ein Kiosk versorgt die Urlauber mit allem, was nötig ist, und die modernen Sanitäranlagen sind nicht weit. Es gibt eine Drachenwiese und einen großen Spielplatz, den Kinder sehr zu schätzen wissen.

nskns_106 mna

Cuxhaven | 199

Es gibt hier vier Strände: Sahlenburg, Duhnen, Döse und Grimmshörn. Am besten entspannt man sich in Sahlenburg. Wer einen lebendigen Stadtstrand zu schätzen weiß, ist in Duhnen am besten aufgehoben; er liegt direkt an der Promenade, wo viele Restaurants und Shops zu finden sind. Von hier aus kann man bei Ebbe zur Insel Neuwerk hinüberlaufen.

nskns_105 mna

Elbinsel Krautsand | 217

Wo sonst kann man an einem **herrlichen Sandstrand** liegen, im sauberen Wasser baden und die großen Schiffe auf der Elbe beobachten? Zwischen Strand und Deich bieten Bäume und Sträucher Schutz vor Wind und Sonne. Das Elbufer ist ideal für Kinder, da das Wasser flach ist. Bei ablaufendem Wasser kann man ungefährlich wattwandern.

nskns_107 mna

nskns_097 mna

FÜNF ORTE ZUM STAUNEN

Schiffsüberführung auf der Ems | 36

Wenn auf der Ems von Papenburg bis in die offene See ein Schiff überführt wird, lockt das Tausende Zuschauer an, die gebannt verfolgen, wie die Schlepper den **Ozeanriesen rückwärts durch die hoch aufgestaute Ems** manövrieren. Es gibt vier gefährliche Nadelöhre zu meistern: die Dockschleuse der Werft, die Friesenbrücke in Weener, die Jann-Berghaus-Brücke in Leer und das Emssperrwerk.

nskns_095 mna

Lütetsburger Park | 86

Der Schlosspark ist mit 30 Hektar der **größte private Englische Landschaftsgarten Norddeutschlands.** Man kann auf prächtigen Alleen schlendern und sich von der Blütenpracht faszinieren lassen, die besonders während der Rhododendronblüte lohnt. Im Oktober erstrahlt der Park in einem ganz besonderen Licht: Dann findet nach Sonnenuntergang an einigen Tagen die Illumina statt.

nskns_098 mna

Alte Kirche in Suurhusen | 63

Es ist kaum zu glauben, aber **der schiefste Turm der Welt steht nicht in Pisa, sondern in Suurhusen.** Der Neigungswinkel des Kirchturms ist mit über 5 Grad mehr als ein Grad höher. Das ist sogar im Guinnessbuch der Rekorde festgehalten. Führungen gibt es von April bis Oktober. Man sollte sich den Anblick auf keinen Fall entgehen lassen. Und keine Angst: Seit Mitte der 1990er-Jahre gilt die Bewegung in die Schräglage als aufgehalten.

nskns_096 mna

Phänomania in Carolinensiel | 124

In einem großen alten Backsteingebäude kann sich die ganze Familie auf eine **spannende Entdeckungsreise durch die faszinierende Welt der physikalischen Phänomene** begeben. Über 80 Stationen auf 1000 Quadratmetern laden zum Forschen ein. Vom Trabi-Heber über Kräftemessen am Flaschenzug bis zum Astronautentrainer heißt es: Anfassen ist ausdrücklich erlaubt!

nskns_099 nct

Duhner Wattrennen | 208

Dieses **weltweit einzigartige Turf-Spektakel** lockt jährlich Tausende von Besuchern an, viele versuchen ihr Glück bei den Pferdewetten. Die Traber und Galopper treten im Watt auf nassem Geläuf vor der prächtigen Kulisse der Schiffe auf der Außenelbe gegeneinander an. Mit einem passenden Rahmenprogramm, einer bunten Meile hinter dem Deich und einer großen Abschlussparty findet jeder das Passende.

FÜNF BESONDERE MUSEEN

Kunsthalle Emden | 58

Eske und *Henri Nannen,* die Stifter der Kunsthalle Emden, wollten einen lebendigen **Ort der Begegnung von Menschen und Bildern** schaffen. Das ist ihnen gelungen. Das Herz des Museums ist die Sammlung der Klassischen Moderne mit Kunst des 20. Jahrhunderts von der Malerei und Zeichnung bis zu Video und Fotografie. Zusätzlich gibt es Sonderausstellungen sowie eine Malschule.

nskns_100 mna

Deutsches Sielhafenmuseum in Carolinensiel | 123

Als die Zeit der Frachtsegler zu Ende ging, wurde der Hafen zugeschüttet, dient heute aber als Museumshafen für alte Holzschiffe. Rund um diese **malerische Kulisse** findet sich in der Alten Pastorei Sehenswertes zu Schiffsbau und Handwerk, im Kapitänshaus zum Leben an Land, im Groot Hus zu Land und See sowie an der Friedrichschleuse eine Station zur Seenotrettung.

nskns_103 mna

Deutsches Marinemuseum in Wilhelmshaven | 151

Einblick in die **wechselvolle Geschichte der deutschen Marine von 1848 bis heute** gibt dieses Haus. Es sammelt und bewahrt Exponate und erforscht deren historischen Kontext. Der Schwerpunkt liegt auf der Geschichte der Bundesmarine, auf dem Freigelände sind zahlreiche Schiffe zu besichtigen. Dass das Konzept gelingt, zeigt die Besucherzahl: Mehr als 100.000 sind es jährlich.

nskns_101 mna

Natureum Niederelbe in Balje | 215

Der Besucher entdeckt hier ein **Paradies zum Erkunden und Verstehen der einmaligen Küstennatur** mit ihrer typischen Tier- und Pflanzenwelt – sogar ein Pottwalskelett ist ausgestellt. Das Museum wurde zunächst nur als solches und zur Vogelbeobachtung gegründet. Inzwischen ist das ganze Gelände als Elbe-Küstenpark eingerichtet und zeigt abwechslungsreiche Themengärten und Tiergehege. Regelmäßig finden Sonderausstellungen statt.

nskns_102 mna

Windstärke 10 in Cuxhaven | 202

Die Fischerei hat die Stadt geprägt und groß gemacht, bis heute spielt sie eine wichtige Rolle. Das Museum hat sich auf die Fahnen geschrieben, **Fakten und Erinnerungen aus der Zeit der großen Hochseefischerei** festzuhalten und von den Extremen der Seefahrt zu berichten. Der Besucher erlebt das mit allen Sinnen. Aber auch aktuelle Fragen zur Überfischung der Meere und zu nachhaltiger Fischerei werden beantwortet.

nskns_104 mna

1 Die ost-friesische Küste

Weiter Himmel und frische Luft zum Durchatmen, immer den Horizont im Blick. Lebendige Küstenorte mit Häfen und stilles Hinterland mit Kühen. Grüne Deiche und prächtige Gulfhöfe, häufig wortkarge, aber freundliche Menschen – all das zeichnet die Nordseeküste Ostfrieslands aus.

◁ Kutter in Westeraccumersiel

Die ostfriesische Küste

Helgoland

NORDSEE

OSTFRIESISCHE INSELN

Helgoland

Leuchtturm
Roter Sand

Spiekeroog

Wangerooge
Leuchtturm

Langeoog

Norderney
Leuchtturm

Baltrum

Juist

Museumshafen

114 Neuharlingersiel

127 Harlesiel

135 Schillig

104 Westeraccumersiel/
Dornumersiel

Kleinholum 126

129

Minsen Förrien

138

105

106 Groß-
holum

Carolinensiel

121

Friederikensiel

135

100 Nessmersiel

Benersiel

Haustierpark

134

84 Norddeich

103 Dornum

110 Esens

Werdum

Neufunnixsiel
Altfunnixsiel
Funnix

WANGERLAND

139 Horumersiel

121 Hooksiel

Garten der
Skulpturen

99 Lütetsburg

Norderburg
Beningaburg

86

461

Hooksieler
Binnentief

84 Norden

Lütetsburger Park

Hage

HARLINGERLAND

142 Wittmund Jever

79 Leybucht
Naturschutzgebiet
Leyhörn-Leyhörn

Westerholt

144 Wilhelmshaven

Zwillings-
windmühlen

83

OSTFRIESLAND

210

Leuchtturm
Pilsum

75

Marienhafe

Schortens

Accum

155

74 Pilsum
Manslagt

Greetsiel

81

Sande

Rispel

73 Eilsum

Grimersum

Wirdum

Georgsheil

72

156 Gödens

Sloss
Gödens

Campener
Leuchtturm

72

Aurich

Ems-Jade-Kanal

436

156 Dangast

71 Groothusen

62

210

Thingstätte
Upstalsboom

Wiesmoor

437 Zetel

71 Campen

63

Pewsum

Suurhusen

Freepsum

69 Loquard

73

49

159 Bockhorn

69 Rysum

65

Kessel-
schleuse

49

i

Kloster Ihlow

72

Neuenburg

159

67 Knock

Wybelsum

Larrelt

Emden

KRUMM-
HORN

69 Knock

49

47

Petkum

Oldersum

31

Bagband

Leuchtturm
Emden Mole

Ems
Sperrwerk

Warsingsfehn

30

31

Ditzum

Dykterhusen

Neermoor

70

28

Dollart

30

Jemgum

Vogelbeobachtungsturm
Kiekkaaste

30

RHEIDER-
LAND

37

34

Leer

NIEDER-
LANDE

Bingum

A31

Jümme

Jann-Berghaus-
Brücke

Leda

Winschoten

Bunde

Weener

Folmhusen

280

438

Oude
Pekela

Westoverledingen

70

35

Papenburg

⊃ **Leer:** Altstadt mit Haus Samson
und Bünting Teemuseum | 41, 43

⊃ **Emden:** Schiffsrundfahrt
zur Kesselschleuse | 56, 57

⊃ **Greetsiel:** Zwillingsmühlen
und Fischereihafen mit historischer
Häuserzeile | 75

⊃ **Norden:**
Tee hoch zwei – TeeMuseum
und Ostfriesisches Teemuseum
liegen direkt nebeneinander | 93, 94

⊃ **Carolinensiel:** Museumshafen und
Fahrt mit dem Schiff „Gebrüder" | 121, 125

Diese **Tipps** sind **gelb hinterlegt**.

NICHT VERPASSEN!

1

DIE KÜSTE VON DER NIEDERLÄNDISCHEN GRENZE BIS HARLESIEL

Fast ständig weht der Wind an der ostfriesischen Küste, die einzigen Erhebungen sind Deiche, Brücken und Warften, ansonsten ist es hier flach wie ein Kuchenblech, für Fahrradfahrer das Paradies. Unsere Reise beginnt ganz im Westen. Bald folgen wir der Ems durchs Rheiderland und gelangen über Leer nach Emden. Auf den Spuren von Klaus Störtebeker geht es weiter durch die Krummhörn zum quirligen Fischerort Greetsiel bis zum Urlauberparadies und Surfer-Eldorado Norden mit seinem Stadtteil Norddeich. Der Küstenlinie folgend besuchen wir kleine Hafenorte und die dazugehörigen Ortschaften im Hinterland. Endpunkt ist Carolinensiel mit seinem Hafenort Harlesiel – beide Orte liegen an der Grenze zum Wangerland.

Von der Grenze nach Emden

Die Reise entlang der niedersächsischen Nordseeküste beginnt am westlichsten Punkt. Inmitten bis zum Horizont flacher Landschaft treffen auf einem grasbewachsenen Deich die **Staatsgrenzen der Niederlande und Deutschlands** aufeinander. Die **Meeresbucht Dollart** ist auf deutscher Seite Teil des **Nationalparks Niedersächsisches Wattenmeer.** Seit 1986 ist das Wattenmeer vor der niedersächsischen Küste als Nationalpark geschützt, 2009 wurde es von der UNESCO als Weltnaturerbe ausgezeichnet. Entlang des Dollarts Richtung Norden trifft man bald auf die **Ems.** Am Fluss ist die Landschaft stärker vom Menschen geprägt. Hier reihen sich die kleinen **Dörfer und Ortschaften des Rheiderlands** aneinander: Von Pogum geht es ostwärts über Ditzum, Nendorp, Hatzum, Critzum, Midlum, Jemgum bis nach Leers westlichstem Stadtteil Bingum. Die Stadt **Leer** wird als das „Tor Ostfrieslands" bezeichnet. Von dort verläuft die Route am östlichen Emsufer über Oldersum nach Emden.

1

Die Grenze mit dem Kiekkaaste

Der **Grenzfluss Westerwolder Aa** trennt die Niederlande von der Bundesrepublik Deutschland. Am Mündungspriel des kleinen Flusses gibt es eine Schleuse und ein Schöpfwerk, die Grenze verlagert sich hier um etwa 100 Meter zum Kanalpolder in der Gemeinde Bunde nach Deutschland hin. Im Deichvorland direkt am Wasser des Dollarts steht, in den Niederlanden, ein **Vogelbeobachtungsturm,** der **Kiekkaaste.** Aus ihm kann man verborgen zwischen dem üppigen Röhricht und der Wasserfläche des Dollarts Hunderte von Zugvögeln

⌄ Vogelbeobachtung hautnah:
Kiekkaaste am Dollart

beobachten. Riesige Schwärme von Wildgänsen rasten hier im Frühjahr oder im Herbst, die Landschaft am und um den Dollart ist für die Vögel als Zwischenrastplatz von großer Bedeutung. In den feuchten Wiesen des flachen grünen Rheiderlands brüten Goldregenpfeifer, Brachvögel und Kiebitze.

Rheiderland und Dollart

Die **Bucht Dollart** entstand durch verheerende Meereseinbrüche im späten Mittelalter. Damals gingen bei mehreren schweren Sturmfluten zahlreiche Dörfer, Siedlungen, Kirchspiele und Klöster in den Fluten der Nordsee unter. Unzählige Menschen und das Vieh ertranken, das Marschland ging verloren. Durch Deich-

nskns_001 mna

bau und Einpolderungen vom 17. bis ins 20. Jahrhundert schrumpfte die ursprüngliche Ausdehnung der Meeresbucht wieder auf etwa ein Drittel ihrer ehemaligen Größe und ist heute etwa 100 Quadratkilometer groß. Über die Außenems ist der Dollart mit der Nordsee verbunden. Große Teile des deutschen Dollartgebiets sind **Teil des Nationalparks Niedersächsisches Wattenmeer** und als Ruhezone ausgewiesen. Dort ist das Betreten zum Schutz der Natur nur auf den zugelassenen Wegen erlaubt.

Der Landstrich zwischen der Ems und den Niederlanden ist das **Rheiderland,** in den Niederlanden findet es als Reiderland seine Fortsetzung. Hier reicht der Blick wirklich bis zum Horizont, die grüne Marschlandschaft ist flach und nur wenige Bäume stören die Sicht. Zahlreiche Tiefs und Gräben entwässern die bis zu eineinhalb Meter unter dem Meeresspiegel liegenden feuchten Wiesen und Felder.

Früher waren viele Bauern des Rheiderlands reich, **prächtige Gulfhöfe** aus roten Ziegelsteinen, die in einer nur hier zu findenden Bauweise errichtet sind, spiegeln das noch heute wider. Die größten Ortschaften des Landstrichs zwischen der Ems und den Niederlanden sind Weener im Süden, Bunde im Südwesten und Jemgum im Osten direkt an der Ems.

Ein Ort der Stille (Bohrinsel)

Im flachen Wasser des Dollarts befindet sich eine **kleine aufgeschüttete Halbinsel** im geschützten Gebiet des Nationalparks Niedersächsisches Wattenmeer.

Wenn die Zufahrt über die Salzwiesen nicht unter Wasser steht, was besonders nach ausgiebigen Regenfällen häufiger der Fall ist, lässt sie sich bequem mit dem Auto oder Fahrrad erreichen. Hier am Ende der Welt bei Dykisterhusen nahe der niederländischen Grenze steht man dann inmitten der Natur und kann diese besonders zur Zeit der Zugvogelschwärme oder in der Abendsonne genießen. Die **Beobachtungsplattform** hat keinen natürlichen Ursprung, sie zeugt von den Bemühungen in den 1960er-Jahren, hier Gasvorkommen zu entdecken. Längst ist der Bohrturm für die Probebohrungen verschwunden. Einmal im Jahr findet hier ein Rennen mit historischen Kreiern statt; so heißen die hölzernen Wattschlitten, mit denen die Wattfischer zu ihren Reusen fahren.

Ditzum

Das **malerische Fischerdorf** mit seinem kleinen Sielhafen befindet sich am Südufer der Unterems. Ditzum gehört zur Gemeinde Jemgum. Die regelmäßig zum Emder Stadtteil Petkum pendelnde kleine Fähre ist die letzte ostfriesische an der Ems. Die im Hafen liegenden Krabbenkutter gehen noch regelmäßig auf Fangfahrt. Sehenswert sind in Ditzum die **Windmühle** und der markante **Kirchturm** aus dem Jahr 1846, der der Form eines Leuchtturms nachempfunden ist. Das **Sieltief** mit einer malerischen hölzernen Brücke und Ditzums Sielhafen sind ein Touristenmagnet, auch für viele Besucher aus den Niederlanden. Im **Hafen** gibt es mit der **Bültjer Werft** einen der wenigen Betriebe, die sich auf den Holzbootbau spezialisiert haben. Seit

nskns_002 mna

1899 sind hier 260 eigene Schiffe vom Stapel gelassen worden – unzählige weitere wurden repariert und wieder flottgemacht.

Praktische Informationen & Adressen

■ **PLZ:** 26844 Jemgum-Ditzum.

■ **Tourist-Information Ditzum/Verkehrsverein Ems-Dollart e.V.:** Am Hafen 1, Tel. 04902 91 20 20, vved.ditzum@ewetel.net, www.ditzum-touristik.de.

■ **Fähre Ditzum – Petkum:** Die Fähre verkehrt ganzjährig, im Winter seltener als in der Hochsaison. Jeden März wird sie zwei Wochen lang gewartet. Am Hafen, www.ditzum-touristik.de.

■ **Bus:** Linie 605 des Verkehrsverbundes Ems-Jade (VEJ), www.vej-info.de, fährt nach Leer.

■ **Ausflugsfahrten:** Die AG Ems veranstaltet von Mai bis September Schiffsfahrten zwischen Ditzum über den Anleger Knock nach Borkum, die jeweiligen Termine bzw. Abfahrtszeiten der „Wappen von Borkum" gibt es auf www.ag-ems.de/ausflüge oder unter Tel. 0180 518 01 82.

■ **Paddel- & Pedalstation Ditzum:** Vermietstation Hannes Bakker, An't Stauwark, Tel. 0491 91 96 96 30, Mobil 0174 995 46 33, info@paddelundpedal.de, www.paddelundpedal.de. (Facebook, Twitter)

■ **Mühle Ditzum:** Mühlenstraße 10, www.muehleditzum.de. Der zweistöckige Galerieholländer ist von April bis Oktober am Freitag und Wochenende jeweils von 14 bis 18 Uhr geöffnet. (Facebook)

■ **Stöberstube Ditzum:** Mühlenstraße 10, Tel. 04902 636 und 04902 915 99 49, www-stoeberstube-ditzum.de. Die Landfrauen verkaufen hier Selbstgemachtes aller Art wie Marmeladen, Kartoffeln etc. Öffnungszeiten siehe Mühle.

⌃ Kleine Ems-Fähre legt im Hafen in Ditzum an

⌄ Grün am Ditzum-Bunder Sieltief

1

■ **Duins Lüttje Laden:** Mühlenstraße 6, Tel. 04902 91 29 30. Ein richtiger „Tante-Emma-Laden", wo man vom Streichholz bis zur Postkarte, Briefmarken und frischen Eiern alles Mögliche für den Alltag kaufen kann.

■ **Ev.-ref. Kirche Ditzum:** Kirchstraße, ditzum@reformiert.de. Sehenswerte alte Kirche, die vermutlich auf das Jahr 1180 zurückgeht.

Essen und Trinken

■ **Altes Haus am Siel:** Sielstraße 23, Tel. 04902 658, info@alteshausamsiel.de, www.alteshausamsiel.de. Regionale Küche mit großer Außenterrasse.

■ **Fischhaus Jan Bruhns & Co:** Am Hafen 3, Tel. 04902 91 20 91, info@fischhaus-ditzum.de, www.fischhaus-Ditzum.de. Fischhandel und frisch gemachte Fischgerichte lassen sich hier mit Blick auf Hafen und Fähranleger genießen. (Facebook)

■ **Der Fliegende Holländer:** Kirchstraße 4, Tel. 04902 60 84 395. Gemütliches Café und Kneipe mit niederländischem Flair und netten Gastwirten aus dem Nachbarland. (Facebook)

■ **Dat lüttje Café:** Kirchstraße 9, Tel. 04902 98 93 790. Tee und Kuchen in nostalgischer Atmosphäre. (Facebook)

UNSER TIPP: **Kibbeling** sind in Teig frittierte Fischfilets, die wahlweise mit Remoulade oder Knoblauchmayonnaise serviert werden. Sie schmecken am besten frisch zubereitet. Den leckersten Kibbeling der Region macht das Fischhaus Bruhns in Ditzum am Hafen – unbedingt probieren!

Hotel und Wohnmobilstellplätze

■ **Hotel am Fischerhafen 48–55**②: Am Tief 1, Tel. 04902 98 99 90, info@hotel-am-fischerhafen.de, www.hotel-am-fischerhafen.de. Nettes Hotel mit gutem Frühstück und freundlichem Service in Hafennähe.

■ **Wohnmobilstellplatz Ditzum-Ankerplatz:** Pogumer Straße 1, Tel. 0177 40 87 168.

■ **Wohnmobilstellplatz Am Deich:** Sielstraße 12, Tel. 0160 96 63 82 26.

nskns_003 mna

Jemgum

Die Gemeinde liegt an der Ems im Rheiderland und besteht aus **elf Dörfern**, zu denen auch Ditzum gehört. Im Hauptort, einem Langwurtendorf, leben rund 1500 Einwohner, im winzigen Ortsteil Marienchor sind es keine 50. Die **elf Kirchen** der Gemeinde zählen zum bedeutenden kulturellen Erbe. Die aus dem 13. Jahrhundert stammende **Liudgeri-Kirche in Holtgaste** gilt als Älteste des Rheiderlands. Bei Jemgum werden weit sichtbar seit 2013 riesige unterirdische Kavernen für die Zwischenlagerung von Erdgas aus den Niederlanden, Norwegen und Russland gebaut und betrieben. In den letzten Jahren entstand hier einer der größten **Erdgasspeicher** Deutschlands. Gut ausgebaut ist das **Radwegenetz** – Jemgum liegt an der internationalen Dollartroute, am EmsRadweg und der Dortmund-Ems-Kanal-Route.

Praktische Informationen & Adressen
● **PLZ:** 26844 Jemgum.
● **Tourist-Information:** Siehe bei Ditzum.
● **Bus:** Linie 605 des Verkehrsverbundes Ems-Jade (VEJ), www.vej-info.de, fährt nach Leer.
● **Jemgumer Peldemühle:** Besichtigung nach Vereinbarung, Tel. 04958 336.
● **Luv-up:** Fährpatt 5, Tel. 04958 238. Regionale Küche mit großer Außenterrasse und Emsblick. (Facebook)

Bingum

Der Ort im Rheiderland ist der einzige westlich der Ems gelegene Stadtteil von Leer. Die **Jann-Berghaus-Brücke** ist mit 464 Metern Deutschlands längste Klappbrücke und verbindet den Ferienort Bingum mit der Kernstadt. Die kleine **Flussinsel Bingumer Sand** gehört zum **Naturschutzgebiet Emsauen.**

Praktische Informationen & Adressen
● **PLZ:** 26789 Leer-Bingum.
● **Tourist-Information:** Siehe bei Leer.
● **Bus:** Linie 605 des Verkehrsverbundes Ems-Jade (VEJ), www.vej-info.de, fährt nach Leer.
● **Café und B & B am Bingumer Deich**①: Am Bingumer Deich 36, Tel. 0491 99 75 14 96, www.cafe-bingum.de. Scheunencafé mit selbst gebackenen Torten und Unterkunft in der wunderschönen Upkamer im historischen Bauernhaus.

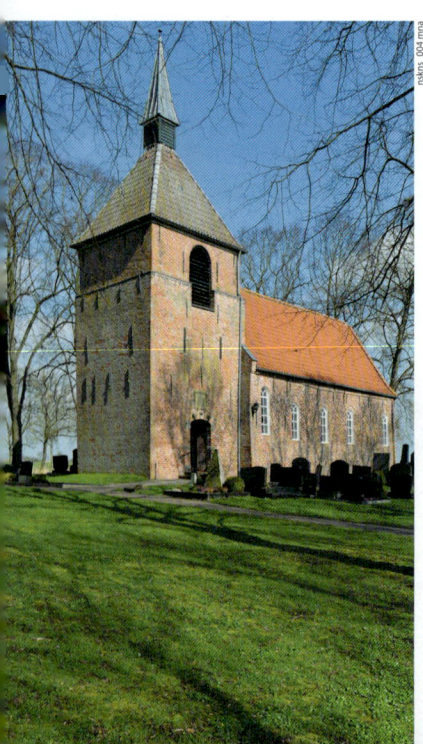

◁ Trutzburg im flachen Rheiderland – die Böhmerwolder Kirche

Die ostfriesische Küste

■**Campingplatz und Jachthafen Ems-Marina Bingum:** Marinastraße 14–16, Tel. 0491 644 47 und 0160 306 38 58, www.ems-marina-bingum.de. Camping für Naturbegeisterte an der Ems mit großzügigem Badesee. (Facebook, Twitter)

■**Restaurant Texas Riverranch:** Marinastraße 22, Tel. 0491 992 36 66, www.texas-riverranch.de. Bei American Food mit Steaks und Burgern genießt man einen schönen Blick auf die Ems.

UNSER TIPP: Die von der Ostfriesischen Landschaft organisierten **Gezeitenkonzerte** spannen während der Sommermonate einen weiten Bogen vom Chanson über den Tango bis hin zu klassischen Klavierkonzerten oder Streichquartetten. Musik aus allen Epochen und Stilen wird an besonderen Orten aufgeführt, die zu Streifzügen durch ganz Ostfriesland einladen. Die Konzerte finden auch in einigen Küstenorten statt, beispielsweise in Emden in der Kunsthalle, dem Fährhaus und in der St.-Magnus-Kirche, der Pewsumer Kirche oder im Miniaturwunderland in Leer. Das Programm und Tickets gibt es bei der Ostfriesischen Landschaft: Georgswall 1–5, Tel. 04941 17 99 67, karten@ostfriesischelandschaft.de, www.ostfriesischelandschaft.de.

Abstecher nach Papenburg

An der Grenze zu Ostfriesland, allerdings schon im **Emsland,** liegt knapp 25 Kilometer von Leer entfernt Papenburg. Die Wurzeln der Stadt gehen auf das Jahr 750 zurück. Stadtgründer war der Drost des Emslands, *Dietrich von Velen* (1591–1657), der 1630 die verfallene Papenburg kaufte und dort nach niederländischem Vorbild die erste deutsche Moorkolonie gründete. In dem nach ihm benannten sehenswerten **Freilichtmuseum** im Papenburger Stadtteil Obenende vermitteln die typischen Torfgräberhäuser einen Eindruck vom mühevollen Alltag der Torfstecher im lebensfeindlichen Moor (Erw. 4 €/Bootsfahrt ab 6 Pers. 4 € pro Person).

Papenburg durchziehen **Kanäle** mit einer Gesamtlänge von 40 Kilometern, viele Straßennamen tragen daher den Zusatz „links" oder „rechts", je nachdem ob die Straße links- oder rechtsseitig der Gewässer verläuft. Auf den meisten Kanälen kann man je nach Wasserstand Tretboot fahren oder paddeln.

Der **Stadtteil Untenende** mit seinen Backsteinhäusern markiert das Zentrum. Hier gibt es viele öffentliche Einrichtungen, darunter das Rathaus im neubarocken Stil aus dem Jahr 1913. In Papenburgs ältestem Statteil sind aber auch viele Geschäfte zu finden. Der **Papenburger Zeitspeicher** bietet eine interaktive Reise durch die Stadtgeschichte (Erw. 3 €/Kinder 2,70 €/Familienkarte 9 €). In Untenende starten auch die interessanten **Hafenrundfahrten** (Erw. 11 €/Kinder 3–14 J. 6 €). Entlang des Hauptkanals liegen verschiedene **historische Segelschiffe** sowie **Meyers Mühle,** ein prächtiger dreistöckiger Galerieholländer. Freitags von 7.30 bis 14.30 Uhr findet hier auch der **Wochenmarkt** statt.

Sehenswert im **Stadtteil Aschendorf** sind das Gut Altenkamp (Führungen 6,50 €) mit Barockgarten (Eintritt frei) sowie das Heimathaus Aschendorf mit Garten (Erw. 2,50 €/Kinder 10–16 J. 1,50 €).

Papenburg ist von kleineren Schiffen geprägt, doch hier werden auch die Ozeanriesen der **Meyer-Werft** für mehrere tausend Passagiere gebaut. Die Werft wurde 1795 gegründet und befindet sich heute in siebter Generation nach wie vor in Familienbesitz. Sie hat sich zum Hauptanziehungspunkt der Region ent-

1

Dicke Pötte aus Papenburg

Die Auftragsbücher der Meyer-Werft in Papenburg für Kreuzfahrtschiffe sind gut gefüllt. Bevor die Schiffe allerdings auf den Ozeanen unterwegs sein können, steht eine **Emsüberführung** an, denn Papenburg liegt im Binnenland und nicht an der Küste. Zweimal jährlich werden die Ozeanriesen über die Ems in den Dollart geschleppt, gelegentlich sogar dreimal. Der Fluss muss für die Schiffe – die meist einen Tiefgang von 8,50 Meter benötigen – extra auf rund 30 Kilometer Länge bis zu 52 Stunden lang um bis zu 2,70 Meter aufgestaut werden, damit die notwendige Wassertiefe überhaupt erreicht wird. Mit Schleppern wird das Schiff rückwärts gewendet langsam über die Ems in Richtung Nordsee gezogen.

Das erste Nadelöhr auf der Fahrt ist die **Dockschleuse von Papenburg,** dann gibt es eine sehr enge Stelle an der **Friesenbrücke in Weener,** gefolgt von der **Jann-Berghaus-Brücke bei Leer** und dem **Emssperrwerk in Gandersum.** An allen Stellen scheinen die Schiffe zum Greifen nah, denn ihre Dimensionen sind so gewaltig, dass es sich kaum vorstellen lässt – so eine Schiffsüberführung live mitzuerleben gleicht einem unwirklichen Erlebnis. Dennoch herrscht jedes Mal gewaltiger Andrang, wenn ein dicker Pott über die Ems geschleppt wird.

Das Hauptproblem bei der Überführung ist der **Schlick,** der für die normale Schifffahrt ohnehin schon ständig weggebaggert werden muss, denn die Flut trägt mehr Schlick in den Fluss, als bei Ebbe hinausbefördert wird. Dadurch nimmt auch der **Sauerstoffgehalt** teilweise erheblich ab. Dass das alles ökologisch nicht sehr verträglich ist, lässt sich leicht vorstellen. Die nahen Uferbereiche sind komplett überflutet, wenn die Ems aufgestaut wird. Das Wasser fließt – anders als bei normalen Fluten oder starkem Regen – nur sehr langsam ab. Hinzu kommt, dass durch das **Aufstauen** mehr salzhaltiges Wasser aus der Nordsee in die Ems gelangt, wodurch gerade in den Süßwasserzonen großer Schaden an der Pflanzen- und Tierwelt angerichtet wird. Der niedrige Sauerstoffgehalt bedroht vor allem die hier lebenden Fischarten. Naturschützer und Anwohner fordern deshalb seit Langem eine Verlegung der Werft an die Küste. Doch dieses Anliegen scheint kein Gehör zu finden, und bis auf Weiteres wird jede Schiffsüberführung den jetzt schon **schlechten Zustand der Ems** weiter verschlimmern.

nskns_005 mna

wickelt. Geführte Touren zeigen die Produktionshallen, der Besucher erlebt dabei live, wie die „dicken Pötte" entstehen. Das Besucherzentrum zeigt viele Schiffsmodelle der Werft im Maßstab 1:100, gewährt Einblicke in die Geschichte des Unternehmens und informiert über Bauweisen und technische Innovationen (Erw. 13,50 €/Kinder 6–18 J. 7,50 €, 0–6 J. 1,50 €).

■ Die **Tourist-Information** in Papenburg bietet Führungen zu verschiedenen Themen an, beispielsweise die „Klabautermann"-Tour (3 €) ab dem Museumsschiff „Brigg Friederike". Auf der Website lässt sich ein umfangreicher „Erlebnis-Kompass" ansehen und herunterladen: Papenburg Marketing GmbH, Tel. 04961 839 60, info@papenburg-marketing.de, www.papenburg-marketing.de, zu finden im „Papenburger Zeitspeicher" und auf der „Brigg Friederike" vor dem Rathaus.

Leer

Die Stadt Leer wird auch als **„Tor Ostfrieslands"** bezeichnet. Nach Hamburg ist Leer Deutschlands zweitgrößter Standort für Schiffsreedereien und bietet heute einen breit gefächerten Branchenmix aus Handel und Dienstleistungen. Auch der Tourismus ist zum wichtigen Wirtschaftsstandbein der Stadt geworden. Eine besondere Stellung nimmt das **Institut für Seefahrt** ein, das zur Hochschule Emden/Leer gehört. Seit 160 Jahren werden hier zukünftige Seeleute in Schiffsführung, Nautik und Meerestechnik ausgebildet. Die **sehenswerte Innen-**stadt von Leer hat den 2. Weltkrieg teilweise unbeschadet überstanden. Sie ist vielerorts vom Wasser geprägt, was ihr auch einen maritimen Charme verleiht. In der Altstadt lässt es sich schön bummeln, und es gibt nicht nur die Filialen großer Einzelhandelsketten, sondern auch viele kleine Geschäfte, die Wert auf ausgesuchte Ware legen.

Stadtgeschichte

Das Gebiet, in dem Leda und Ems aufeinandertreffen, wurde **bereits früh besiedelt.** Hier entwickelte sich zunächst eine Handelssiedlung, die schließlich zu einer Stadt heranwuchs. Der **Friesenmissionar Liudger** bekehrte die Leeraner im Jahr 791 und gründete hier auch die ers-

> Turm der Reformierten Kirche in Leer

Übernachtung
- 7 Jugendherberge Leer
- 9 Hotel Five Rooms
- 19 Hotel Hafenspeicher
- 21 Hotel Frisia

Essen und Trinken
- 4 Bathmann's Grillstube
- 6 Antik-Café
- 8 Tatort Taraxacum
- 10 Kaffeerösterei Baum
- 11 Zur Waage und Börse
- 12 Spiekerroog III
- 13 Ostfriesische Teestube
- 15 Café und Biergarten im Kulturspeicher
- 16 Hafenbar
- 17 Schöne Aussichten
- 19 Pier 23
- 20 Eiscafé Venezia
- 22 Syrtaki
- 23 Restaurant bei Ante

te Kapelle in Ostfriesland. Ihm zu Ehren wurde um 1200 Leers älteste Steinkirche St.-Luidgeri-Kirche genannt. Der aus Neermoor stammende ostfriesische Häuptling *Focko Ukena* baute Leer zum Zentrum seiner Macht aus und errichtete um 1421 die **Fockenburg.** Zehn Jahre später wurde sie vom Freiheitsbund der Sieben Ostfrieslande zerstört. Aus Teilen des Materials entstand 1435, strategisch günstig auf der Landzunge des Zusammenflusses von Leda und Ems gelegen, die **Festung Leerort.** Heute können noch ihre Wallanlagen besichtigt werden. Am 16. Oktober 1508, dem Tag

„Galli", gewährte Graf *Edzard I.* aus der Familie der *Cirksena* der Stadt Leer das Marktrecht. Daran erinnert bis heute jedes Jahr der **Gallimarkt,** das größte Volksfest in Ostfriesland zu Ehren des Heiligen Gallus. In der zweiten Hälfte des 16. Jahrhunderts erlebte der Handel einen Aufschwung. Um das Jahr 1600 hatte Leer zwischen 3000 und 3500 Einwohner. Diese Blütezeit führte 1619 zum Bau der **Haneburg,** einem Wohnschloss aus rotem Backstein. 1642 wurde mit dem Bau des Wasserschlosses **Evenburg** begonnen, es steht im Leeraner Stadtteil Loga.

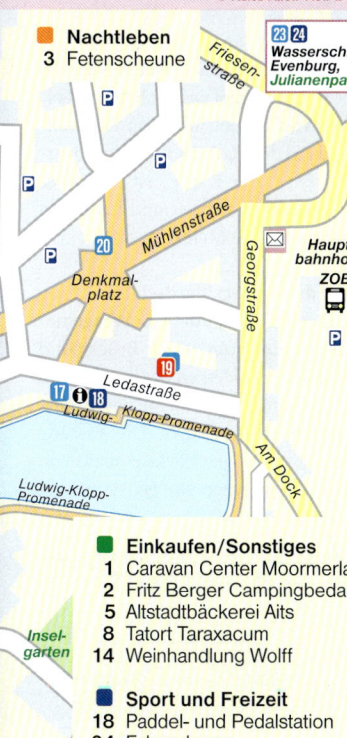

© REISE KNOW-HOW

NSKN03
11/19

Nachtleben
3 Fetenscheune

23 24 **Wasserschloss Evenburg, Julianenpark**

Friesenstraße

Mühlenstraße

Georgstraße

Hauptbahnhof ZOB

Denkmalplatz

Ledastraße

Ludwig-Klopp-Promenade

Ludwig-Klopp-Promenade

Inselgarten

Einkaufen/Sonstiges
1 Caravan Center Moormerland
2 Fritz Berger Campingbedarf
5 Altstadtbäckerei Aits
8 Tatort Taraxacum
14 Weinhandlung Wolff

Sport und Freizeit
18 Paddel- und Pedalstation
24 Fahrradoase

baut und ist seit 1903 unabhängig von den Gezeiten schiffbar. Dank des wirtschaftlichen Aufschwungs während der Industrialisierung bekam Leer auch sein **prägnantes Rathaus.** Die offizielle Eröffnungsfeier fand am 29. Oktober 1894 statt. Seitdem bildet das Ensemble aus Rathaus und „Alter Waage" (18. Jahrhundert) an der Uferpromenade das Herz der Hafenstadt im „Zweistromland".

Sehenswertes

Auf Initiative von Leeraner Bürgern entstanden **zwei Rundkurse** mit vielen Stationen zu Ökologie, Geografie, Stadtgeschichte und Stadtentwicklung. Zu Fuß geht es auf dem „Inneren Ring" durch Leers Innenstadt. Der „Äußere Ring" ist als 33 Kilometer lange Radtour angelegt. Auf beiden Rundkursen lernt man die Stadt und ihre Umgebung kennen und erfährt, welche Ideen es für eine ökologische Stadt der Zukunft gibt und was man selbst dazu beitragen kann. Mehr Informationen dazu sowie eine ausführliche Beschreibung der Touren gibt es in der Tourist-Information.

Stadtrecht und Industrialisierung

1821 verlieh König *Georg IV.* dem zu dieser Zeit zum Königreich Hannover gehörenden Leer das Stadtrecht – eine wichtige Voraussetzung für die weitere Entwicklung. Bereits 1856 wurde in Leer ein **Bahnhof** errichtet, die Stadt liegt an der Strecke von Emden nach Rheine. 1866 kapitulierte der König von Hannover vor der preußischen Übermacht, Leer gehörte danach zu Preußen. Mit dem Bau der Bahnstrecke nach Oldenburg in den Jahren 1867 bis 1869 wurde Leer zum Verkehrsknotenpunkt der Eisenbahn. Auch der **Hafen** wurde ausge-

Am Hafen

In unmittelbarer Nähe der Fußgängerzone in der Mühlenstraße mit ihren vielen Einkaufsmöglichkeiten befindet sich der **Hafen.** Am Restaurant Schöne Aussichten führt der Weg hinunter zum Becken des Freizeithafens und verläuft weiter entlang der reizvollen **Uferpromenade** in Richtung Altstadt. Schicke Neubauten säumen das gegenüberliegende Ufer, ein neues Stadtquartier ist hier in den letzten Jahren entstanden. Im Sommer liegen hier viele Jachten und Sportboote. Kleine Fahrgastschiffe bieten Touren auf Ems, Leda und Jümme an. An der Promenade befindet sich der Museumshafen. Hier liegt auch das **Nationale Kultur-Denkmal „Prinz Heinrich".** Das Traditionsschiff wurde 1909 auf der Meyer-Werft in Papenburg gebaut. Früher verkehrte es in erster Linie zwischen Emden und Borkum. Die „Prinz Heinrich" ist das älteste Seebäderschiff und zugleich der älteste Doppelschrauben-Post- und Passagierdampfer Deutschlands. Seit 2003 befindet sich das Schiff in den Händen eines privaten Vereins, der es sich zum Ziel gesetzt hat, das Traditionsschiff wieder in seinen Originalzustand aus dem Jahr 1909 zurückzuversetzen. Die „alte Dame" ist 37 Meter lang, sieben Meter breit und hat einen Tiefgang von 1,80 Meter.

Das Herz der Stadt am Ufer der Leda

Das prächtige **Gebäude Alte Waage** neben der Doktor-vom-Bruch-Brücke und dem Rathaus im Herzen der Stadt ist ein wahres Schmuckstück im Stil des niederländischen Hochbarocks. Die Fassade des zweigeschossigen Backsteinbaus von 1714 ist durch Säulen und Fenster streng

⌄ Alte Waage und Rathaus Leer
sind nur ein kleiner Teil der historischen Altstadt

nskns_006 mna

gegliedert. Das Doppelwalmdach ziert ein Dachreiter mit Uhr. In dem historischen Gebäude befindet sich heute ein Restaurant. Das für Leer erstaunlich **imposante Rathaus** wurde in fünfjähriger Bauzeit ab 1889 im Stil der deutsch-niederländischen Renaissance errichtet. Im Inneren des Gebäudes befinden sich eindrucksvolle Wand- und Deckenmalereien sowie ein prachtvoller Festsaal.

Die Leeraner **Altstadt** ist geprägt von liebevoll restaurierten Gebäuden und kleinen Gassen. Es gibt viele sehenswerte Geschäfte mit einer erstaunlich vielfältigen Auswahl. Hier liegt auch das **Museumsviertel** der Stadt. Ganz in der Nähe befindet sich der **Platz Große Bleiche,** der auch Wohnmobilen als Stellplatz dient. Hier findet jährlich im Oktober der berühmte Gallimarkt statt.

Bereits 1570 wurde das **Haus Samson** vom Architekten *Vingboom* in der Rathausstraße 18 im Stil des niederländischen Barock erbaut. Nach holländischer Tradition hatten die Häuser Namen – „Samson" sollte vermutlich Stärke symbolisieren. Während des Dreißigjährigen Krieges wurden Teile des Gebäudes zerstört und später wieder aufgebaut. 1643 erhielt Haus Samson eine neue Fassade, auf der noch heute das Wappen der Eigentümerfamilie *Vissering* zu erken-

Die ostfriesische Küste

nen ist. An der Fassade zeigt ein Schild, wie *Samson* einen Löwen bezwingt. Im Haus selbst befinden sich heute die sehenswerte **Weinhandlung Wolff** (s.u.) und im ersten und zweiten Stock ein kleines **Privatmuseum** mit ostfriesischer Wohnkultur aus dem 18. und 19. Jahrhundert. Ein Gewölbe unter dem Haus beherbergt **Norddeutschlands größten Weinkeller,** denn die isolierende Sandlinse, auf der die Leeraner Altstadt gebaut ist, garantiert ganzjährig ein ausgeglichenes und gleichmäßiges Klima. Beste Bedingungen also für die Lagerung der edlen Tropfen.

⌃ Fassade des Hauses Samson, in dem sich eine Weinhandlung, ein Weinkeller und ein Museum befinden

1

Etwas weiter in Richtung Innenstadt befindet sich das alte Kirchenviertel, dicht daneben die **Haneburg,** ein Wohnschloss, das auf das Jahr 1570 zurückgeht. Heute gehört das stilvoll renovierte Renaissancegebäude dem Landkreis Leer. Die Volkshochschule Leer befindet sich hier, und der Rittersaal im Obergeschoss wird für offizielle Empfänge, Tagungen und Ausstellungen genutzt. Zu besichtigen sind nur die Außenanlagen. In der Kirchstraße befindet sich die katholische **Kirche St. Michael** aus dem Jahr 1775, in deren Portal sich eine Skulptur ihres Namensgebers befindet. Nicht weit davon entfernt steht die **Große Reformierte Kirche,** die 1785 bis 1787 errichtet wurde. Ihr Turm ziert eine ungewöhnliche Zwiebelhaube. Der romanische Taufstein geht auf das Jahr 1200 zurück, die Kanzel stammt aus dem Jahr 1609. Von der Kirchstraße zweigt

Die ostfriesische Küste

der Patersgang ab. Umgeben von hohen Bäumen und alten Grabsteinen ist im Sommer von der **Lutherkirche** nur die Turmspitze mit dem goldenen Schwan zu sehen. Der Bau der Kirche wurde 1675 genehmigt.

Das **Wasserschloss Evenburg** befindet sich mitten in einem Park im Stil der Englischen Landschaftsgärten mit beeindruckenden Alleen. Im Schloss selbst zeugen edle Tapeten und prächtige Deckenverzierungen vom luxuriösen adeligen Leben im Jahr 1862. Die als Kulturdenkmal anerkannte Burg wurde im 17. Jahrhundert errichtet und mehrfach umgebaut. Die Dauerausstellung über „Leben und Wirtschaften" wird ergänzt durch Sonderausstellungen. Ferner werden Konzerte, Kreativ- und Kochkurse, Programme für Kinder und Märkte im Park angeboten. Ein Rundgang durch den wunderschönen Park lohnt sich ebenso wie die Besichtigung der Kirche mit der beindruckenden Grafengruft.

Knapp einen Kilometer westlich der Innenstadt, direkt an der B436 gelegen, befindet sich der **Plytenberg** mit einem Durchmesser von rund 64 Metern. Er ist etwa neun Meter hoch und wurde künstlich aufgeschüttet. Wie und wann er entstanden ist, lässt sich nicht eindeutig belegen, aber es wird vermutet, dass er im 15. Jahrhundert als Ausguck für die Festung Leerort errichtet wurde. In der Osterzeit lassen viele der heutigen Einwohner mitgebrachte Ostereier den Berg „runtertrullern". Auf dem Gelände des südlich des Plytenbergs gelegenen Friedhofs stand früher die älteste Steinkirche Leers aus dem Jahr 1200. Davon übrig ist nur noch die **Krypta,** die heute als Gedenkstätte für die Opfer der beiden Weltkriege dient.

Praktische Informationen & Adressen

■ **PLZ:** 26789.

■ **Tourist-Information:** Ledastr. 10, Tel. 0491 91 96 96 70, touristik@leer.de, www.touristik-leer.de.

Verkehr

■ **Hauptbahnhof** am Rand der Altstadt: Bahnhofsring 8, Tel. 0421 221 47 80. Die Schienenverbindung führt nach Papenburg, Oldenburg und Emden.

■ **Verkehrsverbund Ems-Jade (VEJ):** Norderstraße 32, 26603 Aurich, Tel. 04941 933 77, info@vej-bus.de, www.vej-bus.de.

■ **Busbahnhof (ZOB):** direkt vor dem Hauptbahnhof, Linie 621 der VEJ, www.vej-info.de, fährt über Oldersum nach Emden.

■ **Flixbus:** Haltestelle am Bahnhofsring 8, Tel. 030 300 13 73 00, info@flixbus.de, www.flixbus.de. (Twitter, Facebook, YouTube, Instagramm)

■ **Flugplatz Papenburg Leer:** Kloster-Thedinga-Straße 83, zwischen Neermoor und Nüttermoor, Tel. 0491 55 66. Selbstflieger, Inseltaxi und Rundflüge.

Ausflüge und Touren

■ **Germania-Schiffahrt:** Rathausstraße 4a, Tel. 0491 5982, info@schiffsausfluege-in-ostfriesland.de, www.germania-schiffahrt.de. Hafenrundfahrten (Erw. 10 €/Kinder 5 €), Schiffsausflüge und Sondertouren wie Krimirundfahrt (Erw. 16 €) auf Ems, Leda, Jümme und auf dem Dollart bis nach Groningen und Delfzijl in den Niederlanden.

Museen und Führungen

■ **Heimatmuseum Leer:** Neue Straße 12–14, Tel. 04941 2019, www.heimatmuseum-leer.de (Erw. 3 €/Kinder 1 €). Exponate zur Geschichte sowie zu Leben und Arbeit der Menschen in Leer mit Wechselausstellungen und museumspädagogischem Programm. (Facebook)

■ **Bünting Teemuseum:** Brunnenstraße 33, Tel. 0491 992 20 44, info@buenting-teemuseum.de, www.buenting-teemuseum.de (Erw. 3 €/Kinder frei).

1

■ **Haus Samson:** Rathausstraße 18, Tel. 0491 92 52 30, www.wolf-stiftung.de (Erw. 2 €/Kinder 0,50 €). Privates Museum zur ostfriesischen Wohnkultur des 18./19. Jahrhunderts in einem sehenswerten Haus aus dem Jahr 1570 mit prächtiger Außenfassade.

■ **Traditionsschiff „Prinz Heinrich":** Graf-Uko-Weg 28, Tel. 0491 137 96, www.prinz-heinrich-1909.de. Letztes Traditionsschiff der ostfriesischen Dampfschiffflotte.

■ **Wasserschloss Evenburg:** Am Schlosspark 25, Tel. 0491 99 75 60 00, info@schloss-evenburg.de, www.schloss-evenburg.de. Führungen und Besichtigungen im Schloss (Erw. 5 €/Kinder bis 17 J. frei). Der Besuch des Schlossparks ist kostenfrei. Verschiedene Themenführungen sind möglich (ab 11 €) sowie historische „Zeitreisen" unter fachkundiger Leitung.

■ **Gedenk- und Begegnungsstätte Ehemalige Jüdische Schule:** Ubbo-Emmius-Str. 12, Tel. 04941 99 92 08 32, www.ehem-jüdische-schule-leer.de. Kostenfrei, Führungen auf Anfrage.

■ **Bökemuseum:** Neue Straße 33, Tel. 0491 992 25 55, info@boekemuseum.de, www.boeke-muse-um.de (Erw. 2 €/Kinder 1 €). Museum mit Werken des aus Leer stammenden Bildhauers *Karl-Ludwig Böke* (1927–1996).

■ **Leeraner Miniaturland:** Konrad-Zuse-Straße 1, Tel. 0491 454 15 40, info@leeraner-miniaturland.de, www.leeraner-miniaturland.de. An der A31 gelegen (Abfahrt Leer-West), werden hier in einer Halle auf 4000 Quadratmetern Fläche Sehenswürdigkeiten Ostfrieslands im Miniaturformat gezeigt.

■ **Stadt- und Rathausführungen sowie Krimiführung** nebst der Lösung eines Falls aus dem Jahr 1910 über die Tourist-Information Leer (Erw. 2– 10 €/Kinder 1–6 €).

■ **Nachtwächterführung „De Schienfattlopers":** *Claudia Röben*, Tel. 0491 971 10 53, info@ schienfattloper.de, www.schienfattloper.de (Erw. 6 €/Kinder 3 €). Treffpunkt Museumshafen an der Alten Waage, Dauer 90 Min.

Einkaufen

■ **Wochenmarkt:** Mittwochs und samstags von 7–14 Uhr.

UNSER TIPP: **14** **Weinhandlung Wolff:** Rathausstraße 18, Tel. 0491 92 52 30, shop@wein-wolff.de, www.wein-wolff.de. 1800 gegründet, führt das Unternehmen inzwischen die siebte Generation der Familie *Wolff*. Im Stammhaus im Haus Samson (s.o.) gibt es eine große Palette friesischer Spezialitäten, edle Brände und eine stattliche Auswahl an Weinen. In musealer Atmosphäre lässt es sich hier wunderbar stöbern. Wolffs Spirituosenfabrik stellt her, was Ostfriesen gern trinken: Sanddorngrog, verschiedene Sorten Schnaps und Klarer, die Spezialität Sinbohntjesopp, Magenbitter und Kräuterbitter. Über drei Millionen Flaschen im Jahr verlassen den Betrieb in der Altstadt von Leer. (Facebook)

8 **Tatort Taraxacum:** Rathausstraße 23, Tel. 0491 91 22 62 86, buchhandlung@tatort-taraxacum.de, cafe@tatort-taraxacum.de, www.taraxacum.tatort-taraxacum.de. Ostfrieslands Krimibuchhandlung mit Lesungen und Konzerten sowie angeschlossener Gastronomie. Auch der Leda-Verlag hat hier seinen Sitz.

5 **Altstadtbäckerei Aits:** Brunnenstraße 38, Tel. 0491 29 72. Leckeres Brot und köstliche Kuchen. Spezialität ist der Zimt-Zucker-Zwieback, und den leckeren Rosinenstuten muss man unbedingt probieren.

1 **Caravan Center Moormerland:** Wankelstraße 14, 26802 Moormerland, Tel. 04954 68 88, www.caravan-center-moormerland.de.

2 **Fritz Berger Campingbedarf:** Wankelstraße 18, 26802 Moormerland, Tel. 09181 33 05 86, www.fritz-berger.de.

Cafés

6 **Antik-Café:** Brunnenstraße 27, Tel. 0491 36 16. Ostfriesentee, Kaffeespezialitäten und selbst gebackene Kuchen vom Feinsten, vor allem das Frühstück ist üppig und lecker.

10 **Kaffeerösterei Baum:** Neue Straße 5/Mühlenstraße 41, Tel. 0491 99 75 62 10, www.kaffeeroestereibaum.de. Purer Kaffeegenuss in der „Gläsernen Rösterei" mit köstlichen Kaffeespezialitäten aus dem Familienbetrieb.

13 Ostfriesische Teestube: Rathausstraße 4a, Tel. 0491 59 82. Klassischer Ostfriesentee, weitere Teevarianten und leckerer Kuchen im authentischen Umfeld der Alstadt und des historischen Hafens.

20 Eiscafé Venezia: Mühlenstraße 103, Tel. 0491 35 07. Klassisches Eiscafé in zentraler Lage.

15 Café und Biergarten im Kulturspeicher: Wilhelminengang 2, Tel. 0491 20 66 95 90. Kultiges Café und Biergarten im Veranstaltungszentrum Kulturspeicher.

Restaurants

12 Spiekeroog III: Dr.-vom-Bruch-Brücke 1/Ecke Hafenstraße, Tel. 0491 99 75 18 55, www.spiekeroogiii.de. Unter dem Motto „Aufbruch auf Ostfriesisch" verspricht dieses Schiffsrestaurant eine Reise um die Welt in maritimem Umfeld.

16 Hafenbar: Am Nesseufer 22, Tel. 0491 45 45 02 38, post@hafenbar-leer.de, www.hafenbar-leer.de. Schickes Ambiente mit italienisch angehauchter Küche.

8 Tatort Taraxacum: Rathausstraße 23, Tel. 0491 97 67 17 03, www.taraxacum-leer.de. Restaurant und Kulturcafé mit angeschlossener Krimibuchhandlung, in der kreative Küche nebst Kaffee und Kuchen serviert wird, draußen gibt es einen Biergarten. Mittagstisch, auch für Vegetarier.

17 Schöne Aussichten: Ledastraße 4, Tel. 0491 678 42, info@schoeneaussichten-leer.de, www.schoeneaussichten-leer.de. Lecker essen mit wöchentlich wechselndem Mittagstisch und schöner Aussicht auf den Hafen.

19 Pier 23: Ledastraße 23, Tel. 0491 97 67 26 23, info@pier-23.de, www.pier-23.de. Kulinarisches von Europa bis Asien, kreative internationale Küche. (Facebook, Twitter)

11 Zur Waage und Börse: Neue Straße 1, Tel. 0491 622 44, zurwaageleer@gmail.com, www.restaurant-zur-waage.de. Ausgewählte Gerichte in historischem Ambiente.

22 Syrtaki: Bahnhofsring 16–20, Tel. 0491 668 85. Der äußere Eindruck ist trügerisch, denn Leers „Grieche" hat sehr leckere Gerichte auf der Speisekarte. (Facebook)

23 Restaurant bei Ante: Hohe Loga 10, Tel. 0491 971 15 25, www.bei-ante.de. Europäische Spezialitäten in sehr guter Qualität.

4 Bathmann's Grillstube: Heisfelder Straße 16, Tel. 0491 617 44, www.bathmanns-grillstube.de. Klassisches SB-Restaurant mit Imbissatmosphäre und erstaunlich großer Karte – und alles wird frisch zubereitet.

Nachtleben

3 Fetenscheune: Windelskampweg 6, www.fetenscheune.net. Etwas außerhalb gelegenes Tanzlokal, freitags gibt es Mottopartys,

Sport und Freizeit

18 Paddel- und Pedalstation: Ledastraße 10, Tel. 0491 91 96 96 30, info@paddelundpedal.de, www.paddelundpedal.de.

24 Fahrradoase: Bremer Straße 27, Tel. 0491 151 15, andreas@fahrradoase.de, www.fahrradoase.de. (Facebook)

■ Schwimmbad Leer: Burgfehner Weg. Neubau mit Sportbecken und Kinderbecken mit Terrasse, Liegewiese und Beach-Volleyballfeld.

🔆 Spielfarm Leer für Kinder: Nüttermoorer Sieltief 31, Tel. 0491 99 23 93 60, info@spielfarm-leer.de, www.spielfarm-leer.de (Erw. 3,50 €/Kinder 4–6 €). Hüpfburgen, Klettertürme, Rodelbahn, Baby-Softecke – ideal für „Schietweddertage", wenn es dauerhaft regnet.

Hotels und Jugendherberge

19 Hotel Hafenspeicher③: Ledastraße 23, Tel. 0491 997 53 00, info@hotel-hafenspeicher.de, www.hotel-hafenspeicher.de. Vier-Sterne-Niveau in einem alten Speichergebäude aus dem Jahr 1872 in zentraler Lage.

21 Hotel Frisia③: Bahnhofsring 16–20, Tel. 0491 928 40, info@hotel-frisia.de, www.hotel-frisia.de.

Die ostfriesische Küste

1

Vier-Sterne-Komfort in Bahnhofsnähe mit gepflegter Atmosphäre.

9 Hotel Five Rooms②: Königstraße 9, Tel. 0176 23 83 08 05, mail@fiverooms.de, www.fiverooms.de. Hier trifft der Charme der historischen Altstadt auf modernes Design, nur fünf Zimmer gibt es und Frühstück auf Wunsch.

7 Jugendherberge Leer①: Süderkreuzstraße 7, Tel. 0491 21 26, www.jugendherberge.de. Fußläufig zur Innenstadt in einem stilvollen alten Gemäuer, die Gäste beurteilen das Haus sehr gut.

Camping- und Wohnmobilstellplätze

- **Ems-Marina Bingum:** Siehe bei Bingum.
- **Wohnmobilstellplatz Nessestraße:** Nah zum Hafen und der historischen Altstadt, Infos über die Tourist-Information.
- **Wohnmobilstellplatz Große Bleiche:** Direkt an der Altstadt, Infos über die Tourist-Information.
- **Wohnmobilstellplatz beim Segler-Verein-Leer:** Seglerweg, Tel. 0491 20 33 oder 0170 733 45 76, info@sv-leer.de, www.sv-leer.de.
- **Wohnmobilstellplätze an der Mühle Eiklenborg:** Logabirumer Straße 55, Tel. 0491 99 23 99 55, muehle@eiklenborg.de.
- **Wohnmobilstellplätze am Landgasthof Zur Jümme Fähre:** Amdorfer Straße 101, Tel. 0491 718 66, info@puente-leer.de, www.puente-leer.de.

Jachthafen

- **City-Marina Leer:** Ludwig-Klopp-Promenade, Tel. 0491 977 70 15 und 0175 100 01 05, a.nee@stadtwerke-leer.de. Unmittelbar an der Uferpromenade im Herzen der Stadt gelegen.
- **Schiffsliegeplätze der Stadtwerke Leer:** Tel. 0173 622 47 81. Liegeplätze vor der Kulisse der historischen Altstadt.
- **Ems-Marina Bingum:** Siehe bei Bingum.

nskns_009 mna

Die ostfriesische Küste

Veranstaltungen

- **Kulturspeicher Leer:** Adresse siehe „Cafés". Abwechslungsreiches Kulturprogramm von der Ausstellung bis zum Konzert.
- **Frühlingsfest Schloss Evenburg:** Jährlich im Mai wird im Park gefeiert.
- **Historisches Altstadtfest Leer:** Jährlich im Juni leben für einen Tag das 16. und 17. Jahrhundert wieder auf mit Schauhandwerk wie Schmieden, Töpfern und Druckern sowie munterem Markttreiben mit Bänkelsängern, Wahrsagern und Märchenerzählern (www.historisches-altstadtfest-leer.de).
- **Julianenparkfest:** Jährlich im Juni stellen sich rund um den See auf dem Parkgelände Vereine und Organisationen vor. Das Fest richtet sich an die ganze Familie mit Spaß und Spannung sowie kulinarischen Genüssen.
- **Grenzenlos treffen:** An einem Wochenende im Juni treffen sich im **Kunstzentrum Coldam** Künstler aus den Niederlanden und Deutschland. Bunte Veranstaltungsprogramm. Coldamer Straße 8, Tel. 0491 960 48 47, info@kunstzentrumcoldam.com, www.kunstzentrumcoldam.com.
- **American Wheels:** Jährlich an einem Sonntag im August treffen sich hier viele US-Car-Fahrer und stellen ihre Fahrzeuge zur Schau. Termine über die Tourist-Information.
- **Ostfrieslandschau:** Die Verbraucherausstellung findet jedes Jahr Ende September/Anfang Oktober statt. Anbieter verschiedener Branchen zeigen ihr Angebot mit Aktionen, Vorführungen und geselligem Beisammensein (www.ostfrieslandschau.de).
- **Gallimarkt:** Jährlich im Oktober findet er für fünf Tage statt mit Viehauftrieb, Ausstellung, Festplatz mit Fahrgeschäften, Feuerwerk und viel Spaß für Groß und Klein (www.gallimarkt.net).
- **Weihnachtsmarkt achter'd Waag:** An den vier Adventssonntagen lässt sich hier nachmittags schlendern, schnacken und schnabulieren. Nach dem Motto „Kunsthandwerk und geselliges Zusammensein statt Kommerz" stellen hier mit Hafenblick Ehrenamtliche und Vereine aus (www.schipper-klottje.de).

- **Weihnachtsmarkt:** Zauberhaft beleuchtet wird die Innenstadt in der Adventszeit, wenn der Weihnachtsmarkt mit zahlreichen Attraktionen, Veranstaltungen, Ständen und Leckereien lockt.

Oldersum

Urkundlich erstmals erwähnt wurde Oldersum 1381, der Handelsplatz hatte den Rang eines Marktfleckens. Heute ist die zwischen Leer und Emden gelegene Ortschaft am östlichen Emsufer mit ihren zahlreichen Wasserläufen ein **beliebtes Wohngebiet** mit hohem Freizeitwert. Oldersum ist ein Ortsteil der Gemeinde Moormerland und liegt an der Mündung des Oldersumer Sieltiefs. Am Hafen gibt es eine Werft, die neben Schiffsneubauten auch repariert und instand hält. An der Ortsgrenze von Oldersum mündet der **Ems-Seitenkanal** in den Fluss. Einen Kilometer westlich der Ortschaft bei Gandersum befindet sich das **Emssperrwerk.** Das wasserwirtschaftliche Großbauwerk (1998–2002) dient nicht nur dem Küstenschutz, damit wird auch das Wasser der Ems gestaut. Das ist nötig, um die großen Schiffe der Meyer-Werft in die Nordsee überführen zu können (siehe Exkurs).

Praktische Informationen & Adressen

- **PLZ:** 26802 Moormerland-Oldersum.
- **Tourist-Information:** Moormerland Tourismus, Dr.-Warsing-Straße 79, 26802 Moormerland-Warsingsfehn, Tel. 04954 801 25 00, www.moormerland-tourismus.de.

◁ Dichter Nebel um die Jann-Berghaus-Klappbrücke verschluckt sogar das andere Ufer der Ems

1

■ **Bus:** Linie 621 des Verkehrsverbundes Ems-Jade (VEJ), www.vej-info.de, fährt nach Emden und Leer.

■ **Jachthafen:** Yacht-Club Unterems e.V., Emder Straße 46, www.ycu-oldersum.de, Tel. 0171 316 12 85. Der örtliche Jachtclub am Außenhafen an der Ems hat 40 Liegeplätze sowie Anlegestellen für Tagesgäste. Hier gibt es einen umweltfreundlichen Bootswaschplatz.

■ **Museum „Alte Seilerei":** Hinter der Bleiche 1, Tel. 04924 485, www.heimatverein-oldersum.de (Erw. 2,50 €/Kinder frei). Die in Lemgum gegründete Seilerei Diepen wurde nach Schließung des Betriebs 1999 mit allen Maschinen und Handwerksgeräten zu einem sehenswerten technischen Museum umgestaltet. Öffnungszeiten und Führungen nach Absprache.

nskns_010 mna

■ **Hotel zum Löwen** ②: Sielstraße 11, Tel. 05527 84 90 00, info@hotelzumloewen.de, www.hotel-zumloewen.de. Das Design-Hotel blickt auf eine mehr als 300-jährige Geschichte zurück, mit À-la-Carte-Restaurant „Chez Otto".

■ **Anja's Biergarten:** Sielstraße 10, Tel. 0172 754 30 25. Gemütlich sitzen in der Ortsmitte mit Blick auf das Sieltief. (Facebook)

Abstecher zum Kloster Ihlow

Eine einmalige Atmosphäre ist im **Ihlower Forst** zu finden, auch wenn von dem 1228 gegründeten Zisterzienserkloster nicht mehr viel zu sehen ist. Während der Reformation wurde es aufgelöst und abgebrochen. Heute beeindruckt eine **moderne Rekonstruktion** aus Holz und Stahl mit Aussichtsplattform, die eine Höhe von bis zu 45 Metern erreicht; sie zeigt anschaulich die früheren Dimensionen der Anlage. Unterhalb der Klosterkirche gibt es einen sehenswerten Raum der Stille sowie einen sehr schön angelegten Klostergarten mit Kräuterbeeten und einem Forsthaus.

■ **Kloster Ihlow:** Zum Forsthaus 1, 26632 Ihlow, Tel. 04934 63 20, www.kloster-ihlow.de.

◁ Rekonstruktion der völlig zerstörten Klosterkirche Ihlow, deren Dimensionen einst sehr beeindrucken mussten

Petkum

Der kleine Ort an der Ems wurde 1972 **Teil von Emden** und ist der östlichste Stadtteil der Seehafenstadt. Petkum feierte 2006 sein 1200-jähriges Bestehen. Im kleinen **Fischereihafen** befindet sich auch der Anleger für die Fähre nach Ditzum, die Überfahrt dauert etwa 20 Minuten. Die **Burgallee** mit 17 Linden und drei Kastanien ist als Naturdenkmal ausgewiesen; sie befindet sich auf dem Gelände eines ehemaligen Bauernhofs am Petkumer Sieltief.

Praktische Informationen & Adressen

■ **PLZ:** 26725 Emden Petkum.

■ **Tourist-Information:** Siehe bei Emden.

■ **Bus:** Verkehrsverbund Ems-Jade (VEJ), www.vej-info.de, Linie 621 fährt nach Leer, Linie 501 fährt in Emdens Zentrum.

■ **Fähre Petkum – Ditzum:** Fährstraße, www.landkreis-leer.de/Leben-Lernen/Tourimus/Fähre-Ditzum-Petkum.

■ **Café Kuhstall:** Fährstraße 35, info@cafe-kuhstall.de, www.cafe-kuhstall.de. Gemütlich-rustikales Café mit großer windgeschützter Terrasse, von April bis September geöffnet.

Emden

Emden liegt an der Emsmündung am Nordufer des Dollarts und hat ca. **50.000 Einwohner.** Sie heißen „Emder" – so wie auch der berühmte **Matjes,** für den die Stadt bekannt ist. Das von **150 Kanälen und Grachten** durchzogene Stadtgebiet wird wesentlich von Wasser geprägt, gut 780 Hektar Wasserfläche gibt es hier. Ebenfalls von großer Bedeutung ist Emdens **Seehafen,** an dem sich große Industriebetriebe wie die Nordseewerke und das Volkswagenwerk angesiedelt haben. Dadurch hat die Stadt im strukturschwachen Ostfriesland überregionale Bedeutung, Volkswagen ist der mit Abstand größte Arbeitgeber. Die meisten der hier seit 1964 produzierten Fahrzeuge werden exportiert. Dafür gibt es im Emder Hafen nur für diesen Zweck einen eigenen Schiffsanleger für Spezialschiffe, sogenannte Carcarrier. Sie sind 200 Meter lang und 40 Meter breit, wiegen beladen rund 18.000 Tonnen und ähneln aufgrund ihrer merkwürdigen Konstruktion eher einem Schuhkarton als einem Schiff.

Zu Fuß lässt sich die **Innenstadt** ebenso gut erkunden wie mit dem Fahrrad, auf einer geführten Bustour oder während einer Grachten- und Hafenfahrt. Die Tourist-Information bietet die Möglichkeit, per QR-Code an bestimmten Sehenswürdigkeiten mehr über diese zu erfahren – einfach einscannen und die Infos auf dem Handy nachlesen. Ein schöner Aufenthaltsort sind der **Stadtgarten** und die alten Wallanlagen am Stadtgraben, sie laden zum Flanieren und Entspannen ein. Wer die Stadt aus einer anderen Perspektive sehen will, begibt sich am besten aufs Wasser. Besonders interessant ist eine Fahrt mit Schleusung in der historischen **Kesselschleuse.** Es gibt verschiedene Anbieter für Ausflugsfahrten in der Stadt sowie Touren zum Außenhafen mit dem Autoport. Eine ungewöhnliche Perspektive bietet auch Emdens Rathausturm im Stadtzentrum.

▷ Rathaus Emden und der Rathausdelft

Die Anfänge der Siedlung

Für das Gebiet an der Emsmündung lässt sich bereits eine Besiedlung in der **Jungsteinzeit** (5500–220 v.Chr.) nachweisen. Erstmals erwähnte der römische Geschichtsschreiber *Titus Livius* (59 v.Chr. bis 17 n.Chr.) den Ort. Damals ankerte die römische Flotte unter *Drusus,* Stiefsohn des Kaisers *Augustus,* an der Ems. Die **Römer** befanden sich auf einem Feldzug gegen die Westgermanen. Sie nannten den Ort Amisia, in der Zeit des Frankenreichs wurde Amuthon daraus. Mit etwas Fantasie lässt sich daraus die Entwicklung des Namens zum heutigen Emden nachvollziehen.

Geschützt am Wasserlauf der Ems gelegen entwickelte sich Emden im Mittelalter zu einem florierenden Handelsort. Im Zuge der **Christianisierung** bekam die Siedlung eine erste hölzerne Kirche, ein Vorläufer der heutigen Großen Kirche in Emden. Die „Ehe", ein Seitenarm der Ems, wurde zur pulsierenden Lebensader des Handelsplatzes. Aus dem Seitenarm entwickelte sich ein Hafen mitten in der Ortschaft, ein Rest davon ist heute als Ratsdelft zu sehen.

Macht und Wohlstand

Bis zum 16. Jahrhundert entwickelte sich Emden zu einer **bedeutenden Hafenstadt** an der Nordsee. Unterstützend wirkte bei dieser Entwicklung die Reformation (1517–1648) und der Unabhängigkeitskrieg der niederländischen Provinzen gegen die Spanier (1568–1648). In dieser Periode wurden die beiden prächtigen **Pelzerhäuser** Emdens in der Pelzerstraße 11 und 12 gebaut, sie haben

1

Die ostfriesische Küste

sogar den Zweiten Weltkrieg überdauert. 1572 wurde das nach den Plänen des Antwerpener Baumeisters *Laurenz Steenwinckel* errichtete imposante neue Rathaus eingeweiht, das am 6. September 1944 von der Royal Air Force in Schutt und Asche gelegt wurde.

Die selbstbewussten Emder begehrten 1595 gegen das ostfriesische Herrschergeschlecht *Cirksena* auf, und Emden bekam den Status einer Stadt. Zum Schutz vor Eindringlingen wurde bis 1616 der **Emder Wall** gebaut, der sich insbesondere im Dreißigjährigen Krieg (1618– 1648) bewährte. Die kluge Politik der Regierung und die gute Befestigung führten dazu, dass Emden von den Kriegsunruhen weitgehend verschont blieb. 1633 wurde das **Hafentor** und von 1643 bis 1648 die **Neue Kirche** errichtet,

die beiden frühbarocken Meisterwerke machten Emdens Bedeutung für jeden sichtbar.

Das Ende der Blütezeit

Durch die Entstehung des Dollarts veränderte sich im späten Mittelalter der **Flusslauf der Ems,** was einen entscheidenden Einfluss auf Emdens Geschichte hatte. Das neue Flussbett entstand durch die schwere Sturmflut am 25. und 26. September 1509, seitdem floss nur noch ein Nebenarm an der Stadt vorbei und der Hafen begann zu verschlicken. Mit baulichen Maßnahmen versuchte man dem entgegenzuwirken, letztlich erfolglos. Der Hafen versank im Schlick und musste im 17. Jahrhundert verlegt wer-

nskns_012 mna

den. Mit den geografischen Problemen begann der **wirtschaftliche und politische Niedergang** der einst so erfolgreichen Handelsstadt. Ob im Streit mit den ostfriesischen Fürstenhäusern oder später mit der Protektion des Kurfürsts *Friedrich Wilhelm* – die Verschuldung der Stadt wuchs. Emden wurde im Frieden zu Tilsit 1807 dem **Königreich Holland** zugeschlagen, die niederländischen Einflüsse machen sich auch heute noch bemerkbar. Trotz kurzer Blütezeit zu Beginn des 19. Jahrhunderts wurde Ostfriesland nach der Völkerschlacht von Leipzig 1815 dem **Königreich Hannover** zugesprochen. Die Wirtschaft stagnierte weiter, die Verwaltung wurde zentralisiert. Durch den Anstieg der Bevölkerung in Ostfriesland nahm die Armut weiter zu und führte zu einer Auswanderungswelle.

Die Industrialisierung

Der Bau einer Schleuse von 1845 bis 1848 war der Grundstein für den **Ausbau des Emder Seehafens,** sodass sich die Infrastruktur der Stadt deutlich verbesserte. Während der Hannoverschen Herrschaft wurde Emden 1854 an das **Eisenbahnnetz** angeschlossen. Die **Annexion durch Preußen** erfolgte 1866. Ab Ende der 1870er-Jahre wurde der Hafen ausgebaut, Kaiser *Wilhelm II.* (1859–1941) wollte Emden zur Marinestadt machen. Ab 1886 wurden die Kesselschleuse, 1888 der Ems-Jade-Kanal, 1899 der Dortmund-Ems-Kanal und bis 1913 die große Seeschleuse gebaut. Die Aktivitäten sollten dem reibungslosen Ablauf des **Güterverkehrs mit dem Ruhrgebiet** dienen. Doch der Hafen war

nicht ausgelastet, zu groß war die Konkurrenz mit Hamburg, Bremen, Rotterdam und Antwerpen. Im Zuge der Industrialisierung entstand eine modernere **städtische Infrastruktur** mit einer großzügigeren Stadtplanung. Zwar siedelten sich Industriebetriebe an, aber Emden verschuldete sich durch die vielen Bauprojekte stark und geriet in wirtschaftliche Schieflage. Der 1. Weltkrieg und die schwierigen nachfolgenden Jahre verbesserten die Situation nicht.

2. Weltkrieg

Am 1. September 1939 brach der 2. Weltkrieg aus. Die Flugzeuge der Royal Air Force flogen die deutsche Nordseeküste zunächst auf Sicht entlang. Die Bomber passierten Emden als erste Stadt des Deutschen Reiches. Da die dortigen Industriebetriebe Kriegsgüter produzierten, war die Stadt das **Ziel von 80 Luftangriffen.** Der schwerste ereignete sich am 6. September 1944. Dabei wurde die gesamte Altstadt zerstört. Zu Kriegsende lag die Innenstadt zu mehr als 90 Prozent in Trümmern. Von der einstigen Pracht der historischen Bauten blieb nicht viel übrig. Lediglich der Hafen kam mit geringen Schäden davon. Emden wurde nach dem Krieg Teil der britischen Besatzungszone und gehört seit Dezember 1946 zum neu gegründeten Bundesland Niedersachsen.

Nachkriegszeit und Neuaufbau

Da die Innenstadt komplett zerstört war, entwickelten die Stadtväter ein Konzept des Neuaufbaus, nicht des Wiederaufbaus. Der Plan von 1947 blieb ein Idealmodell, er wurde nicht realisiert. Aber die engen Grundstücke der Innenstadt wurden neu zugeschnitten, was eine **großzügigere neue Bebauung** ermöglichte. Am 6. September 1962 wurde das neu gebaute Rathaus eingeweiht und damit das Ende der Nachkriegszeit markiert. Spätestens mit der Eröffnung des **Emder Volkswagenwerks** brach auch hier die Zeit des Wirtschaftswunders an. Emden ist bis heute der **wirtschaftliche Mittelpunkt Ostfrieslands,** in dem auch der Tourismus eine zunehmend größere Rolle spielt.

Sehenswertes

Mit einer schönen Altstadt kann Emden nicht aufwarten, sie wurde im Krieg zerstört. Aber zu Recht nennt man die Stadt **„Venedig des Nordens"** – die vielen Wasserläufe, Kanäle, Delfte und die Häfen prägen das Stadtgebiet. Es ist eine gute Idee, sich vom zentralen Rathausplatz aus einfach treiben zu lassen und das **Flair der Küstenstadt** zu genießen. Dabei lässt sich Sehenswertes entdecken.

Im Stadtzentrum liegt der **Ratsdelft,** der ein übrig gebliebenes Stück vom Alten Hafen ist. In ihm gibt es gleich drei **„schwimmende Museen":** das **Museumsfeuerschiff „Amrumbank",** den Seenotrettungskreuzer „Georg Breusing" und den Heringslogger AE7 „Stadt Emden". Ersteres wurde von 1914 bis 1918 auf der Meyer-Werft in Papenburg gebaut und war 65 Jahre lang in der Deutschen Bucht als schwimmender Leuchtturm im Einsatz. Seit August 1984 liegt das Schiff im Emder Ratsdelft. Hier gibt es die älteste intakte Feuerschiffsmaschi-

☐ Museumskreuzer „Georg Breusing" im Ratsdelft

nskns_011 mna

Emden, Zentrum

0 — 100 m

nenanlage zu sehen, an Bord ist ein Restaurant vorhanden, und wer will, kann hier sogar heiraten. Der **Seenotrettungskreuzer „Georg Breusing"** war von 1963 bis 1988 auf Borkum stationiert, mit ihm wurden 1672 Menschen aller Nationen aus gefährlichen Situationen geholt. Heute ist der Kreuzer ein maritimes Denkmal mit nautischen Einrichtungen, Maschinenanlagen und den Unterkünften der Besatzung; es kann von März bis Oktober besichtigt werden. Der **Heringslogger** zeigt den Zustand der Heringsfischerei aus dem Jahr 1872, als noch mit Holzschiffen ohne Motor gefischt wurde. An Bord kann man sich

Die ostfriesische Küste

■ Sport und Freizeit
1 Fahrradladen Neef
4 Paddel- und
   Pedalstation

■ Sonstiges
2 Museumsshop
   Kunsthalle Emden
14 Bücherstube
   am Rathaus
15 Thiele Tee Kontor

bracht. Es zeigt eine einzigartige kunst- und kulturhistorische Sammlung auf 3000 Quadratmetern. Die Vergangenheit Ostfrieslands wird lebendig präsentiert, aktuelle kunst- und kulturhistorische Ausstellungen runden das Angebot ab. Besonders erwähnenswert ist die **Emder Rüstkammer** mit rund 400 Jahre alten Schwertern, Luntenschlossmusketen und Harnischen, die eindrucksvoll zeigen, wie man sich früher zur Wehr setzte.

Zeitgeschichte neueren Datums gibt es gegenüber vom Rathaus: **Dat Otto-Huus.** Es ist dem berühmten Komiker *Otto Waalkes* gewidmet, hier steht der Humor im Mittelpunkt. Aus dem Schaffenswerk des gebürtigen Emder Künstlers gibt es in diesem Museum viel zu sehen und zu hören.

Der **Jüdische Friedhof** erinnert an die vielen Juden, die einst in der Stadt lebten. Über 400 Jahre bis 1941 besaß Emden die älteste, größte und bedeutendste jüdische Gemeinde Ostfrieslands. An der Stelle der früher in der Bollwerkstraße beheimateten Synagoge steht heute ein Gedenkstein, auch zu Ehren der Juden, die während der Zeit des Nationalsozialismus getötet wurden.

Am Emder Stadtgraben steht die **Kunsthalle Emden.** Der Gründer der Zeitschrift „Stern", *Henri Nannen,* stiftete sie gemeinsam mit seiner Frau *Eske.* Die Halle eröffnete 1986 ihre Pforten, die Kunstsammlung hat den Schwerpunkt Klassische Moderne. Seit dem Jahr 2000 erweitert eine Schenkung des Münchner Galeristen *Otto van de Loo* den Bestand um Kunst nach 1945. Regelmäßig gibt es Sonderausstellungen, die dem Museum einen überregionalen Ruf verschafft haben. Angeschlossen sind auch eine Malschule und ein Café.

einen guten Eindruck verschaffen, unter welchen Bedingungen Kapitän und Mannschaft damals ihrer Arbeit nachgegangen sind. Im Ratsdelft starten auch Ausflugsfahrten mit Barkassen.

Im **Emder Rathaus** ist neben der Stadtverwaltung auch ein **Teil des Ostfriesischen Landesmuseums** unterge-

1

Ingenieurskunst am und im Wasser

Ein **Teil der Emder Hafenanlagen** ist der **Falderndelft,** der heute unter Denkmalschutz steht. Zusammen mit dem Ratsdelft und dem Alten Binnenhafen bildet er den **historischen Teil des Hafens** und wird für den Warenumschlag schon lange nicht mehr genutzt. Einige ziegelrote Speichergebäude und Packhäuser erinnern noch an vergangene Zeiten. Mitten im historischen Stadtkern landeten früher die Schiffe an, mit Winden wurden die Handelsgüter direkt in die Packhäuser befördert. Heute wird der Falderndelft eher für **touristische Zwecke** genutzt. Die Ufer wurden zu Promenaden ausgebaut, auch Anlegeplätze für Sportboote sind hier zu finden.

Schon im 15. Jahrhundert entstand am Falderndelft die erste Emder Werft. Eine weitere wurde im Jahr 1682 gegründet. Die **Brandenburger Werft** wurde damals gebaut, um die an die Goldküste und in die Karibik segelnden Schiffe der „Kurbrandenburgisch-Afrikanischen Kompanie" instand zu halten. Sie ist ein Vorläufer der heute noch bekannten **Cassens-Werft,** die aus Platzgründen zu Beginn des 20. Jahrhunderts in den Seehafen umzog. In der Brückstraße gründeten 1873 *Carl Heinz Louis Thiele* und *Peter Hinrichs Freese* die **Kolonialwarenhandlung „Thiele & Freese".** Wenige Jahre später verlagerten sie den Firmensitz ihres Teehandelshauses in die Straße Hinter der Halle. Neben Bünting-Tee aus Leer und Onno Behrens aus Norden ist Thiele-Tee einer der drei großen ostfriesischen Teeproduzenten (siehe Exkurs zum Ostfriesentee). Emden, einstmals Standort mehrerer Werften, setzt heute auf die Branche der Offshore-Windenergie.

Der Falderndelft ist über das Rote-Siel-Tief mit drei verschiedenen Gewässern verbunden, die in der kreisrunden Kesselschleuse zusammentreffen. Diese ist ein in Europa einzigartiges Bauwerk, denn die Rundkammerschleuse **verbindet vier Wasserstraßen** miteinander: Hier trifft das Rote Siel auf den Ems-Jade-Kanal, den Emder Stadtgraben und das Fehntjer Tief. Zugleich befindet sich an dieser Stelle auch die Grenze von vier Emder Stadtteilen: Wolthusen, Herrentor, Klein-Faldern und Groß-Faldern. Die Kesselschleuse wurde im Februar 1887 in Betrieb genommen. Um ihre Kapazität zu erhöhen, folgte von 1911 bis 1913 der Ausbau zu ihrer heutigen Form; zwischen 1982 und 1989 wurde sie komplett saniert. Heute fahren jährlich knapp 3000 Schiffe, überwiegend Sportboote, durch dieses beeindruckende Bauwerk deutscher Ingenieurskunst. Die Schleuse erfüllt auch noch einen weiteren wichtigen Zweck: Sie dient der **Entwässerung des Ems-Jade-Kanals,** damit dieser nicht über die Ufer tritt.

nskns_013 mna

Praktische Informationen & Adressen

■ **PLZ:** 26721.

■ **Tourist-Information:** Bahnhofsplatz 11, Tel. 04921 974 00, ti@emden-touristik.de, www.emden-touristik.de. (Facebook, Twitter)

Verkehr

■ **Hauptbahnhof:** am Rand der Innenstadt, Bahnhofsplatz 11, Tel. 0541 915 10 55. Die Schienenverbindung führt über Marienhafe nach Norden und nach Leer, es gibt einen Abzweiger zum Außenhafen (Borkumkai).

■ **Busbahnhof (ZOB):** Stadtwerke Emden, Martin-Faber-Straße 11, Tel. 04921 835 00, www.stadtwerke-emden.de. Die Busse des VEJ halten direkt vor dem Bahnhofsgebäude. (Facebook)

■ **Verkehrsverbund Ems-Jade (VEJ):** Norderstraße 32, 26603 Aurich, Tel. 04941 933 77, info@vej-bus.de, www.vej-bus.de.

■ **Flixbus:** Tel. 030 300 13 73 00, info@flixbus.de, www.flixbus.de. Haltestelle am Bahnhofsplatz. (Twitter, Facebook, YouTube, Instagramm)

■ **Fährverbindung nach Borkum:** Emden Außenhafen Borkumanleger, Zum Borkumanleger 6, 26723 Emden, Service-Center 01805 18 01 82, www.ag-ems.de. Die Schifffahrt zur ostfriesischen Insel ist unabhängig von den Gezeiten, die Überfahrt dauert mit dem Katamaran etwa 60 Minuten, mit der Autofähre bis zu 2½ Stunden. Der Autoverkehr auf der Insel ist saisonal eingeschränkt möglich, ein Stellplatz auf der Fähre muss vorher reserviert werden. Parken für Tagesgäste in den Borkumgaragen, Frisiastraße (ab 2,50–4 €/Tag).

■ **Fährverbindung nach Delfzijl/Ditzum** (von Mai bis September): Emden Außenhafen Ostmole, An der Nesserlander Schleuse, Tel. 0491 91 96 96 50, www.dollartroute.de.

■ **Ostfriesischer Flugdienst OFD,** Flugplatz Emden, Gorch-Fock-Str. 103, Tel. 04921 899 20, info@fliegofd.de, www.fliegofd.de. Linienflüge nach Borkum und zurück (Erw./Kinder bis 11 J. hin und zurück 171 €/85,50 €) sowie Kombitickets für Flug und Schiff (Erw. 99 €). Der Flugplatz liegt wenige Kilometer außerhalb des Stadtzentrums direkt an der A31. (Facebook, Twitter)

Ausflüge und Touren

■ Die AG Ems bietet im Sommerhalbjahr ab Ratsdelft Emden verschiedene **Linien- und Themenfahrten** an (Erw./Kinder ab 8–11 €/3,50–5,5frei, Familien 18–25 €). Sehenswert ist auch eine Fahrt zur unweit der östlichen Wallanlage gelegenen, kreisrund angelegten und denkmalgeschützten **Kesselschleuse** – es ist die einzige wasserbauliche Anlage dieser Art in ganz Europa. Auch heute noch ist sie täglich in Betrieb. Tickets über die Tourist-Information (s.o.) und AG Ems (s. „Fährverbindung nach Borkum").

■ **Kanalfahrten nach Aurich,** auch als Teilstrecke, sowie Kombiticket Schiff und Bus nach Aurich gibt es von Mai bis September, die Termine sind auf der Website der Tourist-Information zu finden. Preise Erw. 14–18 €.

■ Der Ostfriesische Flugdienst OFD (s.o.) bietet im Sommer an den Wochenenden **Rundflüge** von 15 Minuten Dauer an. Sie zeigen die Seehafenstadt Emden aus der Vogelperspektive (Mindestteilnehmerzahl). Weitere Routen über die ostfriesische Küste bis nach Wangerooge dauern 30 und 60 Minuten. Individuelle Rundflüge auf Anfrage nebst Routenvorschlägen. Ebenfalls im Angebot sind Flüge nach Borkum.

Museen und historische Führungen

■ **Ostfriesisches Landesmuseum Emden:** Rathaus am Delft/Brückstraße 1, Tel. 04921 87 20 58, www.landesmuseum-emden.de (Erw. 8 €/Kinder frei). Bedeutendes kunst- und kulturhistorisches Museum mit umfassender Dauerausstellung, mit Gemälden, Seekarten, Gold- und Silberschmiedear-

◁ Historische Bebauung am Falderndelft

1

beiten sowie einem Münzkabinett. Sehenswert: die einzige erhaltene Moorleiche Ostfrieslands sowie die 1582 eingerichtete Rüstkammer.

■ **Kunsthalle Emden – Stiftung Henri und Eske Nannen und Schenkung Otto van de Loo:** Hinter dem Rahmen 13, Tel. 04921 97 50 50, www.kunsthalle-emden.de (Erw. 8 €/Kinder frei). Seit mehr als 30 Jahren Ausstellungen der modernen und zeitgenössischen Kunst. Mit eigenem Bootsanleger, Café und hervorragend bestücktem Museumsshop.

■ **Museumsfeuerschiff „Amrumbank":** Georg-Breusing-Promenade, Tel. 04921 232 85, www.amrumbank.de (Erw. 2,50 €/ Kinder 1 €). Mitten im Zentrum gelegen befindet sich ein maritimes Museum mit vielen Informationen rund um die Geschichte der Feuerschiffe. Trauungen an Bord sind möglich.

■ **Dat Otto-Huus:** Große Straße 1, Tel. 04921 221 21, datottohuus@ottifant.de, www.ottifant.de (Erw. 2 €/Kinder 1 €). Das Museum ist dem berühmten Komiker *Otto Waalkes* gewidmet, einem Sohn der Stadt. Es ist ein Museum, in dem Lachen ausdrücklich erlaubt ist. Im Museum werden seine „Ottifanten" und vieles mehr präsentiert, und man kann im „Otto-Kino" berühmte Sketche und Ausschnitte aus TV-Shows sehen.

■ **Bunkermuseum:** Holzsägerstraße 6, Tel. 04921 322 25, info@bunkermuseum.de, www.bunkermuseum.de (Erw. 5 €/Kinder 2,50 €). Auf mehreren Etagen Informationen zur NS-Zeit.

■ **Seenotrettungskreuzer „Georg Breusing":** Georg-Breusing-Promenade/Ratsdelft, Tel. 04921 205 41, www.georg-breusing.de (Erw. 2,20 €/Kinder 0,60 €). Seit dem 23. Dezember 1988 liegt der Seenotrettungskreuzer in betriebsbereitem Originalzustand im Emder Ratsdelft.

■ **Heringslogger AE7 „Stadt Emden":** Im Ratsdelft, Georg-Breusing-Promenade, Tel. 0171 566 39 45, jakob.oltmanns@icloud.de, www.heringslogger.de. Das Schiff zeigt den Zustand der Emder Heringsfischerei von 1872. Der hölzerne Segellogger lief ohne Hilfsmaschine zum Heringsfang aus. Le-

diglich über einen sogenannten Donkey(Esels-)kessel wurde die Netzwinde betrieben, die zum Einholen der Fangnetze notwendig war.

■ **Johannes a Lasco Bibliothek:** Kirchstr. 22, Tel. 04921 915 00, www.jalb.de (Erw. 5 €/Kinder frei). Die älteste Bibliothek Ostfrieslands wurde bereits 1559 gestiftet und befindet sich heute wieder in der im Krieg zerstörten Großen Kirche. Zu sehen sind Bücher aus dem historischen Bestand sowie einzigartige Kunstgegenstände und Gemälde.

■ **Denkmal Jüdische Synagoge/Jüdischer Friedhof:** Bollwerkstraße. Im Jahr 1703 verkaufte die Stadt Emden ein Grundstück über dem früheren Mühlenzwinger an die jüdische Gemeinde. Heute erinnert hier ein Denkmal an 465 unter den Nazis ermordete Emder Juden.

■ **Mühle „Vrouw Johanna":** Am Marienwehrster Zwinger 11, Tel. 04921 974 00. Besichtigungen über die Tourist-Information.

■ **Themenführungen:** Von der öffentlichen Stadtführung, dem Abendspaziergang, auf den Spuren der Emder Juden bis hin zum Wandeln auf den Spuren bedeutender Frauen – das Angebot der Tourist-Information ist groß.

■ **Führungen durch das Emder VW-Werk:** Niedersachsenstraße 1, besucherdienst.emden@volkswagen.de (Erw. 8–12 €/Kinder 6–16 J. frei). Die Führungen werden nur nach schriftlicher Anmeldung und Rückbestätigung durchgeführt.

✺ **Ökowerk Emden:** Kaierweg 40A, Tel. 04921 95 40 23, info@oekowerk-emden.de, www.oekowerk-emden.de (Führungen inkl. Kaffee und Kuchen ab 10 Pers. pro Person 8 €). Geöffnet von Ende April bis Mitte Oktober lässt sich auf dem Gelände eines stillgelegten Klärwerks ein Umweltzentrum erkunden. Etwas Besonderes ist der Apfelgarten mit rund 600 alten Apfelbaumsorten. Man kann hier die Natur genießen und erkunden, relaxen, seltene Tiere anschauen, aber auch toben.

Einkaufen

■ **Wochenmarkt:** Dienstags, freitags und samstags von 8 bis 13 Uhr.

15 Thiele Tee Kontor: Faldernstraße 31, Tel. 04921 251 84, www.thiele-tee.de. Tolle Teeauswahl und feine Präsente.

2 Museumsshop Kunsthalle Emden: Hinter dem Rahmen 13, Tel. 04921 97 50 50, www.kunsthalle-emden.de. Hier gibt es besondere Bücher, Karten sowie allerlei Nützliches und Schönes.

14 Bücherstube am Rathaus: Brückstraße 12, Tel. 04921 323 70, www.buecherstube-am-rathaus.de. Bücher, Schreibwaren, Postschalter und als Besonderheit ein Lesecafé mit leckeren selbst gebackenen Kuchen.

Cafés und Teestuben

10 Sikken das Café: Große Straße 37–39, Tel. 04921 331 66, info@sikken.de, www.sikken.de. Seit 250 Jahren schon gibt es diese Bäckerei, sie wird in der 12. Generation geführt. Große Kuchenauswahl und reichhaltiges Frühstück.

3 Henri's Diner: Hinter dem Rahmen 5a, Tel. 04921 45 00 41, info@henri-s.com, www.henri-s.com. Gegenüber der Kunsthalle, mit Kanalblick, gibt es hier eine große Auswahl US-amerikanischer Gerichte, z.B. das American-Dream-Menü.

16 Kulturcafé im Pelzerhaus: Pelzerstraße 12, Tel. 04921 58 33 87, www.agilio.de. Tee- und Kaffeespezialitäten werden in rustikaler und rollstuhlfreundlicher Atmosphäre serviert.

7 Grand Café am Stadtgarten: Am Stadtgarten, Tel. 04921 288 11, www.grandcafe-emden.de. Rollstuhlfreundliches und gemütliches Café, Restaurant und Biergarten mit Speisen und Getränken aller Art in zentraler Lage.

5 Café Einstein: Bollwerkstraße 24, Tel. 04921 291 11, albert@einstein-emden.de, www.einstein-emden.de. Szenekneipe und Café mitten im Grünen in der Innenstadt gelegen – die Eltern können Cappucino trinken und die Kinder auf dem Riesenspielplatz toben lassen.

11 Eiscafé Dolomiti: Große Straße 3, Tel. 04921 218 57, mauro.fadda@yahoo.de. Original selbst gemachtes Eis mit Blick auf den Rathausplatz neben dem Otto-Huus.

Imbisse

18 Lüttje Köken: Am Schweckendiekplatz 10, Tel. 04921 999 70 99, k.smidt@t-online.de. Täglich frisch gekocht serviert der kleine Imbiss Suppen und Gerichte, frische Salate und Desserts – alles ohne Konservierungsstoffe. (Facebook)

17 Emder Heringslogger, Bittner's Fischspezialitäten: Am Hafentor, Tel. 0171 486 90 13, www.emder-heringslogger.de. Der Fischimbiss lockt mit Blick auf den Hafen und leckeren Fischspezialitäten.

Restaurants

6 Kater: Katergang 5, 04921 909 91 99, info@kater-restaurant.de, www.kater-restaurant.de. Restaurant, Grill, Lounge – Tapas, Steaks vom Lavastein, Burger und Flammkuchen in gemütlicher Atmosphäre.

12 Feuerschiff-Restaurant Amrumbank: Georg-Breusing-Promenade, Tel. 04921 999 65 00, restaurant@amrumbank.de, www.feuerschiff-emden.de. Frische Fisch- und Krabbenspezialitäten werden im maritimen Schiffsrestaurant oder auf dem Schiffsdeck serviert – toller Blick auf Hafen und Innenstadt inklusive.

20 Alt Emder Bürgerhaus: Friedrich-Ebert-Straße 33, Tel. 04921 97 61 00, info@buergerhaus-emden.de, www.buergerhaus-emden.de. Elegantes Jugendstillokal, der Chef kocht frische Fischspezialitäten aus der Nordsee von Schwiegervaters Kutter.

13 Goldener Adler: Neutorstraße 5, Tel. 04921 927 30, info@goldener-adler-emden.de, www.goldener-adler-emden.de. Leckere Fisch- und Fleischgerichte, aber auch Vegetarisches in guter Qualität bei maritimer Atmosphäre am Ratsdelft.

9 Restaurant Welvaart Emden: Große Straße 24, Tel. 04921 450 04 60. Gemütlich und geschmackvoll eingerichtet, mit hervorragender Bedienung, frisch gekochtem Essen und gutem Preis-Leistungs-Verhältnis. (Facebook)

19 Hafenhaus: Promenade am alten Binnenhafen 8, Tel. 04921 689 56 90, hafen@hafenhaus.de, www.hafenhaus-emden.de. An exponierter Stelle

1

am und auf dem Wasser (Außendeck) treffen zeitgenössische Coolness und ostfriesische Gemütlichkeit aufeinander. Für jeden Geschmack gibt es leckere Gerichte.

Sport und Freizeit

■ **Angeln:** Tagesangelkarten gibt es in der Tourist-Information.

🧭 **Abenteuerland Oki Doki:** Langobardenstraße 4, info@okidoki-emden.de, www.okidoki-emden.de (Erw. 3,50 €/Kinder bis 12 J. 6,50 €). Hier freuen sich Kinder: Piratenschiff, Kartbahnfahren, Trampolinspringen, Wabbelberghüpfen von Ende April bis Mitte Okt.

❶ Fahrradladen Neef: Twixlumer Straße 6, Emden-Larrelt, Tel. 04921 64 04, info@fahrradladen-neef.de, www.fahrradladen-neef.de.

■ Die maritime Fortbewegungsart **Stand-Up-Paddling (SUP)** stammt zwar aus Hawaii, erfreut sich aber hierzulande immer größerer Beliebtheit. Das **❺ Café Einstein** hat drei feste Bretter im Angebot, die direkt in der Nähe zu Wasser gelassen werden können. Preise ab 5 € für 45 Min. Café Einstein, Bollwerkstraße 24, Tel. 04921 291 11, www.einstein-emden.de.

❹ Für eine Fahrt auf den Emder Grachten und Kanälen verleiht die **Paddel- und Pedalstation** vier aufblasbare SUP-Boards. Sie passen sogar in einen Rucksack und lassen sich auch für Ausflüge außerhalb der Stadt mitnehmen. Die Paddel sind auch für Kinder geeignet und höhenverstellbar. Preis ab 10 €, Tagesmiete 45 €. Ebenfalls angeboten werden Kajaks und Kanadier in verschiedenen Größen (9 € für 2 Stunden Schnupperpaddeln bis 150 € für 10er-Mannschaftskanadier). Paddel- und Pedalstation, Am Marienwehrster Zwinger 13, Tel. 0160 369 27 39, info@paddelundpedal.de, www.paddelundpedal.de. Mit Aufladestation für E-Bikes.

nskns_014 mna

Die ostfriesische Küste

Hotels und Jugendherberge

13 Hotel Goldener Adler②: Neutorstraße 5, Tel. 04921 927 30, info@goldener-adler-emden.de, www.goldener-adler-emden.de. Im Herzen der Stadt neben dem Rathaus gelegen mit 18 komfortablen Zimmern.

22 Upstalsboom Parkhotel③: Friedrich-Ebert-Straße 73–75, Tel. 04921 82 80, parkhotel@upstalsboom.de, www.parkhotel-emden.de. Business-Hotel mit Vier-Sterne-Komfort in zentraler Lage mit Wellnessbereich und Restaurant.

8 Hotel Delfthalle garni①: Große Straße 2, Tel. 04921 972 20, info@hotel-delfthalle.com, www.hotel-delfthalle.de. Zentrale Lage direkt gegenüber vom Rathaus und an der Fußgängerzone mit reichhaltigem Frühstück.

24 Hotel Restaurant Faldernpoort②: Courbièrestraße 6, Tel. 04921 975 20, info@faldernpoort.de, www.hotel-in-emden.de. Zimmer im Haupt- und Nebenhaus einer kernsanierten Jugendstilvilla. Eine Besonderheit ist das „Otto-Zimmer", das nach den Vorstellungen des Komikers *Otto Waalkes* eingerichtet wurde.

23 Hotel Gazelle①: Courbièrestraße 9, Tel. 04921 975 20, info@gazelle-emden.de, www.hotel-in-emden.de. Preisgünstiges Hotel für Aktivurlauber mit Hol- und Bringservice sowie Fahrradverleih und -werkstatt.

21 Jugendherberge Emden①: Thorner Straße 3, Tel. 04921 237 97, emden@jugendherberge.de, www.jugendherberge.de. In idyllischer Lage am Faldernport (15 Minuten zu Fuß in die Stadt) ist die Jugendherberge idealer Ausgangspunkt für Fahrrad- und Bootstouren.

☐ Ein spannender Ort: die Kunsthalle Emden mit Dauerausstellung, Wechselausstellung, Café und Malschule

Camping- und Wohnmobilstellplätze

■ **Wohnmobilstellplatz „Alter Binnenhafen":** Am Eisenbahndock, Tel. 0160 362 47 44, info @ag-ems.de, www.ag-ems.de. Direkt in der Emder Innenstadt nur wenige Gehminuten von Fußgängerzone und Altstadt entfernt.

■ **Wohnmobilstellplatz Friesentherme:** Vier Plätze mit Stromanschluss direkt am Schwimmbad in der Innenstadt.

■ **Campingplatz Knock:** Siehe bei Knock.

Jachthäfen

■ **Jachthafen Alter Binnenhafen „Marina Emden":** Alter Binnenhafen, Tel. 0160 90 74 18 70, www.ag-ems.de.

■ **Jachthafen „Außenhafen Emden":** An der Nesserlandschleuse, Tel. 0175 752 89 18, www.emderyachtclub.de

Veranstaltungen

■ Auf der Website **www.emden-touristik.de** gibt es einen tagesaktuellen Veranstaltungskalender. Infos bekommt man natürlich auch in der Tourist-Information.

■ **Emder Matjestage:** Mit dem größten Fest Emdens wird an 450 Jahre Heringsfischerei in Emden jährlich Ende Mai/Anfang Juni erinnert. Es gibt Matjesgerichte, ein buntes Bühnenprogramm, und viele Traditionsschiffe aus dem In- und Ausland machen im Binnenhafen und im Ratsdelft fest.

■ **Internationales Filmfest Emden-Norderney:** Das größte Filmfestival Niedersachsens findet alljährlich im Juni statt. Rund 25.000 Besucher kommen dann in den äußersten Nordwesten.

■ **Delft- und Hafenfest:** Im Juli zeigt sich Emden im maritimen Flair mit vielen Schaustellern und abwechslungsreichem Bühnenprogramm.

■ **Emder Museumsnacht:** In dieser Nacht jährlich im August geht es in den Emder Museen zu ungewöhnlicher Zeit auf Entdeckungsreise, begleitet von einem bunten Bühnen- und Musikprogramm.

1

Friesische Freiheit

„**Eala Freya Fresena**" – das heißt so viel wie „Seid gegrüßt, ihr freien Friesen" und war der Grußspruch der freien Friesen. Die mit der Friesischen Freiheit verliehenen **Rechte auf Eigentum, politische Mitbestimmung und persönliche Freiheit** sowie das Fehlen der Heerfolge waren den Friesen bereits Mitte des 9. Jahrhunderts zugestanden worden. Für den Deichbau und die Verteidigung gegen fremde Mächte organisierten sich die Friesen schon im Mittelalter in **selbstständigen Landesgemeinden** mit eigenem Rechtssystem und freien Vertretern. Diese trafen sich einmal im Jahr am Dienstag nach Pfingsten mit dem Ziel, Recht und Freiheit für alle Friesen sicherzustellen. Auf den Treffen wurde auch das Zusammenleben innerhalb der Landesgemeinden geregelt und der **Bund der Freien Friesen** politisch nach außen vertreten. Ein wie sonst in Europa übliches flächendeckendes feudales Gesellschaftssystem konnte sich daher nicht etablieren, denn die Friesen verteidigten ihren Sonderstatus vehement.

Der mittelalterliche **Versammlungsort Upstalsboom in Rahe bei Aurich** ist deshalb für den friesischen Küstenraum von großer historischer und identitätsstiftender Bedeutung. Mit „Upstal" bezeichnete man eine eingezäunte Weide, „Boom" stand für Schlagbaum. Es handelte sich also ursprünglich um ein gemeinschaftlich genutztes Stück Weidegrund in der Nähe von Aurich, durch den die Friesische Freiheit erst berühmt wurde. Die Versammlungen fanden auf dem Grabhügel einer hochgestellten Familie statt, die Gründe für die Auswahl gerade dieses Ortes sind nicht erforscht. Im Grabhügel selbst fanden Archäologen Beweise für die Handelsbeziehungen der Friesen mit dem Vorderen Orient, die sich heute im **Historischen Museum in Aurich** befinden, darunter auch ein Damaszener Schwert und eine Millefiori-Glasperle.

1833 errichtete die Kulturagentur Ostfriesische Landschaft auf dem Upstalsboom ein **Denkmal** in Form einer Steinpyramide. Seit Mai 2009 weisen zwei Hinweisschilder an den Autobahnen A 28 bei Filsum und A 31 bei Neermoor auf dieses geschichtsträchtige Alleinstellungsmerkmal hin. Man kann das Motiv der Autobahnschilder inzwischen auch auf Postkarten, Aufklebern und Magnetschildern antreffen.

nskns_015 osl

◁ Steinpyramide Friesische Freiheit auf dem Upstalsboom

Die ostfriesische Küste

■ **Emden à la Carte:** Ein Wochenende im August wird der Stadtgarten zum Mekka für Feinschmecker mit vielen kulinarischen Leckereien aus fernen Ländern und Ostfriesland.

🎈 **Kinderfest im Stadtgarten:** Im September tanzt Emden einen Tag lang nach der Pfeife der Kinder. Dann dreht sich alles um Schminke, Spiele und Schaustellerei.

■ **Emder Museumstag:** Eine günstige Verbundkarte verschafft an diesem Tag im November Zutritt zu den zahlreichen musealen Einrichtungen der Stadt.

■ **Weihnachtlicher Engelkemarkt:** Den ganzen Dezember über gibt es am Ratsdelft und im Stadtgarten weihnachtlichen Budenzauber. Im Mittelpunkt steht das Pyramidendorf mit seiner riesigen Pyramide. Malerisch beleuchtet werden auch das Rathaus, Museumsschiffe und Traditionssegler.

Abstecher nach Suurhusen

Der Ort ist vor allem wegen einer Sehenswürdigkeit von Interesse: Hier steht der **schiefe Turm von Suurhusen.** Der Kirchturm weist eine gefährlich anmutende Schräglage auf, die Neigung von über fünf Grad wird mit einem Eintrag im Guinnessbuch der Rekorde belohnt. Dort löste er den Schiefen Turm von Pisa ab. Der Turm wurde 1450 an die etwa 200 Jahre ältere Kirche angebaut. Ob-

☑ Noch schräger als der berühmte Namensvetter in Pisa: der schiefe Kirchturm in Suurhausen

nskns_016 mna

wohl das Bauwerk auf einem Fundament aus Eichenpfählen errichtet wurde, führte der moorige Boden im 19. Jahrhundert zu einem Absinken des Turms. Nach mehreren baulichen Maßnahmen im 20. Jahrhundert, die eine weitere Neigung verhindern sollten, gilt die Bewegung in die Schräglage seit Mitte der 1990er-Jahre als aufgehalten.

⌄ Verkehrszentrale an der Knock,
der südwestlichsten Landecke der Krummhörn

Von Emden nach Norden

Nördlich des Emder Außenhafens und des Emder Volkswagenwerks verläuft eine Landstraße über Larrelt in Richtung Knock. **Knock** ist der Name der südwestlichsten Landecke der Krummhörn, die Ems macht hier einen scharfen Bogen nach Norden. Die 19 Ortschaften umfassende **Gemeinde Krummhörn** liegt am Mündungstrichter der Ems. Die Küstenreise verläuft von Rysum durch zahlreiche Ortschaften der Krummhörn bis nach Greetsiel. Von diesem malerischen Hafenort führt die Route weiter

nskns_017 mna

ins Landesinnere nach **Marienhafe.** Nördlich des dort stehenden Störtebekerturms liegt die Stadt **Norden,** der nördlichste Stadtteil Nordens ist der lebendige Küstenort **Norddeich.** Dort gibt es neben Strand und Schwimmbad auch den Fährhafen zu den ostfriesischen Inseln Juist und Norderney.

Larrelt

Wie so viele Ortschaften in Ostfriesland hat auch Larrelt eine weit zurückreichende Geschichte. Davon zeugt die sehenswerte Evangelisch-reformierte Kirche aus dem 15. Jahrhundert. In ihr befindet sich die **Larrelter Orgel** von 1619, noch heute ist die Hälfte der alten Renaissance-Register erhalten. Larrelt wurde kurz nach dem 2. Weltkrieg zu einem **Stadtteil von Emden.** Das 1964 eröffnete Emder Volkswagenwerk errichtete bei Larrelt eine Siedlung für Mitarbeiter, heute wohnen dort etwa 2500 Menschen und so kommt Emdens Stadtteil insgesamt auf rund 4000 Einwohner. Die Bereiche südlich des Ortskerns sind mühsam dem Meer abgerungen. Im **Larrelter Polder** liegen Industrieansiedlungen und ein Gewerbegebiet.

Praktische Informationen & Adressen

■ **PLZ:** 26723 Emden-Larrelt.
■ **Tourist-Information:** Siehe bei Emden.
■ **Bus:** Linie 422 des Verkehrsverbundes Ems-Jade (VEJ), www.vej-info.de, fährt nach Emden; Linie 504 der Stadtwerke Emden, www.stadtwerke-emden.de, fährt in Emdens Zentrum.
■ **Windmühle „Kost Winning":** Möhlenhörn, Führungen sind möglich nach Vereinbarung unter Tel. 04921 663 45.

Krummhörn

Die **Halbinsel zwischen Dollart und Leybucht** wird umgangssprachlich die Krummhörn genannt. Es ist eine von Landwirtschaft und Tourismus geprägte sehr flache Landschaft. In fast jedem der **19 Orte** ist eine historische Kirche zu finden, in vielen von ihnen wiederum gibt es erwähnenswerte Orgeln. Die Ortschaften wurden bei der Gebietsreform 1972 zur Gemeinde Krummhörn zusammengefasst, deren Verwaltungssitz Pewsum ist.

Die Halbinsel an der Ems war im Mittelalter von den Fluten der Nordsee stark bedroht. Erst mit dem **Deichbau,** der ungefähr mit dem Jahr 1000 begann, wurde das Leben in der Krummhörn sicherer. Dennoch wurden die Siedlungen meist auf künstliche Hügel, den Wurten oder Warften, gebaut. Heute ist der flache Marschboden der Krummhörn zur Nordsee hin mit mächtigen Seedeichen geschützt. Das ist auch nötig, denn große Teile des Gebietes liegen unter dem Meeresspiegel. Entsprechend wichtig ist die **Entwässerung:** Eine große Zahl von Gräben und Tiefs durchzieht das Land. Sie dienten früher auch dem Verkehr, hauptsächlich per Boot wurden Waren von Dorf zu Dorf oder nach Emden transportiert. Heute steht dieses Netz von Wasserwegen dem **Bootstourismus** und **Anglern** zur Verfügung. In den Kanälen und Sieltiefs leben zahlreiche Fischarten, Gastfischereikarten erhält man im Fischerdorf Greetsiel. Und natürlich ist die Krummhörn ein **Vogelparadies,** besonders während der Zugvogeltage kann man riesige Schwärme aufsteigen sehen.

1

Windmühlen

Es gibt wohl **kaum ein typischeres Bauwerk für die Nordseeküste** als die vielen Windmühlen. Den Gedanken, den sich stetig über das flache Land wehenden Wind zu nutzen und ihn in mechanische Energie zu übertragen, hatten die Menschen in Asien und Europa zwar schon vor mehreren tausend Jahren. Allerdings perfektionierten die Niederländer mit dem Bau der **Holländerwindmühlen** Ende des 16. Jahrhunderts die bis dahin übliche Mechanik von Grund auf.

Bei den Mühlen des Typs **Galerieholländer** ist nur noch die Turmhaube beweglich, während sich beispielsweise bei einer **Bockwindmühle** das gesamte Mühlhaus in den Wind drehen lässt. Die Galerieholländer konnten dadurch sehr viel größer gebaut werden und waren wesentlich leistungsfähiger. Der Wind musste von vorn auf die mit Segeln bespannten Flügel treffen und diese in Drehung versetzen. Über eine Welle wurde diese Bewegung ins Mühleninnere und meist mit einem Zahnrad auf die Arbeitswelle übertragen, wodurch sich die Energie für verschiedene Arbeitsaufgaben nutzen ließ. In ganz Holland waren Mühlen als weithin sichtbare Landmarken verbreitet und wurden zum Sinnbild für die Niederlande. Bald wurden dann auch in Ostfriesland Windmühlen nach holländischem Vorbild gebaut.

Im Mittelalter hatte der Landesherr noch das sogenannte **Windrecht** und kassierte für den Betrieb einer Mühle „Windgeld". Als in Preußen Mitte des 19. Jahrhunderts die Gewerbefreiheit eingeführt wurde, profitierte der Mühlenbau in Deutschland ganz erheblich davon, denn nun herrschte freier Markt und Konkurrenz belebte das Geschäft. Die **Arbeit in einer Mühle** war jedoch gefährlich, oft wurden Arbeiter dabei verletzt oder getötet, wenn sie in die Zahnräder oder zwischen die Mühlsteine gerieten.

☑ Windmühle (Galerieholländer) in Altfunnixsiel

nskns_018 mna

Die ostfriesische Küste

Nach und nach ersetzte die Dampfmaschine die Windmühlen. Heute steht an der Nordseeküste noch etwa die Hälfte der früher vorhandenen Mühlen. Manche werden noch als **Korn-, Öl- und Sägemühle** oder zur Entwässerung als **Pumpmühle** genutzt, andere werden als Museen geführt oder beherbergen Cafés. In den 1980er-Jahren wurde die alte Kulturtechnik wiederentdeckt und löste eine **Restaurierungswelle** aus. In vielen Fällen sind Freiwillige in Vereinen organisiert, ohne deren tatkräftige Unterstützung vermutlich deutlich mehr Mühlen verfallen wären.

Unser Tipp: Jedes Jahr an Pfingstmontag findet der **Deutsche Mühlentag** statt. Aus diesem Anlass sind viele Windmühlen für Besucher geöffnet. Fährt man die **Niedersächsische Mühlenstraße** entlang, trifft man auf zahlreiche Exemplare dieser technischen Wunderwerke, deren kulturelle Bedeutung gerade für die windreichen Regionen an der Küste besonders groß ist.

Die Region Krummhörn prägen die typischen Gulfhöfe, viele Windmühlen, alte Häuptlingsburgen, der höchste Leuchtturm Deutschlands und die unendliche Weite der Landschaft. Für aktive Urlauber gibt viele Wege, die Krummhörn zu erkunden, egal ob mit dem Drahtesel, hoch zu Ross, zu Fuß oder auf dem Wasser.

Knock

An der Knock, der **südwestlichsten Landspitze der Krummhörn,** befinden sich ein Schöpfwerk, ein Radarturm der Verkehrszentrale Ems und ein Campingplatz mit Wohnmobilstellplatz. Das Knockster Tief mündet in den Mahlbusen, von dort befördert das **Schöpfwerk** das Binnenwasser in die Unterems. Zur Zeit seiner Erbauung 1969 galt es als eines der größten in Europa. Der markante **Radarturm** der Verkehrszentrale wird seit 1972 betrieben und dient der ständigen Überwachung des Schiffsverkehrs in der Unterems. Im Norden der Knock hat sich **Schwerindustrie** angesiedelt, es gibt eine Erdgas-Anlandestation und -reinigungsanlage des norwegischen Unternehmens Gassco. Eine Schiffanlegestelle dient Schiffsverbindungen der AG Ems.

Praktische Informationen & Adressen
- **PLZ:** 26723 Emden-Knock.
- **Tourist-Information:** Siehe bei Emden.
- **Ausflugsfahrten:** Die AG Ems veranstaltet von Mai bis September Schiffsfahrten von der Seebrücke Knock nach Borkum, Ditzum und Delfzijl, die jeweiligen Termine bzw. Abfahrtszeiten der „Wappen von Borkum" gibt es auf www.ag-ems.de/ausflüge oder unter Tel. 0180 518 01 82.

Orgellandschaft Ostfriesland

Der Landstrich an der deutschen Nordseeküste ist reich gesegnet mit alten Kirchen. In diesen Sakralbauten befinden sich allein in Ostfriesland **mehr als 90 bedeutende Orgeln aus sechs Jahrhunderten.** Die meisten dieser Instrumente stammen aus der Barockzeit und wurden aufwendig restauriert. Ihr kultureller Wert kommt zunehmend im öffentlichen Bewusstsein an. Eine besondere Konzentration dieser Instrumente gibt es in der Krummhörn. Die **Orgel in der Rysumer Kirche** (Abb. s.u.) gehört zu den ältesten noch bespielbaren der Welt. Sie geht in ihrem Grundbestand auf die Zeit um 1440 oder 1457 zurück. Nach einer alten Friesenchronik wurde sie einst von den Bauern Rysums mit deren zehn besten Rindern („zehn fette Beester") bezahlt.

„Die Orgel ist ohne Zweifel das größte, das kühnste und das herrlichste aller von menschlichem Geist geschaffenen Instrumente, sie ist ein ganzes Orchester, von dem eine geschickte Hand alles verlangen, auf dem sie alles ausführen kann", wird *Honoré de Balzac* zitiert. Davon kann man sich selbst überzeugen, denn **Orgelkonzerte** finden in Ostfriesland regelmäßig statt. In der St.-Bartholomäus-Kirche zu Dornum beispielsweise gibt es sogar Nachtorgelkonzerte bei Kerzenschein – in diesem Ambiente entwickelt die Musik eine ganz eigene Magie.

Einer der bedeutendsten **Orgelbauer** vergangener Tage war **Arp Schnitger** (1648–1719), er gilt als Vollender der norddeutschen Barockorgel. Instrumente, an deren Bau er zumindest beteiligt war, stehen in Stade, Accum, Norden und Weener. In Weener gibt es ein Kultur- und Bildungszentrum für Tasteninstrumente, das Organeum. Hier werden Organisten ausgebildet, denn daran darf es in einer der reichsten Orgellandschaften der Welt nicht mangeln.

nskns_019 mna

■ **Angeln:** In Wybelsum können Freunde des Angelsports Gastkarten erwerben.

■ **Restaurant Strandlust:** Jannes-Ohling-Straße 39, Tel. 04927 18 78 30, info@gastro@agems.de, www.agems-gastronomie.de. Gastronomie auf dem Deich direkt an der Anlegestelle mit bestem Blick auf die Emsmündung.

■ **Campingplatz Knock:** Am Mahlbusen 1, Tel. 04927 567, info@campingplatz-knock.de, www.campingplatz-knock.de. Für Camper, die Natur lieben, ist der Platz ideal.

■ **Wohnmobilstellplatz Seebrücke Knock:** Jannes-Ohling-Straße 39. Zehn Stellplätze locken mit Ruhe und Blick auf den Schiffsverkehr der Ems.

Rysum

Die südlichste Ortschaft der Gemeinde Krummhörn ist ein **Rundwarfendorf,** das bereits im Jahr 1000 unter dem Namen Hrisinghem existierte. Die Dorfwarf liegt sechs Meter über dem Meeresspiegel und hat einen Durchmesser von nahezu 400 Metern. Im Ortsmittelpunkt auf der höchsten Stelle des künstlichen Erdhügels steht die **Rysumer Kirche,** die auf das 12. Jahrhundert zurückgeht. In ihr befindet sich **der ältesten noch bespielbaren Orgeln der Welt,** Mitte des 15. Jahrhunderts von dem Groninger Orgelbaumeister *Harmannus* erbaut. Die Dorfstraßen verlaufen ringförmig um die Kirche und sind durch radiale Gassen miteinander verbunden. In Rysums **Ortskern** stehen noch einige ältere Gulfhöfe und backsteinrote Häuser, das älteste stammt aus dem Jahr 1766. Die Rysumer Mühle ist ein dreistöckiger Galerieholländer, sie wurde 1895 errichtet, mehrfach umgebaut und ist funktionsfähig. Wegen der vielen alten Bausubstanz hat Rysum Flair und ein Besuch ist emp-

fehlenswert. Anfang September findet der Rysumer Bauernmarkt statt.

Praktische Informationen & Adressen

■ **PLZ:** 26736.

■ **Tourist-Information:** Siehe bei Greetsiel.

UNSER TIPP: Die Touristik GmbH Krummhörn-Greetsiel bietet **geführte Fahrradtouren** unterschiedlicher Länge an, auf denen Wissenswertes über Kirchen, Kulinarisches, Deichbau, Landesentwässerung, Leuchttürme und Mühlen vermittelt wird. Für sportliche und trainierte Fahrer, die nicht allein radeln möchten, gibt es Querfeldein-Touren und Rundfahrten.

■ **Bus:** Linie 422 des Verkehrsverbundes Ems-Jade (VEJ), www.vej-info.de, fährt nach Emden und Pewsum.

■ **Restaurant: Landhaus Rysumer Plaats,** Am Judendobbe 4, Tel. 04927 18 79 44, rysumerplaats @web.de. Besonderes Ambiente mit regionaler Küche in denkmalgeschütztem Gulfhof.

■ **E-Bike-Ladestation:** Im Landhaus Rysumer Plaats.

■ **Rysumer Mühle:** Mühlenlohne 10, Tel. 04927 424.

Loquard

Loquards Einwohnerzahl beläuft sich auf etwa 600. Das Dorf ist schon sehr alt und wurde auf einer **Ringwarf** errichtet, einem ringartig, künstlich aufgeschütteten Siedlungshügel. Sehenswert ist vor allem die **alte Kirche** aus der zweiten Hälfte des 13. Jahrhunderts. Im Innenraum steht ein wunderschöner, in einer flämischen Werkstatt geschnitzter Altar, der Altaraufsatz stammt vermutlich aus dem Jahr 1510. Der fragmentarisch erhaltene Taufstein ist über 800 Jahre alt. Neben der Kirche befand sich im Mittelalter eine Häuptlingsburg; nur noch der

Burggraben ist erhalten, über eine Holzbrücke geht es in einen kleinen Rosengarten.

Praktische Informationen & Adressen
- **PLZ:** 26736 Krummhörn-Loquard.
- **Tourist-Information:** Siehe bei Greetsiel.
- **Bus:** Linie 422 des Verkehrsverbundes Ems-Jade (VEJ), www.vej-info.de, fährt nach Emden und Pewsum.
- **Loquarder Kirche:** Kirchringstraße, Tel. 04921 661 72.
- **E-Bike-Ladestation:** Fliesenmanufaktur, Armenlohne 11.

Campen

Das **Warfendorf** Campen wurde vor über 1000 Jahre auf einer Ringwarf errichtet. Auf dem höchsten Punkt steht die sehenswerte **Reformierte Kirche** aus dem 13. Jahrhundert. Der alte Backsteinbau wurde als Saalkirche mit frei stehendem Glockenturm konzipiert, in dem **eine der ältesten Glocken Ostfrieslands** von 1295 hängt. Die Kanzel ist aus dem Jahr 1794, schöne Malereien zieren das Gewölbe im Inneren.

1891 wurde der **Campener Leuchtturm** gebaut, mit 65 Metern Höhe der größte Deutschlands, sein Leuchtfeuer hat eine Reichweite von 54 Kilometern. Es handelt sich um eine offene Stahlfachwerkkonstruktion mit dreieckigem Grundriss. Über 365 Stufen erreicht man die obere Plattform, die mit einem **fantastischen Ausblick** belohnt. Kinder können hier ein Diplom beispielsweise als Leuchtturm-Hilfswärter oder als Leuchtturmstürmer machen und bekommen eine hübsche Urkunde ausgehändigt. Auf dem Gelände befinden sich auch verschiedene Seezeichen.

⌂ Bunte Drachen über grünem Deich

1

Praktische Informationen

■ **PLZ:** 26736 Krummhörn-Campen.

■ **Tourist-Information:** Siehe bei Greetsiel.

■ **Bus:** Linie 422 des Verkehrsverbundes Ems-Jade (VEJ), www.vej-info.de, fährt nach Emden und Pewsum.

■ **Ref. Kirche Campen:** Husumer Hörn 5.

■ **Ostfriesisches Landesmuseum Campen:** Krummhörner Straße, Tel. 04927 939 95 23 und 04923 805 99 50, www.olmc.de (Erw. 3 €/ Kinder 1,50 €). Von der muskelbetriebenen bis zur vollautomatischen Landwirtschaft der Jahre 1850 bis 1950 ist in diesem kleinen Museum an vielen Mitmachstationen Interessantes zu entdecken. Jährlich im Oktober wird ein Apfelfest gefeiert.

■ **Campener Leuchtturm:** Leuchtturmstraße, Tel. 04926 918 80, Öffnungszeiten siehe www.greetsiel.de, Erw. 6 €/Kinder 3,50 €.

■ **Fahrradverleih und -reparaturen:** Fahrräder Brügma, Eurostraße 2, Tel. 04927 18 90 80. Mit E-Bike-Ladestation.

■ **Campingplatz Dyksterhus:** Campingweg 2, Tel. 04927 489.

UNSER TIPP: Mit einem alten **Deutz-F2-L-612-Trecker** aus dem Jahr 1957 lässt sich mit 18 PS bei max. 20 km/h die ostfriesische Wildnis entdecken. Es gibt verschiedene Touren und Zeitfenster, Kinder erst ab 12 J. (Schnupperstunde 39 €, 2 Stunden 58 €). Anmeldung beim Ostfriesischen Landesmuseum unter Tel. 04923 805 99 50 oder 04927 93 95 23, treckeruptour@olmc.de, www.olmc.de.

Upleward

Wenige Kilometer nordwestlich von Emden liegt Upleward. Der Ort ist etwa 1300 Jahre alt. Die kleinen alten Häuser wurden um die im 14. Jahrhundert errichtete gotische Kirche gebaut. Im Jahr 2000 wurde hinter dem Deich auf 9000 Quadratmetern der erste **Trockenstrand** der Welt errichtet, der im Sommer von den Urlaubern gern genutzt wird. Der Tourismus spielt eine zunehmend wichtige Rolle, während die Landwirtschaft zurückgeht. Die meisten der knapp 400 Einwohner sind in der Automobilindustrie beschäftigt.

Charakteristisch für Ostfriesland sind die **Gulfhöfe,** von denen in Upleward gleich fünf zu finden sind. Es handelt sich um in Holzständerbauweise errichtete Bauernhäuser mit einem Vorderhaus zum Wohnen und hinten angebauter Scheune für Tiere und landwirtschaftliche Geräte. Das älteste Gulfhaus im Ort entstand vor rund 300 Jahren.

Praktische Informationen & Adressen

■ **PLZ:** 26736 Krummhörn-Upleward.

■ **Tourist-Information:** Siehe bei Greetsiel.

■ **Bus:** Linie 422 des Verkehrsverbundes Ems-Jade (VEJ), www.vej-info.de, fährt nach Emden und Pewsum.

■ **Trockenstrand:** Erbsenbindereistraße. Abenteuerspielplatz.

■ **Restaurant Likedeeler:** Auf dem Campingplatz (s.u.).

■ **Camping am Deich:** Erbsenbindereistraße 3, Tel. 04923 525, info@camping-am-deich.de, www.camping-am-deich.de. Komfortabler Campingplatz mit vielen Stellplätzen und Chalets, der sogar einen Sauna- und Wellnessbereich sowie einen Minimarkt zu bieten hat.

■ **Pension Haaskehörn**①: Ant' Oll Dobke 2, Tel. 04923 75 69, haaskehoern@t-online.de, www.haaskehoern.de.

■ **E-Bike-Ladestation:** Pension Haaskehörn (s.o.).

■ **Schlickschlittenrennen:** Immer im August wird es matschig. „Wältmeisterschaft & Ostfriesische Wattspiele" im Watt bei Upleward beim Trockenstrand mit Rahmenprogramm (www.schlickschlittenrennen.de).

■ **Wind- und Familiendrachenfest:** Im Oktober am Trockenstrand von Upleward.

Groothusen

Die Ursprünge des Dorfes gehen vermutlich auf das 8. Jahrhundert zurück, es wurde als sogenanntes **Wikdorf** – so wurden die Handelsplätze genannt – gegründet. Die Häuser stehen auf einer 500 Meter langen und 130 Meter breiten Langwarft. Das nordwestliche Dorfende markiert die **St.-Petrus-Kirche** mit ihrem wuchtigen Kirchturm aus dem Jahr 1225, die Grundsubstanz der heutigen Kirche entstand zweihundert Jahre später. Das prächtige bronzene Taufbecken wurde 1454 gegossen. Die wertvolle Orgel von *Johann Friedrich Wenthin*, gebaut von 1798 bis 1801, hat einen wundervollen Klang.

Im Mittelalter gab es in Groothusen drei Burgen, die Oster-, Middel- und Westerburg, von denen jedoch nur noch die **Osterburg** an der Ostseite erhalten ist. Die mittelalterliche Wasserburg war ostfriesische Häuptlingsburg und liegt an einem Landschaftsschutzgebiet mit einer langen alten Lindenallee.

Praktische Informationen & Adressen
● **PLZ:** 26736 Krummhörn-Groothusen.
● **Burgcafé Osterburg Schatthaus:** An der Osterburg 1, Krummhörn-Groothusen, Tel. 04923 80 54 68, dorotheakempfe@web.de, www.osterburg-groothusen.de. Geöffnet von März bis Oktober. Kunst, Kultur und Natur genießen mit Blick auf die historische Burg und den Park.
● **Bus:** Linien 421 und 422 des Verkehrsverbundes Ems-Jade (VEJ), www.vej-info.de, fahren nach Emden, Pewsum und Greetsiel.
● **Fahrradmuseum Groothusen:** Van Wingene Straße zwischen Groothusen und Pewsum. Privatmuseum zu 100 Jahren Fahrradgeschichte.
● **E-Bike-Ladestation:** Meinhardi-Straße (Alter Torfanleger) an der Landstraße.

Abstecher nach Pewsum

Der gut 3000 Einwohner zählende Ort gehört seit 1972 zur damals neu gegründeten Gemeinde Krummhörn; Pewsum ist Sitz der Gemeindeverwaltung. Erstmals urkundlich erwähnt wurde die **Burg der Häuptlingsfamilie Manninga** im Jahr 945, die auch heute noch markantes Wahrzeichen des Ortes ist. Im 18. Jahrhundert verfielen Teile der Burg, die erhaltenen Gebäude wurden inzwischen restauriert und dienen als Museum. Dazu gehört neben der Manningaburg auch die **Windmühle Pewsum,** ein Galerieholländer von 1843, mit Gulfhaus und Lagerhaus. Aus Pewsum stammt übrigens die erste offiziell anerkannte und niedergelassene Frauenärztin Deutschlands, *Hermine Heusler-Edenhuizen*.

Praktische Informationen & Adressen
● **PLZ:** 26736 Krummhörn-Pewsum.
● **Tourist-Information:** Touristik GmbH Krummhörn-Greetsiel, Burgstraße 5, Tel. 04926 918 80, info@greetsiel.de, www.greetsiel.de.
● **E-Auto-Tankstelle** am Rathaus der Gemeinde Krummhörn: Rathausstraße 1, Tel. 04923 91 60, gemeinde@krummhörn.de, www.krummhörn.de.
● **Bus:** Linien 418, 421 und 422 des Verkehrsverbundes Ems-Jade (VEJ), www.vej-info.de, fahren nach Emden, Greetsiel und Norden.
● **Burgmuseum Pewsum und Handwerkermuseum in der Pewsumer Mühle:** Drostenplatz und Manningastraße 13–14, Tel. 04923 74 32, www.heimatverein-krummhoern.de (Erw. 2 €/Kinder 1 €). Häuptlingsgeschichte und die Burgen Ostfrieslands stehen im Mittelpunkt der Ausstellung, dazu gibt es Sonderausstellungen. Hier wird über altes Handwerk, Milchwirtschaft, Mühlentechnik und vieles mehr informiert.
● **Fahrradverleih:** Zweirad Mentjes, Raiffeisenstraße 21, Tel. 04923 84 97.

● **Pizzeria da Carmelo:** Cirksenastraße 1, Tel. 04923 803 85, www.da-carmelo-pewsum.de. Typischer „Italiener".
● **E-Bike-Ladestation:** Gaststätte Vosberg, Cirksena Straße 13.

Abstecher nach Freepsum

In der Nähe der Ortschaft liegt mit 2,30 Metern u.N.N. der **tiefste Punkt Niedersachsens.** Das nur knapp 400 Einwohner zählende **Warfendorf** ist etwa zehn Kilometer nordwestlich von Emden gelegen. An der höchsten Stelle der Warf wurde Mitte des 13. Jahrhunderts die **Freepsumer Kirche** errichtet, heute ein Kulturdenkmal. Früher diente sie den Menschen bei Überschwemmungen als Zufluchtsort.

Im Südosten des Ortes befindet sich das **Freepsumer Meer,** ein 1769 trockengelegtes Binnenmeer, das ohne Pumpen in kürzester Zeit wieder vernässen würde. Heute bietet es vielen Tieren einen geschützten Lebensraum, an dessen Rand ein befestigter Wanderweg mit Naturlehrpfad entlangführt. Hier lassen sich gut Vögel Teichralle, Schilfrohrsänger und Rotschenkel, aber auch andere Tiere beobachten.

Praktische Informationen & Adressen
● **PLZ:** 26736 Krummhörn-Freepsum.
● **Landkultur Freepsum e.V.:** Am Spielplatz 15, Tel. 04923 805 98 60, info@landkultur-freepsum. de, www.landkultur-freepsum.de. Im ehemaligen Wirtschaftsteil eines denkmalgeschützten Gulfhofs finden kulturelle Veranstaltungen statt, beispielsweise im September ein Gitarrenfestival.
● **Bus:** Linie 421 des Verkehrsverbundes Ems-Jade (VEJ), www.vej-info.de, fährt nach Emden und Pewsum.

● **Ev.-ref. Kirche Freepsum:** Dorfringstraße.
● **Naturlehrpfad:** Am Freepsumer Meer.
● **E-Bike-Ladestation:** Freepsumer Gulfhof, Dorfringstraße 2c.

Manslagt

Das etwas abseits gelegene, verträumte **Warfendörfchen** zwischen Groothusen und Pilsum wurde erstmals als „Marsfliati" um das Jahr 1000 erwähnt. Ursprünglich handelte es sich um eine Insel im ehemaligen Meerbusen bei Sielmönken, die der Häuptlingsfamilie *Beninga* gehörte. Sehenswert ist der **Ortskern** mit alten, nichtbäuerlichen Häusern und der **Manslagter Einraumkirche** aus dem 14. Jahrhundert. Die ältesten Grabsteine in der Kirche zeigen auf 1599 und 1637 datierte Inschriften. Die Kirche ziert eine im Jahr 1714 in Amsterdam gefertigte Kanzel. Das Taufbecken ist aus Bentheimer Sandstein. Ein besonderer Anziehungspunkt ist das in der Kirche ausgestellte Bronzemodell des Dorfes.

Praktische Informationen & Adressen
● **PLZ:** 26736 Krummhörn-Manslagt.
● **Bus:** Linie 421 des Verkehrsverbundes Ems-Jade (VEJ), www.vej-info.de, fährt nach Greetsiel und Pewsum.
● **Farradverleih Frerichs:** Südstraße 15, Tel. 04923 91 29 47.
● **Restaurant-Pension Manslagter Bauernstuben**①: Manslagter Dörperstraat 4, Tel. 04923 91 13 75, www.manslagter-bauernstuben.de. Das sehr hübsche und gemütliche Restaurant hat nur eine kleine Speisekarte, dafür sind die Speisen umso leckerer (auch für Vegetarier). Vier hübsch eingerichtete Doppelzimmer.
● **E-Bike-Ladestation:** Manslagter Bauernstuben (s.o.).

Pilsum

Früher war Pilsum friesischer Häuptlingssitz. Der Ort ist auf einer **Rundwarf**
errichtet worden, knapp 600 Menschen
leben hier. Sehenswert ist die **Valentin-
Ulrich-Grotian-Orgel** aus dem Jahr
1694 in der Probsteikirche. In dem vor
Ort stehenden, **mit nur elf Metern Höhe kleinsten Leuchtturm Deutschlands**
(1915 stillgelegt) kann man heiraten.
Lange Zeit war er unbekannt, doch seitdem das gelb-rot geringelte Bauwerk in
Otto Waalkes' erstem Film auftauchte,
erfreut sich der Leuchtturm großer Be-
rühmt- und Beliebtheit.

Otto machte ihn berühmt – Leuchtturm Pilsum

Praktische Informationen & Adressen

▪ **PLZ:** 26736 Krummhörn-Pilsum.

▪ **Bus:** Linie 421 des Verkehrsverbundes Ems-Jade
(VEJ), www.vej-info.de, fährt nach Greetsiel und
Pewsum.

▪ **Pilsumer Leuchtturm:** Zum Alten Leuchtturm
2, Tel. 04923 911 10, www.greetsiel.de. Es gibt Führungen für Gruppen nach Absprache sowie öffentliche Führungstage, die aktuellen Termine werden
auf der Website bekannt gegeben.

▪ **Fahrradverleih Stein** (Sporträder): Seester-
nenweg 22, Tel. 04926 17 77.

▪ **Alte Brauerei:** An der alten Brauerei 2, Tel.
04926 91 29 15, www.alte-brauerei-pilsum.de.
Spezialität: Seezunge mit Quellergemüse und Kartoffeln.

▪ **E-Bike-Ladestation:** Alte Brauerei.

▪ **Sehr kleines Haus:** Auf der Warf 1, sehrkleines-
haus@t-online.de, www.sehr-kleines-haus.de. Die

nskns_021 mna

Die ostfriesische Küste

Theaterbühne von *Holger Müller* alias *Ausbilder Schmidt* befindet sich mitten im Ort, ins Theater gelangt man durch den Garten. Karten nur per E-Mail bestellbar.

■ **Glaskunst:** Zur Kreuzkirche 6, Tel. 04926 92 61 07, k-happek@t-online.de, www.glaswelt24.de. In unmittelbarer Nähe der Kreuzkirche in Pilsum befindet sich die kleine Werkstatt des Glaskünstlers *Klaus Happek*. Auf Wunsch macht er auch Sonderanfertigungen.

■ **Gulfhof Dieksiel Pilsum**①: Karkstraat 2 (Zufahrt über Neu-Etumer-Straße, Hinweis „Kunstscheune" folgen), Tel. 04926 300, gulfhof-dieksiel-pilsum@gmx.de, www.gulfhof-dieksiel.pilsum.de. Hübsch eingerichtete Doppelzimmer mit Gemeinschaftskühlschrank und -Mikrowelle.

■ **Weihnachtsmarkt „Advent in't Schüür":** Gulfhof Dieksiel (s.o.). Termin über die Tourist-Information Greetsiel (s.u.).

Greetsiel

Wer in Greetsiel durch die **malerischen Gassen** schlendert, ist sofort vom zauberhaften Anblick der **historischen Giebelhäuser** aus dem 18. Jahrhundert, den berühmten **Greetsieler Zwillingsmühlen** und dem mehr als 600 Jahre alten **Hafen** gefangen. Hier liegt mit mehr als zwanzig Schiffen die größte Kutterflotte Niedersachsens.

Greetsiels **Geschichte** begann vor über 650 Jahren. Im Jahr 1388 erstmals urkundlich erwähnt, ist der Ort vermutlich weitaus älter. Das **Häuptlingsgeschlecht der Cirksena** begann hier sei-

▽ Die Greetsieler Zwillingsmühlen am Sieltief

nskns_041 mna

nen Aufstieg, Greetsiel wurde zum Häuptlingssitz. Die Adelsfamilie stellte von 1464 bis 1744 die Grafen und Fürsten Ostfrieslands. 1547 wurde in Greetsiel auch der berühmte Gelehrte *Ubbo Emmius* (1547–1625) geboren, Gründer der Universität im niederländischen Groningen.

Das Leben in Greetsiel drehte sich von Beginn an um den **Hafen.** Schon im 14. Jahrhundert lagen hier Hamburger Schiffe vor Anker und mussten Zoll entrichten. Die Tiefs und Entwässerungskanäle waren enorm wichtig für die Anbindung des Hinterlandes und den Verkehr nach Emden, sie wurden damals als Handelswege genutzt. Auch der Torf aus den ostfriesischen Fehnsiedlungen wurde auf diesem Wasserstraßennetz zur Krummhörn transportiert.

Im Jahr 1744 übernahmen die **Preußen** die Herrschaft in Ostfriesland und verbesserten den Hafen von Greetsiel. Aus der Zeit *Friedrichs des Großen* stammt das eindrucksvolle **Sieltor.** Leider ließ er 1777 die Häuptlingsburg schleifen. Schwere Schäden richteten 1717 und 1825 auch zwei **Sturmfluten** an, aber die Grundsubstanz des Ortes blieb erhalten. Das alte Hafenbecken ist seit 1991 durch die **Schleuse Leysiel** tidenunabhängig geworden, aber die Krabbenkutter müssen sich für ihre Fangfahrten trotzdem nach den Gezeiten richten. Gefischt wird in erster Linie nach Krabben, Fischen und Muscheln.

Hervorzuheben an Greetsiel ist vor allem das **nostalgische Flair** dank der vielen alten Häuser. Im Sommer allerdings ist der Ort bei gutem Wetter völlig überlaufen. Zu den beliebtesten Fotomotiven gehören die **historischen Gebäude** am Hafenbecken mit den Glockengiebelhäusern von 1741 und 1792 sowie die beiden Galeriehölländer in der Mühlenstraße. Die westliche **„grüne" Mühle** ist aus dem Jahr 1856 und beherbergt heute eine Teestube mit Bildergalerie. Die östliche **„rote" Mühle** ist sogar schon von 1706 und mahlt auch heute noch das Mehl für die Bäckerei Schoof. Museum, Café und Galerie ist **Poppingas Alte Bäckerei** in der Sielstraße 21, die Inneneinrichtung ist fast unverändert erhalten geblieben. In der Hohen Straße befindet sich der ehemalige **Stammsitz des Herrschergeschlechts der Cirksena,** ein Steinhaus, das um 1600 auf älteren Fundamenten errichtet wurde. Sehenswert ist auch die **Evangelisch-reformierte Kirche,** die von 1380 bis 1410 entstanden ist und 1699 mit einer prachtvollen Kanzel ausgestattet wurde. Der ziegelrote Glockenturm steht separat.

Praktische Informationen & Adressen

● **PLZ:** 26736 Krummhörn-Greetsiel.

● **Tourist-Information:** Krummhörn-Greetsiel Touristik, Zur Hauener Hooge 11, Tel. 04926 918 80, info@greetsiel.de, www.greetsiel.de. (Facebook, Twitter, Youtube, Pinterest, Instagramm)

● **Bus:** Linien 417 und 421 des Verkehrsverbundes Ems-Jade (VEJ), www.vej-info.de, fahren nach Emden und Norden.

● **Reederei Frisia:** Bülowallee 2, 26534 Norderney, Tel. 04931 98 70, info@reederei-frisia.de, www.reederei-frisia.de. Ausflugsfahrten mit der „Frisia X" nach Juist und Norderney sowie Minikreuzfahrten in See und ins Weltnaturerbe Wattenmeer (Erw. 15,50–24,50 €/Kinder 4–11 J. 7,80–12,30 €). Karten gibt es an Bord und bei der Tourist-Information.

● **E-Bike-Ladestationen:** Hotel Martina, Schollenweg 24, und Schoffsche Mühle, Mühlenstraße 2.

Die ostfriesische Küste

Unser Tipp: Ostfriesland mit dem E-Mobil entdecken: Eine gute Idee, um umweltfreundlich größere Distanzen zu überbrücken, ist das Mieten eines **„Nordsee-Flitzers"**. Gegen Vorlage der Nordsee-Service-Card, die man automatisch bekommt, sobald der Kurbeitrag bezahlt wird, kann man für maximal vier Stunden kostenfrei ein E-Mobil nutzen. Es gibt Verleihstationen bei den Tourist-Informationen in Krummhörn-Greetsiel, Norden-Norddeich, Dornum, Esens-Bensersiel, Werdum, Neuharlingersiel, Carolinensiel, Wangerland und Varel-Dangast. Voraussetzung ist ein gültiger Führerschein, eine gültige Kreditkarte und der Personalausweis.

Museen und Führungen

■ **Nationalpark-Haus Greetsiel:** Schatthauser Weg 6, Tel. 04926 20 41.

■ **Greetsieler Mühle:** Mühlenstraße 2, Tel. 04926 92 65 30, info@muehle-schoof.de, www.muehle-schoof.de (Erw. 2 €/Kinder 5–15 J. 1 €/Führung Erw. 5 €/Kinder 5–15 J. 3 €). Zweimal wöchentlich gibt es Führungen durch die Mühle, Gruppenführungen auf Anfrage, ansonsten kann die Mühle während der Öffnungszeiten von Ostern bis Ende Oktober in Eigenregie besichtigt werden. Durch die unten in der Mühle befindliche Teestube führt der Weg in eine Bildergalerie im ersten Stock.

■ **Greetsieler Museumshaus:** Zur Hauener Hooge 11 (Erw. 2 €/Kinder bis 12 J. 1,50 €/Familien 5 €). Geöffnet von April bis Oktober. 800 Buddelschiffe und eine Bernstein-Ausstellung.

■ **Greetsiel bei Nacht:** Abendwanderung mit Fackeln durch den romantischen Fischerort; Fackeln gibt es nur für Kinder ab sechs Jahren (Erw. 9 €/Kinder 6 €). Die Anmeldung erfolgt über die Tourist-Information.

Essen und Trinken

■ **Hohes Haus:** Hohe Straße 1, Tel. 04926 18 10, www.hoheshaus.de. In dem hübsch eingerichteten Gastraum in einem alten Backsteinhaus kommen Fisch- und Fleischgerichte auf den Tisch.

■ **Zum Alten Siel:** Am Markt 1, Tel. 04926 339, www.zum-alten-siel.de. Hier speist man mit Blick auf den malerischen Hafen. (Facebook)

■ **Moin Moin:** Mühlenstraße 22, Tel. 04926 763. Sehr, sehr nettes kleines Restaurant mit vorzüglichem Essen in uriger Atmosphäre. (Facebook)

■ **Captains Dinner Am Sielgatt:** Am Markt 4, Tel. 04926 369, www.captains-dinner.com. Zwei gemütliche Häuser wurden zu einem Restaurant zusammengefasst, die Speisekarte ist umfangreich.

■ **Eiscafé am Hafen:** Sielstraße 17, Tel. 04926 16 81, www.supermarkt-greetsiel.de/eiscafe/. Dänische Eiskreationen auf zwei Etagen in einem liebevoll restaurierten Haus aus dem 18. Jahrhundert.

■ **Friesenherz Café und Interieur:** Schatthauser Weg 4, Tel. 04926 909 59 41, www.friesenherz.com. Kaffee und Schönes für Zuhause in Nähe des Nationalpark-Hauses.

Sport und Freizeit

■ **Fahrradverleih Poppinga:** Freie Tankstelle, Mühlenstraße 3, Tel. 04926 348, poppinga.greetsiel@web.de, www.poppinga-greetsiel.de.

■ **Fahrradverleih Jacobsen:** Schatthauser Weg 1, Tel. 04926 335.

■ **Schwimmbad:** Oase Greetsiel, Zur Hauener Hooge 11, Tel. 04926 91 88 30, info@oase-greetsiel.de, www.oase-greetsiel.de (Erw. ab 6 €/Kinder 3 €). Schwimmbad, Ruhebereich, Dampfbad, Sauna, Wellness und Physiotherapie. (Facebook, Twitter, Pinterest)

■ **Angeln:** Fischereiverein Greetsiel, *H. Kruse,* Mühlenstraße 2, Tel. 04926 2154, www.greetsiel-fischereiverein.de. Gastkarten erteilen der Fischereiverein Greetsiel und die Tourist-Information bei Vorlage eines gültigen Fischereischeins und eines Personalausweises.

Unser Tipp: Eine Abenteuertour durch Greetsiel und Pilsum verspricht das **„Quizcaching Greetsiel"**. Dafür werden ein internetfähiges Smartphone und das Quiz benötigt. Um die einzelnen Stationen zu finden, müssen die Fragen beantwortet werden; je-

1

de richtige Antwort bringt das Ziel ein Stück näher. Ziele sind bekannte Sehenswürdigkeiten, interessante Bauwerke und das Wattenmeer. Die Tour lässt sich zu Fuß oder per Fahrrad machen.

Hotels

■**Schatthaus**②: Im Schatthauser Weg 2, Tel. 04926 17 11, www.schatthaus-greetsiel.de. Gediegenes Hotel und Ferienwohnungen in ruhiger und zentraler Lage.

■**Hohes Haus**③: Siehe „Essen und Trinken". Schlicht und funktional eingerichtete Zimmer, teilweise mit schönen alten Möbeln bestückt.

■**Romantik-Hof Greetsiel**③: Ankerstraße 4, Tel. 04926 91 21 51, info@romantik-hof.de, www.romantik-hof.de. Romantisches Verwöhnhotel drei Minuten zu Fuß vom Hafen entfernt.

■**Hotel Leegerpark**②: Am Leeger 8, Tel. 04926 431, info@leegerpark.de, www.hotel-leegerpark-greetsiel.de. Gepflegter Komfort in neuen Mauern mit Saunabereich und Bistro.

■**Hotel Achterum**②: Pferdekoppel 8, Tel. 04926 17 54, mail@achterum-greetsiel.de, www.achterum-greetsiel.de. Inhabergeführtes Haus mit langer Tradition in frisch renoviertem alten Ziegelbau, zum Hafen braucht man nur ein paar Minuten.

■**Hotel Restaurant Witthus**②: Kattrepel 5–9, Tel. 04926 920 00, info@witthus.de, www.witthus.de. Gepflegtes kleines Hotel im historischen Viertel mit sehr gutem Restaurantbetrieb.

⌄ Ausflugsschiff im Hafen von Greetsiel

Camping- und Wohnmobilstellplätze

■ **Wohnmobilstellplatz bei den Zwillings-mühlen:** Mühlenstraße. 55 Plätze mit Stroman-schluss.

Jachthafen

■ **Yachtclub Greetsiel:** Tel. 0160 91 59 05 50, info @yachtclub-greetsiel.de, www.yachtclub-greet-siel.de. Geöffnet von Mai bis Oktober, erreichbar vom Wattenmeer über die Schleuse Leysiel und das naturgeschützte Speicherbecken.

Veranstaltungen

■ **In der Teestube in der Mühle** von Greetsiel finden regelmäßig Veranstaltungen statt, z.B. Le-sungen. Themen und Termine unter www.muehle-schoof.de

■ Ganztägige **Bustouren** in die Meyer-Werft nach Papenburg und zum Emssperrwerk Gandersum: An-meldung und Termine über die Tourist-Information Greetsiel.

■ Jährlich im Mai gibt es im Rahmen des Krumm-hörner Orgelfrühlings eine Woche lang **Konzerte mit geistlicher Musik** auf den zahlreichen histo-rischen Orgeln in der Region.

■ **Greetsieler Krabbenwoche:** Im Juli servieren zahlreiche Restaurants in Greetsiel Kulinarisches rund um die kleinen Krustentiere.

■ **Traditioneller Kutterkorso:** Mit den Greetsie-ler Krabbenkuttern geht es im Juli auf See. Karten ab Juni über die Tourist-Information Greetsiel.

■ **Greetsieler Deichlauf:** Im August findet das sechs Kilometer lange Rennen statt (keine Startge-bühren).

■ **Schlickschlittenrennen:** Im August, siehe bei Upleward.

Die Leybucht

Die etwa 19 Quadratkilometer große Bucht liegt im Westen Ostfrieslands und erstreckt sich **von Greetsiel bis nach Norddeich.** Die nach dem Dollart zweit-größte Bucht Ostfrieslands entstand durch Deichbrüche während der großen Sturmfluten im 13. und 14. Jahrhundert. Warum das passierte, lässt sich einfach erklären.

Die landwirtschaftlich genutzten Flä-chen innerhalb der Deiche mussten ent-wässert werden, die Böden sackten da-durch tiefer und lagen deshalb unterhalb des Meeresspiegels. Brachen die Deiche bei Unwetter, kam es zu **Meereseinbrü-chen.** Das Meerwasser konnte aber nicht mehr abfließen und blieb in den Senken stehen. Auch der Dollart entstand auf diese Weise. Mit 129 Quadratkilometern hatte die Leybucht nach den Sturmfluten

nskns_022 mma

1

nskns_023 mna

von 1374 und 1376 ihre größte Ausdehnung erreicht, am Ende der Bucht wurde 1424 die Ortschaft Marienhafe gegründet. „Ley" ist übrigens das altdeutsche Wort für Schiefer.

In den darauffolgenden Jahrhunderten wurden immer wieder Polder eingedeicht. Ihre heutige Größe hat die Bucht seit der Schließung des Störtebekerdeichs und der Eindeichung des Leybuchtpolders. Um regelmäßige Überschwemmungen des Greetsieler Hafens und des Umlands zu verhindern, wurde unter erheblichem Protest von Naturschützern **ab 1985** ein **umfassendes Deichbau- und Entwässerungsprogramm** realisiert. Detaillierte Informa-

tionen über diese Küstenschutzmaßnahme finden sich im Schöpfwerk Leybuchtsiel.

Im Greetsieler Nacken im Süden der Leybucht wurde ein 3,6 Quadratkilometer großes Areal eingedeicht und mit dem **Leyhörn** eine Halbinsel geschaffen. An deren Ende entstanden das neue **Leysiel,** durch das die Binnenentwässerung geregelt wird, und eine Schleuse. Die Zufahrt der Greetsieler Fischkutter ins Wattenmeer erfolgt über das Flüsschen **Norderley** durch diese Schleuse und die daran anschließende Fahrrinne.

Um die negativen Auswirkungen dieser Küstenschutzmaßnahme auf das Ökosystem zu begrenzen, wurden Ausgleichsflächen geschaffen und die Salzwiesen vor dem Deich weitgehend renaturiert. Das **Naturschutzgebiet Leyhörn** gehört heute zum Nationalpark Niedersächsisches Wattenmeer besteht aus dem

⌃ Kleines Boot im Speicherbecken Leyhörn

1

Speicherbecken Leyhörn, dem Leyhörner Sieltief, dem Leysiel und den Teichen bei Hauen. Es gibt Schlickflächen, ausgedehnte Röhricht- und Hochstaudenflächen, aber auch Grünlandbereiche. Die Leybucht gehört zur Schutzzone I (Ruhezone) und ist nach wie vor ein wichtiges **Rast- und Rückzugsgebiet für Zugvögel** wie Nonnen- und Ringelgänse. Auch Austernfischer, Löffler und Säbelschnäbler können von einer barrierefrei zugänglichen Vogelbeobachtungshütte aus entdeckt werden.

Eilsum

Der Ort mit etwa 650 Einwohnern wird erstmals um 1300 unter den Namen Edelsum, Ethilsum und Edelsheim erwähnt. Früher wohnten hier in einer Burg friesische Häuptlinge. Auf der höchsten Stelle der Warf steht weithin sichtbar die **einzige Chorturmkirche Ostfrieslands.** Der 36 Meter hohe Turm ist über den Altarraum gebaut. Die Kirche entstand etwa 1240 bis 1250 und wurde ursprünglich als dreischiffige Basilika geplant, wodurch sich die gewaltigen Dimensionen erklären lassen. Letztendlich wurde jedoch nur das Mittelschiff gebaut. Die Kirche schmücken **üppige Wandmalereien,** darunter auch der viel bewunderte farbenprächtige „Lukasstier". Das Taufbecken, eine sogenannte Bronzefünte, ist aus dem Jahr 1472. Ein besonderer Blickfang ist der niederländische Barockaltar, der 1738 in Groningen angefertigt wurde.

Praktische Informationen & Adressen
■ **PLZ:** 26736.
■ **Tourist-Information:** Siehe bei Greetsiel.

■ **Bus:** Linie 418 des Verkehrsverbundes Ems-Jade (VEJ), www.vej-info.de, fährt nach Norden und Pewsum.
■ **E-Bike-Ladestation:** Hof Saathoff, Greetsieler Str. 22–24, Eilsum-Middelstewehr.

Wirdum

Der Ort gilt als eines der ältesten Warfendörfer Ostfrieslands. Er liegt am **Wirdumer Tief,** einem Stichkanal, der vom Alten Greetsieler Sieltief abzweigt. Über ihn ist Wirdum an das ostfriesische Kanalnetz angeschlossen. Wirdum gehört zum Landkreis Aurich. Die Evangelisch-reformierte **Wirdumer Kirche** wurde um 1300 gebaut. Sehenswert ist die aufwändig gestaltete Kanzel von *Hinrich Cröpelin* aus dem Jahr 1699. Auf zwei Warfen zwischen Grimersum und Wirdum befinden sich noch Reste der Wasserburg der Häuptlingsfamilie *Beninga*. Am Ortseingang steht die einzige funktionstüchtige **Wasserpumpmühle** ihrer Art in Deutschland. Sie ist aus dem Jahr 1872 und wurde 1988 dorthin versetzt.

Praktische Informationen & Adressen
■ **PLZ:** 26529.
■ **Bus:** Linie 423 des Verkehrsverbundes Ems-Jade (VEJ), www.vej-info.de, fährt nach Emden.
■ **Landgasthof Zum Großen Krug**①: Grimersumer Straße 6, Tel. 04920 213, grosserkrugwirdum@t-online.de, www.zum-grossen-krug.de. In vierter Generation geführter Landgasthof mit Bundeskegelbahn und Festsaal.
■ **Hotel-Restaurant Bootshaus**③: Marscher Weg 18, 26624 Bedekaspeler-Marsch, Tel. 04942 65 67 70. Ostfriesische Küche in idyllischer Lage unter alten Bäumen am Kanal. Im Sommer samstags Spanferkel vom Grill und Aal frisch aus dem Rauch. Rollstuhlfreundlich und mit E-Bike-Ladestation.

Die ostfriesische Küste

1

Der legendäre Klaus Störtebeker

Aus welchem Ort der Anführer der berüchtigten Vitalienbrüder stammte, ist unbekannt. Es gibt mehr Mythos als historische Überlieferung, und wer an der Nordseeküste unterwegs ist, wird fast überall Hinweise auf den berühmten Seeräuber finden. Im Verfestungsbuch „Liber postscriptorum" taucht der Name **Nicolao Stortebeker** in Zusammenhang mit einer Prügelei erstmals 1380 auf. Das legt die Vermutung nahe, dass es sich um *Klaus Störtebeker* gehandelt haben könnte. Aus *Nicolao* wurde *Nikolaus* und daraus die Kurzform *Klaus*. Der Name „Nikólaos" stammt aus dem Altgriechischen und bedeutet „Sieg des Volkes". Es spricht auch deshalb einiges für diese These, weil der Heilige Nikolaus – in der ersten Hälfte des 4. Jahrhunderts Bischof im griechischen Myra – als Schutzheiliger der Seefahrer und Schiffer gilt und somit der Bezug zur Seefahrt gegeben ist.

Der **Name „Störtebeker"** kommt aus dem Niederdeutschen und bedeutet „Stürz den Becher", was vermutlich mit den trinkfesten Sitten der Seefahrer zusammenhängt. Die Mär, dass *Klaus Störtebekers* Name darauf zurückzuführen sei, dass er angeblich einen vier Liter fassenden Bierkrug auf ex trinken konnte, ist allerdings nicht belegt. Der **Störtebeker-Pokal** der Hamburger Schiffergesellschaft, auf den häufig verwiesen wird, ist jedenfalls erst 250 Jahre nach *Störtebeker* gefertigt worden. Es könnte aber auch sein, dass ein Zusammenhang mit dem Kaufmann und Kapitän *Johann Störtebeker* aus Danzig besteht. Vermutlich ist die Legende um den **„Robin Hood der Meere"** aus einer Mischung von Geschichten beider Personen entstanden. Nach dem heutigen Stand der Forschung ist es eher unwahrscheinlich, dass es den Piraten *Klaus Störtebeker* als Person tatsächlich gegeben hat.

Bei Konflikten unter den mächtigen Adeligen, die um die Herrschaft Dänemarks rangen, trat erstmals sein Name auf. König *Albrecht von Schweden* und die dänische Königin *Margarethe I.* warben Freibeuter an, damit diese die jeweils gegnerischen Schiffe kaperten. *Klaus Störtebeker* verdingte sich als **Freibeuter für Mecklenburg.** Als die Dänen 1389 Stockholm belagerten, stellte eine Gruppe von Seefahrern zunächst als Blockadebrecher die Versorgung der Bevölkerung mit Lebensmitteln – den Viktualien – sicher; daraus leitet sich der Begriff **„Vitalienbrüder"** ab. Außerdem war die Bruderschaft durch Kaperbriefe der Hansestädte Wismar und Rostock berechtigt, dänische Schiffe aufzubrin-

◁ Der ziegelrote Störtebekerturm in Marienhafe

gen. Dieses wilde Leben gefiel den Kaper-fahrern (Niederdeutsch „Likedeeler", also „Gleichteiler") so gut, dass sie nach dem Krieg als Seeräuber nach dem selbst gewählten Motto **„Gottes Freunde und aller Welt Feinde"** weitermachten, denn Beute gab es in Nord- und Ostsee reichlich. Die Vitalien-brüder konnten mit ihrem Raub aus Fisch, Pelzen, Fleisch und anderen Handelswaren auch einen gewissen Reichtum erlangen.

Die Piraterie machte **Bremer und Ham-burger Kaufleuten** das Leben ebenfalls schwer, und so versuchten sie mit allen Mit-teln, *Klaus Störtebeker* und seinen Kumpanen das Handwerk zu legen. Doch der hielt sich zunächst in Ostfriesland in Marienhafe ver-steckt, denn bei den dortigen Häuptlingen genoss er große Sympathien. Angeblich war er auch mit der Tochter des friesischen Hauptlings *Keno ten Broke* verheiratet.

Im **Kampf gegen die Plünderei** schickten die Hanseaten 1401 eine Flotte von elf Kog-gen in die Nordsee, der nahe Helgoland ein vernichtender Schlag gegen die Piraten ge-lang. 40 Seeräuber starben, 73 Mann wurden gefangen genommen und später enthaup-tet. Ob ihr legendärer Anführer *Klaus Störte-beker* mit darunter war, lässt sich nicht bele-gen. Allerdings wird sein Name anschließend nicht mehr in Berichten über Piraterie er-wähnt. Tatsache ist, dass ein Seeräuberschä-del, aus dem man sein früheres Erschei-nungsbild rekonstruiert hat, nichts mit *Klaus Störtebeker* zu tun hat, so viel hat die aktuelle Forschung immerhin ergeben.

Mit der Enthauptung der Vitalienbrüder in Hamburg war das Zeitalter der Piraterie an den Nordseeküsten aber noch lange nicht zu Ende. Ihren Höhepunkt hatte die Seeräuberei im 15. und 16. Jahrhundert.

Marienhafe

Der 1424 gegründete Ort zählt mit knapp 600 Einwohnern zu den **kleinsten Gemeinden Niedersachsens.** Er liegt rund 20 Kilometer nordöstlich von Em-den und zehn Kilometer südlich der Stadt Norden. Die mächtige **Marienkir-che** ist aus dem 13. Jahrhundert und da-mit älter als Marienhafe selbst. Sie diente früher den Schiffern in der Leybucht als **Seezeichen,** zur besseren Orientierung waren der Turm und auch die Kirchen-schiffe auf der Nordseite mit Kupfer ge-deckt und an der Südseite mit Schiefer. Ohne dieses Spezialwissen war Marien-hafe mit dem tideabhängigen Hafen vom Meer aus uneinnehmbar.

Heute liegt Marienhafe im Binnen-land und es gibt keinen Hafen mehr. Be-rühmt wurde der Ort vor allem, weil er angeblich dem **legendären Seeräuber Klaus Störtebeker** als Unterschlupf diente. *Störtebeker* war mit einer ostfrie-sischen Häuptlingstochter verheiratet, deren Familie ihm Schutz vor den Ham-burger Kaufleuten bot. Dafür half er ih-nen beim Kampf um die Vorherrschaft in Ostfriesland. Doch als ihn die Ham-burger Kaufleute bei Helgoland dingfest machten, setzten diese seinem Treiben ein Ende und richteten ihn hin (siehe Exkurs).

In der **Marienkirche** befindet sich ei-ne alte Orgel von *Gerhard von Holy* aus dem Jahr 1710; die Orgel aus dem nur wenige hundert Meter entfernten Nach-bartort Oosteel stammt aus dem Jahr 1619 und wurde von *Ede Evers* gebaut. Die Marienkirche wurde aus Kosten-gründen 1829 drastisch verkleinert, auch der Turm verlor mehr als die Hälfte seiner ursprünglichen Höhe; dieser sogenannte **Störtebekerturm** kann nicht mehr von Einzelpersonen betreten werden, seitdem dort jemand verunglückt ist. Die Marienkirche ist neben dem ebenfalls dort befindlichen **Museum** die einzige Sehenswürdigkeit des Ortes.

Alle drei Jahre findet im Sommer das **Störtebeker-Festival** mit Theateraufführungen im Freien und vielen Attraktionen statt.

Seit dem 4. Juli 1999 ist Marienhafe die „**Stadt mit der längsten Teetafel der Welt**", so verbrieft es das Guinnessbuch der Rekorde. Über 3000 Menschen nahmen dafür an der 620 Meter langen Tafel Platz, um die ostfriesische Teezeremonie zu zelebrieren. Zehn Jahre später folgte ein weiterer Eintrag: 1878 Menschen verkleideten sich als Piraten, womit der Weltrekord gelang.

Praktische Informationen & Adressen
- **PLZ:** 26529
- **Tourist-Information:** Am Markt 10, Tel. 04934 812 24, touristinfo@marienhafe.de, www.stoertebekerland.de.
- **Bus:** Verkehrsverbund Ems-Jade (VEJ), www.vej-info.de, Linie 411 fährt nach Norden und Georgsheil, Linie 442 nach Norden und Aurich.
- **Wochenmarkt:** Marktplatz, donnerstags von 8 bis 12 Uhr.
- **E-Bike-Ladesäule:** Gegenüber vom Störtebekerturm an der Marienkirche.
- **Grünhoffs Backstuuv:** Rosenstraße 31, Tel. 04934 91 09 24, www.baeckerei-gruenhoff.de.
- **Störtebekers Teestube:** Am Markt 27, Tel. 04934 49 66 50. Direkt neben dem Störtebekerturm gelegen. (Facebook)

Norden-Norddeich

Gut 25.000 Einwohner hat die **Stadt Norden mit ihrem direkt an der Küste gelegenen quirligen Stadtteil Norddeich.** Die Bewohner heißen Norder oder Nörder, wie sie sich selbst nennen. Die Stadt Norden hat einen schönen alten Stadtkern mit der beeindruckenden

1

Die ostfriesische Küste

St.-Ludgeri-Kirche, einem hübsch angelegten Marktplatz und einer Fußgängerzone, die zum Stadtbummel oder gemütlichen Tee- oder Kaffeetrinken einlädt. Gleich zwei Teemuseen befinden sich in der Nähe des Marktes, sie liegen direkt nebeneinander. Und in beiden lohnt sich ein Besuch, denn sie haben unterschiedliche thematische Schwerpunkte. Norden und sein Küstenstadtteil Norddeich sind ideale Ausgangspunkte für ausgedehnte **Radtouren** in die Umgebung. Das Eldorado für Familienurlaube ist

Norddeich mit seinem **großen Sandstrand.** Von hier lassen sich reizvolle Ausflüge mit dem Schiff zu den Seehundebänken oder zu den vorgelagerten Inseln Norderney und Juist unternehmen. Norddeich zählt unter Wassersportlern zu den Top-Adressen in Deutschland.

☑ Norderney-Fähre am Anleger in Norddeich

Abstecher nach Lütetsburg

Der wenige Kilometer östlich von Norden gelegene **Schlosspark Lütetsburg** ist ein wahres **Kleinod europäischer Gartenkunst.** Die eindrucksvolle und mit 30 Hektar weitläufige Parkanlage im Stil der englischen Landschaftsgärten überrascht inmitten Ostfrieslands mit ihrem üppigen Baumbestand. Ursprünglich wurde der Park Anfang des 18. Jahrhunderts der damaligen Mode entsprechend als Barockgarten angelegt, verwilderte aber im Laufe der Zeit. 1790 erhielt dann der Oldenburger Hofgärtner *Carl Ferdinand Bosse* den Auftrag zur Neugestaltung, die erst gut zwanzig Jahre später im Jahr 1813 abgeschlossen war. Auf **verschlungenen Pfaden** sieht man heute nicht nur viele Pflanzen, Büsche und Bäume, sondern auch Wasserkanäle und Teiche. Behutsam integriert sind historische Bauwerke und Staffagen, die rein der Optik dienen. Mit Inschriften verzierte Parkbänke laden zum Verweilen ein.

Besonders im Frühling bietet die **Rhododendron- und Azaleenblüte** einen atemberaubenden Anblick. Aber auch die anderen Jahreszeiten entwickeln ihren ganz eigenen Charme. Ende September/Anfang Oktober verzaubert der Park während der **„Illumina":** Unter dem Motto **„Poesie des Lichts"** wird der Garten nach Anbruch der Dunkelheit durch ein romantisches Lichtermeer von Kerzen, Feuern und Beleuchtung in ein geheimnisvolles Licht getaucht. Mit akustischer Untermalung, Gedichten und Musik werden die Besucher in eine andere Welt entführt.

Besucher könne sich mit **Audioguides** auf eine Führung durch den Park begeben. Sie erfahren dabei spannende Hintergründe, Anekdoten und viel Wissenswertes zur Geschichte und den Eigentümern des Parks. Mit viel Liebe wurde eigens ein Kinder-Audioguide entwickelt, der spielerisch und spannend durch die Anlage begleitet. Dazu gibt es eine **Wegeplan,** der zielsicher den Weg von Station zu Station weist. Die Geräte können während der Öffnungszeiten im Shop (s.u.) ausgeliehen werden.

Für eine Stärkung bietet sich das **Schlossparkcafé** an, in dem man ostfriesische Spezialitäten, leckeren Kuchen und kleine Gerichte genießen kann. Im Herbst hängen über den Ti-

nskns_042 mxa

schen dicke Rotweinreben über den Köpfen. Das ist selbst der Zeitschrift „Der Feinschmecker" eine Empfehlung wert.

Der sehr gut ausgestattete **Shop,** in dem Bücher zum Thema Gartenkunst und Ostfriesland, schöne Dekoartikel, Postkarten und verschiedene Leckereien zu kaufen sind, befindet sich am Ein- bzw. Ausgang.

■ **Schlosspark Lütetsburg,** Gräflich zu Inn- und Knyphausen'sches Rentenamt, Landstraße 55, 26524 Lütetsburg, Tel. 04931 42 54, info@ schlosspark-luetetsburg.de, www.schlosspark-luetetsburg.de (Erw. 2 €/Kinder bis 12 J. frei).

▽ Grün illuminierter Baum im Lütetsburger Park

Geschichte

Erstmals urkundlich erwähnt wurde **Norden** im Jahr 1255, aber die Ortschaft ist deutlich älter, wie archäologische Funde bestätigen. Häufig wird Norden als „älteste Stadt Ostfrieslands" bezeichnet, Emden ist jedoch älter. Norden wurde als Marktort gegründet und war lange Zeit ein **regionales Zentrum** mit einer besonderen Stellung. Neben der St.-Andreas-Kirche, die es seit dem 18. Jahrhundert nicht mehr gibt, prägte damals die St.-Ludgeri-Kirche die Stadtsilhouette. In unmittelbarer Nachbarschaft befanden sich zwei Klöster und Burgen. Auch diese Konzentration wichtiger Gebäude auf engstem Raum zeugt von Nordens Bedeutung.

Über eine hochwassersichere Verbindung auf der Geest war der Ort mit Esens verbunden. Durch seine günstige Lage ganz im Nordwesten Ostfrieslands hatte Norden **über Jahrhunderte einen Zugang zur See,** gehandelt wurden überwiegend Vieh, Salz und Muschelkalk. Die Stadt besaß eine **eigene Handelsflotte,** die Norder Schiffe befuhren Nord- und Ostsee. Über lange Zeit erlebte die Stadt dank ihres Seehafens eine wirtschaftliche Blütezeit. Doch auch wenn dessen Bedeutung bis weit ins 19. Jahrhundert hinein groß war, reichte sie nicht an die des Emder Hafens heran. Durch **Eindeichungen** und die damit verbundene **Landgewinnung** erfolgte der Zugang zum Meer schließlich ausschließlich über das Norder Tief. Heute ist nur noch ein kleiner Teil des ehemaligen Hafens übrig. Die Bedeutung der Stadt als Handelsort nahm zwar ab, doch die positive Entwicklung während der Industrialisierung kompensierte das.

Als Norden 1883 an das nationale **Eisenbahnnetz** angeschlossen und die Strecke 1892 bis zum Norddeicher Fähranleger verlängert wurde, stieg die Bedeutung der Stadt als **Durchgangsort von Badegästen,** die auf die Ostfriesischen Inseln reisten, allen voran Norderney. Heute hat der **Tourismus** auch am Festland eine nicht mehr wegzudenkende wirtschaftliche Dimension erreicht. Besonders während der Ferienzeiten im Sommer geht es am Norddeicher Strand sehr turbulent zu, und ein Quartier sollte rechtzeitig gebucht werden.

Die **Geschichte des Nordseeheilbads Norddeich** begann ganz klein: mit zwei Bauernhöfen und einem Wirtshaus an einem Fischerhafen. Doch schon zu Beginn des 19. Jahrhunderts spielte der Tourismus eine Rolle für die örtliche Wirtschaft und es gab bereits früh die ersten Badekutschen. Entscheidende Bedeutung hatte die Gründung des ersten deutschen Nordseebades auf Norderney. Bereits 1824 wurde ein **Anleger für Schiffe** gebaut, der jedoch immer wieder durch Sturmfluten und Eis beschädigt wurde. Ab 1871 wurden Badegäste von der neu gegründeten „Dampfschiffrhederei Norden" nach Fahrplan zwischen Norddeich, Juist und Norderney hin- und hergefahren. Die Hafenmolen erwiesen sich bald als zu klein für große Dampfer und man stieß rasch an die Kapazitätsgrenzen. Nach dem Anschluss Nordens an das Bahnnetz Ende des 19. Jahrhunderts wurde der Hafen in Nord-

▷ Dünenweg zum Strand in Norddeich

1

deich deutlich ausgebaut. Seitdem ist die **Fährverbindung nach Norderney** tidenunabhängig möglich. Ab 1892 fuhr die Eisenbahn bis auf die Mole des Fährhafens, der Fischerort entwickelte sich zum Badeort.

Norden-Norddeich ist heute das **größte der staatlich anerkannten Seeheilbäder an Ostfrieslands Küste.** Über eine Million Übernachtungen pro Jahr verbucht die Stadt inzwischen. Mit jährlich rund 2,25 Millionen Passagieren hat Norddeich den drittgrößten Personenhafen Deutschlands und zugleich den größten Niedersachsens. Die Wirtschaft ist vom Tourismus und vom Einzelhandel geprägt; die meisten Geschäfte und Restaurants sind an den Hauptzufahrtsstraßen Dörper Weg und Norddeicher Straße zu finden. Fast die Hälfte der Urlauber kommt aus Nordrhein-Westfalen.

Sehenswertes

Die evangelisch-lutherische **St.-Ludgeri-Kirche** liegt neben dem Marktplatz und wurde in mehreren Bauabschnitten ab dem Jahr 1445 im romanisch-gotischen Stil errichtet. Mit rund 80 Metern

nskns_026 mna

Norden, Zentrum

0 ■■■■ 100 m

© REISE KNOW-HOW

NSKN06
11/19

Übernachtung
1 Hotel Ostfriesland
3 Wattlodge
10 Stadthotel Smutje
11 Romantik-Hotel
   Reichshof

Essen und Trinken
4 Frietjes Speciaal
6 Café ten Cate
7 Kreta
8 Dock No. 8
9 Café-Konditorei Remmers
11 Romantik Hotel
   Reichshof
12 Ristorante da Sergio
   Altes Zollhaus

Sport und Freizeit
2 Zweirad Gäde
5 Fahrradverleih
   Gaby Janssen
13 Paddel- & Pedalstation

Krankenhaus

Rosenweg
Ekeler Gaste
An der Gartenallee
Schulstr.
Langer Pfad
Baumstr.
Kampweg
Osterstraße
Juister Str.
Norderneyer Str.
Uferstr.
Schulstr.
Mühlenstr.
Schulstr.
Kl. Mühlenstr.
Gr.
Klosterstr.
Bleicherslohne
Teltingskamp
Norder Tief
Schöninghsches Haus
Osterstraße
Frisia-Bad, Norddeich
St.-Ludgeri-Kirche
Marktplatz
Wochenmarkt
Stadt-bücherei
Rathaus/Polizei
Ostfriesisches Teemuseum
Am Markt
Am Markt
Gr. Hinterlohne
Kl. Hinterlohne
Neuer Weg
Uffenstr.
Mennoniten-kirche
Westgaster Mühle
Teemuseum
Kirchstr.
Burggraben
R.-Eucken-Str.
Sielstr.
Heringstr.
Brückstr.
L 6
Golfclub Lütetsburg, PSV Norderland e.V.
Frisia-Mühle
Heerstr.
B 72
Knyphausenstr.
Am Hafen
Hafen
Deich-mühle
ZOB, Bahnhof, Eisenbahnmuseum im Lokschuppen
Raiffeisenstr.

Norddeich

0 ⸻ 200 m

© REISE KNOW-HOW
NSKN07
11/19

NORDSEE

◼ Übernachtung
- **2** Hotel Fährhaus
- **5** Hotel Regina Maris
- **7** Weinhaus
- **8** JH Norddeich
- **14** Nordsee-Camp Norddeich
- **15** Womopark Norddeich
- **16** Familotel Deichkrone
- **18** Hotel Möwchen
- **19** Apart-Hotel

◼ Einkaufen/ Sonstiges
- **10** Meerzeit
- **13** Fischgeschäft Krabbenkutter

◼ Sport und Freizeit
- **4** Norddeicher Fahrradverleih
- **12** Speedy Fahrradverleih

Fähre nach Norderney

Westhafen

Bahnhof Mole

Osthafen

Fähre nach Juist

Sportboothafen Norddeich

Tunnelstr.

Parkflächen

der Reederei

Frisia

2 Bahnhof Norddeich

Frisia-Großgarage

Molenstraße

72

Rasenstrand

Surfschule Norddeich

3
4

M Waloseum, Automobil- und Spielzeugmuseum, ✈ Flugplatz

Freibad

6

5

Badestraße

Strandstraße

8

7

Sandstrand

Norddeicher Straße

9

✉

10

12

11

Wochenmarkt

Sozialwerk Nazareth

★ ☷ ★
Friedenskirche

Pelikanstraße

Nordmeer- straße

Deichstraße

13

Muschelweg

Dörper Weg

Ocean Wave ★

★ Seehundstation/ Nationalpark-Haus

🛈 **17** ★ Kinderspielhaus Norddeich

Tourismus Service Norden-Norddeich

★ Erlebnispark Norddeich

18 19

14 15
Tennishalle Wildbahn

16

Parkplatz Dörper Weg

Itzendorfer Straße

Pferdesportgemeinschaft Norddeich e.V.

Itzendorfer Straße

◼ Essen und Trinken
- **1** Fischrestaurant de Beer
- **3** Pfannkuchenhaus
- **6** Haus des Gastes
- **9** Knurrhahn
- **11** Diekster Fischhuus
- **17** Havanna Panorama-Café und Restaurant

Länge ist sie der größte mittelalterliche Sakralbau der Region. Eine Straße trennt das Kirchenschiff vom frei stehenden Glockenturm. Die Ludgeri-Kirche weist mit dem Schriftaltar, einer Barockkanzel, dem gotischen Chorgestühl und dem alten Taufbecken eine **reiche Ausstattung** auf. Der berühmte Orgelbauer *Arp Schnitger* baute die Orgel 1686, die 1691 bis 1692 von ihm nochmals erweitert wurde; es handelt sich um die **größte Orgel Ostfrieslands** und sie ist von historischer und klanglicher Bedeutung mit internationalem Ruf.

Der **Marktplatz** mit seinen teils sehr alten Bäumen im Zentrum von Norden ist mehr als sechseinhalb Hektar groß. Besonders belebt ist er zu Zeiten des Wochenmarkts und anlässlich der verschiedenen Stadtfeste. **Zahlreiche alte Bauten** bilden die malerische Umgebung. An der Südseite stehen die „Dree Süsters", Backsteinbauten aus der Renaissance mit wunderschönen Fassaden. Sehenswert ist auch das **Haus Am Markt 46,** entstanden um 1500 und 1680 sowie im 19. Jahrhundert umgestaltet; früher war es im Besitz der Apothekerfamilie *Groenewold.* Zum Gebäudeensemble gehört auch das Alte Rathaus mit dem angegliederten **Ostfriesischen Teemuseum** und dem **Heimatmuseum.** Direkt daneben befindet sich das sehenswerte **TeeMuseum,** das nicht nur über ostfriesischen Tee informiert und einen alten Gewölbekeller aufweist. Aus dem 16. Jahrhundert stammt das denkmalgeschützte **Vossenhus (Fuchshaus).**

In der Fußgängerzone, der Osterstraße, befindet sich das wahrscheinlich prächtigste Gebäude der Stadt, das **Schöninghsche Haus** aus dem Jahr 1576, erbaut im niederländischen Stil.

Im Norder Stadtgebiet stehen **drei historische Windmühlen,** die Deichmühle, die nahe gelegene Frisia-Mühle im Süden und die Westgaster Mühle; alle drei können nach Vereinbarung besichtigt werden.

Praktische Informationen & Adressen

- **PLZ: 26506; nachfolgend steht (N) für Norden und (ND) für Norden-Norddeich.**
- **Tourist-Information:** Tourismus Service Norden-Norddeich, Dörper Weg 22 (ND), Tel. 04931 98 62 00, sekretariat@norddeich.de, www.norddeich.de. (Facebook, Twitter)

Verkehr

- **Bahnhof Norden:** Bahnhofstraße 14 a, Tel. 0180 699 66 33, www.reiseauskunft.bahn.de. Zusätzlich gibt es einen Haltepunkt in Norddeich und den Endpunkt Norddeich/Mole neben den Fähranlegern. Die Schienenverbindung führt nach Emden.
- **Bus:** Der **„Urlauberbus"** des Verkehrsverbundes Ems-Jade (VEJ), www.vej-info.de, fährt Orte in der ganzen Region an (www.urlauberbus.info).
- **Ostfriesland-Express:** Linie F20 des Verkehrsverbundes Ems-Jade (VEJ), www.vej-info.de, verbindet Norden und den Anleger Harlesiel und fährt sogar weiter nach Bremen Hbf. (www.edzards-reisen.de).
- **Flixbus:** Tel. 030 300 13 73 00, info@flixbus.de, www.flixbus.de. Haltestelle Norden Am Bahnhofsring 10, Haltestelle Norddeich Hafenstraße.
- **Fähre nach Juist:** Die Schifffahrt zur ostfriesischen Insel ist gezeitenabhängig, die Überfahrt dauert etwa 90 Minuten. Juist ist autofrei. Fährterminal Norddeich-Juist, Auf der Mole, Tel. 04931 98 70, www.reederei-frisia.de.
- **Fähre nach Norderney:** Die Schifffahrt zur ostfriesischen Insel ist unabhängig von den Gezeiten, die Überfahrt dauert etwa 60 Minuten. Der Autoverkehr auf der Insel ist saisonal eingeschränkt

Die ostfriesische Küste

möglich. Fahrkarten können direkt vom Auto aus am Service-Schalter erworben werden, eine Reservierung für die Hinfahrt ist nicht möglich. Für die Rückfahrt jedoch ist eine Stellplatz-Reservierung notwendig. Fährterminal Norddeich-Norderney, Auf der Mole, Tel. 04931 98 70, www.reederei-frisia.de.

■ **Flüge:** FLN FRISIA-Luftverkehr GmbH Norddeich, Westerlooger Strohweg 5, Tel. 04931 933 20, info @inselflieger.de, www.inselflieger.de.

■ **Parken:** Tagesgäste parken in unmittelbarer Nähe zum Hafen auf den Parkflächen der Reederei Frisia (5 €/Tag), die etwas weiter entfernten Parkplätze haben einen Buszubringer (1 € pro Person und Strecke).

UNSER TIPP: Im Sommer von Juni bis Oktober fährt eine kleine Museumsbahn, die „**Küstenbahn Ostfriesland**", von Norden über Lütetsburg, Hage, Westerende nach Dornum und wieder zurück. Der Fahrplan wird per Aushang und auf der Website bekannt gegeben. Los geht es am MKO-Eisenbahnmuseum im Lokschuppen am Bahnhof Norden. Die Tickets verkaufen die umliegenden Kurverwaltungen und Verkehrsbüros sowie die Reiseagentur Hagemeyer im Marktpavillon in Norden. Weitere Infos unter www.mkoev.de.

Ausflüge und Touren

■ **Busausflüge** nach Ostfriesland, Groningen und Papenburg über die Tourist-Information.

■ **Hotrod-Touren:** Hotrod Citytour Ostfriesland GmbH, Norddeicher Straße 55, Tel. 04931 971 39 03, info@hotrod-citytour-ostfriesland.com, www.hotrod-citytour-ostfriesland.com. Mit Hotrods zweistündige Spritztouren unternehmen, zum Beispiel zu den Leuchttürmen (Erw. 89 €).

■ **Flug nach Juist:** In nur fünf Minuten fliegt man von Norden-Norddeich nach Juist (Hin- und Rückflug Erw. 82 €/Kinder bis 11 J. 45 €, Kombiticket für Flug und Schiff Erw. 66 €/Kinder bis 5 J. 25 €/Kinder von 6 bis 11 J. 35 €).

■ **Flug nach Norderney:** Dieser Flug ist nur unwesentlich länger (Hin- und Rückflug Erw. 139 €/ Kinder bis 11 J. 45 €).

■ **Tagesausflüge mit dem Flugzeug nach Helgoland:** Ab acht Personen werden Tagesausflüge nach Helgoland angeboten (Erw. 171 €/Kinder bis 11 J. 120 €).

■ **Rundflüge ab Norddeich:** Die Flüge dauern zwischen 15 und 60 Minuten und können auf Anfrage gebucht werden (pro Person 135–405 €).

UNSER TIPP: **Krimicaching in Norden-Norddeich:** Der ostfriesische Krimispaß verbindet Literatur und Natur mit einer unterhaltsamen Fahrradtour. Benötigt wird dafür ein internetfähiges Smartphone. Nur Geokoordinaten weisen den Weg. An jedem Punkt der Tour gibt es ein spannendes Hörbuch-Erlebnis der bekanntesten ostfriesischen Krimiautoren, das sich über einen QR-Code abrufen lässt. So lernt man auf spannende Weise das Norderland kennen.

Museen und Führungen

■ **Seehundstation/Nationalpark-Haus** (ND): Dörper Weg 24, Tel. 04931 97 33 30, www.seehundstation-norddeich.de (Erw. 7 €/Kinder 4 €/Familien 19 €, Kombiticket mit dem Waloseum Erw. 12 €/ Kinder 7 €/Familien 29 €). Hier werden junge Heuler, die von ihren Müttern verlassen wurden, von Hand aufgezogen und später wieder freigelassen, aber auch kranke Seehunde behandelt. Neben den Tieren selbst gibt es eine umfangreiche Ausstellung zum Thema Wattenmeer und Umwelt sowie jede Menge Veranstaltungen und Führungen.

■ **Waloseum** (ND): Osterlooger Weg 3, Tel. 04931 97 33 30 und 04931 89 19, www.waloseum.de (Erw. 7 €/Kinder 4 €/Familien 19 €, Kombiticket mit dem Waloseum Erw. 12 €/Kinder 7 €/Familien 29 €). Im Mittelpunkt der Ausstellung steht das 15 Meter lange Skelett eines Pottwals, der 2003 vor Norderney gestrandet ist. Im Untergeschoss sind fantastische Eindrücke aus dem Reich der Wale und Delfine zu sehen, die obere Etage zeigt alles rund um die einzigartige Tierwelt im Lebensraum Wattenmeer.

■ **TeeMuseum** (N): Am Markt 33, Tel. 04931 138 00, www.teemuseum-norden.de (Erw. 4 €/Kinder 1 €). Über 1000 Jahre Teekultur werden im 500 Jahre alten Ubbo-Emmius-Haus mit historischem Ge-

1

wölbekeller und Wirtschaftsküche gezeigt. Ein Schwerpunkt liegt zusätzlich auf der Präsentation der japanischen Teekultur mit weltweit einer der bedeutendsten Sammlungen zur internationalen Kulturgeschichte des Tees. Informative Führungen sind möglich.

■ **Ostfriesisches Teemuseum** (N): Am Markt 36, Tel. 04931 121 00, www.teemuseum.de (Erw. 6 €/ Kinder 2 €). Der Besucher erhält Einblicke in die Anbaugebiete, den historischen Fernhandel und heutige Teegebräuche aus aller Welt bis hin zur ostfriesischen Teekultur.

■ **Eisenbahnmuseum im Lokschuppen** (N): Am Bahndamm 4, Tel. 04931 16 90 30, mko@mkoev.de, www.mkoev.de (Erw. 1,50 €/Kinder 0,50 €). Das Museum befindet sich in einem denkmalgeschützten Lokschuppen und beherbergt historische Fahrzeuge und Gleisbaugeräte, eine Eisenbahnobjekt-Sammlung, alte Dokumente, das wiederaufgebaute Stellwerk „Norden-Mitte", und auf dem Freigelände sind historische technische Anlagen zu sehen. Von hier startet auch die kleine Museumsbahn „Küstenbahn Ostfriesland" (s.o.).

■ **Automobil- und Spielzeugmuseum** (ND): Ostermarscher Straße 29, Tel. 04931 918 79 11, kontakt@automuseum-nordsee.de, www.automuseum-nordsee.de. Von April bis Oktober Old- & Youngtimer, Motorräder, alte Reklame und Spielzeug. (Facebook)

■ **Stadtführungen, geführte Radtouren und Busausflüge** nach Papenburg und Groningen: Über die Tourist-Information, info@stadtfuehrer-norden.de, www.stadtfuehrer-norden.de (ab 3 €). Unsere Empfehlung ist die Tour „Hören Sehen Genießen" in Zusammenarbeit mit dem Ostfriesischen Teemuseum.

Einkaufen

■ **Wochenmarkt in Norden:** Marktplatz, Montag bis Samstag von 8 bis 12 Uhr.

■ **Wochenmarkt in Norddeich:** März bis Oktober freitags von 8 bis 12 Uhr auf dem Parkplatz an der Friedenskirche.

🔟 **Meerzeit** (ND): Norddeicher Straße 225. Maritimes und mehr, der Hit: das Ostfriesland-Monopoly. (Facebook)

13 **Fischgeschäft Krabbenkutter** (ND): Muschelweg 3. Mit angeschlossenem Imbiss. (Facebook)

Cafés in Norden (Plan S. 90)

6 **Café ten Cate:** Osterstraße 153, Tel. 04931 24 20, info@cafe-ten-cate.de, www.cafe-ten-cate.de. Seit 1878 gibt es diesen Familienbetrieb, der von der Zeitschrift „Der Feinschmecker" ausdrücklich empfohlen wird. Im Angebot sind sensationelle Konditoreierzeugnisse, klassische Backwaren, ausgewählte Marmeladen und hervorragende Tees.

9 **Café-Konditorei Remmers:** Neuer Weg 28, Tel. 04931 24 62, www.cafe-remmers.de. Seit 1794 wird in diesem Haus gebacken, seit über 100 Jahren zaubert Familie *Remmers* hier leckere Kuchenspezialitäten.

Restaurants in Norden (Plan S. 90)

7 **Kreta:** Ostertraße 136, Tel. 04931 956 31 88, www.kreta-norden.de. Typischer „Grieche" mit breitem Angebot.

11 **Restaurant im Romantik-Hotel Reichshof:** Adresse s.u., Tel. 04931 17 52 20. Feine Speisen in gepflegtem Ambiente, kleines Angebot auch für Veganer und Vegetarier.

12 **Ristorante da Sergio Altes Zollhaus:** Am Hafen 1, Tel. 04931 959 84 04, www.dasergio-norden.de. Gepflegte italienische Küche mit viel Flair direkt am Hafen, günstiger Mittagstisch.

8 **Dock No. 8:** Große Neustraße 8, Tel. 04931 16 89 94, www.dock8norden.de. Café, Restaurant, Genussshop mit feinem „Soul Food". (Facebook)

4 **Frietjes Speciaal:** Westerstraße 14–15, Tel. 04931 973 40 50, www.frietjes-speciaal.de. Holländische Imbissspezialitäten in netter Atmosphäre.

Restaurants in Norddeich (Plan S. 91)

17 **Havanna Panorama-Café und Restaurant:** Dörper Weg 23, Tel. 04931 983 54 24, www.havanna-norddeich.de. Burger (auch vegan und vegetarisch), Fisch und Fleisch in schönem Ambiente.

9 **Knurrhahn:** Norddeicher Straße 208, Tel. 04931 959 84 00, www.fewo-knurrhahn.de. Klassische deutsche Küche in zünftigem Ambiente.

▽ Betonierter Strand in Norddeich

nskns_027 mna

Die ostfriesische Küste

Wie der Tee nach Ostfriesland kam

Der Teestrauch ist etwa 5000 Jahre alt. Die Geschichte des Tees begann also lange vor unserer Zeitrechnung und beschränkte sich zunächst auf den asiatischen Raum. Es waren **holländische Kaufleute,** die 1610 den ersten Tee aus Asien nach Amsterdam mitbrachten. Doch das neue Getränk war zunächst umstritten. Zu dieser Zeit wurde in Ostfriesland als Hauptnahrungsmittel Bier getrunken. Doch der niederländische Arzt Dr. *Cornelius Bontekoe* (1647–1685) schwärmte in einem seiner Bücher über die positive Wirkung der aufgebrühten Blätter: „Tee kann einen Menschen, der beinahe am Ende seiner Kräfte ist und gleichsam den einen Fuß bereits im Grabe hat, neue Kraft und neues Leben geben". So setzten sich die Teebefürworter schließlich durch, und der **Siegeszug des Tees** konnte beginnen – dank einer erfolgreichen Marketing-Kampagne, denn wie man inzwischen weiß, wurde *Bontekoe* für seine Aussagen von der Niederländischen Ostindien-Kompanie bezahlt.

Das Leben der Ostfriesen richtete sich traditionell schon immer nach Westen aus, denn im Norden lag die Nordsee und im Süden und Osten erschwerten die Moore das Reisen. Von den Niederlanden aus machte der Tee dann schnell den Sprung über die Ems nach Ostfriesland. Es bestanden ja traditionell **gute Handelsbeziehungen** zwischen beiden Regionen.

Damals wurde eine Menge von 50 Tassen pro Tag empfohlen – pro Person, versteht sich. Die Arbeit der Moorpioniere in Ostfriesland war körperlich sehr anstrengend und sie brauchten jede Menge Energie. Die Torfstecher spürten die **anregende Wirkung** des Tees schnell und nahmen deshalb diese Empfehlung sehr ernst. Hinzu kommt, dass die Wasserqualität und damit auch der Geschmack des Wassers an der Küste nicht besonders gut waren. Der Tee übertünchte

ihn. Der preußische König *Friedrich II.* wollte den Tee verbieten lassen, aber er konnte sich nicht durchsetzen. Die Adelige *Katharina von Braganza* dagegen verbreitete die Teekultur am englischen Hof und in Adelskreisen.

Seit Ende des 17. Jahrhunderts gilt der **Ostfriesentee** als ostfriesisches Nationalgetränk und zählt heute ähnlich wie Wurst und Brot als Grundnahrungsmittel. Der Moment des Teetrinkens war und ist für die Menschen ein ganz besonderer. Man kann kurz innehalten, eine kleine Pause machen und damit „die Zeit anhalten". So entwickelte sich die **Kultur der Teezeremonie,** denn „Tee trinken heißt, die Seele baden".

Am 1. Mai 1806 eröffnete *Johann Bünting* aus Edewecht in Leer einen kleinen Laden, in dem er Tee mischte, den er im Hafen gekauft hatte. Die Stadt war damals ein wichtiger Handelsplatz für Waren aus Übersee wie Tabak, Gewürze und eben Tee. Der Ostfriesentee wurde schon damals aus verschiedenen Sorten gemischt, um eine möglichst gleichbleibende Qualität zu erreichen. Echter Ostfriesentee ist eine kräftige Mischung aus bis zu zehn Schwarzteesorten, die vor allem im indischen Teegebiet Assam angebaut werden. Heute gibt es **drei große Hersteller** des traditionellen Ostfriesentees: **Bünting** aus Leer mit dem „Original Ostfriesentee" (auch wenn der berühmte „Grünpack" mehr verkauft wird), **Thiele** aus Emden mit „Echter Ostfriesentee" und **Onno Behrends** aus Norden mit „Schwarzer Friese".

Die Ostfriesen haben mit drei Kilo Tee im Jahr weltweit den **größten Pro-Kopf-Verbrauch** – das entspricht etwa 300 Litern fertig zubereitetem Getränk (deutschlandweit sind es im Durchschnitt nur 28 Liter). Die Teetrinkweltmeister stehen damit sogar im Guinnessbuch der Rekorde – vor allen anderen Nationen, in denen der Tee ebenfalls zur Kultur gehört.

11 Diekster Fischhuus: Norddeicher Straße 245, Tel. 04931 89 59, info@diekster-fischhuus.de, www.diekster-fischhuus.de. Frisch gemachtes „Essen mit Flossen" in allen Variationen.

1 Fischrestaurant de Beer: Hafenstraße 6, Tel. 04931 93 28 30, www.debeer.de. Leckere Fischgerichte direkt am Norddeicher Fischereihafen.

6 Haus des Gastes: Strandstraße 2, Tel. 04931 98 40 21, www.haus-desgastes-norden.de. Klassische norddeutsche Küche direkt am Strand.

3 Pfannkuchenhaus: Norddeicher Straße 204, Tel. 04931 91 75 50, pfannkuchenhaus@ndd-urlaub.de, www.ndd-urlaub.de.

Sport und Freizeit

■ **Frisia-Bad** (N): Parkstraße 45, Tel. 04931 98 62 10, info@frisia-bad.de, www.frisia-bad.de (Erw. 3 €/Kinder 1,50 €). Hallenbad, überwiegend für Schulen und Vereine.

■ **Ocean Wave** (ND): Dörper Weg 23, Tel. 04931 98 63 00, info@ocean-wave.de, www.ocean-wave.de (Erw. 7,50 €/Kinder 5,50 €). Erlebnisbad mit Außenbecken, Rutsche, Sauna- und Wellnessbereich.

Kinderspielhaus Norddeich (ND): Dörper Weg 22, Tel. 04931 98 62 00, www.norddeich.de (Eintritt frei). Indoor-Spielareal (ohne Kinderbetreuung) mit Programmen wie Clownerie, Zauberei und Puppenkiste.

■ **Erlebnispark Norddeich** (ND): Dörper Weg 25, Tel. 04931 91 76 83, kontakt@erlebnispark-norddeich.de, www.erlebnispark.de. Minigolf-Parcours mit Rätselspaß (Erw. 6 €/Kinder 4,50 €), Irrgarten (Erw. 4 €/Kinder 3,50 €). Ein Highlight ist die Märchenstunde bei Kerzenschein im schwarzen Rundzelt, Anmeldung erwünscht (ab 7 €).

■ **Surfschule Norddeich** (ND): Badestraße, Tel. 0170 960 94 46, info@surfschule-norddeich.de, www.surfschule-norddeich.de. Großes Wassersportzentrum mit Kitesurfen, Kajakfahren, Segeln, Windsurfen, Landboarden, Stand-Up-Paddling.

■ **Tennishalle Wildbahn** (ND): Kugelweg 2, Tel. 04931 813 93, info@tennishalle-wildbahn.de, www.tennishalle-wildbahn.de.

■ **Golfclub Lütetsburg:** Landstraße 36, 26524 Lütetsburg, Tel. 04931 939 04 31, www.golfclub-lue-tetsburg.de. Anspruchsvoller Links-Course in beeindruckender Naturkulisse. Platzreife erforderlich.

■ **PSV Norderland e.V.** (ND): Reitanlage, Alter Postweg 18, Tel. 04931 16 72 36, www.psv-norderland.de.

■ **Sportboothafen Norddeich** (ND): Yacht-Club Norden e.V., Tel. 04931 80 60, www.yacht-club-norden.de. Alles zu Fuß oder mit öffentlichem Nahverkehr gut erreichbar.

■ **Angeln** im Norder Tief: Gastkarten über die Tourist-Information.

■ **Pferdesportgemeinschaft Norddeich e.V.:** Landstraße 16, Tel. 04931 98 49 71 und 0162 182 19 77, friederike@fewo-friederike.de, www.psg-norddeich.de. Um richtig anzukommen, unbedingt die PLZ 26505 ins Navi eingeben – es gibt nämlich noch eine gleichnamige Straße in Hage!

Fahrradfahren und Paddeln

13 Paddel- und Pedalstation Norden: Am Norder Tief 3 und Lorenzweg 34, Tel. 04931 971 58 71 und 0171 745 48 20, roland.kirchhoff@yahoo.de, www.paddeln-norden.de.

5 Fahrradverleih Gaby Janssen (N): Kutterstraße 4a, Tel. 04931 818 53.

2 Zweirad Gäde (N): Norddeicher Straße 140, Tel. 04931 16 80 81, fahrradservice-norden@kabelmail.de, www.fahrradservice-norden.de.

4 Norddeicher Fahrradverleih, 12 Speedy Fahrradverleih (ND): Norddeicher Straße 204 und Nordmeerstraße 2b, Tel. 0160 252 21 15, jet-er@t-online.de, www.norddeicher-fahrradverleih.de.

Hotels in Norden (Plan S. 90)

11 Romantik-Hotel Reichshof③: Neuer Weg 53, Tel. 04931 17 50, www.reichshof-norden.de. Stilvoll und hochwertig eingerichtete Zimmer in einem alten Backsteinbau in Nordens Innenstadt.

1 Hotel Ostfriesland③: Ginsterweg 6, Tel. 04931 944 00, reservierung@hotel-ostfriesland.de, www.hotel-ostfriesland.de. Kleine, aber modern

1

Die ostfriesische Teezeremonie – ein UNESCO-Weltkulturerbe

Nachdem sich um das Jahr 1720 in Ostfriesland ein nennenswerter Teehandel etabliert hatte, gelangte durch den Handel mit dem Fernen Osten auch **Porzellan** nach Europa, das sich besonders zur Zubereitung von Tee und als Trinkgefäß eignet. Berühmt ist vor allem das Teegeschirr mit dem Muster „Ostfriesische Rose", ein dünnwandig und geripptes Porzellan, das man in dieser Region überall sieht. Es bestand früher aus *Teebüss*, *Treckpott* und *Kopkes* (Teedose, Kanne und Tassen).

„Teetrinken heißt, den Lärm der Welt zu vergessen", so lautet ein wahrer Satz. Die mit **„Teetied"** bezeichnete ostfriesische Teezeremonie gehört vielerorts zum festen Bestandteil des Tagesablaufs. Der Tee wird mit **losen Teeblättern** zubereitet, dann kommt ein großes „Kluntje" (ein Stück brauner oder weißer Kandiszucker) in die Tasse und der Tee wird eingegossen. Es knackt dann in der Hitze des Tees ganz leise. Mit einem speziell geformten Löffel, der wie eine Miniatursuppenkelle aussieht, wird entgegen dem Uhrzeigersinn Sahne am Rand der Tasse entlang eingetröpfelt – man will schließlich die Zeit anhalten. Sie sinkt ab und steigt in kleinen Wolken, dem „Wulkje", wieder nach oben. Der Tee wird nicht umgerührt, damit mit jedem Schluck ein anderer Geschmack entsteht: Erst kommt als „Vorspeise" die milde Sahne, dann kräftiger Tee als „Hauptspeise" und zum Schluss die süße Neige des Kandiszuckers als „Dessert", quasi ein ostfriesisches Drei-Gänge-Menü.

Teetrinken ist gesund, seine anregende und wohltuende Wirkung ist bekannt. Die Aminosäuren im Tee stimulieren das menschliche Immunsystem. Da sich die Teezeremonie in Ostfriesland als „identitätsstiftende Kulturpraxis" etabliert hat, gehört sie seit 2016 zum immateriellen UNESCO-Weltkulturerbe. Wohin auch immer man kommt, dem Besucher wird fast immer Tee angeboten – er gehört einfach überall als Selbstverständlichkeit zum täglichen Leben.

nskns_028 mna

und komfortabel eingerichtete Zimmer, etwa drei Kilometer von Norden entfernt. Hervorragender Ausgangspunkt für Radtouren.

10 Stadthotel Smutje②: Neuer Weg 89, Tel. 04931 942 50, info@stadthotelsmutje.de, www.stadthotelsmutje.de. Gepflegte Zimmer im Zentrum Nordens.

UNSER TIPP: **3 Wattlodge**①: Stylischer Ferienhof mit großem Garten. Hier kann man unter alten Bäumen sitzen und Essen aus der Grillhütte genießen. Die großzügigen Einzel- und Doppelzimmer mit WC und Dusche sind im Surfer-Stil eingerichtet. Es gibt auch Mehrbettzimmer mit Etagendusche. Wer einmal ohne Wind und Wetter campen möchte, kann auf dem Dachboden im Tipi-Hostel übernachten. Alleestraße 33, Tel. 0151 29 90 33 92, info@wattlodge.de, www.wattlodge.de. (Facebook)

Hotels und Jugendherberge in Norddeich (Plan S. 91)

2 Hotel Fährhaus③: Hafenstraße 1, Tel. 04931 988 77, info@hotel-faehrhaus.de, www.hotel-faehrhaus.de. Vier-Sterne-Wellness-Hotel in Top-Lage am Meer.

5 Hotel Regina Maris②: Badestraße 7c, Tel. 04931 190 30, www.hotel-regina-maris.de. Hotel in allerfeinster Lage direkt an der Kurpromenade, zum Strand muss man nur über den Deich.

19 Apart-Hotel②: Norddeicher Straße 86, Tel. 04931 95 78 00, service@apart-hotel-norden.de, www.apart-hotel-norden.de. Vier Sterne, gehobene Mittelklasse.

18 Hotel Möwchen②: Norddeicher Straße 56, Tel. 04931 22 24, info@moewchen.de, www.hotel-moewchen.de. Gemütlich und zentral.

16 Familotel Deichkrone③: Flüthörn 2a, Tel. 04931 928 28 28, reservierung@hotel-deichkrone.de, www.hotel-deichkrone.de. Hier dürfen nur Erwachsene mit Kindern kommen, All-Inclusive ab sieben Nächten.

7 Weinhaus②: Golfstraße 3, Tel. 04931 80 65, www.weinhaus-norden.com. Direkt hinterm Deich gelegen.

8 Jugendherberge Norddeich①: Strandstraße 1, Tel. 04931 80 64, norddeich@jugendherberge.de, www.jugendherberge.de. Super Lage am Strand, barrierefrei und mit Bestbewertungen.

Camping- und Wohnmobilstellplätze in Norddeich (Plan S. 91)

14 Nordsee-Camp Norddeich (ND): Deichstraße 21, Tel. 04931 80 73, info@nordsee-camp.de, www.nordsee-camp.de. Zeltwiese, Caravan- und Wohnmobilstellplätze.

15 Womopark Norddeich (ND): Deichstraße 24, Tel. 04931 956 76 84, www.womopark-norddeich.de. 44 Stellplätze direkt am Deich, idyllische Lage im Grünen.

Veranstaltungen

■**Osterfeuer:** Ostersamstag am Strand in Norddeich mit buntem Rahmenprogramm.

■**OLB-Citylauf:** Mitte April mit verschiedenen Distanzen von 5–10 km.

■**Drachenfest:** Um Himmelfahrt, buntes Familienfest mit Rahmenprogramm.

■**FineTime am Meer:** An Pfingsten, Treffen für Oldtimer und Weinliebhaber, „White Dinner" am Deich.

■**OpenAir am Meer:** Im Juli, Live-Musik und Outdoor-Kino.

■**Wikingerlager:** Ende Juli/Anfang August, Zeitreise mit Zeltlager, Kampfvorführungen, Handwerk, Tauschereien und Ständen fürs leibliche Wohl.

■**Nordlichter am Meer:** Um den 3. Oktober, Licht und Farben, strahlende Skulpturen und spektakuläre Beleuchtungen.

■**Silvesterparty am Meer:** Am Silvesterabend Party am Strand mit Tanz, Spaß und Moderation eines Radiomoderators.

Von Norddeich nach Carolinensiel

Die Route führt von Norddeich entlang der Küstenlinie der ostfriesischen Halbinsel. Es geht durch die vielen kleinen Hafenorte und die dazugehörigen im Hinterland gelegenen Ortschaften der Nordküste. Die Fahrt verläuft zunächst durch die Marschenlandschaft Norderland nach **Neßmersiel** mit seinem kleinen Hafen. Dann kommt der Doppelhafenort **Westeraccumersiel/Dornumersiel,** wenige Kilometer im Hinterland liegt das zugehörige Städtchen **Dornum.** Weiter östlich führt die Fahrt durchs Harlinger Land bis in den Hafenort **Ben-**sersiel, der zur Stadt **Esens** gehört. Sie ist nach Norden die einzige, die ans Streckennetz der Deutschen Bahn angeschlossen ist. Folgt man der Straße weiter Richtung Osten, lohnt der Hafenort **Neuharlingersiel** einen Aufenthalt. Von dort sind es nur noch acht Kilometer bis nach **Carolinensiel,** das mit seinem Museumshafen etwa zwei Kilometer von der Küste entfernt liegt. Der zugehörige Hafenort ist **Harlesiel,** beide Orte liegen direkt an der Grenze zum Wangerland.

Neßmersiel

Der kleine **Küstenbadeort** mit rund 400 Einwohnern ist ein Teil der Gemeinde Dornum im Landkreis Aurich. Das Dorf besteht hauptsächlich aus **Ferienhäu-**

nskns_031 mna

Die ostfriesische Küste

sern und grenzt unmittelbar an den Seedeich. Sehenswert ist der denkmalgeschützte **Heykena-Hof** (1774 errichtet) mitten im Ort. Der knapp zwei Kilometer entfernte **Fährhafen** wurde 1969/70 angelegt; von hier verkehren heute die Schiffe nach Baltrum. Im Umland des Hafens befindet sich auch der gut fünf Hektar große **Strand** mit Kiosk, modernem Sanitärgebäude und einem kleinen Hundestrand. Vom Hafen kann man eine Erlebnisfahrt zu den Seehundebänken im Wattenmeer starten.

🦆 Kurz vor dem Fährhafen von Neßmersiel steht inmitten der Salzwiesen und Wiesen ein **Vogelbeobachtungspunkt auf Stelzen.** Wind- und wettergeschützt ermöglicht er ungestörte Einblicke in die Welt der Wat- und Wasservögel auf dem nahe gelegenen 13 Hektar großen Speichersee. Das Umfeld hat sich zu einem sehr beliebten Brut- und Rastplatz entwickelt. Besonders während der Zugzeiten im Frühling und Herbst sieht man vereinzelt Große Brachvögel, Kormorane, Graureiher, Pfuhlschnepfen und Haubentaucher sowie in großen Scharen Silber-, Lach- und Mantelmöwen, Brandgänse, Stare und Säbelschnäbler. Die Straße zum Hafen führt unmittelbar am See vorbei. Hier findet man kurzzeitige Haltemöglichkeiten zum Fotografieren und Beobachten.

■ **Adresse:** Hafen Neßmersiel, Strandstraße, GPS-Daten: N 53°68′1584″, S 73°35′7972″.

◁ Sieltor am Hafen von Neßmersiel – der nüchterne Zweckbau unter weitem Himmel erfüllt eine wichtige Funktion

Praktische Informationen & Adressen

■ **PLZ:** 26553 Dornum-Neßmersiel.
■ **Tourist-Information:** Siehe bei Dornumersiel.

Verkehr

■ **Bus:** Linien 314, 362, 368 und 413 des Verkehrsverbundes Ems-Jade (VEJ), www.vej-info.de, fahren nach Norden, Dornumersiel (413) und Esens.
■ **Ostfriesland-Express:** Linie F20 des Verkehrsverbundes Ems-Jade (VEJ), www.vej-info.de, verbindet Norden und den Anleger Harlesiel und fährt sogar weiter nach Bremen Hbf. (www.edzards-reisen.de).
■ **Fähre nach Baltrum:** Baltrum-Linie, Dorfstraße 46, Tel. 04933 99 16 06, www.baltrum-linie.de. Die Schifffahrt zur ostfriesischen Insel ist gezeitenabhängig, die Überfahrt dauert etwa 30 Minuten. Je nach Jahreszeit wird die Insel ein- bis viermal täglich angefahren. Baltrum ist autofrei. Zwischen Fähranleger und dem Bahnhof in Norden betreibt die Reederei eine eigene Busanbindung; Parken beim Garagenservice Assing (2–5 €), der Wagen wird ab Fähranleger geparkt.

Ausflüge und Touren

■ **Fahrt zu den Seehundebänken und nach Norderney** mit der Baltrum-Linie (s.o.).
■ **Wattwanderungen:** Neßmersiel gilt als „Mekka der Wattwanderer", von hier kann man unter fachkundiger Führung Touren nach Baltrum oder Norderney starten. Führungen veranstalten das Nationalpark-Haus Dornumersiel, in der Tourist-Information liegen die Flyer der privaten Wattführer aus. Davon gibt es einige, z.B. Familie *Ortelt,* Tel. 04933 91 45 25, www.wattfuehrer.com, Familie *Eilers,* Tel. 04933 26 81, www.wattwanderung-eilers.de, oder *Bianca Brüggemann,* Tel. 04941 99 12 16, www.wattwanderung-wattenmeer.de. Tickets im Nationalpark-Haus bzw. bei den Wattführern, Anmeldung erforderlich.

1

Essen und Trinken

■ **Fährhaus Neßmersiel:** Dorfstraße 42, Tel. 04933 303, info@faehrhaus-nessmersiel.de, www.faehrhaus-nessmersiel.de. Spezialitäten der Küste auf hohem Niveau, traditionelle Gerichte in bester Qualität, vom „Feinschmecker" als das beste Fischlokal an der deutschen Wattenmeerküste gelobt. Übernachten kann man hier auch.

■ **Hafen-Restaurant:** Dorfstraße 53, Tel. 04933 20 20. Freundliche Bedienung, leckeres Essen, und Hunde darf man auch mitbringen.

Sport und Freizeit

■ **WellnessOase:** Störtebekerstraße 18, Tel. 04933 99 24 94, wellnessoase@dornum.de, www.wellnessoase-nessmersiel.de (11,50 €). (Achtung: Derzeit geschlossen, Pächter gesucht!)

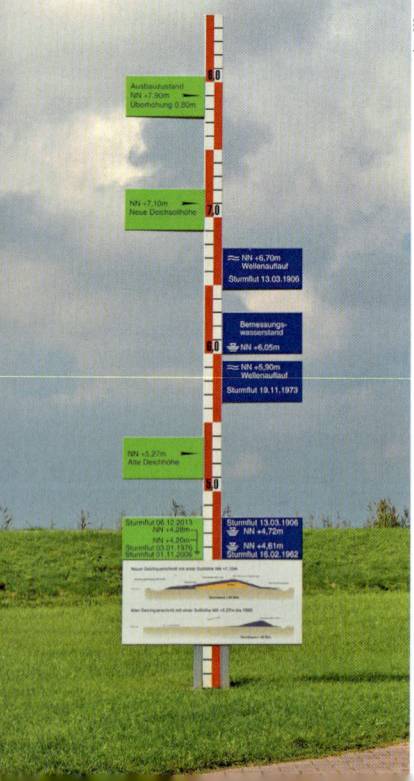

nskns_029 nna

■ **Indoor-Spielpark Sturmfrei:** Störtebekerstraße 18, Tel. 04933 87 99 80, www.sturmfrei-nessmersiel.de (Erw. 5,50 €/Kinder 3–15 J. 3,50 €). Zwei Hallen bieten ca. 3800 Quadratmeter Spielfläche für Kinder, sie können sich dort nach Herzenslust austoben. Es gibt Trampoline, eine Kletterburg, eine Sportarena und eine Minibowlingbahn. Für Erwachsene stehen Tischtennisplatten, Dart, Billard, Schach und Kicker bereit.

■ **Paddel- und Pedalstation Neßmersiel:** Störtebekerstraße 24, Tel. 04933 20 28, hinrich.kleene-wetel.de, www.paddelundpedal.de.

■ **Fahrradverleih:** Frank Kleen (bft-Tankstelle), Störtebekerstraße 24, Tel. 04933 20 28.

■ **Jachthafen:** Nordsee-Yachtclub Neßmersiel, Tel. 04933 99 11 78, www.nycn.de. Für Boote über 10 Meter Länge und mehr als 1,20 Meter Tiefgang ist der Hafen nicht geeignet, er fällt bei Ebbe trocken.

🦋 Östlich des Hafens von Neßmersiel gibt es einen **Salzwiesen-Erlebnispfad.** Er beginnt in der Nähe des Parkplatzes am Sommerdeich oberhalb vom Jachthafen auf dem Weg zum Hafen. Der Pfad führt auf einer Länge von fünfhundert Metern zum Meer und wird auch von den Wattwanderern zur Insel Baltrum genutzt. Verschiedene Schautafeln zeigen die typische Tier- und Pflanzenwelt. Auch für Kinder ist das interessant, vor allem, weil vieles davon direkt vor Ort gesehen und gelernt werden kann. Dazu gibt es gratis die frische Nordseeluft.

Hotels und Wohnmobilstellplatz

■ **Hotel Villa Norderney**②: Dorfstraße 33, Tel. 04933 991 84 11, www.villa-norderney-hotel.de. Schöne Zimmer mit viel Kunst und Ausstellungen.

■ **Fährhaus Neßmersiel**②: s.o. Sehr gepflegtes Haus in zentraler Lage.

■ **Hotel-Pension Zum Wikinger**①: Dorfstraße 18, Tel. 04933 911 80, www.hotel-wikinger.com. Hotel, Restaurant und Café.

■ **Wohnmobilstellplatz:** Strandstraße am Hafen, keine sanitären Anlagen.

◁ Wasserstandsanzeiger in Neßmersiel

Dornum

Die „Herrlichkeit Dornum" hat eine lange Geschichte und entsprechend bedeutende historische Sehenswürdigkeiten zu bieten. Der Ort war **Sitz ostfriesischer Häuptlinge,** wovon das barocke **Wasserschloss Norderburg,** die **Beningaburg** und die **St. Bartholomäuskirche** zeugen. Die historische Backsteinkirche wurde zwischen 1270 und 1290 auf einer acht Meter hohen Warf gebaut. Sie ist innen reich ausgestattet, der Taufstein stammt noch aus der Zeit ihrer Erbauung. Im Grabkeller stehen die Sarkophage von acht weiteren Mitgliedern der Häuptlingsfamilie. Die schwarz glänzenden Grabplatten der *Freiherren von Closter* sind ebenso erwähnenswert wie die Gerhard-von-Holty-Orgel aus dem Jahr 1710. In Dornum steht die **älteste Mühle Ostfrieslands:** Die hölzerne und einzige Bockwindmühle in Ostfriesland wurde auf einem kleinen künstlichen Erdwall errichtet.

nskrs_030 maa

Der Begriff **„Herrlichkeit Dornum"** erklärt sich aus der Geschichte: Herrlichkeiten wurden Gebiete genannt, deren Inhaber volles Lehnsrecht hatten, die Gerichtsbarkeit und weitere landesherrliche Rechte ausübten, also weitgehend autonom agieren konnten, aber keinen adeligen Titel trugen.

Heute gleicht das beschauliche Dornum eher einem „schlafenden Dornröschen", die Konkurrenz der attraktiven Küstenorte ist zu groß. Dennoch lohnt sich ein Besuch, denn das **Stadtbild** mit seinen vielen alten Häusern ist **sehenswert.** Wer dem Küstentrubel entfliehen möchte, ist hier gut aufgehoben. Dornum ist idealer Ausgangspunkt für **Radtouren ins Hinterland.** Vermarktet wird die Region als „Dornumerland": Neßmersiel, Dornumersiel, Dornum und das Holtriemer Land haben sich zu einer gemeinsamen Tourist-Information zusammengeschlossen.

Praktische Informationen & Adressen

■ **PLZ:** 26553.

■ **Tourist-Information:** Siehe bei Dornumersiel.

■ **Bus:** Linien 314 und 413 des Verkehrsverbundes Ems-Jade (VEJ), www.vej-info.de, fahren nach Norden und Esens.

■ **Handweberei Fiefschaft:** Kirchstraße 13, Tel. 04933 15 72, www.fiefschaft.de. Textiles aller Art, wunderschönes Kunsthandwerk und Schneidereiatelier.

⌃ Fischer auf dem Kutter beim Krabbensieben

1

■ **Fahrradverleih:** IDAT Touristik, Enno-Hektor-Straße 10, Tel. 04933 99 00 36.

■ **Historische Stadtführung:** Über die Tourist-Information, Anmeldung erforderlich (Erw. 4 €/bis 14 J. 2 €).

■ **Bockwindmühle:** Bahnhofstraße 19, Tel. 04933 13 43, www.bockwindmühle-dornum.de. Termine für Führungen und Schaubetrieb erfährt man bei der Tourist-Information oder auf der Website des Mühlenvereins.

■ **Nessmer-Mühle:** Tel. 04933 99 16 59. Besichtigung nach Vereinbarung.

Hotels

■ **Hotel Herrlichkeit Dornum**②: Bahnhofstraße 23, Tel. 04933 911 00, info@hotel-herrlichkeit.de, www.hotel-herrlichkeit-dornum.de.

■ **Burghotel Beningaburg**①: Beningalohne 2, Tel. 0160 502 64 36, www.hotelbeningaburg.com. (Facebook)

■ **Hotel Dornumer Wappen**①: Alte-Post-Straße 1, Tel. 04933 91 41 70, info@dornumerwappen.de, www.dornumerwappen.de.

Veranstaltungen

■ **Aktuelle Termine** unter www.dornum.de oder im Aushang der Tourist-Information.

■ **Ritterfest zu Dornum:** Ein Spektakel der besonderen Art findet einmal im Jahr im Juli/August rund um das Dornumer Schloss statt. Hier lädt ein Handwerkermarkt zum Flanieren ein, beim Pestumzug zeigt sich die dunkle Seite der Zeitreise ins Mittelalter, es finden Ritterkämpfe statt, und abschließend gibt es im Rahmen der „Mystischen Nacht" eine fulminante Feuershow am Schloss.

■ Von Ende Juni bis Ende August spielt in der St. Bartholomäuskirche eine Reihe internationaler Meisterorganisten im Rahmen der **Konzertreihe „Nachtorgel-Konzerte".** Bei Kerzenschein entsteht ein ganz besonderes Flair.

■ Ende Juni bis Mitte Juli: **Kunsttage Dornum** im Wasserschloss mit Malereien, Grafiken, Zeichnungen und Skulpturen.

■ Von März bis Dezember veranstaltet der Gewerbeverein Dornum auf dem Schlossgelände im Dornumer Ortskern verschiedene **Bauern-, Kunsthandwerker- und Martinimärkte** sowie einen **Weihnachts- und Laternenmarkt.** Gewerbeverein Dorum, Tel. 04933 99 00 01, www.gewerbeverein-dornum.de.

Dornumersiel/ Westeraccumersiel

Mitten durch das Hafenbecken, an dem rechts- und linksseits die beiden Orte Dornumersiel und Westeraccumersiel liegen, verläuft unsichtbar die **Grenze zwischen Ostfriesland und dem Harlingerland.** Die reichen Kapitäne lebten in Dornumersiel, die armen Fischer in Accumersiel. Die Menschen wurden sogar auf verschiedenen Friedhöfen beerdigt. Die noch heute bestehende Grenze ist also historisch bedingt. Die hier liegenden Fischkutter tragen die Kennzeichnung „ACC". Wenn die „ACC 14" gerade ihren Fang an Land bringt, kann man den Fischer ruhig freundlich fragen, ob er etwas von seinen Krabben verkauft. Frischer bekommt man sie nicht, pulen muss man sie allerdings selbst.

Praktische Informationen & Adressen

■ **PLZ:** 26553 Dornum-Dornumersiel/Westeraccumersiel.

■ **Tourist-Information:** Reethaus am Meer, Hafenstraße 3, Tel. 04933 911 10, info@dornum.de, www.dornum.de. (Facebook)

■ **Bus:** Linien 314, 362, 368 und 413 des Verkehrsverbundes Ems-Jade (VEJ), www.vej-info.de, fahren nach Norden, Dornum (413) und Esens.

■**Ostfriesland-Express:** Linie F20 des Verkehrsverbundes Ems-Jade (VEJ), www.vej-info.de, verbindet Norden und den Anleger Harlesiel und fährt sogar weiter nach Bremen Hbf. (www.edzards-reisen.de).

■**Yachtclub Accumersiel:** Schöpfwerkstraße 1, Tel. 04941 93 33 18, www.ycacc.de. 250 Liegeplätze stehen zur Verfügung.

■**Hochseeangeln:** Mit der „MS Freia", Tel. 04975 80 41, www.ms-freia.de; mit dem „FK Freya", Tel. 04933 18 07 und 0171 641 35 38; mit dem „FK Atlantik", Tel. 04933 681.

Museen und Führungen

■**Nationalpark-Haus Dornumersiel:** Oll Deep 7, Tel. 04933 15 65 und 0172 431 85 80, nationalparkhaus-dornumersiel@ewe.net, www.nationalparkhaus-wattenmeer.de.

■**Zwei-Siele-Museum:** Ostfreesenstraat 2–4, Tel. 04933 918 10 oder 04941 55 35. Das Museum zeigt die wechselvolle Geschichte der beiden Sielorte Dornumersiel und Westeraccumersiel anhand maritimer Objekte und Modelle.

■**Siel- und Schöpfwerksanlage:** Hafenstraße, Anmeldung über die Tourist-Information, Tel. 04933 911 10 oder 04933 87 99 80 (pro Person 3 €).

■**Mühle Westeraccum:** An der Mühle, Tel. 04933 99 11 11. Besichtigung nach Vereinbarung.

Essen und Trinken

■**Restaurant Käthe und Karl:** Cassen-Eils-Pad 2, Tel. 04933 17 44, moin@kaetheundkarl.de, www.kaetheundkarl.de. Frischer Fisch, butterzartes Fleisch und vegetarische Spezialitäten in einer ehemaligen Schmiede am Deich zwischen Neßmersiel und Bensersiel. (Facebook)

■**Granat Schkür:** Thees-Otten-Pad 2, Tel. 04933 91 43 53. Die Fleischgerichte sind besonders empfehlenswert, auch wenn der Name des Hauses Krabbenschuppen bedeutet. (Facebook)

■**Fisch Rinjes:** Schöpfwerkstraße 18, Tel. 04933 91 91 30, post@fisch-rinjes.de, www.fisch-rinjes.de. Fisch- und Krabbenhandel, Fischladen und Imbiss mit viel Betrieb, es wird Wert auf gute Qualität gelegt.

■**Heikes Eiscafé & Teestube:** Am Alten Hafen 5, Tel. 04933 338 98 45. Leckere Eisbecher, hausgemachte Pfannkuchen und herzhafte Kleinigkeiten.

■**Café Kluntje-Pott:** Störtebeker Straße 104, Dornumergroden, Tel. 04933 99 26 16, www.cafe-kluntje-pott.blogspot.de. Nettes Café, in dem man nicht nur Tee und Kuchen bekommt, sondern auch herzhafte Hauptspeisen.

Hotels

■**Buten Diek Hotel & Restaurant**②: Hafenstraße 4, Tel. 04933 991 20, info@buten-diek.de, www.buten-diek.de.

■**Hotel garni Hawattn**②: Hafenstraße 7, Tel. 04933 81 59, info@hawattn.de, www.hawattn.de. (Facebook)

■**Huus Störtebeker**①: Störtebekerstraße 154, Tel. 04933 602, info@huus-stoertebeker.de, www.huus-stoertebeker.de.

Camping- und Wohnmobilstellplätze

■**Campingplatz am Nordseestrand:** Hafenstraße 7, Tel. 04933 351, campingplatz@dornum.de, www.dornum.de. Zelte, Wohnmobile und Wohnwagen, Übernachtungen auch in gemütlichen Nordseekarren oder im Zirkuswagen möglich.

Veranstaltungen

■**Live am Deich:** Im Juli und August zieht diese Veranstaltungsreihe regelmäßig Einheimische und Gäste in ihren Bann.

■**Ostfriesische Strohballen-Rollmeisterschaft:** Jährlich im Oktober findet auf der Drachenwiese in Dornumersiel dieser Wettbewerb mit unterhaltsamem Begleitprogramm statt.

■**Herbst- und Lichterfest:** Beginnend mit dem Laternen- und Fackelumzug durch Dornum und traditionellen Liedern geht es zum SeeparkWest. Flackernde Fackeln, Farb- und Lichterspiele zaubern glanzvolle Akzente in die Dunkelheit, dazu gibt es Musik und kulinarische Köstlichkeiten.

Bensersiel

Das zu Esens gehörende **Nordseeheilbad** Bensersiel liegt **an der „Grünen Küstenstraße"**, die die Urlaubsorte an der Küste Ostfrieslands miteinander verbindet. Während bis Mitte des 20. Jahrhunderts die Landwirtschaft Haupteinkommensquelle war, ist es heute der **Tourismus.** Das ist an zahlreichen Gasthöfen, Hotels, Ferienwohnungen und gastronomischen Betrieben zu sehen, die das eher **moderne Ortsbild** prägen. Historische Gebäude sucht man hier weitgehend vergebens. Mittelpunkt des Ortes und beliebtes Fotomotiv sind die beiden weißen modernen Deichbrücken. Sie bieten einen herrlichen Blick auf den Jachthafen und die Ostfriesischen Inseln. Das Wahrzeichen der Stadt und Wappentier von Esens ist der Bär, deshalb laufen auch die Kinderveranstaltungen am Strand unter dem Namen „Benni Bärenstark".

Es gibt einen **Kurpark,** einen **Grünstrand** und einen künstlich angelegten **Sandstrand.** Aber Achtung: Wenn man keine Kurkarte besitzt, die hier Nordsee-Service-Card genannt wird, wird eine Gebühr erhoben. Im Westen von Bensersiel liegt vor dem Deich der weitläufige Campingplatz. Ein **Meerwasserfreibad** lockt mit einer 80 Meter langen Rutsche. Zusätzlich besteht in der **Nordseetherme** die Möglichkeit, nicht nur zu toben und zu schwimmen, sondern auch ausgiebig zu saunen. Im Sommer veranstaltet die Tourist-Information ein eigenes Programm für Kinder von vier bis zehn Jahren sowie für Jugendliche von elf bis 16 Jahren. Im Ort sind übrigens alle Parkplätze gebührenpflichtig, Parksünder werden zur Kasse gebeten. Hun-

de dürfen nicht in die Bade- und Spieleinrichtungen, an den Hauptstrand, auf den Campingplatz und die Deiche sowie in den Kurpark.

Praktische Informationen & Adressen

- **PLZ:** 26427 Esens-Bensersiel.
- **Tourist-Information:** Am Strand 8, Tel. 04971 91 71 11, nordseeurlaub@bensersiel.de, www.bensersiel.de.
- **Internet:** Strandportal, Am Strand 8, und im Internetroom Aquantis, Taddigshörn 200. Hotspots im Strandportal und auf dem Campingplatz.
- **Büchertankstelle im Strandportal:** Siehe „Internet", Infos auch bei der Tourist-Information.
- **Wochenmarkt:** April bis Oktober donnerstags von 8 bis 12 Uhr.

Verkehr
- **Bus:** Linien 314, 361, 362, 363 und 368 des Verkehrsverbundes Ems-Jade (VEJ), www.vej-info.de, fahren nach Neuharlingersiel und Esens.
- **Flixbus:** Tel. 030 300 13 73 00, info@flixbus.de, www.flixbus.de. Haltestelle Am Hafen 20A.
- **Fähre nach Langeoog:** Die Schifffahrt zur ostfriesischen Insel ist unabhängig von den Gezeiten, die Überfahrt dauert etwa 45 Minuten. Langeoog ist autofrei. Am Hafen 20, Tel. 04972 69 30, www.schiffahrt-langeoog.de. Parken bei vier verschiedenen Anbietern in der Nähe des Fähranlegers (ca. 5–6 € pro Tag).
- **Nordsee-Flitzer:** E-Auto mit Klimaanlage und Navigationssystem. Mit der Nordsee-Service-Card einmal pro Urlaub bis zu vier Stunden kostenlos buchbar. Voraussetzung sind ein gültiger Führerschein und ein Personalausweis.

▷ Reetgedecktes Wattenhuus Bensersiel – hinter seinen Mauern verbirgt sich das Nationalpark-Haus

Die ostfriesische Küste

Ausflüge und Touren

■ **Kutterfahrten und Hochseeangeln:** Kutter „Albatros", Fam. *Gerdes,* Seestraße 8, Tel. 04971 925 92 60; Kutter „Edelweiß", Kapitän *Jann Linneberg,* Oll Deep 2, Tel. 04971 75 63.

■ **Kutsch- und Planwagenfahrten:** Ferienhof Rixte, Rotzmense 2, Tel. 04971 49 38; Kutschfahrten Ilfriede Janssen, Ihne-Heiken-Weg 2, OT Neugaude, Tel. 04974 251.

Museen und Führungen

■ **Nationalpark-Haus:** Wattenhuus Bensersiel, Seestraße 1, Tel. 04971 58 48, www.bensersiel.de, www.nationalparkhaus-wattenmeer.de. Interaktive Ausstellung über den Lebensraum Wattenmeer. Höhepunkt: die Familienrallye durchs Wattenhuus.

■ **Wattwanderungen:** Termine und Anmeldung im Wattenhuus und über die Tourist-Information (Erw. 6 €/Kinder 4 €).

Essen und Trinken

■ **Fischerstuben:** Hauptstraße 15, Tel. 04971 924 99 00, www.fischerstuben-nordsee.de. Der Name ist Programm, hier gibt es Fisch satt.

■ **Peter Pan:** Taddigshörn 200, Tel. 04971 924 75 70, info@das-peter-pan.de, www.das-peter-pan.de. Fisch- und Fleischgerichte.

■ **Stürhus Bensersiel:** Hauptstraße 11, Tel. 04971 48 68, info@stuerhus-bensersiel.de, www.stuerhus-bensersiel.de.

■ **Fisch und Meer:** Hauptstraße 7, Tel. 04974 91 27 92. Fisch und Fleischgerichte in uriger Atmosphäre. (Facebook)

■ **Café-Restaurant Waterkant:** Am Hafen 4, Tel. 04971 78 73, cafe-waterkant@t-online.de, www.cafe-waterkant.de. Café, Restaurant, maritime Hafenkneipe mit Whiskylounge.

■ **Restaurant Godewind:** Fisch und Fleischgerichte im Hotel Hörn van Diek.

nskns_032 mna

nskns_033 mna

Sport und Freizeit

■ **Schwimm- und Heilbad:** Nordseetherme Bensersiel, Schulstraße 4, Tel. 04971 91 72 20, www.die-nordsee.de und www.bensersiel.de. Heilbäder diverser Anwendungsbereiche, Sauna, beheizte Erlebnisbecken und Wasserrutschen, Fitnessraum und Sportkursangebot.

■ **Meerwasserfreibad:** Am Strand 8, Tel. 04971 91 70, nordseeurlaub@bensersiel.de, www.bensersiel.de (geöffnet von Mai bis September). (Facebook, Youtube, Twitter)

■ **Sportthemenpark:** Zwischen Hafen und Weststrand. Mit Beach-Soccer, Skatepark, Basketball und Tennis.

■ **Minigolf:** Beim Spielplatz am Strand.

■ **Reitferienhof Janssen:** Esenser Straße 163, OT Ochtersum, Tel. 04971 33 31, info@reitferienhof-janssen.de, www.reitferienhof-janssen.de.

■ **Drachenwiese:** Strengeweg (zwischen Bensersiel und Dornumersiel), Tel. 04971 91 70, nordseeurlaub@bensersiel.de. Es ist verboten, im Nationalpark seinen Drachen steigen zu lassen, das gilt vor allem für den Strand.

■ **Lauftreff und Trimmpfad:** Im Schafhauser Wald südlich von Esens montags um 19 Uhr.

■ **Fahrradverleih:** Star-Tankstelle Geisler, Hauptstraße, Tel. 04971 833.

■ **Stefan's Fahrradshop:** Am Strand 2, Tel. 04971 92 77 82.

■ **Angeln:** Auskunft und Angelkarten über die Tourist-Information.

■ **Tischtennis:** Am „Haus Kunterbund", Am Strand.

■ **Sportboothafen Bensersiel:** Seglerverein Harlebucht e.V., www.svh-besnersiel.de. Der Hafen ist zweigeteilt und bietet 190 geschützte Liegeplätze für Boote bis zu 11 Meter Länge. Der Außenhafen liegt in nördlicher Richtung, westlich vom Fähranleger, die innere Steganlage liegt weiter südlich nahe dem Sieltor an der Westseite des Innenhafens.

■ **Hochseeangeln:** s.o.

Hotels und Pensionen

■ **Nordseehotel Benser-Hof**②: Hauptstraße 9, Tel. 04971 927 40, info@benserhof.de, www.benserhof.de. Gepflegtes Hotel in zentraler Lage, fünf Minuten vom Strand entfernt.

■ **Heerens Hotel**①: Am Hafen 6, Tel. 04971 22 13, info@heerens-hotel.de, www.heerens-hotel.de. Kleines Haus mit 13 Zimmern in zentraler Lage.

■ **Nordseehotel Fischerhus**①: Hauptstraße 4, Tel. 04971 12 23, info@nordseehotel-fischerhus.de,

⌃ Nordseehotel Benser-Hof in Bensersiel

www.nordseehotel-fischerhus.de. Kleines Haus in zweiter Reihe, aber zentrale Lage nahe zum Hafen.

■**Hotel Hörn van Diek**②: Lammertshörn 1, Tel. 04971 24 29, info@dasnordseehotel.de, www.das-nordseehotel.de. Das Hotel liegt zentral, es gibt Zimmer und Suiten und ein großes Serviceangebot.

■**Hotel-Pension Friesenruh**①: Friesenstraße 27, Tel. 04971 929 00, friesenruh@friesenruh.de, www.hotelpension-friesenruh.de. Familiär geführtes kleines Haus in ruhiger Lage, 300 Meter vom Hafen entfernt.

■**Hotel-Pension Altes Siel**①: Seestraße 25, Tel. 04971 910 20, info@altes-siel.de, www.altes-siel.de. Kleine Hotel-Pension am Ortsrand, alle Zimmer haben Pantry-Küchen mit Herd.

■**Pension Wattenmeer**①: Seestraße 23, Tel. 04971 924 85 55, info@pension-wattenmeer.de, www.pension-wattenmeer.de. Hotel-Pension, einfache Zimmer mit Frühstück am Ortsrand.

■**Hotel garni Benser Watt**①: Am Wattenmeer 6, Tel. 04971 924 86 48, info@benser-watt.de, www.benser-watt.de. Am Ortsrand nahe des Wattenmeers, schlichte, modern eingerichtete Zimmer mit Frühstück, Parkplätze vorhanden.

■**Pension Nordkap**①: Am Wattenmeer 2, Tel. 04971 949 50, info@pension-nordkap.de, www.pension-nordkap.de. Am Ortsrand in ruhiger Lage, die Zimmer sind sehr gepflegt.

Veranstaltungen

■**Veranstaltungskalender:** www.bensersiel.de.

■**Ortsführung durch Bensersiel:** Buchung über die Tourist-Information (4,50 €).

■**Maibaum-Aufstellen:** 30. April in Bensersiel mit buntem Drumherum.

🙋 **Kindertag:** Anfang Juli auf dem Campingplatz Bensersiel steht der Nachwuchs im Mittelpunkt des Geschehens.

■**Frühstück am Watt:** Anfang Juli gibt es auf dem Deich mit Blick aufs Meer ein Picknick mit nachhaltigen und regionalen Produkten sowie anschließender Erkundungstour im Schlick. Anmeldung über die Tourist-Information.

🙋 **Kinderquatsch mit Benni Bärenstark:** Im Sommer sorgt ein buntes Animationsprogramm für Spaß unter den Kleinen: Piraten-Nachmittage, Fußballturniere, eine Kinder-Disco und eine Kreativ-Werkstatt vertreiben die Zeit.

■**Dream Team Area:** Im Sommer chillen und Spaß haben mit Kicker-Turnieren, Cocktail-Partys und Sing-Abenden am Strand sowie im Sport-Themenpark.

■**Strandfest Bensersiel:** Ende Juli wird am Strand gefeiert.

■**Lichter- und Brückenfest:** Anfang August auf dem Dorfplatz und den Brücken.

■**Kunst- und Handwerkermarkt:** Anfang August.

■**Dorffest:** Mitte August mit kulinarischem Angebot und Rahmenprogramm.

■**Ostfriesische Woche:** Mitte September, siehe bei Esens.

■**Hafentage:** Ende September am Hafen, drei Tage buntes Programm.

■**Zugvogeltage:** Jährlich im Oktober stehen die gefiederten Genossen im Mittelpunkt verschiedener Veranstaltungen.

■**Bensersieler Adventszauber:** An einigen Wochenenden im Dezember, Termine im Veranstaltungskalender.

■**Wintermarkt:** Ende Dezember gibt es Winterliches an der Küste.

UNSER TIPP: Padstockspringen ist eine Sportart, die in Ostfriesland und im niederländischen Friesland nicht sonderlich ernsthaft betrieben wird, aber auf eine realistischen Ursprung zurückgeht. Es war eines der ersten „Verkehrsmittel", denn oftmals war die nächste Brücke weit. Mit dem langen Stab, dem „Padstock", ließen sich die vielen wassergefüllten Gräben ohne nasse Füße überwinden – vorausgesetzt, man setzt den Stab nur so weit weg, dass man auch noch abspringen kann. In Ostfriesland gibt es einige unterhaltsame Wettbewerbe, bei denen sich die Technik beobachten lässt. Oftmals geht es dabei sehr nass und lustig zu.

1

Esens

Die knapp 7500 Einwohner zählende Kleinstadt Esens gehört zum Harlingerland und ist Teil des Landkreises Wittmund. Gegründet wurde Esens als Handels- und Marktort auf dem sturmflutsicheren Geestrand unweit der Küste um 800 n.Chr. 1600 fiel Esens an die Grafen von Ostfriesland, rund 200 Jahre später an das Königreich Hannover, und 1866 kam es in den Besitz des Königreichs Preußens. Während des 2. Weltkriegs wurde die Stadt **durch Bombenangriffe der Alliierten zerstört,** viele Menschen fanden den Tod, auch durch Angriffe, die eigentlich Emden treffen sollten. Fast ein Viertel der Bevölkerung bestand nach Kriegsende aus **Flüchtlingen,** wirtschaftlich ging es mit Esens danach nur sehr langsam wieder aufwärts.

Ab 1960 wurde stark in den **Fremdenverkehr** investiert, die Stadt umfassend saniert und modernisiert. Esens erhielt mit der Steinstraße sogar eine **Fußgängerzone** und eine **verkehrsberuhigte Innenstadt.** Heute ist der Tourismus in Esens und im Küstenort Bensersiel von großer wirtschaftlicher Bedeutung, beide sind anerkannte Kurorte.

Das Stadtsiegel ziert seit 1540 ein Bär, das Wappentier der ostfriesischen Häuptlings- und Herrscherfamilie *Attena* in Esens und Wittmund. Der **Sage** nach belagerten im Mittelalter feindliche Truppen die Stadt, als sich gerade ein fahrender Musikant mit seinem Tanzbären vor Ort befand. Die Auseinandersetzungen hielten an, die Belagerer versuchten, die Bewohner auszuhungern. Als es bis zur Kapitulation nur noch eine Frage der Zeit war, konnte sich der eingesperrte Bär befreien, kletterte brüllend vor Hunger auf die Stadtmauer, warf mit Steinen um sich und vertrieb so die Belagerer. Seit Ende der 1990er-Jahre zieren **mehr als 40 Bärenfiguren** aus Kunststoff das Stadtbild, die im Rahmen einer Kunstaktion bunt bemalt überall aufgestellt sind.

Sehenswertes

Mitte des 19. Jahrhunderts wurde die **St. Magnus-Kirche** fertiggestellt. Die Hallenkirche, in der auch das Turmmuseum untergebracht ist, hat ein Kreuzgewölbe und Bündelpfeiler und ist von Emporen umrahmt. Das Bronzetaufbecken datiert

◁ Die Peldemühle in Esens

Die ostfriesische Küste

auf das Jahr 1474, die Kanzel stammt von 1674, der Altar mit Kruzifix von 1714. Im Kircheninneren befindet sich auch der gotische Steinsarkophag des 1473 gestorbenen Häuptlings *Sibet Attena*. Die Orgel des Esenser Orgelbauers *Arnold Rohlfs* (1808–1882), erbaut von 1848 bis 1860, ist das größte Instrument Ostfrieslands aus dem 19. Jahrhundert. Sie verfügt über beeindruckende 30 Register auf zwei Manualen und Pedal.

Das **Palais von Heespen** ist eines der ältesten Häuser der Stadt, seit 1965 dient es als Rathaus. Seine Fundamente stammen aus dem Mittelalter, seine heutige Form aus dem 17. Jahrhundert. Der Ahnensaal ist nur im Rahmen einer Führung zu besichtigen, er dient heute als Trauzimmer und wird für Repräsentationszwecke genutzt. Die Wände schmücken flandrische Wandteppiche und Gemälde. Das Mobiliar und das Porzellan stammen aus der Sammlung der Familie *von Heespen*.

Praktische Informationen & Adressen

- **PLZ:** 26427.
- **Tourist-Information:** Herdetor 38–40, Tel. 04971 91 70, nordseeurlaub@bensersiel.de, www.bensersiel.de. Auskunft und Ausgabe von Angelkarten.
- **Bücherei:** Haus der Begegnung, Theodor-Thomas-Straße 6, Tel. 04971 94 99 58.

Verkehr

- **Bahnhof:** Bahnhofstraße, am Rand der Stadt, www.nordwestbahn.de. Die Schienenverbindung führt über Jever und Sande nach Oldenburg.
- **ZOB am Bahnhof:** Verschiedene Linien des Verkehrsverbundes Ems-Jade (VEJ), www.vej-info.de, fahren nach Esens, Bensersiel und Carolinensiel.

Museen und Stadtführungen

- **Museum „Leben am Meer":** Bensersieler Straße 1, Tel. 04971 52 32, www.leben-am-meer.de (Erw. 3,50 €/Kinder ab 15 J. 1,50 €). Das im Gebäudeensemble der Peldemühle, einem zweistöckigen Galerieholländer, beheimatete Museum erinnert an die Teile der Marschenlandschaft mit ganzen Dörfern, die in den letzten Jahrhunderten dem steigenden Meeresspiegel zum Opfer gefallen sind.
- **Turmmuseum St. Magnus:** Am Kirchplatz 5, Tel. 04971 91 97 12, www.turmmuseum-esens.de (geöffnet von Mai bis Oktober, Eintritt frei). Auf den fünf Etagen des Turms werden die Baugeschichte der größten Kirche Ostfrieslands dokumentiert und ihr Inventar gezeigt. Über 113 Stufen geht es am mechanischen Kirchturmuhrwerk von 1873, einer hölzernen Bestattungskutsche von 1880 und den riesigen Orgelpfeifen vorbei. Oben angekommen belohnt der atemberaubende Ausblick bis hin zu den Ostfriesischen Inseln.
- **Jüdisches Museum im August-Gottschalk-Haus:** Burgstraße 8, Tel. 04971 52 32, www.august-gottschalk-haus.de (geöffnet von Mai bis Oktober, Erw. 2 €/Kinder ab 15 J. 1 €). Gedenkstätte und Ausstellung zur neueren Geschichte der ostfriesischen Juden, die neben den Resten der 1938 von den Nazis zerstörten Synagoge ihren Platz gefunden hat. Eine Besonderheit ist die Mikwe, ein erhaltenes jüdisches Ritualbad.
- **Bernstein Museum** (Erw. 3,50 €/Kinder bis 14 J. 2,50 €): Bernstein Huus, Herdestraße 10, www.bernstein-huus.de. Alles rund um die Welt des Bernsteins, der schon in der Römerzeit als beliebtes Tauschmittel diente (siehe Exkurs).
- **Peldemühle Esens:** Bensersieler Straße, Tel. 04971 206 49. Besichtigung nach Vereinbarung.
- **Stadtführungen:** Über die Tourist-Information (4,50 €). Themen sind „Bärenstadt Esens", Esens und seine Schätze, Führungen durch die Peldemühle. Der Flyer „Esens historisch – das begehbare Geschichtsbuch" zeigt im Rahmen fünf verschiedener Touren durch die Stadt Wissenswertes zur Geschichte auf 80 Tafeln.

1

Bernstein – die Tränen der Sonnentöchter

„Tränen der Sonnentöchter" – so nannte der römische Dichter *Ovid* (43 v.Chr. bis 17 n.Chr.) den Bernstein, auch bekannt als **„Gold des Nordens"**. Die Römer bezeichneten Bernstein als „Saft" *(succinum)*, daraus leitet sich sein wissenschaftlicher Name Succinit ab. Er ist kein richtiger Stein, wie man angesichts des Namens vermuten könnte, sondern **fossiles Baumharz.** Die deutsche Bezeichnung „Bernstein" geht auf das mittelniederdeutsche *bernen* (brennen) zurück, denn das Harz ist leicht entzündbar.

Früher fand man das **leicht entzündbare Material zum Feuermachen** nützlicher als zur Schmuckherstellung. Damals erreichten die Brocken nicht selten Brikettgröße und waren somit alles andere als rar. Das tat ihrer **Beliebtheit in bearbeiteter Form** jedoch keinen Abbruch. Vor allem die Mittelmeervölker waren geradezu versessen auf das „Gold des Nordens" und zahlten hohe Preise dafür. Für ein hübsches Schmuckstück aus Bernstein bekam man im alten Rom so viel Geld, dass man davon sogar einen Sklaven kaufen konnte.

Vor Jahrmillionen trat das Harz aus den Wunden vorwiegend subtropischer Bäume aus und härtete an der Luft schnell aus. Bernstein gibt es demnach auf der ganzen Welt und nicht nur an Nord- und Ostsee. Bei geologischen Veränderungen wurde es mit Wasser überspült und gelangte so durch Überlagerungen in tiefere Sedimentschichten. Unter Luftabschluss und Druck entstand in 40 bis 50 Millionen Jahren Bernstein. Als **Einschlüsse** kommen häufig Fossilien von Pflanzenteilen oder kleinen Tieren vor, die man bei vielen Schmuckstücken gut sehen kann.

Der bei uns gefundene Bernstein gelangte durch die Gletscher der Eiszeiten **aus der baltischen Region** hierher. In flachen Schichten lagerte er sich ab, aus denen die Nordsee besonders auf den Nordseeinseln immer wieder individuelle Stücke freilegt. Bernstein wird in vielen unterschiedlichen Größen gefunden, die meisten Stücke sind etwa so groß wie ein Kieselstein, größere Funde sind selten. Das Material ist nur geringfügig dichter als Wasser und sehr viel leichter als Mineralien oder Gestein. Deshalb geht Bernstein in Süßwasser unter, während er in salzhaltigem Wasser schwimmt.

Ob man einen **echten Bernstein** gefunden hat, lässt sich einfach **nachprüfen:** Glatter, trockener Bernstein lädt sich elektrostatisch auf und er zieht wie ein Magnet Papierschnipsel und Wollfussel an. Oder man löst einen Teelöffel Salz in einem Glas Wasser auf – schwimmt der Stein darin, ist er echt.

nskns_035 mna

■**Geführte Radtouren:** Infos und Buchung über die Tourist-Information.
■**Waldlehrpfad:** Im Schafhauser Wald, südlich von Esens.

Einkaufen
■**Wochenmarkt:** Mittwochs auf dem Kirchplatz und samstags auf dem Marktplatz, April bis Oktober von 8 bis 13 Uhr.
■**Tante Tuddel:** Herdestraße 16, Tel. 0171 832 36 31. Stöbercafé. (Facebook, Instagram)
■**Caravan Erleben,** Seilerstraße 1, 26427 Esens, Tel. 04971 41 48, www.caravan-erleben.de.

Essen und Trinken
■**Café-Gasthaus Sturmfrei:** Steinstraße 38, Tel. 04971 927 95 55. Frühstück und internationale Gerichte in hübschem Ambiente.
■**Zeus-Restaurant:** Jücherstraße 5, Tel. 04971 604 94 14, www.zeus-restaurant-esens.de. Griechische und internationale Speisen. (Facebook)
■**Plietsch:** Bahnhofstraße 20, Tel. 04971 924 82 82, info@plietsch-esens.de, www.plietsch-esens. de. Modernes Ambiente und bunt gemischte Karte – von Currywurst über Steaks bis zu vegetarischen Gerichten ist alles dabei.
■**Stadt-Schkür:** Markt 1a beim Rathaus, Tel. 04971 23 14. Teedeele – Kaffee, Kuchen und Pfannkuchen in urigem Mobiliar. (Facebook)

Hotel, Pensionen und Jugendherberge
■**Hotel Nolting**①: Bahnhofstraße 29, Tel. 04971 22 33, info@hotel-nolting.de, www.hotel-nolting. de. Familiäre Atmosphäre, einfach eingerichtete Zimmer, nah zum Bahnhof und zum Zentrum.
■**Pension Nordlicht**①: Bensersieler Straße 10, Tel. 04971 610 und 0160 433 75 91, info@nordlicht-esens.de, www.nordlicht-esens.de. Nördlich des Zentrums gelegen, mit neun nett eingerichteten Zimmern und Frühstücksraum mit Panoramafenster und Blick in den Garten.
■**Pension Martha**①: Siebet-Attena-Straße 17, Tel. 04971 24 19, www.marthas-pension.de. Nette

kleine Pension, die Zimmer und der Frühstücksraum sind im Landhausstil blau-weiß eingerichtet, alles mit heimeliger Atmosphäre in zentraler Lage.
■**Jugendherberge Esens**①: Grashauser Flage 2, Tel. 04971 37 17, esens@jugendherberge.de, www. jugendherberge.de. Die Jugendherberge liegt nördlich von Esens etwas abseits und hat 162 Betten, zum Strand sind es gut 3 km.

Sport und Freizeit
■**Fahrradverleih:** ELAN-Tankstelle Albers, Bahnhofstraße 34, Tel. 04971 33 49.
🐦**Indoor-Spielpark Klabautermann:** Gewerbegebiet Ost, Sattlerstraße 5, Tel. 04971 92 75 71, www.klabautermann-spielpark.de (Erw. 6,50 €/ Kinder 3–16 J. 9,50 €). Spiel- und Freizeitspaß auf 3000 Quadratmetern Fläche. (Facebook, Twitter)
■**Angeln:** Über die Tourist-Information.
■**Reithalle Esens:** Norder Landstraße 15a, Tel. 0172 762 28 38.
■**Tennishalle:** Sportzentrum Esens-Nord, Hohekamp, Tel. 04971 26 26.
■**Schießen:** Schützencompanie E.V., Bensersieler Straße 2, Tel. 04971 91 15 46. Schießstand am Schützenplatz in Esens.
■**Schach:** Dienstags ab 19.45 Uhr im „Haus der Begegnung", Theodor-Thomas-Straße 6, Tel. 04971 94 79 67.

Veranstaltungen
■**Esenser Kleinkunstfestival:** Anfang Juni sind gewagte Akrobatik, mitreißende Shows und beste Unterhaltung im Zentrum von Esens zu sehen (www.kleinkunstfestival-esens.de).
■**Esenser Schützenfest:** Im Juli wird auf dem größten Schützenfest Ostfrieslands fünf Tage lang mit einem bunten Programm gefeiert. Zur Eröffnung gibt es ein Platzkonzert und dann einen Fackelzug durch den Ort (www.schuetzen-esens.de).
■**Esenser Weinfest:** Ende Juli stellen sich an mehreren Abenden Winzer mit ihren Produkten vor.
■**Ostfriesische Woche:** Mitte September steht alles im Zeichen der Ostfriesen mit Spaziergängen,

Führungen, Konzerten, Tee-Zeremonie und mehr. Veranstaltungen in Esens und Benserciel.

■ **Herbstmarkt:** Oktober, bunter Markt im Ortskern.

■ **Esenser Weihnachtswald:** Anfang Dezember, schönes weihnachtliches buntes Treiben für Klein und Groß über drei Tage.

Neuharlingersiel

Erstmals urkundlich erwähnt wurde Neuharlingersiel 1693, der Ort ist also verglichen mit vielen anderen relativ jung. Zunächst entstand nur eine Ansiedlung weniger Häuser rund um den **Hafen,** der nach wie vor das Herzstück

des Ortes ist. Anfangs wurden in Neuharlingersiel die Waren der Frachtschiffe auf dem Weg nach Skandinavien umgeschlagen, später kamen die Hochseefischerei und nach dem 2. Weltkrieg die Kutterfischerei dazu. Stattliche 27 Schiffe umfasste die Flotte in ihrer Blütezeit. Rund um das Hafenbecken haben sich heute zahlreiche gastronomische Betriebe und Hotels angesiedelt. Während der Saison finden jeden Sonntag **traditionelle Hafenkonzerte** statt, vom Shanty-Chor über Schlagersänger bis hin zur Jazzkapelle ist alles dabei.

Mit der Zunahme des Bäderbetriebs auf den Inseln florierte auch der **Tourismus** in den Küstenorten. Als Badeort

Neuharlingersiel   0 ▬▬ ▬▬ 100 m   © REISE KNOW-HOW   NSKKN08 11/19

■ Übernachtung
1 Camping
2 Strandhotel Ihmann
4 Landhotel Bauernstuben
5 DJH Resort
6 Haus am Meer Hotel garni
7 Hotel Poggenstool
8 Pension Die Schlafstube
9 Campingplatz Neuharlingersiel
17 Janssen's Hotel
19 Hotel Rodenbäck
20 Hotel garni Meerblick

■ Essen und Trinken
4 Restaurant Bauernstuben
10 Teestube Seriemer Mühle
12 Hinni's Frisch Imbiss
13 Dattein
14 Café Bistro Inselblick
15 Café Störmhuus
16 Ihmanns Fischladen
18 Sielhof Restaurant-Café
21 Restaurant La Mer

■ Sport und Freizeit
3 Kite- und Surfschule Windloop
11 Fahrradverleih Klattenberg

Badestrand · *Fähranleger* · *Deich* · *Strandkorbvermietung* · *Haus des Gastes* · *Kurhaus* · *Hallenbad BadeWerk* · *Edo-Edzards-Straße* · *Buddelschiff-Museum* · *Hafen* · *Deich* · *Seriemer Mühle, Esens, Werdum* · *Hauptstraße* · *Kurpark* · *Schöpfwerk* · *Cliener Straat* · *Von-Eucken-Weg* · *Sielhof* · *Spielplatz* · *Sieltief*

Die ostfriesische Küste

erstmals erwähnt wurde Neuharlingersiel 1861, die ersten Werbeprospekte stammen von 1912. Der **Kurverein Neuharlingersiel** wurde jedoch erst 1960 gegründet, heute ist er einer der erfolgreichsten Ostfrieslands. Im Kurverein haben sich die Vermieter des Ortes zusammengeschlossen, er betreibt auch den großen Campingplatz direkt hinter dem Deich.

Der quirlige Hafenort Neuharlingersiel hat einen **zehn Hektar großen Strand,** drei Hektar entfallen auf den Grünstrand, auf dem sich die „Funny-Beach-Anlage" mit Basket- und Volleyball, Beachsoccer und Hüpfburg befindet, verschiedene Spielgeräte lassen sich ausleihen. Hier findet sich auch ein Bereich, in dem zu bestimmten Zeiten das Wind- und Kitesurfen gestattet ist. Für die Kleinen gibt es im Sommer die Wasserspielanlage „Platschi", sodass auch bei Ebbe geplantscht werden kann. In rund **600 Strandkörben** lassen sich Meerluft und Sonne genießen. Wer möchte, kann sich zur Erinnerung sogar „seinen" Strandkorb über die Tourist-Information kaufen. Direkt am Strand stehen für 3 Euro Tagesgebühr 14 Schließfächer für Wertsachen zur Verfügung. Ziemlich einzigartig dürfte der **Seelsorgestrandkorb** sein, der dienstags, mittwochs und freitags von zehn bis elf Uhr besetzt ist.

Sehenswertes

Neben dem **Hafen** mit seinen Fischkuttern ist der **Sielhof** im Ortskern einen Besuch wert, der seit 1989 dem Kurverein Neuharlingersiel gehört. Er wurde 1755 von *Siebelt Frerichs Eymen* als Herrensitz erbaut, von 1899 bis 1906 umge-

baut und um eine Parklandschaft ergänzt. Das Gebäude ist symmetrisch ausgerichtet. Über eine Freitreppe, die sich im Erdgeschoss eines Turms befindet, geht es im Erdgeschoss in ein Restaurant-Café. Das Obergeschoss wird als Haus des Gastes sowie für Ausstellungen und Veranstaltungen genutzt. In der Kapelle finden Trauungen und Taufen statt. Besonders sehenswert ist die **Wand mit 870 Bibelfliesen** im niederländischen Stil, die als größte geschlossene Einheit dieser Art in Ostfriesland gilt. Da die Fliesen im Lauf der Zeit stark beschädigt worden waren, wurden sie 2010 in den Niederlanden restauriert und anschließend wieder an ihren alten Platz gebracht. Einen Blick lohnen auch die geschnitzte Eymen-Tür sowie der gekachelte und mit einem Rosen-Tableau verzierte Kamin.

Fährt man aus Neuharlingersiel Richtung Esens, geht es kurz hinter dem Ortszentrum nach links zur **Seriemer Mühle.** Der über 200 Jahre alte Galerieholländer war bis 1975 in Betrieb und wird heute ehrenamtlich als Museum genutzt. Sein Name „De goede Verwagting" bedeutet „Gute Erwartung", und die erfüllt die leckere Friesentorte auch, die zur Belohnung nach dem Aufstieg in die Mühle in der unten befindlichen Teestube wartet.

Praktische Informationen & Adressen

● **PLZ:** 26427.

● **Tourist-Information:** Edo-Edzards-Straße 1, Tel. 04974 188 12, info@neuharlingersiel.de, www.neuharlingersiel.de. (Facebook)

🐦 **Leuchttürmchen-Club:** Infos über die Tourist-Information. Von Mitte März bis Ende Oktober

Wie kommt das Schiff in die Flasche?

Die Antwort darauf zeigt eines der kleinsten Museen an der deutschen Nordseeküste, denn in Neuharlingersiel bzw. im **Buddelschiff-Museum** liegt mit mehr als 100 Buddelschiffen eine besondere Flotte vor Anker. In Flaschen von 0,7 bis 60 Liter Inhalt befinden sich die **Buddelschiffe,** die originalgetreuen Modelle reichen vom Einbaum bis zum Atom-U-Boot. Ergänzt wird die Ausstellung durch zahlreiche Bauzeichnungen, alte Fotos, Kapitänsbilder und wechselnde Sonderausstellungen zur Fischerei und

Hochseeschifffahrt. Bei einer Führung erfährt man vieles über die speziellen Herausforderungen, die Konstruktion und Bau eines Buddelschiffes so mit sich bringen. Die **Bauzeit** reicht von 80 Stunden für einfache Modelle bis zu mehr als 1000 Stunden für komplexe Konstruktionen wie die der „Preußen". Es gibt auch ein paar Muster ohne Flasche, mit denen die Konstruktion anschaulich demonstriert wird. Nicht nur für Kinder ist es auch interessant, die ausgestellten **Spezialwerkzeuge** der Modellbauer zu

1

betrachten und vorgeführt zu bekommen. Modellbaubegeisterte und Liebhaber kurioser Sammlungen werden die Exponate vermutlich längere Zeit bestaunen, denn es dauert seine Zeit, um die vielen liebevoll gestalteten Details zu erfassen.

Gebaut wurden die meisten Buddelschiffe – mehr als 70 Stück – von **Jonny Reinert** (19.5. 1929 bis 22.8.2004) aus Herne. Dieser hatte Ende der 1950er-Jahre seine Liebe zu diesem besonderen Hobby entdeckt. Das Können für seine fantastische Arbeit brachte er sich selbst bei, entwickelte völlig neue Techniken und perfektionierte den Modellbau in Flaschen. Höhepunkte seines Schaffens und der Ausstellung sind das Flaggschiff von Admiral *Nelson,* die **„Victory"** in einer 40-Liter-Laborflasche, und eine Szenerie mit dem **„Untergang der Titanic"** in einer 50-Liter-Laborflasche. Gezeigt wird das Unglück, bei dem 1513 Menschen ertranken und nur 705 gerettet wurden, in Anlehnung an ein Gemälde das Marinemalers *Willy Stöwer.* Das Schiff sinkt mit leichter Backbord-Schlagseite über den Bug. Das Wasser hat schon die Decksaufbauten erreicht, die Rettungsboote befinden sich alle im Wasser. Aus den vier Schornsteinen steigt der Rauch, Menschen treiben im Wasser, die Schiffskapelle musiziert bis zum letzten Moment, um Panik unter den Gästen zu vermeiden. Vor der „Titanic" schwimmt ein Boot voller Geretteter, ein anderes treibt kieloben im Meer. Überall befinden sich kleinere und größere Eisberge. Sogar das sich fast über die gesamte Steuerbordseite ziehende Leck ist deutlich zu erkennen. Durch die in die Flasche eingezogene Meeresoberfläche ist das ganze Schiff sowohl unterhalb als auch oberhalb der Wasserlinie sichtbar. Mehr als 1000 Stunden hat *Jonny Reinert* an diesem Meisterwerk gearbeitet.

Sein größtes Buddelschiff hält den **Weltrekord.** Es ist in einer 129-Liter-Flasche untergebracht, die eigens für ihn angefertigt worden war, und zeigt eine Walfangszene. Zu sehen ist der Gigant im Schiffsmuseum Duhnen in Cuxhaven. *Jonny Reinert* steht mehrfach im „Guinnessbuch der Rekorde".

Doch **warum gibt es Buddelschiffe überhaupt?** Zur Zeit der Segelschifffahrt im 19. Jahrhundert langweilten sich die Matrosen häufig während der wochenlangen Reisen nach Südamerika, Asien oder Australien. Das diffizile Basteln war hier eine willkommene Abwechslung, und mit dem Buddelschiff wollte der Seemann das jeweilige Schiff bannen, das ihn unter großen Gefahren über die Weltmeere trug. Viele Buddelschiffe wurden auch im Tauschhandel gegen Alkohol in Zahlung genommen.

Die Frage, wie das Schiff denn nun **in die Flasche** kommt, kann klar beantwortet werden: **durch den Hals.** Das erklärt auch die Komplexität des Baus. Bevor aber das Schiff in die Flasche geschoben wird, muss ein Fundament dafür vorhanden sein, der meist aus Glaskitt besteht, der mit Farbpulver oder Ölfarbe als „Wasser" gestaltet wird. Oftmals befinden sich ganze Landschaften oder Leuchttürme als Hintergrund in den Buddelschiffen. Mit speziellen Pinseln und anderen Werkzeugen wird von außen aus alles in mühevoller Kleinarbeit innerhalb der Flasche gestaltet. Bäume lassen sich zum Beispiel durch das Ankleben von getrocknetem Moos oder Flechten fertigen. Beim Zusammenbau ist die **Reihenfolge entscheidend,** denn alles muss ja durch die schmale Öffnung des Flaschenhalses passen. Die Masten sind deshalb klappbar montiert und werden später, wenn das Modell in der Flasche am Boden fixiert ist, mit Fäden aufgerichtet. Anschließend lassen sich nach und nach die Aufbauten montieren. Ganz zum Schluss findet der **Feinschliff** in Form letzter Klebe- und Farbarbeiten statt. Erst nach einigen Wochen, wenn der Inhalt der Flasche komplett getrocknet ist, wird die Flasche verkorkt. Es darf keinerlei Feuchtigkeit darin verbleiben, sonst schimmelt das Buddelschiff und die oft wochenlange Arbeit war umsonst.

gibt es viele Veranstaltungen für Kinder zwischen drei und neun Jahren, die Mitgliedschaft ist kostenlos. Höhepunkt ist die Piratenfahrt auf dem Kutter „Gorch Fock".

Verkehr

■ **Bus:** Verschiedene Linien des Verkehrsverbundes Ems-Jade (VEJ), www.vej-info.de, fahren nach Esens, Bensersiel und Carolinensiel.

■ **Fähre nach Spiekeroog:** Die Schifffahrt zur ostfriesischen Insel ist gezeitenabhängig, die Überfahrt dauert etwa 45 Minuten. Spiekeroog ist autofrei. Hafen Neuharlingersiel, Tel. 04976 91 93-145, www.spiekeroog.de/anreisen-buchen. Parken in den Spiekeroog-Garagen (4,50–6 € pro Tag, der Buszubringer braucht 10 Minuten zur Fähre, 1 € p.P. und Fahrt), Tagesgäste parken gebührenpflichtig (Automat) am Hafen.

Kutsch- und Planwagenfahrten

■ **Reit- und Ferienhof Maack:** Ostbense 3, Tel. 04974 914 98 11.

■ **Berghof:** Fam. *Tjardo Reinders*, Marz 1, Tel. 04971 94 94 94 und 94 94 96.

■ **Reithalle Boisenhausen:** Tel. 04974 99 10 15.

Kutterfahrten (Angeln/Fischen)

■ **Kutter „Möwe":** Kapitän *Heinz Steffens*, Von-Eucken-Weg 22, Tel. 04974 914 98 11. Fahrten in die See, Schaufischen, Makrelen- und Dorschangeln.

■ **Kutter „Gorch Fock":** Kapitän *Wilhelm Jacobs*, Am Hafen 19, Tel. 04974 279. Fahrten zu den Seehundebänken mit Schaufischen.

■ **Kutter „Seestern":** Kapitän *Hermann Ricklefs*, Deichringstraße 7, Tel. 04974 847. Fahrt zu den Seehundebänken, Abendfahrten, Hochseeangeln auf Makrele und Dorsch.

> Andrang auf dem Campingplatz Neuharlingersiel

■ **Kutter „Anna 1":** Kapitän *Friedrich Dirks*, Blockshausen 20, Tel. 04974 823. Makrelenangeln nur für Gruppen ab 15 Personen.

Museen und Führungen

■ **Buddelschiff-Museum:** Am Hafen Westseite 7, Tel. 04974 223, Gruppenanmeldungen unter Tel. 04974 224, landmann@versanet.de, www.buddelschiffmuseum.de (Erw. 2 €/Kinder 1 €). Viel Sehenswertes zum Thema Buddelschiff-Modellbau und Seefahrt in einem einzigen Raum vom Fußboden bis zur Decke.

■ **Haustierpark Werdum:** Gastriege 35, 26427 Werdum, Tel. 04974 99 00 99, info@werdum.de, www.haustierpark-werdum.de. Zentral mitten im Ort gelegen befindet sich ein Arche-Park mit seltenen und vom Aussterben bedrohten Tieren. Der Eintritt wird am Automaten entrichtet (Erw. 3 €/Kinder bis 16 J. frei). Führungen für Gruppen auf Anfrage. (Facebook)

■ **Werdumer Mühle:** Edenserlooger Straße 15, Werdum, Tel. 04974 656.

■ **Seriemer Mühle:** Seriemer Mühle 2, Tel. 04974 228, www.seriemer-muehle.de. Mühlenmuseum und Teestube.

Essen und Trinken

21 **Restaurant La Mer:** Osterweg 1/Cliener Straße 10, Tel. 04974 13 51, lamer@t-online.de, www.restaurant-la-mer.de. Feine Fisch- und Fleischgerichte sowie Speisen für Vegetarier, Salate und leckere Nachspeisen.

18 **Sielhof Restaurant-Café:** Bürgermeister-Dirksen-Platz 8, Tel. 04974 914 80 90, www.sielhof.com. Torten, Tee und wechselnde Tagesgerichte in gepflegter Atmosphäre mit Blick auf einen kleinen Park. (Twitter)

13 **Dattein:** Am Hafen West 13, Tel. 04974 91 24 44, info@dattein.de, www.dattein.de. Die originell eingerichtete Hafenkneipe liegt direkt am Hafen in einem 300 Jahre alten Haus. Abends kann es bei Live-Musik auch mal etwas lauter werden.

Die ostfriesische Küste

4 **Restaurant Bauernstuben:** Dorfstraße 10, Groß Holum, Tel. 04974 99 10 49, info@landhotel-bauernstuben.de, www.landhotel-bauernstuben.de. Gute Auswahl auch an vegetarischen Gerichten in liebevoll gestalteten Räumlichkeiten.

12 **Hinni's Frisch Imbiss:** Edo-Edzards-Straße 1a, Tel. 04974 914 80 63. Burger und Fisch direkt am Strand in Hafennähe. (Facebook)

16 **Ihmanns Fischladen:** Johann-Remmer-Weg 7, Tel. 04974 99 00 51. Frischer kann man Fisch nicht kaufen, die Fischbrötchen sind sehr lecker.

15 **Café Störmhuus:** Am Hafen Ost 16, Tel. 04974 707, www.cafe-stoermhuus.com. Tee, Kuchen und Eis mit tollem Hafenblick.

14 **Café Bistro Inselblick:** Am Hafen West 21, Tel. 04974 433, annigje.gruben@yahoo.de, www.cafe-inselblick-neuharlingersiel.de. Windgeschützt hinter Glas werden Kaffee, Eis, Kuchen, Flammkuchen und Krabbenbrot mit perfektem Blick auf den Hafen serviert.

10 **Teestube Seriemer Mühle:** Seriem, Tel. 04974 228, seriemer-muehle@t-online.de, www.seriemer-muehle.de. Ostfriesentee und leckerer Kuchen in einer alten Mühle mit Besichtigung.

Sport und Freizeit

■ **Angel-Gastkarten** für das Neuharlinger Sieltief gibt es über die Tourist-Information gegen Vorlage des Jahresfischereischeins.

■ **Schwimm-/Hallenbad:** BadeWerk Neuharlingersiel, Edo-Edzards-Straße 1, Tel. 04974 188 60, badewerk@neuharlingersiel.de, www.badewerk.de. Wellness und medizinische Anwendungen mit Meerwasser, Algen und Naturschlick. Meerwasser-Hallenbad, Sauna, Thalasso, Massagen und Fitnessprogramm direkt hinter dem Deich. (Facebook)

■ **Reit- und Ferienhof Maack:** Ostbense 3, Tel. 04974 914 98 11.

■ **Reiten auf dem Ferienhof Eilts:** Loogstraße 6, OT Holtgast, Tel. 04971 73 63.

■ **Pferdehof Rieken:** Werdumer Altendeich 14, OT Werdum, Tel. 04974 91 29 00.

■ **Berghof:** Fam. *Tjardo Reinders,* Marz 1, Tel. 04971 94 94 94 und 94 94 96.

11 **Fahrradverleih Klattenberg:** Nordseestraße 4, Tel. 04974 91 46 46, www.fahrradverleih-klattenberg.de.

3 **Kite- und Surfschule Windloop:** Am Strand, Tel. 0151 70 16 69 66, 0179 788 48 44 und 0151 68 10 94 24, info@windloop.de, www.windloop.de. Im Angebot sind Schnupper- und Anfängerkuse sowie Leih-Equipment.

UNSER TIPP: Boßeln ist Volkssport in Ostfriesland. Besonders am Wochenende sieht man größere Menschengruppen, die ihre Boßelkugeln – aus Holz oder Gummi – mit viel Schwung über die Straßen rollen oder mühsam aus einem der vielen Gräben fi-

nskns_037 mna

schen. Gäste dürfen das gern einmal ausprobieren, nähere Informationen über die Tourist-Information.

Hotels, Pension und Jugendherberge

17 Janssen's Hotel②: Am Hafen West 7, Tel. 04974 224, www.hotel-janssen.de. Sehr gepflegtes, familiär geführtes Hotel in zentraler Lage zwischen Schwimmbad und Hafen.

19 Hotel Rodenbäck②: Am Hafen Ost 2, Tel. 04974 225, www.rodenbaeck.de. Kleines Haus mit hübsch eingerichteten Zimmern direkt am Hafen. Parkplätze am Haus.

7 Hotel Poggenstool②: Addenhausen 1, Tel. 04974 919 10, www.poggenstool.de. Hotel in zentraler Lage mit gut ausgestatteten Zimmern und einem Restaurant von hoher Qualität.

2 Strandhotel Ihmann②: Zum Deich 4, Tel. 04974 919 90, info@strandhotel-neuharlingersiel. de, www.strandhotel-neuharlingersiel.de. Das Hotel liegt neben dem Campingplatz, die Zimmer sind einfach und schlicht.

20 Hotel garni Meerblick①: Süderweg 5, Tel. 04974 12 35, info@hotel-meerblick-neuharlingersiel.de, www.hotel-meerblick-neuharlingersiel.de. Kleines Haus mit liebevoll eingerichteten Zimmern – fast alle mit Balkon oder Terrasse – in zweiter Reihe nur wenige Minuten vom Hafen.

6 Haus am Meer Hotel garni①: Nordseestraße 16, Tel. 04974 818 und 0172 417 69 00, post@haus-am-meer.biz, www.haus-am-meer.biz. Familiengeführtes Hotel mit allergikerfreundlich eingerichteten Zimmern, die alle Zugang zum Garten haben.

4 Landhotel Bauernstuben②: Siehe „Essen und Trinken". Individuell und liebevoll eingerichtete Zimmer, jedes ist anders. Es gibt eine Liegewiese und eine Gartenterrasse. Zum Hafen Neuharlingersiel sind es 2,5 km.

8 Pension Die Schlafstube①: Groß Holum Ost 4, OT Groß Holum, Tel. 04974 914 96 30, info@die-schlafstube.de, www.die-schlafstube.de. Ca. 2 km außerhalb von Neuharlingersiel. Die meisten Zimmer sind modern in Schwarz, Weiß und Rot gemütlich eingerichtet. Kostenfreie Parkplätze.

5 DJH Resort①: Bettenwarfen 2–14, Tel. 04974 91 48 00, www.djh-resort.de, DZ mit Vollpension. In der ersten Club-Jugendherberge ist für die ganze Familie nebst Freunden Platz. Es gibt auch Bungalows für sechs Freunde oder Großfamilien sowie jede Menge Angebote für Sport und Spiel. Drei Mahlzeiten am Tag sind inklusive.

Camping- und Wohnmobilstellplätze

9 Campingplatz Neuharlingersiel: Alt Addenhausen 4, Tel. 04974 18 89 00, camping@neuharlingersiel.de, www.neuharlingersiel.de. Der ganzjährig geöffnete Platz ist sehr groß und hat schöne Stellplätze direkt hinter dem Deich. Viele Dauercamper. Kleiner Shop mit Campingbedarf. Die Sanitäranlagen werden gut gepflegt. Zum Schwimmbad und ins Ortszentrum kommt man locker zu Fuß. Zwei Lebensmittelgeschäfte sind in der Nähe.

Veranstaltungen

■ **Sommernacht im BadeWerk-Garten:** Mitte Juli Akrobatik und Unterhaltung mit exzellenten Künstlern.

■ **Strandfeten am „Funny Beach":** Ende Juli/ Anfang August ab mittags für Kinder, abends spielen Live-Bands.

■ **Regatta der Krabbenkutter:** Mitte August mit Shanty-Chor, leckeren Speisen und Krabbenpulmeisterschaft.

■ **Lichterfest im Sielhof-Park:** Jährlich im Oktober werden Baumriesen in farbiges Licht getaucht und die Besucher ziehen von Musik begleitet mit Laternen durch den Ort.

Abstecher ins „Asterixland"

Südlich von Neuharlingersiel und Carolinensiel klingen die Ortsnamen eher wie die in den Asterix-und-Obelix-Comics: Kleinholum, Großholum, Werdum und Funnix steht hier unter anderem auf den Ortstafeln. Die dünn besiedelte Landschaft steht im Zeichen der Landwirtschaft und der Windkraft – überall recken sich die Windräder hoch in die Luft. Dazwischen liegen immer wieder kleine Ortschaften, häufig mit erstaunlich großen und alten Kirchen.

Für Gartenfreunde und Liebhaber moderner Kunst ist der **Garten der Skulpturen in Funnix** ein Muss. Im Außenbereich steht die Sammlung zeitgenössischer Stahlplastiken des Bildhauers *Leonhard Wübbena* mit eigenen Werken und Skulpturen befreundeter Künstler aus Deutschland und den Niederlanden, dazu gibt es Sonderausstellungen. Die Zufahrt ist ausgeschildert. Sehenswert ist auch die Funnixer **Backsteinkirche St. Florian** aus dem 14. Jahrhundert, der Glockenturm ist sogar noch ein Jahrhundert früher errichtet worden. Das Innere der Kirche ist mit einem alten Taufstein und einem Weihwasserbecken prächtig ausgestattet. Besonders schön sind der geschnitzte Altar aus dem 15. Jahrhundert mit 105 auswechselbaren Figuren und die Barockkanzel aus dem 17. Jahrhundert von *Jacob Cröpelin*. Die Orgel wurde von 1760 bis 1762 gebaut. In Altfunnixsiel steht auch eine Windmühle aus dem Jahr 1802, sie gehört zum Typ der sogenannten Erdholländer.

UNSER TIPP: Wer sich als „echter Ostfriese" beweisen will, kann in dem zwischen Esens und Jever im Herzen Ostfrieslands gelegenen Wittmund das **Original-Ostfriesen-Abitur** absolvieren. Dabei steht der Gruppenspaß im Vordergrund, wenn es um typisch ostfriesische Dinge wie Padstockspringen, Straßenweitboßeln, Kuhmelken, Teetrinken, Krabbenpulen und Plattdeutsch geht. Nähere Infos gibt es bei der Tourist-Information Wittmund: Am Markt 15, 26409 Wittmund, Tel. 04462 98 31 50, info@stadt-wittmund.de, www.wittmund.de.

Carolinensiel

Früher, in der ersten Häfte des 18. Jahrhunderts, lag Carolinensiel direkt am Meer, davon zeugt auch heute noch der malerische Museumshafen, in dem alte Holzschiffe kostenfrei liegen dürfen. Durch systematische **Eindeichung der Harlebucht** ab dem Jahr 1550 entstand nach und nach der Carolinengroden als neues Land. Abgeschlossen wurde die Eindeichung 1729, und bereits ein Jahr später wurden die ersten Grundstücke vergeben, die rund um den heutigen Museumshafen lagen. Dazu wurden zur Selbstversorgung weitere 10.000 bis 20.000 Quadratmeter Land zur Verfügung gestellt. Als erster ostfriesischer Hafenort war Carolinensiel nach dem Bau der **Friedrichschleuse** 1765 nicht mehr direkt dem Meer ausgesetzt und vor Sturmfluten geschützt.

Carolinensiel entwickelte sich zu einem **wichtigen Hafen** an der ostfriesischen Küste. Ende des 18. Jahrhunderts wohnten hier bereits 750 Menschen, sie lebten vor allem von der Schifffahrt und der Landwirtschaft. Von Carolinensiel stachen **kleine Frachtsegler** in See, die einen geringen Tiefgang aufwiesen und für das Wattenmeer ideal waren. Sie befuhren die Nord- und Ostsee, aber auch das Mittelmeer. Man handelte mit den landwirtschaftlichen Erzeugnissen der Marsch, also Getreide, Gemüse, Kartoffeln und Milchprodukten. Mitgebracht wurden Holz, Steine, Kohle und Kolonialwaren aus Skandinavien und England. Mitte des 19. Jahrhunderts, zur Blütezeit des Hafens, lebten vor Ort 40 Kapitäne mit knapp 60 Schiffen, es gab Werften,

Die ostfriesische Küste

1

Carolinensiel und Harlesiel

© REISE KNOW-HOW
NISKN09
11/19

0 — 200 m

■ Übernachtung
1 Campingplatz Harlesiel/
  Wohnmobilstellplatz
3 Nordsee Hotel Harlesiel
7 Campingplatz
  Friedrichsgroden
9 Hotel Friesenhus
10 Blischkes Hotel garni
16 Caro
17 Hotel Hinrichs
18 Siebzehn80
20 Campingplatz
  Altfunnixsie

■ Essen und Trinken
2 Wattkieker
3 Pier 10
6 Küstenräucherei
  Albrecht
8 Janssen's Fisch
11 Teestube Tüdelpott
12 Sielkrug
13 Heimathafen –
  Café und Lounge
14 Puppen-Café
15 Café Hafenblick
17 Restaurant Sandbank
18 Siebzehn80

■ Einkaufen
16 Oranje
19 Gardinen Janßen
21 Bäckerei Helma Schoof

■ Sport und Freizeit
4 Yachtclub Harlesiel
5 Segelschule
  Harlesiel

Badestrand

Meerwasser-
freibad

Deich

Minigolf

Außen-
hafen

Fähranleger

Wattwanderzentrum
Ostfriesland

Schöpfwerk
mit Schleuse

Harlesiel

Flughafen

Jacht-
hafen

Am Harlesiel

Schweringsroden

Am Yachthafen

B 461

Friedrichsleuse

Rettungsstation

Deich

Friedrich-
schleuse

Deichstr.

Wohnmobilstellplatz
Cliner Quelle

Hallenbad
Cliner Quelle

Harle

Schleusenstr.

Am Kurzentrum

Mühlenblick

Nordseestr.

Minigolf

Pumphusen

Carolinensiel

Möwenweg

Mühle
Carolinensiel

Nationalparkhaus
Carolinensiel

Alte Pastorei
Deichkirche

Friedhof

Mühlenstraße

Groot
Huus

Bahnhofstr.

Museums-
hafen

Kapitäns-
haus

Kirchstr.

G.-Tjarks-Str.

Neue Str.

Deutsches
Sielhafenmuseum

Bahnhofstr.

Phänomania

Seeburger Weg

Cliner Straat

Kolkweg

Reiterhof Fink
"Domäne Seeburg",
Ponyhaus, Fußballcamp

Tennisplatz

Brauereien, zahlreiche Gaststuben, kleine Geschäfte und Handwerksbetriebe.

Als zu Beginn des 20. Jahrhunderts die Dampfschifffahrt und die Eisenbahn den Segelschiffen buchstäblich das Wasser abgruben, stellten sich die Carolinensieler Schiffer auf **Fischfang** um. Ihre Schiffe lagen im Hafen an der Friedrichschleuse, der Carolinensieler Hafen wurde nicht mehr gepflegt und verschlickte. Mit dem Aufkommen des **Seebädertourismus** im 19. Jahrhundert wurde Carolinensiel zur Durchgangsstation für die Badegäste von Wangerooge und Spiekeroog. Der Ort war seit 1890 Endpunkt der Bahnstrecke Jever – Harle, der sogenannten **„Tidenbahn"**, weil der Zugplan wegen des tidenabhängigen Schiffsverkehrs ständig wechselte. Die Konkurrenz durch die Inseln war aber zu groß, Carolinensiel konnte sich nicht als eigener Erholungsort etablieren. Erst als am Ende der Harle, in dem etwa 1600 Meter vom Ortskern entfernten Harlesiel, ab 1953 ein **neuer Außenhafen** für Fischkutter und Fähren sowie der **Jachthafen** hinter der Deichlinie gebaut wurden, gelang langsam die Wende. 1983 wurden **Carolinensiel und Harlesiel** als **Nordseebad** anerkannt. 1984 eröffnete das sehenswerte **Sielhafenmuseum,** von 1986 bis 1990 wurden der Museumshafen und die Friedrichschleuse wiederhergestellt. Heute lebt der Ort mit rund 1500 Einwohnern überwiegend vom Tourismus.

Sehenswert ist neben dem Museumshafen und dem Sielhafenmuseum auch die alte **Deichkirche** aus dem Jahr 1776 mit einer Orgel von *Hinrich Just Müller* aus Wittmund sowie drei bemerkenswerten Schiffsmodellen. Auf dem **Friedhof** befinden sich alte Seefahrergrabsteine aus drei Jahrhunderten. Von den ehemals drei Windmühlen des Ortes ist nur noch der **Galerieholländer** von 1742 in der Mühlenstraße erhalten. Er ist immer noch eine prägnante Landmarke und dient als „Turnpoint" für die Jagdpiloten der Bundeswehr.

Praktische Informationen & Adressen

- **PLZ:** 26409 Wittmund-Carolinensiel.
- **Tourist-Information:** Bahnhofstraße 40, Tel. 04464 949 30, info@carolinensiel.de, www.carolinensiel.de. (Facebook, Twitter)
- **Deichkirche Carolinensiel:** Mühlenstraße, Tel. 04464 210, pastorin@deichkirche.de, www.deichkirche.de. Täglich geöffnet von 10 bis 17 Uhr.

Verkehr

- **Bus:** Verschiedene Linien des Verkehrsverbundes Ems-Jade (VEJ), www.vej-info.de, fahren nach Wittmund und Neuharlingersiel sowie zum Anleger nach Harlesiel.
- **Raddampfer „Concordia II":** Reederei Albrecht, Tel. 04464 942 97 41, www.reederei-albrecht.de (Erw. 3,50 €/Kinder bis 11 J. 2 €/Rundfahrt: Erw. 6 €/Kinder bis 11 J. 3 €). Von März bis Oktober Pendelverkehr zwischen Carolinensiel und Schöpfwerk Harlesiel mit Zwischenstation an der Friedrichschleuse.
- **Nordsee-Flitzer:** Siehe bei Greetsiel. Mietstation in der Tourist-Information Carolinensiel.

Museen und Führungen

- **Deutsches Sielhafenmuseum:** Pumphusen 3, Tel. 04464 869 30, info@dshm.de, www.deutsches-sielhafenmuseum.de (Erw. 7 €/Kinder bis 16 J. frei/Familienkarte 14 €). Drei Häuser, ein Museum: Groot Huus, Kapitänshaus und Alte Pastorei liegen am Museumshafen, ein Museumsweg führt an der historischen Rettungsstation vorbei nach Harlesiel. Das Motto des Museums lautet „Ein Hafen voller Geschichten". Zahlreiche Veranstaltungen.

■ **Museumsweg:** www.museumsweg.de. Diesen historischen Rundgang durch den Ort Carolinensiel an der Harle entlang bis nach Harlesiel und auf einem anderen Weg jenseits der „Goldenen Linie" wieder zurück kann jeder in Eigenregie gehen, eine umfangreiche Broschüre mit Hintergrundinformationen zu den einzelnen Stationen bekommt man im Shop des Sielhafenmuseums (2 €).

■ **Nationalparkhaus Carolinensiel:** Pumphusen 3, Tel. 04464 84 03, nationalparkhaus@carolinensiel.de, www.nationalparkhaus-wattenmeer.de. Naturgeschichte des Küstenraums im Harlingerland sowie Wissenswertes rund um die Tier und Pflanzenwelt im Wattenmeer. Zusätzlich werden viele Veranstaltungen angeboten wie Führungen durchs Watt und die Salzwiesen, Tagesausflüge zu den Inseln oder Vogelstimmenwanderungen und Kutterfahrten. Anmeldung im Nationalparkhaus erforderlich. Termine im Veranstaltungskalender über die Website.

■ **Phänomania:** Bahnhof Carolinensiel 3, Tel. 04464 94 24 94, www.phaenomania.de (Erw. 9,50 €/Kinder von 3–5 J. 5,50 €, von 6–17 J. 8,50 €). An 80 interaktiven Stationen auf gut 1000 Quadratmetern lassen sich naturwissenschaftliche Gesetze mit allen Sinnen erleben. Da wird jeder gern zum Forscher. (Facebook)

■ **Führung durch das historische Carolinensiel:** Von Mai bis Anfang November jeden Sonntag um 11 Uhr mit den Museumslotsen durch den Museumshafen, die Deichkirche und den Kirchhof. Treffpunkt: Groot Huus, Am Hafen Ost 8 (3 €).

⌄ Radfahrer an der Harle in Carolinensiel – die Gegend ist flach wie ein Kuchenblech und hat ein ausgedehntes Radwegenetz

nskns_038 mna

■**Weitere Führungen** auf Anfrage durch das Sielhafenmuseum, z.B. über das Leben an Land, den Handel, Deichbau und Küstenschutz sowie Schiffbau und Handwerk. Der „Tee bei Marie" führt durch das Kapitänshaus mit Teetrinken in der Schifferkneipe, und die „Fliesenherstellung" steht bei einem Rundgang durch das Kapitänshaus im Mittelpunkt, anschließend können die Teilnehmer selbst eine Fliese bemalen (ab 2 €, Tee 2,50 €).

🏁 Ein unvergesslicher Ausflug ist der fünfstündige **Segeltörn** mit dem 1929 im ostfriesischen Oldersum gebauten **Flachbodenschiff „Gebrüder"** zwischen dem Festland und den Inseln. Das schwimmende Denkmal wird ehrenamtlich von einem Verein geführt und erhalten, Termine und Anmeldung über das Nationalparkhaus Carolinensiel. Während der Fahrt wird über die harte und gefährliche Arbeit der traditionellen Seefahrt und Fischerei unter Segeln berichtet, beim Schaufischen bekommt man einen Einblick in die Tierwelt in der Nordsee, und selbstverständlich darf auch eine Tasse Ostfriesentee nicht fehlen. Festes Schuhwerk, Kopfbedeckung, wind- und regenfeste Kleidung sowie Fernglas und Fotoapparat sollten auf keinen Fall fehlen. Ein tolles Erlebnis, auch für Kinder (Erw. 25 €/Kinder 10 €).

Einkaufen

■**Wochenmarkt:** Am Museumshafen, März bis Oktober von 8 bis 13 Uhr.

16 Oranje: Mühlenstraße 9, Tel. 04464 868 96 70, email@oranje-carolinensiel.de, www.oranje-carolinensiel.de. Spezialitäten aus Holland wie Käse, Mettwurst und Honig, holländische Schokostreusel und Senf aus Groningen.

UNSER TIPP: 19 Gardinen Janßen: Bahnhofstraße 26, Tel. 04464 216. Das Geschäft hat nur einen winzigen Flur mit zwei kleinen Verkaufsräumen für Wolle, Stoffe und Kurzwaren. Es ist erstaunlich, was in den Kartons, die bis unter die Decke und sogar auf jeder sonstigen freien Fläche gestapelt sind, für Schätze liegen. Die Inhaberinnen kennen sich bestens aus – wenn man das Gesuchte nicht findet,

einfach fragen. Es ist durchaus wahrscheinlich, dass es in einem der drei zusätzlichen Außenlager untergebracht ist.

UNSER TIPP: 21 Bäckerei Helma Schoof, Müllerweg 10, 26434 Wangerland-Middoge, Tel. 04463 228. Ein Ausflug lohnt sich ins wenige Kilometer von Carolinensiel entfernte Middoge. Dort kann man in einer der letzten verbliebenen echten Landbäckereien sensationelles Schwarzbrot einkaufen. Die Backstube ist ein echtes Museum. Unterstützt von einem uralten Maschinenpark wird hier noch von Hand gebacken. Fertigmischungen sind verpönt, und das schmeckt man.

Essen und Trinken

15 Café Hafenblick: Am Hafen West 11, Tel. 04464 94 22 91. Leckerer Kuchen und Waffeln mit Blick auf die Harle. (Facebook)

11 Teestube Tüdelpott: Pumphusen 10, Tel. 04464 83 49, www.tuedelpott.de. Leckerer Tee und selbst gemachte Kuchen, im Sommer mit Terrassenplätzen an der Harle.

14 Puppen-Café: Am Museumshafen, Tel. 04464 429. Tee, Kuchen und Waffeln fast wie im Wohnzimmer mit Blick auf die Harle.

13 Heimathafen – Café und Lounge: Am Hafen Ost 9, Tel. 04464 13 85, www.koje9-carolinensiel.de. Stylish mit Blick fürs Detail eingerichtet kann man kleine Gerichte, Kaffee und Kuchen mit Blick auf den Hafen genießen.

12 Sielkrug: Pumphusen 6, Tel. 04464 94 88 25, info@blischkes.de, www.blischkes.de. Leckere regionale Gerichte in guter Qualität.

17 Restaurant Sandbank: Mühlenstraße 15, Tel. 04464 59 90 00, www.hotel-hinrichs.de. Auch hier schmeckt es, vor allem Fisch und Fleisch.

18 Siebzehn80: Am Hafen West 1, Tel. 04464 206, www.hotel1780.de. Feine ausgefallene Gerichte mit Blick auf den Museumshafen.

8 Janssen's Fisch: Schleusenstraße 9–10, Tel. 04464 94 27 01, www.janssens-fisch.de. Fischgeschäft und -lokal mit großer Auswahl – eine Empfehlung sind die selbst gemachten Fischfrikadellen.

Sport und Freizeit

◼ **Angeln:** Eine Gastkarte gibt es über die Tourist-Information.

◼ **Tennisplatz:** Reservierung über Schwimmbad Cliner Quelle, s.u.

🐎 **Ponyhaus & Fußballcamp:** Pfahldeich 10, Tel. 0178 214 43 63, www.ponyhaus-an-der-nordsee.de, www.ferienlager-an-der-nordsee.de. Kinderfreizeithof in Zusammenarbeit mit dem Carolinchen-Club, vielfältige Angebote.

◼ **Museumshafen:** Liegeplätze für historische Plattbodenschiffe vergibt das Sielhafenmuseum.

◼ **Schwimm-/Hallenbad Cliner Quelle:** Nordseestraße 1, Tel. 04464 949 30, info@cliner-quelle.de, www.cliner-quelle.de. Kompetenz-Zentrum für Schwimmen, Fitness, Gesundheit, Wellness und gesunde Ernährung mit Solebad, Sauna, Fitness, Kur-Therapien und Kosmetik.

Hotels

18 **Hotel Siebzehn80②:** Am Hafen West 1, Tel. 04464 206, info@hotel1780.de, www.hotel1780.de. Schöne und modern eingerichtete Zimmer in perfekter Lage direkt am Museumshafen. Stilvolles Restaurant unten im Haus, dort wird auch das Frühstück serviert.

17 **Hotel Hinrichs②:** Mühlenstraße 15, Tel. 04464 59 90 00, info@hotel-hinrichs.de, www.hotel-hinrichs.de. Modern und schön eingerichtete Zimmer in der Nähe von Kirche und Mühle.

10 **Blischkes Hotel garni②:** Mühlenblick 6, Tel. 04464 949 00, www.blischkes.de.

9 **Hotel Friesenhus①:** Am Kurzentrum 12, Tel. 04464 949 20, info@friesenhus.de, www.friesenhus.de.

Campingplätze

7 **Campingplatz Friedrichsgroden:** Friedrichsgroden 2a, Tel. 0151 58 48 75 36, campinglatz.caro@gmx.de, www.nordseecamping-boyungs.de.

20 **Campingplatz Altfunnixsiel:** Kattrepel 11, Tel. 04464 400, info@campingplatz-ostfriesland.de, www.campingplatz-ostfriesland.de

Veranstaltungen

◼ **Weinfest:** Ende Mai im Kurgarten mit Weinverkostungen und vielen passenden kulinarischen Köstlichkeiten.

◼ **HafenFete:** Mitte Mai und Oktober veranstaltet die Dorfgemeinschaft Carolinensiel das traditionelle Hafenfest mit Musik und gastronomischem Angebot.

◼ **WattenSail:** Jedes Jahr Anfang August treffen sich für ein Wochenende zahlreiche historische Küstensegler im Museumshafen von Carolinensiel. Schiffsparade, Hafenfete und ein musikalisches Rahmenprogramm runden die Veranstaltung ab. Höhepunkt ist der „Hafen in Flammen", wenn am Samstag nach Einbruch der Dunkelheit im Museumshafen ein buntes Feuerwerk gezündet wird.

◼ **Kunst- und Handwerkermarkt:** Stöbern und Entdecken in der Cliner Quelle, immer Ende August.

◼ **Wintermarkt:** Mittelpunkt des einzigartigen Wintermarktes ist der schwimmende Weihnachtsbaum im Museumshafen. Auf der Website wird der Termin angegeben, an dem der Baum aufgestellt wird. Wenn in der Abenddämmerung die Beleuchtung eingeschaltet wird, braust der Applaus der Gäste durchs Hafenbecken, und viele Museumsschiffe sind als „Lichtermeer Carolinensiel" weihnachtlich beleuchtet. Vom 1. Advent bis zum An-

nákns_039 mna

Die ostfriesische Küste

fang des neuen Jahres von Donnerstag bis Sonntag gibt es kulinarische Versorgung mit Grog und Glühwein.

UNSER TIPP: Das Sielhafenmuseum veranstaltet regelmäßig **Lesungen im Kapitänshaus,** die wegen des schönen Ambientes der Gaststube und dem begrenzten Platzangebot meist schnell ausverkauft sind. Termine und Tickets gibt es im Sielhafenmuseum.

Harlesiel

Der wie Carolinensiel zu Wittmund gehörende Stadtteil Harlesiel liegt **direkt an der Nordsee an der Mündung der Harle** und zählt rund 800 Einwohner. Er entstand nördlich der Friedrichsschleuse mit dem Bau der neuen Hafenanlagen und dem Schöpfwerk von 1953 bis 1957. Um den Tourismus zu fördern, wurde 1960 der **Badestrand** angelegt, hinzu kamen ein Campingplatz und eine Minigolfanlage, ein Kinderspielplatz und ein **Meerwasserschwimmbad.** Der Badestrand wurde regelmäßig erweitert. 1973

kam der Flughafen Harle hinzu. Bis 1989 verkehrte noch die Bahnlinie zwischen Jever und Harle für die Touristen nach Wangerooge. Heute fahren Busse. Harlesiel ist **im Sommer** das **Ziel vieler Badeurlauber und Camper,** in der Wintersaison wirkt der Ort eher ausgestorben, denn die (dann leeren) Ferienwohnungen überwiegen. Nur wenige Menschen wohnen dauerhaft hier, ein echtes Zentrum fehlt. Das Leben im Winter findet in Carolinensiel statt.

Praktische Informationen & Adressen

- **PLZ:** 26434 Wittmund-Harlesiel.
- **Tourist-Information:** Siehe bei Carolinensiel.

Verkehr
- **Bus:** Verschiedene Linien des Verkehrsverbundes Ems-Jade (VEJ), www.vej-info.de, Linie 343 fährt nach Carolinensiel und Wittmund.

⌄ Wohnmobile an der Hafenmole Harlesiel

⌃ Historischе Plattbodenschiffe in der Harle

Fähre nach Wangerooge: Deutsche Bahn, Hafen West Harlesiel, Tel. 04464 94 94 21, www.siwwangerooge.de (Hin- und Rückfahrt inkl. Kurtaxe Erw. 24 €/Kinder bis 15 J. 15 €/Familienkarte 63 €). Die Schifffahrt zur ostfriesischen Insel ist abhängig von den Gezeiten, die Überfahrt zusammen mit der anschließenden Fahrt mit der Inselbahn dauert etwa 90 Minuten. Wangerooge ist autofrei. Parken in unmittelbarer Nähe des Fähranlegers. (Facebook, Twitter)

Flüge nach Wangerooge: Die Flüge der FLN dauern nur wenige Minuten, im Angebot sind Einzel-, Hin- und Rückflug oder Kombitickets für Flug und Bahn (Hin- und Rückflug Erw. 82 €/Kinder bis 11 J. 35 €, Kombiticket Erw. 63,50 €/Kinder bis 5 J.

24 €/Kinder von 6 bis 14 J. 35 €). Am Flugplatz 1, Service-Tel. 04464 94 81, info@inselflieger.de, www.inselflieger.de.

Ausflugsfahrten nach Spiekeroog: Siehe „Fähre nach Wangerooge" (Erw. 27 €/Kinder bis 14 J. 16 €).

Rundfahrten und Minikreuzfahrten: Siehe „Fähre nach Wangerooge" (Erw. 14–20 €/Kinder bis 14 J. 8–12 €).

Führungen und Touren

Historischer Rundgang durch Harlesiel: Mit den Museumslotsen aus Carolinensiel von April bis Anfang November jeden ersten Mittwoch im Monat um 11 Uhr. Treffpunkt am Schiffsbug vor dem Fährhaus am Fähranleger. Der Weg führt in das Schöpfwerk von Harlesiel, während der Führung wird über die Themen Entwässerung, Deichbau, Fischerei und Tourismus berichtet (3 €).

Wattwanderung nach Spiekeroog: Wattwanderzentrum Ostfriesland, Am Harlesiel 20, Tel. 0173 997 82 31, info@wattwanderzentrum-ostfriesland.de, www.wattwanderzentrum-ostfriesland.de (Erw. 38 €/Kinder bis 13 J. 20 €). Die „Eigernordwand des Wattenmeers" ist anspruchsvoll und setzt gute Kondition voraus.

Segway-Touren durch Harlesiel-Carolinensiel organisiert das Wattwanderzentrum Ostfriesland (79 €).

Essen und Trinken

3 Pier 10: Am Yachthafen 30, Tel. 04464 948 00, info@hotel-harlesiel.com, www.hotel-harlesiel. com. Leckere regionale und internationale Gerichte mit Fisch, Fleisch und Gemüse.

2 Wattkieker: Am Harlesiel 20, Tel. 04464 945 92 00, www.wattkieker.de. Hier gibt es vielseitige Gerichte inklusive traumhaftem Blick auf das Wattenmeer.

6 Küstenräucherei Albrecht: Friedrichschleuse 17, Tel. 04464 384, www.fisch-albrecht.de. Fischgeschäft und angeschlossener Fischimbiss mit Wartesaalatmosphäre.

Die ostfriesische Küste

Sport und Freizeit

■ **Angeln:** Eine Gastkarte erhält man über die Tourist-Information Carolinensiel.

5 **Segelschule Harlesiel:** *Detlev Hinz,* Friedrichschleuse 27, Tel. 04464 94 58 64, 0179 532 55 83.

■ **Drachenwiese:** Am Campingplatz Harlesiel.

■ **Meerwasserfreibad in Harlesiel:** Zwei kleine Becken, mit Kurkarte kostenfrei, von Mitte Mai bis Mitte September.

■ **Minigolfanlage:** Direkt am Strand.

■ **Reiterhof Fink „Domäne Seeburg":** Carolinengroden Ost 6, Tel. 04464 14 66, info@ponyferien-an-der-nordsee.de, www.ponyferien-an-der-nordsee.de. Reitanlage mit Streicheltiergehege, Ponys und Pferden.

■ **Jacht- und Außenhafen:** Hafenmeister Tel. 0172 534 29 37 (oder Tourist-Information). Der Hafen liegt hinter der Seeschleuse zwischen Harlesiel und Carolinensiel.

Hotel

3 **Nordsee Hotel Harlesiel**②: Am Yachthafen 30, Tel. 04464 948 00, info@hotel-harlesiel.com, www.hotel-harlesiel.com.

Camping- und Wohnmobilstellplätze

1 **Campingplatz Harlesiel:** Schwerinsgroden 1, Tel. 04464 94 93 98, info@campingplatz-harlesiel.de, www.campingplatz-harlesiel.de. Camping- und Wohnmobilstellplätze.

■ **Wohnmobilstellplatz Cliner Quelle:** Nordseestraße 1, Tel. 04464 949 30, info@cliner-quelle.de, www.carolinensiel.de. Geöffnet von November bis Mitte März, fünf Wohnmobilstellplätze.

Veranstaltungen

■ **Veranstaltungskalender:** www.carolinensiel.de.

■ **1000 Wikinger und Meer:** Bikertreffen mit buntem Rahmenprogramm, das jährlich im August stattfindet.

Die Goldene Linie

Wo sich heute die Ortschaften Carolinensiel und Harlesiel befinden, hatte sich im Spätmittelalter durch schwere Sturmfluten die **Harlebucht** gebildet. Sie reichte etwa von Neuharlingersiel bis Minsen und ragte ungefähr zehn Kilometer ins Landesinnere. Um 1550 begann zum Schutz vor Überflutungen und zur Landgewinnung die **Eindeichung.** Um **Grenzstreitigkeiten** zwischen dem Fürstentum Ostfriesland und der Herrschaft in Jever zu vermeiden, einigten sich 1666 die Parteien und teilten das neu zu gewinnende Land auf. Fürstin *Christine Charlotte von Ostfriesland* und Graf *Anton Günther von Oldenburg* ließen eine Linie vom ostfriesisch-jeverländischen Grenzpfahl bis zu einem Punkt zwischen den Inseln Spiekeroog und Wangerooge ziehen und diese **mit goldener Tinte in eine Karte** einzeichnen. Die Deiche an der Harle verliefen im 17. Jahrhundert erst bei Altfunnixsiel und später bei Neufunnixsiel. 1729 wurde der **Carolinengroden** fertiggestellt und im Jahr darauf der Ort Carolinensiel gegründet. Groden, Koog oder Polder nennt man durch Deichbau und Entwässerung aus der See neu gewonnene Landflächen. Das **Schöpfwerk Harlesiel** wurde Ende der 1950er-Jahre auf die grüne Wiese in die neueste Deichlinie hineingebaut. So befindet sich die westliche Seite des heutigen Hafens auf ostfriesischem Gebiet, während die östliche Seite mit dem Fähranleger nach Wangerooge zum Wangerland gehört.

1

2 Die olden- burgische Küste

Vom einzigen Tiefwasserhafen Deutschlands und dem lebendigen Südstrand in Wilhelmshaven über kleine Kutter- und Jachthäfen bis zum Naturerlebnis „Entstehung einer Salzwiese" im Langwarder Groden ist an der oldenburgischen Küste viel Unterschiedliches zu finden. Wer die Nordsee mit allem, was sie ausmacht, erleben will, ist hier richtig.

< Leuchtfeuer auf der Weserinsel Langlütjen I

Die oldenburgische Küste

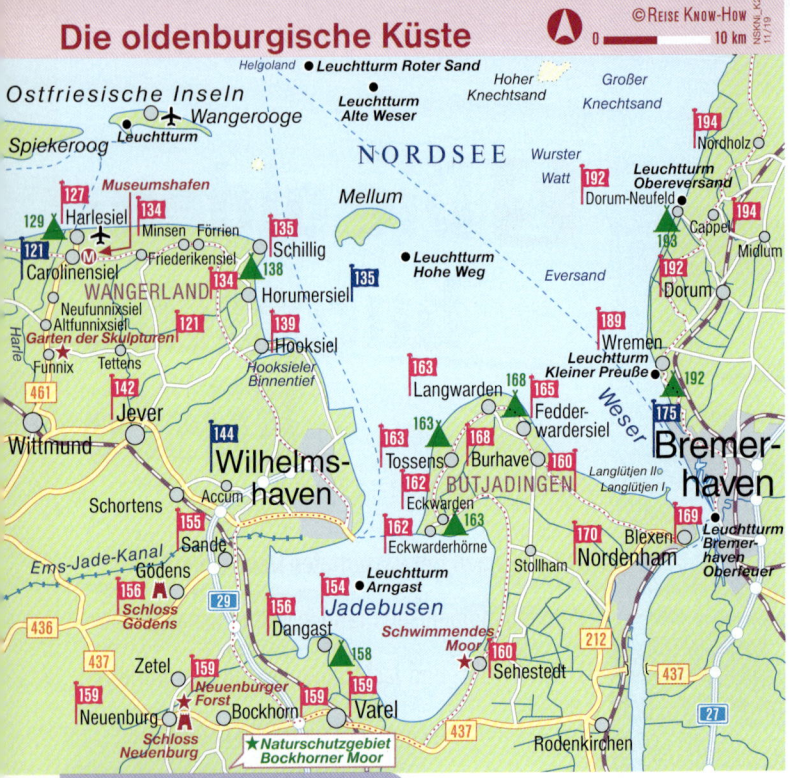

➲ **Schillig:** Übernachten im Nordseekarren auf einem der größten Campingplätze Europas | 138

➲ **Hooksiel:** Pferderenntage im Juli und August | 140, 142

➲ **Abstecher nach Jever:** Schlosspark und Brauereiführung | 142

➲ **Wilhelmshaven:** Südstrand und Deutsches Marinemuseum | 149, 151

➲ **Langwarder Groden:** Salzwiesenentstehung live erleben | 164

Diese **Tipps** sind gelb hinterlegt.

NICHT VERPASSEN!

DIE KÜSTE VON HORUMERSIEL BIS NORDENHAM

Malerische kleine Häfen an der Küste wechseln sich ab mit den großen Anlagen der Schwerindustrie. Deutschlands einziger Container-Tiefwasserhafen liegt nicht weit entfernt vom Naturparadies des Jadebusens; gegenüber der Wasserflächen locken die malerischen Ortschaften der Halbinsel Butjadingen. Trotz dieser Gegensätze lohnt sich eine Reise, denn auf dieser Halbinsel mit ihrer herben Schönheit gibt es vieles zu entdecken – Butjadingen ist ein Tipp für echte Nordseeliebhaber.

Von Horumersiel bis Wilhelmshaven

Nach dem Überqueren der Goldenen Linie führt die Route an der Küste entlang **Richtung Osten ins Wangerland.** Dieses unterscheidet sich landschaftlich kaum von der Küste Ostfrieslands, denn auch im Wangerland sichern die grünen Deiche das Binnenland. Bei **Schillig** führt die Route Richtung Süden am Schifffahrtsweg der Außenjade entlang. Dort gibt es die malerischen kleinen Häfen in **Horumersiel** und **Hooksiel,** bevor die Landschaft bei **Wilhelmshaven** zunehmend von Industrie und Wirtschaft geprägt wird. Dennoch gibt es an Wilhelmshavens Südstrand auch eine Reihe von Strandkörben mit Badegelegenheit – den Blick über den Jadebusen gibt es gratis dazu.

Wangerland

Reizvolle Sielorte, grünes Marschenland und das vorgelagerte Wattenmeer unter einem weiten Himmel: Das klingt wie Werbung für **eine der größten Urlaubsregionen an der niedersächsischen Nordseeküste.** Der Landstrich östlich von Ostfriesland bis zur Jade ist das Wangerland. Dazu gehört auch die vorgelagerte Insel Wangerooge, wie der Name schon verrät. Das Wangerland ist wiederum **Teil des Jeverlandes,** das historisch aus der Herrschaft Jever hervorgeht. Und das Ganze ist Teil der oldenburgischen Küste, deren Wurzeln im Großherzogtum Oldenburg liegen. Das **Wangerländer Wappen** ziert eine Nixe auf blauem Grund. Nach einer mittelalterlichen Sage fingen Minsener Fischer einstmals eine blonde Frau mit Fischunterleib. Eine Bronzeskulptur des „Minsener Seewiefken" steht seit 1992 in Minsens Ortsteil Norderaltendeich in der Nähe des Nordseedeichs.

Minsen

Das Dorf hat nur etwa 300 Einwohner, aber eine **erstaunlich lange Geschichte.** Urkundlich erstmals erwähnt wurde Minsen 1317. Der Dorfkern liegt auf einer **Rundwarft,** die im Zentrum befindliche **Kirchwarft** liegt noch etwas höher. Auf diesem aufgeschütteten Hügel suchten die damaligen Einwohner Schutz bei schweren Sturmfluten. Wegen des fruchtbaren Bodens war Minsen früher stark landwirtschaftlich geprägt, nach dem 2. Weltkrieg änderte sich das durch den aufkommenden Fremdenverkehr. Sehenswert ist die **Kirche St. Severinus**

& **Jacobus;** die bis zu eineinhalb Meter starken Mauern bestehen außen aus Granitblöcken, innen sind sie aus Ziegelstein. Aus statischen Gründen steht der Glockenturm separat.

Praktische Informationen & Adressen

■ **PLZ:** 26434 Wangerland-Minsen.

■ **Wangerland-Touristik Minsen:** Kirchstraße 9, Tel. 04426 99 11 30, minsen@wangerland.de, www.wangerland.de. (Facebook, Twitter, YouTube, Instagram)

■ **Bus:** Linie 227 des Verkehrsverbundes Ems-Jade (VEJ), www.vej-info.de, fährt nach Jever.

■ **Nationalpark-Haus Wangerland Minsen:** Kirchstraße 9, Tel. 04426 90 47 00, www.nationalparkhaus-wattenmeer.de.

■ **Zugvogeltage:** Jährlich Mitte Oktober finden im Rahmen der Zugvogeltage im Nationalpark-Haus Wangerland Minsen verschiedene Veranstaltungen statt; Infos unter www.zugvogeltage.de.

nskns_044 mna

Hotels

■ **Alte Schule Landhotel**②: Störtebekerstraße 10, Tel. 04426 13 11, www.alteschuleminsen.de. Das Gebäude wurde 1952 als Schule eröffnet, heute werden hier den Gästen rundherum schöne Urlaubstage beschert. Neben der Tageszeitung gibt es auch mal eine Tasse Kaffee zwischendurch, alles inklusive.

■ **Hotelanlage Minser Seewiefken**①: Störtebekerstraße 6, Tel. 04426 948 60, www.seewiefken.info (1). 28 komfortabel ausgestattete Zimmer in der Drei-Sterne-Kategorie, zur Anlage gehört das Restaurant Alte Schmiede. (Facebook, Twitter)

■ **Gasthof zum Deichgrafen**①: Förriener Loog 13, Tel. 04426 990 00, www.gasthof-zum-deichgrafen.de. Im kleinen Ort Förrien direkt östlich von Minsen liegt dieses familiengeführte Hotel mit Restaurant und Ferienwohnungen.

🚵👤 **Familotel Frieslandstern**②: Störtebekerstraße 13, Tel. 04426 94 50, info@friesland-stern.de, www.friesland-stern.de (buchbar nur mit Vollverpflegung). Hier haben Familien und Kinder Vorrang, ideal für Reiterferien und für Ausritte zum Strand. Lunchpaket für Tagesausflüge inklusive.

Horumersiel-Schillig

Das **Nordsee-Heilbad Schillig** liegt an der Nordostspitze der ostfriesischen Halbinsel direkt an der Jade, südlich davon schließt sich Horumersiel an. Der Badebetrieb begann hier 1856, nachdem eine Sturmflut den Urlaubsort auf der Insel Wangerooge zerstört hatte. Damals kamen die Badegäste beim Leuchtturmwärter von Schillig und in den umliegenden Häusern unter.

⌄ Strandkörbe am Nordseestrand Schillig

Seit 1900 hat Horumersiel die Zusatzbezeichnung Nordseebad. Zu dieser Zeit konnten Paraden der kaiserlichen Flotte vom Festland aus beobachtet werden. Damals standen an der Küste auch etliche Forts der Marineartillerie. In der Zeit der **militärischen Nutzung** wurde eine Bahnlinie zwischen Jever und Schillig betrieben. Nach dem 1. Weltkrieg musste entmilitarisiert werden. Vor dem 2. Weltkrieg errichtete die Wehrmacht Flakstellungen und Bunker. Nach dem Krieg sprengte man diese Anlagen und der Badebetrieb kam wieder in Fahrt.

1952 übernahm die Gemeinde Minsen die Fremdenverkehrsverwaltung und ließ den Strand und die Badeeinrichtungen weiter ausbauen. 1954 entstand der **Campingplatz** in Schillig, der heute **einer der größten in ganz Europa** ist. Der quirlige Doppelort lebt vom Tourismus, es gibt jede Menge Unterkünfte, von der Ferienwohnung bis zum Sternehotel ist alles dabei. Mit ca. einer Million Übernachtungen gehört Horumersiel-Schillig zu den beliebtesten Urlaubsorten an der niedersächsischen Nordseeküste.

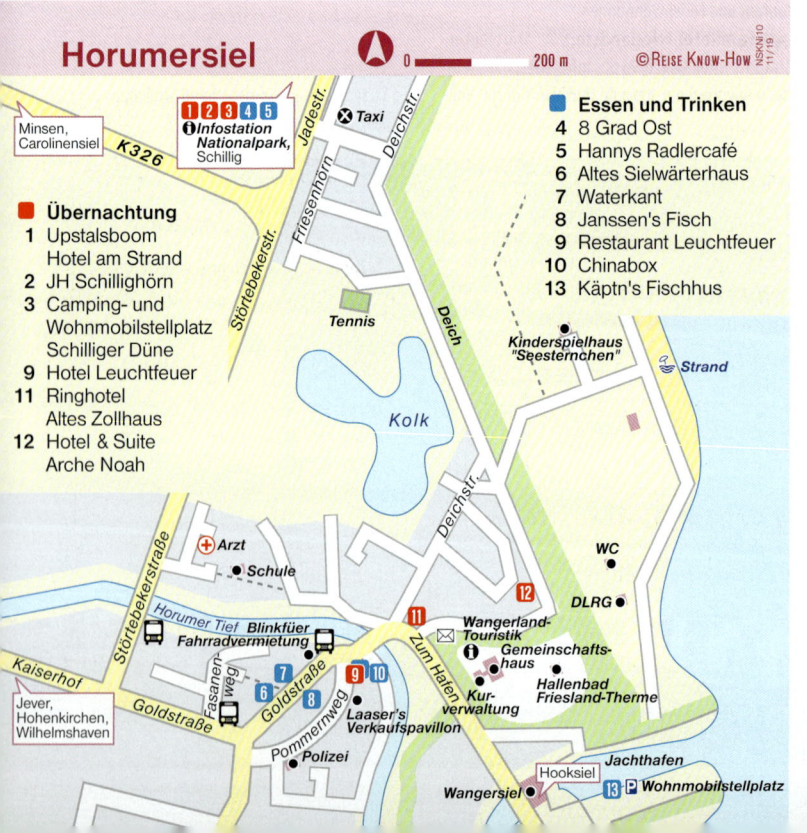

Horumersiel

0 ____ 200 m © REISE KNOW-HOW

Minsen, Carolinensiel — K 326

1 2 3 4 5 ⓘ Infostation Nationalpark, Schillig

❌ Taxi

■ Übernachtung

1 Upstalsboom Hotel am Strand
2 JH Schillighörn
3 Camping- und Wohnmobilstellplatz Schilliger Düne
9 Hotel Leuchtfeuer
11 Ringhotel Altes Zollhaus
12 Hotel & Suite Arche Noah

■ Essen und Trinken

4 8 Grad Ost
5 Hannys Radlercafé
6 Altes Sielwärterhaus
7 Waterkant
8 Janssen's Fisch
9 Restaurant Leuchtfeuer
10 Chinabox
13 Käptn's Fischhus

Tennis

Kinderspielhaus "Seesternchen"

Strand

Kolk

Deich

WC

+ Arzt

Schule

DLRG

Horumer Tief

Blinkfüer
Fahrradvermietung

Wangerland-Touristik

Gemeinschaftshaus

Kaiserhof

Jever, Hohenkirchen, Wilhelmshaven

Laaser's Verkaufspavillon

Kurverwaltung

Hallenbad Friesland-Therme

Polizei

Jachthafen

Hooksiel

13 P Wohnmobilstellplatz

Wangersiel

nskns_045 mna

Praktische Informationen & Adressen

■ **PLZ:** 26434 Horumersiel-Schillig.

■ **Wangerland-Touristik Horumersiel:** Zum Hafen 3, Tel. 04426 98 70, info@wangerland.de, www.wangerland.de. (Facebook, Twitter, YouTube, Instagram)

■ **Bus:** Linie 227 des Verkehrsverbundes Ems-Jade (VEJ), www.vej-info.de, fährt nach Jever, Linie 121 nach Wilhelmshaven.

■ **Jachthafen Horumersiel:** Am Hafen, Tel. 04426 98 70, www.wangerland.de.

■ **Yachtclub Wangerland:** Außentief, Tel. 0171 491 18 06 (Hafenmeister), www.yachtclub-wangerland.de.

🧒 **Kinderspielhaus „Seesternchen":** Am Strand Horumersiel, Tel. 04426 98 71 77, www.wangerland.de. Kinderbetreuung und Kreativangebote, Veranstaltungen von den Osterferien bis zu den Herbstferien, Anmeldung erforderlich.

■ **Infostation Nationalpark:** Strand- und Campingplatzgelände, Tel. 04426 90 47 00, nationalpark-haus@wangerland.de.

Ausflüge und Touren

■ **Watt'n Express:** Informationen bei Laaser's Verkaufspavillon, Pommernweg 2, Tel. 04426 90 43 16, info@horumersiel-schillig.de. Verschiedene Ausflugsfahrten unterschiedlicher Länge mit der „Bimmelbahn auf Rädern" in die nähere Umgebung, Abfahrt Ortsmitte Horumersiel, Tickets nur direkt beim Fahrer (Erw. 5–10 €/Kinder bis 14 J. 3–8 €).

■ **Ausflugsfahrten mit der „MS Jens Albrecht":** ab Hafenparkplatz Horumersiel (siehe Hooksiel).

■ **Ausflüge nach Helgoland mit der „MS Fair Lady":** Reederei Cassen-Eils, Tel. 04721 66 76 00, www.cassen-eils.de. An ausgewählten Terminen ab Außenhafen, Anmeldung erforderlich.

Essen und Trinken

9 **Restaurant Leuchtfeuer:** Goldstraße 1, Tel. 04426 990 30, leuchtfeuer@horumersiel.de, www.leuchtfeuer-horumersiel.de. Ganztägig warme Küche mit frisch zubereiteten Fischspezialitäten, Steak, Schnitzel und im Winter Grünkohl – Tagesmenüs zum Sparpreis.

7 **Waterkant:** Goldstraße 20, Tel. 04426 570, info@waterkant.de, www.waterkant-horumersiel.de. Restaurant in modernem, klaren Nordsee-Ambiente ohne Fischernetze, für Steakliebhaber und Fischfreunde.

🔼 Boote und Schiffe im Hafen von Horumersiel

6 Altes Sielwärterhaus: Goldstraße 26, Tel. 04426 90 49 11, info@altessielwaerterhaus.de, www.altessielwaerterhaus.de. Friesische Atmosphäre mit deutscher Küche und frischen kulinarischen Ideen.

8 Janssen's Fisch: Goldstraße 5, Tel. 04426 90 43 90, www.janssens-fisch.de. Frischfischverkauf mit angeschlossenem Restaurant.

13 Käptn's Fischhus: Am Hafen, Tel. 04425 990 91 44. Fischimbiss direkt am Hafenbecken von Horumersiel.

4 8 Grad Ost: Schilliger Düne, Tel. 04426 904 91 08. Panoramarestaurant direkt am Meer – Burger, Bier und Cocktails mit Aussicht. (Facebook)

10 Chinabox: Goldstraße 1, Tel. 04426 90 49 07. Wie der Name vermuten lässt: Gute Auswahl an asiatischen Gerichten inklusive Sushi.

5 Hannys Radlercafé: Störtebekerstraße 15a (bei Förrien), Tel. 04426 18 15, mail@hannys-radlercafe.de, www.hannys-radlercafe.de. Geöffnet von Fr bis So und feiertags mit Frühstücksbuffet vormittags und leckeren Kuchen nachmittags, alles selbst gemacht, sogar das Brot.

Sport und Freizeit

■ **Friesland-Therme Horumersiel:** Zum Hafen, Tel. 04426 72 22, www.wangerland.de. Es gibt Bereiche innen und außen mit Entspannungs-, Bewegungs-, Plansch- und Ausschwimmbecken, zusätzlich Sauna und Relax-Zone im „Krähennest" hoch über der Badelandschaft.

■ **Blinkfüer Fahrradvermietung:** Horumersiel, Goldstraße 14, Tel. 04426 929 69 02; Schilling, Schillighörn 1, Tel. 04426 92 91 23; www.nordseerad.de. Der große Vermieter im Wangerland: Tourenräder, E-Bikes, Anhänger, Tretmobile, Kajaks und Kanus.

Hotels und Jugendherberge

11 Ringhotel Altes Zollhaus①: Zum Hafen 1, Tel. 04426 990 90, info@zollhaus.de, www.zollhaus.de. Vier-Sterne-Komfort in familiärer Atmosphäre mit Restaurant und Konditorei. Der Eintritt in die 300 Meter entfernte Friesland-Therme ist frei.

9 Hotel Leuchtfeuer②: Pommernweg 1, Tel. 04426 990 30, leuchtfeuer@horumersiel.de, www.leuchtfeuer-horumersiel.de. Haus in zentraler Lage von Horumersiel mit Wellnessbereich, Sauna und Restaurant sowie vielen Arrangement-Angeboten. (Facebook, Twitter, Youtube)

12 Hotel & Suite Arche Noah②: Strandweg 15–19, Tel. 04426 354, info@hotel-arche-noah.de, www.hotel-arche-noah.de. Direkt am Meer.

1 Upstalsboom Hotel am Strand③: Mellumweg 6, Tel. 04426 880, hotelamstrand@upstalsboom.de, www.hotelamstrand-schilling.de. Beste Lage in Schilling direkt am Deich mit Blick auf den Strand, Vier-Sterne-Komfort mit Wellnessbereich „Am Kap der guten Erholung". (Facebook, Twitter, Youtube)

2 Jugendherberge Schillighörn②: Inselstraße 6, Tel. 04426 371, schillighörn@jugendherberge.de, www.schillighoern.jugenherberge.de. 188 Betten in 43 Zimmern, Tagungs- und Seminarräume, Spiel- und Bolzwiese sowie Grillplatz.

Camping- und Wohnmobilstellplätze

3 Camping- und Wohnmobilstellplatz Schilliger Düne: Rezeption Zum Hafen 3, Tel. 4426 98 71 70, camp-schillig@wangerland.de, www.wangerland.de. Riesiger Platz mit entsprechender Infrastruktur.

UNSER TIPP: Eine besonders romantische Art der Übernachtung bieten die fünf **Nordseekarren** auf dem Campingplatz Schilliger Düne. Die für zwei Personen sind mit einem gemütlichen Bett, Esstisch und Küchenzeile ausgestattet, wahlweise mit oder ohne WC. Geduscht wird in den Sanitärgebäuden des Campingplatzes. Früh buchen, denn die Karren sind heiß begehrt!

■ **Wohnmobilstellplatz Am Jachthafen:** Zum Hafen 5 (neben dem Jachtclub Wangerland), Tel. 0171 782 13 83, www. hyc-online.de.

▷ Das alte Hafenbecken von Hooksiel

Veranstaltungen

■ **Literaturtage:** Jährlich in der ersten Junihälfte laden Künstler und Autoren zu den Horumersieler Literaturtagen ein. Infos unter www.horumersieler-literaturtage.de.

■ **Sielortfete:** Jährlich im Juni herrscht drei Tage Partystimmung mit Straßenkünstlern, Kunsthandwerkern, Fahrgeschäften und Kinderprogramm. Infos unter www.horumersiel-schillig.de.

■ **Nordseelauf:** Jährlich im Sommer finden entlang der Nordseeküste und auf den Ostfriesischen Inseln die sieben Etappen dieses mehrtägigen Rennens statt. Mehr Infos unter www.nordseelauf.de.

■ **Schollenbraten im Watt:** Küche und Ausschank auf dem Meeresboden, jährlich im Sommer in Schillig und Hooksiel. Mehr unter www.die-seesterne.de.

🪁 **Internationales Drachenfest:** Jährlich im Juli/August wird an drei Tagen ein buntes Fest für die ganze Familie mit tollen Flugobjekten und unterhaltsamem Rahmenprogramm gefeiert. Mehr dazu unter www.anuwat.de.

■ **Wangerländer Herbst:** Die im Oktober stattfindende Veranstaltungsreihe mit Lichterfesten, Zugvogeltagen, Konzerten und Märkten lockt mit abwechslungsreichem Unterhaltungs-, Kultur- und Naturprogramm nach Horumersiel, Hooksiel und Schillig. Infos unter www.wangerland.de.

Hooksiel

Urkundlich erstmals erwähnt wurde der Ort 1479. Seit dem 16. Jahrhundert lassen sich hier ein Hafen und ein Sielbauwerk nachweisen. Hooksiel entwickelte sich zum **Umschlaghafen für die Kaufmannsstadt Jever,** die durch das **Hooksieler Tief** mit dem Hafen verbunden war. Die denkmalgeschützten Packhäuser am Alten Hafen entstanden 1821, sie zeugen von der damaligen Bedeutung des Ortes. Der Hafen musste dann im Wattenmeer neu gebaut und zum Bin-

Die oldenburgische Küste

nskns_046 mna

nskns_047 mna

nenland hin eine Schleuse errichtet werden. Zur Entwässerung des Hinterlandes entstand zwischen dem Ortskern und dem neu errichteten Außenhafen das 60 Hektar große **Hooksmeer,** heute ein Paradies für Wassersportler aller Art, unter anderem gibt es einen Sportbootsverleih.

1911 wurde ein erster Badeverein gegründet, aus diesen Anfängen entstand schließlich der heutige **Küstenbadeort mit künstlich angelegtem Sandstrand.** Dieser liegt zwischen dem Campingplatz und dem Außenhafen und hat eine Länge von über drei Kilometern. Als weitere Attraktion sollte eine rund 200 Meter lange Seebrücke in das Wattenmeer gebaut werden, realisiert wurde sie bisher allerdings nicht.

Hooksiel blickt auf eine über 30-jährige Tradition als Veranstaltungsort für ==Pferderennen== zurück. Die Rennen auf der **Jaderennbahn** verfolgen jedes Jahr an drei Tagen bis zu 20.000 Zuschauer. Bei den packenden Galopprennen steht das Pferd im Mittelpunkt, Veranstalter ist der Hooksieler Rennverein.

Praktische Informationen & Adressen

🔴 **PLZ:** 26434 Wangerland-Hooksiel.

🔴 **Tourist-Information Hooksiel:** Hohe Weg 1, Tel. 04425 958 00, hooksiel@wangerland.de, www.wangerland.de (Facebook, Twitter, YouTube, Instagram)

⌂ Hooksieler Tief mit grünem Deich am Ufer

Die oldenburgische Küste

■**Bus:** Linie 227 des Verkehrsverbundes Ems-Jade (VEJ), www.vej-info.de, fährt nach Jever, Linie 121 nach Wilhelmshaven.

🏃 **Kinderspielhaus „Seepferdchen":** Im Gästehaus Hooksiel, Hohe Weg 1, Tel. 0445 95 80 13, www.wangerland.de. Kinderbetreuung, Spielangebote, Veranstaltungen von den Osterferien bis zu den Herbstferien, Anmeldung erforderlich.

Ausflüge und Touren

■**Ausflugsfahrten mit der „MS Jens Albrecht":** Reederei K. Ilse, Tel. 04425 990 91 44 oder 0171 519 64 81 80, kastenilse@aol.com, www.seetouristik-nordsee.de. Verschiedene Ausflugsfahrten zu den Seehundebänken, zum JadeWeserPort u.a. (Erw. 8–20 €/Kinder von 4–14 J. 5–11 €/Familienkarte 21–51 €).

■**Tages- oder Einzelfahrten nach Helgoland:** Reederei Cassen Eils, Tel. 04721 66 76 00, www.helgolandreisen.de. Von Mitte Mai bis Oktober an ausgewählten Tagen ab Außenhafen, Fahrkarten online, bei der Wangerland-Touristik oder direkt an Bord (Erw. 31–49 €/Kinder von 4–14 J. 16–25 €/Familien 99–129 €/keine Kartenzahlung). (Facebook, Instagram)

Museen und Führungen

■**Künstlerhaus Hooksiel:** Lange Straße 16, Tel. 04425 814 08, www.kuenstlerhaus-hooksiel.de. Wechselausstellungen zeitgenössischer Künstler zeigen Kunst auf hohem Niveau im ländlichen Bereich. Kurse, Veranstaltungen und Kunstfahrten runden das abwechslungsreiche Angebot ab..

■**Muschelmuseum Hooksiel:** Lange Straße 18, Tel. 04425 12 78, www.muschelmuseum-hooksiel.de. Die von *Georg Hempfling* zusammengetragene Sammlung von großen und kleinen Muscheln und Schnecken aus der ganzen Welt gibt es im alten Rathaus zu sehen.

🏃 **Gruseleum:** Lange Straße 65, Tel. 04425 308 09 93, info@gruseleum.de, www.gruseleum.de. Spuk und Grusel in einer ehemaligen Kirche in Hooksiel, schaurig-schöne Atmosphäre mit Friedhof und Schiffswrack, ausgezeichnet vom Land Niedersachsen als besonders kinderfreundlich. (Facebook, Twitter, Instagram)

Einkaufen

■**Wochenmarkt:** Freitags von 13 bis 17 Uhr auf dem Marktplatz.

■**Fritz Berger Campingbedarf:** Schwarzhamm 10, www.fritz-berger.de.

Essen und Trinken

■**Die Muschel:** An der Jaderennbahn, Tel. 04425 681, info@muschel-hooksiel.de, www.muschel-hooksiel.de. Lichtdurchflutetes Restaurant mit Blick auf den Jachthafen, nachmittags gibt es unwiderstehlichen Kuchen und abends vorwiegend fangfrischen Fisch.

■**Hotel & Restaurant Packhaus:** Am Hafen 1, Tel. 04425 96 96 66, www.hotel-packhaus.de. Regionale Küche, die Wert legt auf Frische und Qualität, Partner aus der Region liefern die meisten der Zutaten.

■**Zum Schwarzen Bären:** Lange Straße 15, Tel. 04425 958 10, info@zum-schwarzen-baeren.de, www.zum-schwarzen-baeren.de. Saftige Steaks vom Lavagrill, 3-Gang-Monatsmenüs und vegetarische Köstlichkeiten, seit über 50 Jahren im Familienbesitz.

Sport und Freizeit

■**Meerwasser-Hallenwellenbad:** Zum Hallenbad 2, Tel. 04425 95 80 30, kassehwb@wangerland.de, www.wangerland.de. Neben dem Nordseewellengefühl beim Schwimmen gibt es einen Saunabereich mit Dampfbad, Wasserspielen, Geysiren und Nackenduschen.

■**Sportbootverleih Nordsee:** Bäderstraße, Tel. 0170 810 49 51, www.sportbootverleihnordsee.de.

■**Hooksieler Rennverein:** Oesterdieken, Tel. 04425 202, info@hooksieler-rennverein.de, www.hooksieler-rennverein.de. Informationen über die Veranstaltungen auf der Jaderennbahn, mit Ponyrennen am Familienrenntag.

2

■ **Hooksmeer:** Hohe Weg 1, Tel. 04425 95 80 12, info@marinahooksiel.de, www.wangerland.de. Zwischen Altem Hafen und der Schleuse zum Außenhafen, mit Segeln, Surfen, Wasserski, Angeln und Tretbootfahren.

■ **Strandsauna Hooksiel:** Am Strand, Tel. 04425 990 61 44, www.strandsauna-hooksiel.de. Hier kann man im Badekarren mit Blick aufs Meer saunieren, zum Ausruhen und Entspannen geht es in den Nachbarkarren.

■ **Fahrradverleih Hooksiel:** Lange Straße 45, Tel. 04425 14 25, www.harradverleih-hooksiel.de. Vermietung auch außergewöhnlicher Fahrräder, Kinderfahrräder und von Kindersitzen.

■ **Blinkfüer Fahrradvermietung Hooksiel:** Middeldiek 4, Tel. 04425 972 66, www.nordseerad.de. Der große Vermieter im Wangerland mit drei Standorten, im Angebot sind Tourenräder, E-Bikes, Anhänger, Tretmobile, Kanus und Kajaks.

Hotels

■ **Ringhotel Altes Zollhaus②-③:** Zum Hafen 1, Tel. 04426 990 90, info@zollhaus.de, www.zollhaus.de. Vier-Sterne-Hotel in unmittelbarer Nähe zum Strand und zu den Kureinrichtungen mit Sauna und kostenfreiem Parken sowie Zutritt zur Therme und zum Meerwasserwellenbad.

■ **Strandhotel Horumersiel①-②:** Deichstraße 1, Tel. 04426 992 55, fh.willms@t-online.de, www.strandhotel-horumersiel.de. Kleines familiengeführtes Hotel mit angeschlossener Gastronomie in zentraler Lage direkt am Tief.

Camping- und Wohnmobilstellplätze

■ **Nordseecamping Hooksiel:** Straat över't Diek, Tel. 04425 95 80 80, www.camp-hooksiel@wangerland.de, www.wangerland.de (geöffnet von April bis Mitte Oktober).

■ **Wohnmobilstellplatz „An der Östdüne":** Direkt neben dem Campingplatz, Tel. 04425 95 80 80, camp-hooksiel@wangerland.de, www.wangerland.de (geöffnet von April bis Mitte Oktober).

■ **Wohnmobilplatz „Am Hallenwellenbad":** Zum Hallenbad, Tel. 04425 95 80 30, hooksiel@wangerland.de, www.wangerland.de (ganzjährig).

Jachthäfen

■ **Marinahafen Hooksiel:** An der Jaderennbahn 1, Tel. 04425 430, hafenmeister@wangerland.de, www.wangerland.de (ganzjährig geöffnet).

■ **Alter Hafen Hooksiel:** Anmeldung unter Tel. 04425 430, www.wangerland.de. Mit einem Traditionsschiff darf man hier kostenfrei festmachen und die historische Hafenkulisse verschönern, sogar die Gebühren für Liegeplatz und Schleuse werden übernommen. Rechtzeitige Anmeldung ist unbedingt erforderlich.

Veranstaltungen

■ **Hooksieler Herings- und Krabbentage:** Zwei dreitägige Feste mit Live-Musik und friesischen Spezialitäten locken im Juni rund um Matjes und Hering gefolgt vom Krabbenfest im August. Mehr Infos unter www.hooksieler-krabbentage.de.

■ **Hooksieler Renntage:** Im Juli und August wird getrabt, galoppiert und gewettet. Mehr Infos unter www.hooksieler-rennverein.de.

■ **Schollenbraten im Watt:** siehe bei Horumersiel-Schillig.

■ **Wangerländer Herbst:** siehe bei Horumersiel-Schillig.

Abstecher nach Jever

Gut 14.000 Einwohner leben in der Stadt Jever, hier hat der **Landkreis Friesland** seinen Sitz. Zahlreiche Sehenswürdigkeiten und historische Gebäude zeugen von der beinahe tausendjährigen Geschichte des **staatlich anerkannten Erholungsortes.** Nach der Zeit der Friesischen Freiheit und dem folgenden Aussterben der letzten Dynastie friesischer Häuptlinge im Spätmittelalter bekam der

Handelsort 1536 die Stadtrechte verliehen. Mitte des 17. Jahrhunderts fiel Jever an die Grafschaft Oldenburg.

Sehenswert sind die zahlreichen gut erhaltenen Wohngebäude in Jevers **historischem Stadtzentrum.** Auch die aus dem 17. Jahrhundert stammende Renaissance-Fassade des Rathauses ziert die Altstadt, wenngleich im 20. Jahrhundert große Teile des Gebäudes wegen Baufälligkeit neu errichtet werden mussten. Das **Schloss Jever** entstand auf einer Wehranlage der ostfriesischen Häuptlinge, der mächtige Bergfried erinnert noch daran. Der **67 Meter hohe Turm** bekam im 18. Jahrhundert seine barocke Haube und gilt heute als Wahrzeichen der Stadt. Im Schloss befindet sich das **Schlossmuseum Jever,** das sich sowohl der Geschichte der Herrschaft Jever als auch der des Schlosses widmet. Umgeben ist es von einem Schlosspark mit altem Baumbestand, in dem Pfauen stolz herumschreiten. Und dann gibt es in Jever natürlich noch das überregional bekannte Bier, das seit 1848 im **Friesischen Brauhaus zu Jever** gebraut wird. Bei einer Führung im historischen **Brauereimuseum** erfährt man, wie der Braualltag damals ablief.

Praktische Informationen & Adressen
- **PLZ:** 26441.
- **Tourist-Information Jever:** Alter Markt 18, Tel. 04461 93 92 61, info@stadt-jever.de, www.stadt-jever.de. (Facebook)
- **Übernachtungen:** Über die Tourist-Information buchbar.

Verkehr
- **Bahn:** Bahnhof am Rand der Altstadt an der Florianstraße, die Schienenverbindung führt nach Sande oder Esens.
- **Bus:** ZOB gegenüber vom Bahnhof an der Anton-Günther-Straße, verschiedene Linien des Verkehrsverbundes Ems-Jade (VEJ), www.vej-bus.de.
- **Flixbus** (Haltestelle am ZOB): Tel. 030 300 13 73 00, info@flixbus.de, www.flixbus.de. (Twitter, Facebook, YouTube, Instagram)

Museen und Stadtführungen
- **Friesisches Brauhaus mit Brauereimuseum:** Elisabethufer 18, Tel. 04461 137 11, www.jever.de (Erw. 9,50 €/Kinder bis 16 J. 3,50 €, nur in Begleitung eines Erwachsenen). Besuch im Brauereimuseum mit einem Blick hinter die Kulissen einer modernen Brauerei.

nskns_048 mna

[>] Turmspitze des Schlosses Jever mit goldenem Löwen

■ **Schlossmuseum Jever:** Schlossplatz 1, Tel. 04461 96 93 50, info@schlossmuseum.de, www.schlossmuseum.de (Erw. 6 €, ermäßigt 3 €/Kinder bis 13 J. frei). Kulturgeschichtliches mitten im historischen Schlossgarten.

■ **Stadtführungen** zu verschiedensten Themen: Zu buchen über die Tourist-Information (5–60 €).

■ **Führung Radio Jade:** Radio zum Anfassen – buchbar über die Tourist-Information.

UNSER TIPP: Die **Blaudruckerei** im Kattrepel in Jever ist eine lebendige Museumswerkstatt. In aufwendiger Handarbeit werden hier Handdrucke historischer Muster auf Leinen, Samt und Seide produziert, und die Besucher dürfen dabei zusehen. Die Stoffe werden mit z.T. 100 bis 300 Jahre alten Mustern bedruckt. Die 480 Druckstöcke dafür stammen aus ehemaligen ostfriesischen und norddeutschen Blaudruckereien. Blaudruckerei Kattrepel, Kattrepel 3, Tel. 04661 713 88, www.blaudruckerei.de.

Essen und Trinken

UNSER TIPP: **Café & Teepavillon im Eulenturm:** Vom „Feinschmecker" als eines der besten Cafés in Deutschland empfohlen – zu Recht. Die Mohn-Pistazientorte nach einem alten Familienrezept ist ein geschmackvolles Gedicht auf der Zunge – unbedingt probieren!

Wilhelmshaven

Der preußische Stadtkern präsentiert sich mit vielen Gebäuden aus der Gründerzeit und diversen Schmuckplätzen und Parks. Zahlreiche Wasserflächen bringen maritimes Flair in die Stadt. Wilhelmshaven ist eine niedersächsische **Hafenstadt mit Marine, Forschungseinrichtungen und Industrie** direkt am Jadebusen, aber mit ganz viel grünem Umland.

Nordseestandort für Preußen

Mitte des 19. Jahrhunderts war das Königreich Preußen zu einer europäischen Macht herangewachsen, aber einen Hafen an der Nordsee hatte es nicht. Am 20. Juli 1853 kaufte Preußen vom Großherzogtum Oldenburg, beurkundet durch den **Jade-Vertrag**, für 500.000 Taler ein über 300 Hektar großes Gebiet am Jadebusen. Hier plante die preußische Marine einen Stützpunkt an der Nordsee.

nskrs_049 mma

> Strandkörbe am Südstrand Wilhelmshaven

2

1855 wurde eine Kommission zum Hafenbau gegründet, bereits im Folgejahr lag ein erster Entwurf vor. In diesem war schon eine kleine Stadtansiedlung an der Südseite der Hafenanlagen vorgesehen. **Ab 1858** begann der Bau dieser Siedlung, zuerst fertiggestellt wurden die **Lotsenhäuser** an der Manteuffelstraße. Während die **Bebauung** auf dem von Preußen erworbenen Gebiet sorgfältig geplant und umgesetzt wurde, schoss nördlich der Hafenanlagen auf Oldenburger Gebiet ein neuer Ort unkontrolliert aus dem Boden, **Neu-Heppens.** Hier siedelten sich Menschen an, die keine preußische Lizenz erhielten, zum Beispiel Gastwirte mit Schankwirtschaften. Ursprünglich sollte der neu gebaute preußische Hafen mit der kleinen Ortschaft Zollern am Meer heißen. Aber in der Urkunde, die am 17. Juni 1869 im Grundstein der Elisabethkirche verstaut wurde, stand etwas anderes: Hafenbaudirektor *Heinrich Wilhelm Goeker* ehrte mit der Namensgebung den preußischen König *Wilhelm I.*, die Endung Hafen ließ er Niederdeutsch mit „v" schreiben: Wilhelmshaven.

Eine neue Stadt entsteht

1871 wurde das Deutsche Kaiserreich gegründet und der neue Hafen am Jadebusen daraufhin zum **Reichskriegshafen** erklärt. Im gleichen Jahr hob das Deutsche Reich die **Kaiserliche Werft Wilhelmshaven** aus der Taufe. Hier fanden der Bau, die Ausrüstung und Reparatur von Kriegsschiffen statt. In den frühen Jahren des neuen Hafens stand die militärische Nutzung im Vordergrund. In seiner unmittelbaren Nähe waren nur die Büros der Hafenbaukommission, ein Hotel, die Post, eine Apotheke und ein Kaufhaus vorhanden. Dennoch erhielt Wilhelmshaven bereits **1873** die **Stadtrechte.** Mit der Gründung einer Flotte musste das Hafengebiet zur gleichen Zeit stark erweitert werden. An der Schwelle zum 20. Jahrhundert brach zwischen dem Deutschen Reich und Großbritannien ein Rüstungswettlauf aus, der Wachstumsprozess beschleunigte sich erneut. Bei der **Hafenerweiterung** in Richtung Süden wurde ein großes Wattengebiet eingedeicht, im neu gewonnenen Bereich entstanden weitere

Die oldenburgische Küste

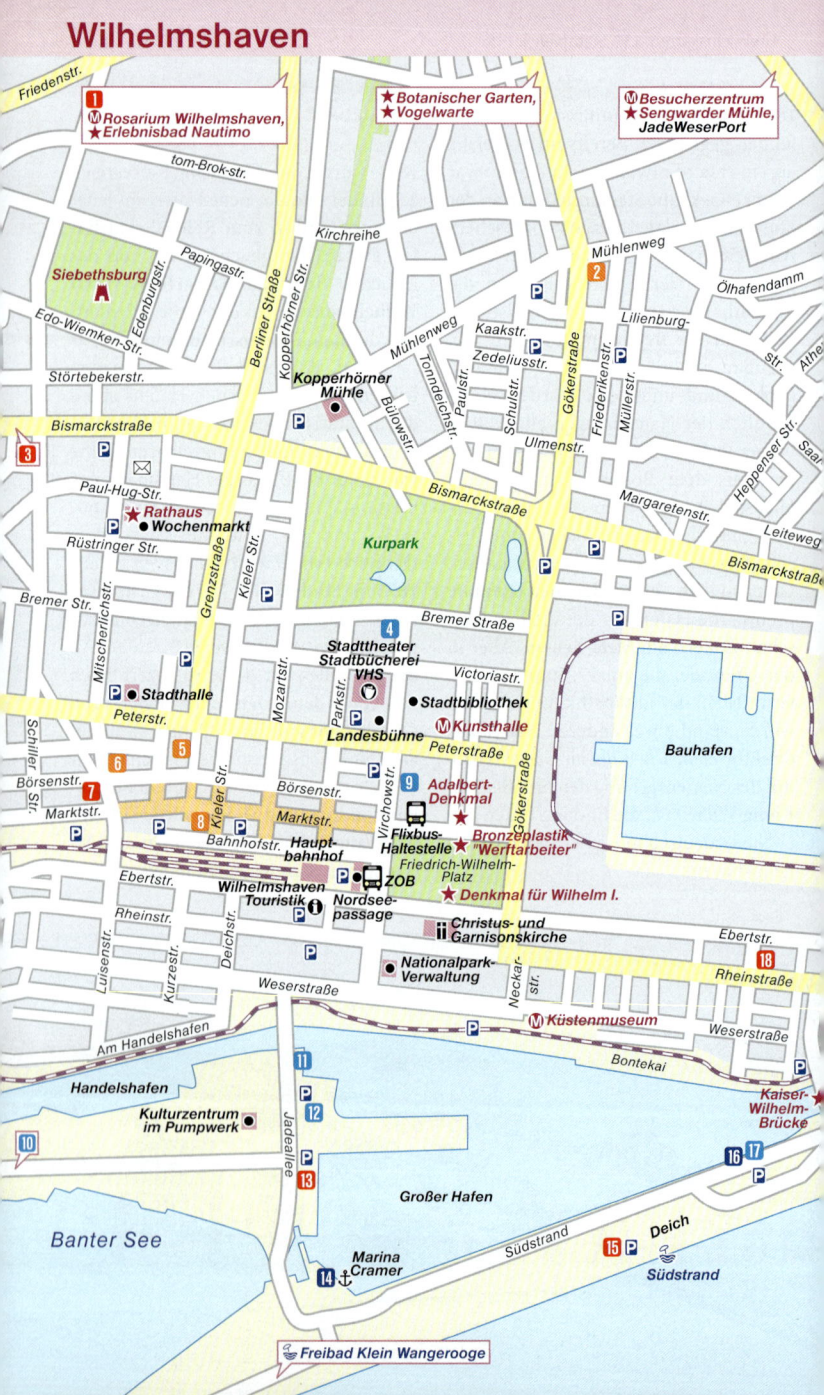

Wilhelmshaven

0 — 100 m © REISE KNOW-HOW   NDK04I12 11/19

Übernachtung
1 Wohnmobilstellplatz
3 Hotel am Stadtpark
7 Hotel home in Wilhelmshaven
13 Atlantic Hotel
15 Wohnmobilstellplatz Fliegerdeich
18 Südstadthotel
20 Strandhotels Seestern & Delphin
23 Wohnmobilstellplatz Schleuseninsel

Sport und Freizeit
14 Yachtclub Wilhelmshaven
16 Yacht-Club Germania
22 Wilhelmshavener Segelclub

Nachtleben
2 The Code
5 Cocoon Karaoke-Club
6 Kling Klang
8 Downtown Diskothek

Essen und Trinken
4 Bambuspalast
9 Guido's 2.0
10 Strandcafé Fährhaus
11 Café Restaurant Pier 24
12 Laarnis
17 Restaurant Salerno
19 Le Patron am Meer
21 An Bord

Vorhafen

Nordhafen

Bunkermuseum

Halligenweg
Helgolandstr.
rücker Str.
Friesendamm
Hildesheimer Str.
Celler Str.
Hannoversche Str.
Jachmannstraße
Schleusenstraße

Nassaubrücke

P

Deutsches Marinemuseum
Helgoland-kai
P
Aquarium Wilhelmshaven und Urzeitmeer-Museum
P
Südstrand
UNESCO-Weltnaturerbe Wattenmeer Besucherzentrum

Jadebusen

Hafenbecken und die **Kaiser-Wilhelm-Brücke.** Die zweiflügelige Straßendrehbrücke wurde 1907 eingeweiht und ist heute das Wahrzeichen der Stadt. Sie steht unter Denkmalschutz.

Vielfältige Stadt am Meer

Kurioserweise waren die „wilden" Siedlungen im Norden der neuen Stadt fast größer als Wilhelmshaven selbst. Die Gemeinden Bant, Heppens und Neuende bildeten zu Beginn des 20. Jahrhunderts das Amt **Rüstringen.** Rüstringen bekam 1911 die Stadtrechte, mit 48.000

Einwohnern war es die größte Stadt im Großherzogtum Oldenburg. Ein Architektenwettbewerb für Rüstringens neues Rathaus gewann 1926 *Fritz Höger*. Das Gebäude wurde 1927/28 gebaut und ist heute, nachdem Rüstringen 1937 mit Wilhelmshaven vereint wurde, das Rathaus von Wilhelmshaven. Mit rund 76.000 Einwohnern ist die Stadt eines der Oberzentren im Bundesland Niedersachsen. Bis heute gibt es hier den mit Abstand **größten Standort der Bundeswehr.** Mit dem **JadeWeserPort** existiert hier Deutschlands einziger Container-Tiefwasserhafen, 18 Meter tief und mit 160 Hektar Industrie- und Logistikfläche. Im Norden der Stadt gibt es Ansiedlungen der Schwerindustrie in den Bereichen Chemie, Petrochemie und Energieerzeugung. Wilhelmshaven profitiert von den Urlaubern der umliegenden Badeorte. Diese schätzen die Stadt an der

⌵ Wilhelmshavens Wahrzeichen:
Die Kaiser-Wilhelm-Brücke wurde 1907 eingeweiht

nskns_050 mna

Jade für ihre **Einkaufsmöglichkeiten** und kommen wegen der **kulturellen Einrichtungen.** Mit der **TouristCard-Wilhelmshaven** kann die Urlaubskasse entlastet werden, mehr als 30 Institutionen und Firmen bieten Rabattmöglichkeiten.

Sehenswertes

Sehenswert sind vor allem die **Kaiser-Wilhelm-Brücke,** das **Deutsche Marinemuseum,** der Südstrand und das von dem bekannten Architekten *Fritz Höger* erbaute **Rathaus** aus dunklen Klinkern. Das geometrisch streng strukturierte Gebäude im Stil des Backsteinexpressionismus wird von seinem zentralen Turm überragt. Schön ist auch der Blick vom rund 48 Meter hohen Rathausturm – leider ist er wegen Baumaßnahmen für unbestimmte Zeit gesperrt. Aber auch das **Aquarium Wilhelmshaven,** das **Küstenmuseum** oder das große **Besucherzentrum des UNESCO-Weltnaturerbes Wattenmeer** warten auf interessierte Nordseeurlauber.

Der <mark>Südstrand</mark> mit seinen guten Hotel- und Versorgungsangeboten zieht sowohl Einheimische als auch Badegäste von auswärts an. Er ist einer der wenigen Nordseestrände, die nach Süden ausgerichtet sind. An seinem Rasenstrand stehen Strandkörbe direkt an der gepflasterten Uferböschung mit Blick auf die See. Die hier befindlichen **Museen** erweitern das Freizeitangebot. An dem in der Nähe gelegenen **Großen Hafen** lädt der Bontekai zum Flanieren am Wasser ein. Am Wasser entlang ist es auch nicht weit bis zum Stadtzentrum mit der **Nordseepassage am Bahnhof,** einem modernen Shopping-Center. Dahinter

Die oldenburgische Küste

erstreckt sich die **Fußgängerzone Marktstraße,** sie ist Wilhelmshavens Hauptgeschäftsstraße. In der Marktstraße steht in Anerkennung der ehemals vielen Arbeiter der Kaiserlichen Werft die **Bronzeplastik „Werftarbeiter".** Gegenüber des Bahnhofs lädt der **Friedrich-Wilhelm-Platz** zu einem Spaziergang ein. Hier erinnert ein Denkmal an den Namensgeber der Stadt: Kaiser *Wilhelm I.* Gegenüber vom Park ragt die beeindruckende **Christus- und Garnisonskirche** auf. Der aus rotem Klinker gefertigte neugotische Sakralbau wurde 1872 unter dem Namen Elisabethkirche eingeweiht. Bemerkenswert ist der 55 Meter hohe Turm über der Vierung, also in der Mitte des Kirchenschiffes. Das **Kulturzentrum im Pumpwerk** am Ems-Jade-Kanal ist immer einen Besuch wert. Das ehemalige Industriebauwerk aus dem frühen 20. Jahrhundert fand 1976 eine neue Verwendung für das kulturelle und gesellschaftliche Leben in Wilhelmshaven. Jährlich finden rund 160 Veranstaltungen im und am Gebäude statt: Live-Musik, Kleinkunst, Soziokultur und Public Viewing bei großen Fußballereignissen.

Praktische Informationen & Adressen

🔴 **PLZ:** 26382.

🔴 **Tourist-Information:** Wilhelmshaven Touristik, Ebertstraße 110, Tel. 04421 91 30 00, tourist-info@wilhelmshaven-touristik.de, www.wilhelmshaven-touristik.de. (Facebook, Twitter, YouTube, flickr)

🔴 **Wochenmarkt:** Mittwochs und samstags von 7 bis 12 Uhr auf dem Rathausplatz.

⌃ Fluthafen mit Lotsenboot und Seenotrettungsboot

Die oldenburgische Küste

Verkehr

■ **Bahn:** Der Hauptbahnhof befindet sich im Stadtzentrum gegenüber vom Friedrich-Wilhelm-Platz, die Schienenverbindung führt über Sande nach Oldenburg.

■ **Bus: ZOB** an der Nordseepassage an der Virchowstraße, verschiedene Linien des Verkehrsverbundes Ems-Jade (VEJ), www.vej-bus.de.

■ **Flixbus** (Haltestelle Marktstraße 15): Tel. 030 300 13 73 00, info@flixbus.de, www.flixbus.de. (Facebook, Twitter, YouTube, Instagram)

■ **Fähre nach Eckwarderhörne** (nur im Sommer): Reederei Warrings, Südstrand 123 (Helgolandkai), Tel. 0170 245 11 82, Fahrplan unter www.reederei-warrings.de.

Museen und Führungen

■ **Aquarium Wilhelmshaven und Urzeitmeer-Museum:** Südstrand 123, Tel. 04421 506 64 44, www.aquarium-wilhelmshaven.de (Erw. 12,50 €/Kinder von 4–15 J. 9,50 €/Familienkarte 33 €). Den Besucher erwartet eine faszinierende Reise durch die Wunderwelt der Ozeane. Fossilien zeigen, wie auf der Erde das Leben entstand. In verschiedenen Schauaquarien leben über 300 Tierarten.

■ **Deutsches Marinemuseum:** Südstrand 125, Tel. 04421 40 08 40, www.marinemuseum.de (Erw. 11,50 €/Kinder von 6–14 J. 5 €/Familienkarte 25 €). Das Museumsmotto lautet „Menschen – Zeiten – Schiffe". Entsprechend zeigt die Ausstellung die wechselvolle Geschichte der deutschen Marinen von den Anfängen bis heute. Die Schiffe im Außengelände geben Einblicke in das Leben der Soldatinnen und Soldaten an Bord.

■ **UNESCO-Weltnaturerbe Wattenmeer Besucherzentrum:** Südstrand 110b, Tel. 04421 91 07 33, www.wattenmeer-besucherzentrum.de (Erw. 6,50 €/Kinder von 6–17 J. 3,50/Familienkarte 15 €). Ausprobieren, Anfassen und Staunen sind hier ausdrücklich erlaubt. Gezeigt wird alles rund ums Wattenmeer, das Heimat, Speisekammer, Laich- und Geburtsstätte für Millionen von Tieren ist. Höhepunkt der Ausstellung ist ein 14 Meter langes Pott-

walskelett mit weltweit einzigartigen plastinierten Organen wie Herz und Lunge.

■ **Küstenmuseum Wilhelmshaven:** Weserstraße 58, Tel. 04421 40 09 40, www.kuestenmuseum.de (Erw. 5 €/Kinder von 6–15 J. 2,50 €/Familienkarte 14 €). Die Ausstellung zeigt Vergangenheit, Gegenwart und Zukunft der Küste sowie die 150-jährige Geschichte der Marinestadt Wilhelmshaven. Wechselausstellungen runden das interessante Themenspektrum ab.

■ **Besucherzentrum JadeWeserPort:** Am Tiefen Fahrwasser 11, Tel. 04421 771 90 91, infocenter@jadeweserport.de, www.jadeweserport.de (Erw. 4–9,90 €/Kinder bis 16 J. 2,50–7,90 €/Familien 11–32 €). Interaktive Ausstellung zu den Themen Hafen und Containerschifffahrt mit bestem Blick auf den Hafen von der Aussichtsterrasse auf dem Dach. Samstags gibt es Hafenbustouren, zu denen man sich unbedingt rechtzeitig vorher anmelden muss.

■ **Bunkermuseum:** Minsener Oog 1a, Tel. 01577 291 16 27, www.bunker-museum-whv.npage.de. Der einzige öffentlich zugängliche Luftschutzbunker ist sonntags geöffnet. Plus Sammlung verschiedener Kleinbunker auf dem Außengelände.

■ **Kunsthalle Wilhelmshaven:** Adalbertstraße 28, Tel. 04421 414 48, kunsthalle@wilhelmshaven-touristik.de, www.kunsthalle-wilhelmshaven.de (Erw. 3 €/ermäßigt 2 €). Untergebracht sind hier in einem architektonisch sachlichen, am Bauhaus-Stil angelehnten spektakulären Gebäude vor allem Wechselausstellungen.

■ **Rosarium Wilhelmshaven:** Neuengroder Weg 22c, Tel. 04421 77 22 47, www.rosarium-wilhelmshaven.de (Eintritt frei). Mehr als 5000 Rosen aus über 500 Sorten sind hier von Muttertag bis Ende Oktober zu sehen. Individuell gestaltete Themengärten runden die Ausstellung ab und laden zum entspannten Verweilen ein. (Facebook)

■ **Kopperhörner Mühle:** Mühlenweg 148, Tel. 04421 99 31 69. Besichtigung nach Vereinbarung.

■ **Sengwarder Mühle:** Onkestraße, OT Wilhelmshaven-Sengwarden, Tel. 04423 28 68. Von Mai bis Oktober Mittwochnachmittag geöffnet.

2

Cafés

9 Guido's 2.0: Virchowstraße 21, Tel. 04421 987 56 95, kontakt@guidos20.de, www.guidos-restaurant.de. Café, Bar und Restaurant in der Innenstadt mit Spezialitäten vom 800°C-Grill und vegetarischen Gerichten. (Facebook)

10 Strandcafé Fährhaus: Henschelstraße 15, Tel. 0170 247 48 12, strandcafe-faehrhaus@gmx.de, www.strandcafe-fährhaus.de. Karibikflair mitten in Wilhelmshaven, Strandbar mit Tretbootverleih und Sandstrand am Banter See.

Restaurants

19 Le Patron am Meer: Südstrand 106, Tel. 04421 36 84 57, catering@le-patron.de, www.le-patron. de. In bester Lage direkt am Südstrand, ausgezeichnet mit dem „Seafood Star".

17 Restaurant Salerno: Südstrand 101, Tel. 04421 778 06 64, salerno-whv@t-online.de, www.salerno-whv.de. Kreative mediterrane Küche und italienische Gerichte direkt am Jachthafen. Hier ist auch das Clubhaus des HSYC Germania. (Facebook)

21 An Bord: Schleusenstraße 22, Tel. 04421 50 04 66, info@anbord.com, www.anbord.com. Regionale und maritime Spezialitäten, frische Lebensmittel ohne Einsatz vorgefertigter Produkte. (Facebook)

11 Café Restaurant Pier 24: Jadeallee 30, Tel. 04421 778 57 55, www.pier-24.de. Kreative Küche von Land und Meer, internationale Käseauswahl und fantastischer Blick von der Terrasse.

12 Laarnis: Jadeallee 46, Tel. 04421 77 59 50 95, info@laarnis.de, www.laarnis.de. Feine Küche mit traditionellen Rezepten und kreativer Zubereitung, in einem denkmalgeschützten Gebäude gelegen. (Facebook, Instagram)

4 Bambuspalast: Virchowstraße 54, Tel. 04421 759 80 68, www.bambuspalast.com. Täglich großes Buffet mit variierenden asiatischen Speisen, alles frisch zubereitet.

Nachtleben

5 Cocoon Karaoke-Club: Grenzstraße 20, Tel. 0157 51 77 50 65. (Facebook)

2 The Code: Gökerstraße 95, Tel. 0176 22 51 86 17. (Facebook)

6 Kling Klang: Börsenstraße 73, Tel. 04421 133 22, www.kling-klang-online.de. Netter Musikclub mit regelmäßigen Konzerten und Motto-Partys.

8 Downtown Diskothek: Marktstraße 66, Tel. 01577 305 76 35. Coole Disco mit annehmbaren Preisen.

Sport und Freizeit

■ Schiffsausflüge: Reederei Warrings, Südstrand 123 (Helgolandkai), Tel. 0170 245 11 82, www.reederei-warrings.de. Hafenrundfahrten und Ausflugsfahrten, auch nach Helgoland, von April bis Oktober ab Helgolandkai.

■ Erlebnisbad Nautimo: Friedenstraße 99, Tel. 04421 77 35 50, info@nautimo.de, www.nautimo. de. Erlebnisbad mit Rutschen, Sauna, Wellness, Gastronomie und einem Wohnmobilstellplatz.

■ Kulturzentrum im Pumpwerk: Banter Deich 1a, Tel. 04421 927 90, www.pumpwerk.de. Veranstaltungszentrum zwischen City und maritimer Meile mit Gastronomie und Biergarten.

■ Freibad Klein Wangerooge: Anton-Dohrn-Weg, Tel. 04421 50 77 42, www.wilhelmshaven-touristik.de. Der Banter See, ein ehemaliges Hafenbecken, bietet an seiner Südseite einen Sandstrand. Im dort liegenden Freibad kann man unabhängig von den Gezeiten kostenlos baden, es gibt einen Kiosk und einen Grillplatz. Von Mai bis September täglich geöffnet.

Hotels

13 Atlantic Hotel③: Jadeallee 50, Tel. 04421 77 33 80, wilhelmshaven@atlantic-hotels.de, www.atlantic-wilhelmshaven.de. (Facebook, Twitter, YouTube)

20 Strandhotels Seestern und Delphin①-②: Südstrand 116–118, Tel. 04421 941 00, www.hotel-seestern.de und www.hoteldelphin.de. Die unter Denkmalschutz stehenden Hotelgebäude liegen etwa 50 Meter auseinander, beide am Südstrand direkt am Jadebusen. (Facebook)

7 **Hotel home in Wilhelmshaven**②: Börsenstraße 78, Tel. 04421 99 49 25, info@hotelhome.de, www.hotelhome.de. Gemütliches Drei-Sterne-Haus im Herzen der Stadt mit kostenlosem WLAN und Parkplatz.

8 **Hotel am Stadtpark**②: Friedrich-Paffrath-Straße 116, Tel. 04421 98 60, rezeption@hotel-am-stadtpark.de, www.hotel-am-stadtpark.de. Komfortables Wohnen direkt neben dem Stadtpark, mit Spa und Wellnessbereich.

18 **Südstadthotel**①: Rheinstraße 29, Tel. 04421 415 47, www.suedstadthotel.de. Haus in der Urzelle der Stadt, nur wenige Minuten entfernt vom Südstrand.

Wohnmobilstellplätze

15 **Wohnmobilstellplatz Fliegerdeich:** Südstrand 80, Tel. 04421 91 30 00. Lage vorm Deich mit direktem Blick auf die Jade.

23 **Wohnmobilstellplatz Schleuseninsel:** Schleusenstraße 42, www.wohnmobilstellplatz-wilhelmshaven.de. Auf der vom schützenden Deich umgebenen Schleuseninsel mit direktem Zugang zum Jadebusen neben dem Restaurant Seglerheim gelegen.

1 **Wohnmobilstellplatz am Erlebnisbad Nautimo:** Siehe „Sport und Freizeit".

Jachthäfen

16 **Yacht-Club Germania:** Südstrand 101, Tel. 04421 441 21, www.hsyc-germania.de.

14 **Yachtclub Wilhelmshaven:** Südstrand 11, Tel. 04421 433 67, www.yc-whv.de.

22 **Wilhelmshavener Segelclub e.V.:** Schleusenstraße 24, Tel. 0151 14 14 91 77, hafenmeister-nassauhafen@ewe.nwt.

■ **Marina Cramer:** Südstrand 3–4, Tel. 04421 434 15, www.cramer-boote.de.

■ **Marinahafen Wilhelmshaven-Rüstringen:** Waagestraße 22, Tel. 04421 642 47, www.ruestersielerhafen.de.

Veranstaltungen

■ **Gorch-Fock-Lauf:** Im Juni mit Strecken unterschiedlicher Länge bis zum Marathon.

■ **Wochenende an der Jade:** Jährlich im Sommer Ende Juni/Anfang Juli, großes Hafenfest mit Feuerwerk.

■ **Street Art Festival:** Anfang August kommen Straßenmaler aus aller Welt auf den Valois-Platz, mit abwechslungsreichem Rahmenprogramm.

■ **Wilhelmshaven Sailing Cup:** Die älteste Traditionssegler-Regatta findet jährlich Ende September/Anfang Oktober rund um den Großen Hafen statt. Im Rahmenprogramm: Hafenschwimmen, Kajenmarkt am Bontekai und eine Pappboot-Regatta mit abschließendem Feuerwerk.

> Kriegsschiff des Marinemuseums Wilhelmshaven

Die oldenburgische Küste

Von Wilhelms-haven bis Nordenham

Das **Naturparadies Jadebusen** bietet im **Nordseebad Dangast** den südlichsten Strand der Nordsee, auch wenn in der verschlickten Bucht nur bei Flut geschwommen werden kann. Am Jadebusen entlang verläuft unsere Route, und immer hat man den in der Mitte der Bucht stehenden **Leuchtturm Arngast** im Blick. Auch wenn der Weg dahin durchs Watt so nahe zu sein scheint, er ist gefährlich. Ohne ortskundigen Wattführer darf niemand die knapp siebenstündige Tour unternehmen. Der **mächtige Tidenhub** des Jadebusens ist leicht zu unterschätzen. Darüber hinaus ist das Deichvorland Naturschutzgebiet, man darf es nicht betreten. Nur bei **Sehestedt** führt ein kurzer Bohlenweg in das einzigartige „**Schwimmende Moor**". Bei **Eckwarderhörne** scheint Wilhelmshaven fast greifbar zu sein, hier befindet sich die engste Stelle des Jadebusens. Weiter geht es auf der **Halbinsel Butjadingen** an der Küstenlinie entlang bis nach **Nordenham an die Weser.**

▷ Deichertüchtigung am Jadebusen

Der Jadebusen

Die Entstehung dieser Meeresbucht verdeutlicht, welch großen Einfluss starker Wind und wildes Wasser auf die Entwicklung der Küstenlinie nehmen können. Schwere Sturmfluten drangen im Spätmittelalter in die weiten Moorgebiete zwischen Wilhelmshaven und Butjadingen. Die **Entwicklung der Bucht** begann vermutlich mit der Ersten Marcellusflut im Januar 1219, als große Teile des Moorgebiets Rüstringen von der See geschluckt wurden. Während der Clemensflut im November 1334 ging das Kirchspiel Arngast unter, nur eine Insel blieb übrig. 1362 brach das Wasser durch das südliche Butjadingen und stellte eine Verbindung zur Weser her, das Weserdelta war dadurch zweigeteilt. Der neu entstandene Jadebusen dehnte sich infolge mehrerer Sturmfluten bis ins 16. Jahrhundert hin weiter aus. Nach der Antoniflut am 16./17. Januar **1511** erreichte der Jabebusen seine **größte Ausdehnung.** Kurz darauf erfolgten erste Wiederbedeichungen. Reste des untergegangenen Marschlands blieben als kleine Inseln noch bis ins 17. Jahrhundert bestehen, die Insel Arngast gar bis 1905. Durch **große Anstrengungen im Deichbau** wurde Butjadingen wieder zur Halbinsel. Weitere Eindeichungen des Jadebusens gab es bis ins 19. Jahrhundert, ein wenig Land konnte dem Meer dabei wieder abgerungen werden. Auch wenn die Deiche heute um die neun Meter Höhe haben, wird man auch in Zukunft auf den Bereich des Jadebusen achten müssen. Es gibt hier mit 3,60 Metern den **größten Tidenhub an der deutschen Nordseeküste.** Wichtig ist die große Meeresbucht vor allem als

Rast- und Brutplatz für Wat- und Wasservögel; ungestört können die Tiere hier das vielseitige Nahrungsangebot der Wattflächen nutzen. Mehrere Teilgebiete haben den Rang eines Vogelbrutgebiets von nationaler Bedeutung. Binnendeichs ist der Bereich als **Nationalpark Niedersächsisches Wattenmeer** geschützt. Die umliegenden Marschgebiete wurden zum Landschaftsschutzgebiet erklärt.

Sande

Die Gemeinde liegt **westlich von Wilhelmshaven im Landkreis Friesland** und kann auf eine weit zurückreichende Geschichte blicken. Im frühen Mittelalter gab es bereits zahlreiche Wurten und

Warften, die teilweise noch heute bestehen. An den Wohnsiedlungen von Sande entlang verläuft seit den 1880er Jahren der **Ems-Jade-Kanal.** Er durchquert die ostfriesische Halbinsel von Ost nach West und wird vorwiegend von Sportbooten und Fahrgastschiffen genutzt.

Praktische Informationen & Adressen
■ **PLZ:** 26452.
■ **Gemeindeverwaltung Sande:** Hauptstraße 79, Tel. 04422 958 80, gemeinde@sande.de, www.sande.de. (Facebook)
■ **Bahn:** Bahnhof am Rande der Ortschaft, die Schienenverbindung führt nach Oldenburg, Jever und Wilhelmshaven.
■ **Bus:** Linie 251 des Verkehrsverbundes Ems-Jade (VEJ), www.vej-bus.de, fährt nach Varel und Wilhelmshaven.

nskns_053 mna

■ **Paddel- und Pedalstation:** Hauptstraße/Ems-Jade-Kanal, Tel. 04421 75 50 59 13, paddelundpedal@wohnheim-friedenstrasse.de, www.paddelundpedal.de. Die Sander Paddel- und Pedalstation wurde schon häufiger zur erfolgreichsten Station der ostfriesischen Halbinsel gekürt, was auch mit der tollen Lage zu tun hat.

■ **Kletterturm „Monte Pinnow":** Bahnhofstraße 1, Tel. 04421 69 90 75, www.dav-wilhelmshaven.de. Ein alter Hochbunker am Bahnhof Sande wurde zum Begehen von einfachen bis schwierigen Touren hergerichtet; betrieben wird er vom Deutschen Alpenverein.

■ **Küstenschutzausstellung Küsteum:** Altmarienhausen 2, Tel. 04422 958 80, www.sande.de (Eintritt frei). Auf einem historischen Anwesen befinden sich Ausstellungen zum regionalen Küstenschutz und zum mehr als 1000 Jahre alten Deichbau, zur Hauswirtschaft und zur Landwirtschaft sowie eine komplett funktionstüchtige Schmiede.

■ **Freizeitmobile:** van der Kammer GmbH, Huntestraße 1, Tel. 04422 50 68 70, www.freizeitmobile-sande.de.

■ **Leiners Landhotel**②**:** Bahnhofstraße 46–48, Tel. 04422 958 60, www.leiners-landhotel.de. Hotel mit sehr schönen Zimmern und Restaurantbetrieb.

Abstecher zum Schloss Gödens

Sehenswert ist vor allem die **Parkanlage** von Schloss Gödens. Der Ort gehört zu Sande, liegt aber einige Kilometer westlich. Bereits im Mittelalter stand hier die Burg der Häuptlingsfamilie *Boings*. Nach einem Brand wurde das Wasserschloss 1671 von Freiherr *Haro Burchard von Frydag* im Stil des niederländischen Barock aufgebaut und gelangte 1746 durch Heirat in den Besitz der Freiherren *von Wedel*. Schloss Gödens steht heute unter Denkmalschutz und wird von einer Stiftung verwaltet. Da sich das Schloss selbst in **Privatbesitz** befindet und bewohnt wird, kann es nur im Rahmen öffentlicher Veranstaltungen an wenigen Tagen im Jahr besichtigt werden, dann allerdings gibt es interessante Führungen mit *Helen Gräfin von Wedel*. Darüber hinaus steht es für **Trauungen** zur Verfügung. Den prächtigen Festsaal, in dem gelegentlich **Konzerte** stattfinden, schmücken Darstellungen aus der griechischen Sagenwelt und wertvolles Inventar. Das **Tor zum Schlosspark,** der einen ausgiebigen Spaziergang lohnt, trägt ein sogenanntes Chronogramm; liest man die hervorgehobenen Großbuchstaben der Inschrift als römische Zahlen und zählt sie zusammen, ergibt sich das Erbauungsjahr des Tores. Ein buntes Highlight sind sicherlich die im Schlosspark frei herumlaufenden **Fasane.**

■ **Schloss Gödens 1** (Nähe Gödenser Straße), 26452 Sande, Tel. 04422 986 40, info@schloss-goedens.de, www.schloss-goedens.de, Anfahrt über B436, Abfahrt Richtung Gödens/Dykhausen. Die Parkanlage ist tagsüber montags bis freitags geöffnet. Das Schloss selbst ist nicht zu besichtigen, nur am Pfingstwochenende und im Rahmen der Veranstaltungsreihe „Landpartie" ist das ausnahmsweise in Teilen des Hauses möglich.

Dangast

Das **südlichste aller Nordseebäder** gehört zu Varel und liegt direkt am Jadebusen. Neben dem gesunden Nordseeklima lockt eine eigene Heilquelle. Gegen Ende des 18. Jahrhunderts wurde hier ein Seebad nach englischem Vorbild eingerichtet, 1825 nahm der Mathematiker und Landvermesser *Carl Friedrich Gauß* in Dangast warme Bäder. Heute wird das

2

Meerwasserschwimmbad „DanGast-Quellbad" aus einer Jod-Sole-Quelle gespeist. Ein eiszeitlicher Überrest aus Sanden und Kies, die **Hohe Geest**, sorgt für den fast zwei Kilometer langen Sandstrand des Ortes. Bekannt ist Dangast auch für sein **altes Kurhaus** und den kleinen **Sielhafen.** Das jährlich stattfindende dreitägige **Hafenfest** ist eine überregional geschätzte Attraktion, dazu gehört traditionell die spektakuläre **Meisterschaft im Schlickschlittenrennen.** Aufgrund fehlender Strömung am Rand des Jadebusens ist das Watt hier besonders schlickhaltig. **Wattwanderungen** sind beliebt, besonders die zum 1910 errichteten **Leuchtturm Arngast** mitten in der Meeresbucht. Wattwanderungen sollten aber zur eigenen Sicherheit nur mit einem ortskundigen Wattführer unternommen werden. Man kann den markanten Leuchtturm, einen der bekanntesten an der deutschen Nordseeküste, aber auch vom Hafen aus bequem mit dem Ausflugsschiff „Etta von Dangast" ansteuern.

Dangast ist seit Langem ein beliebter **Treffpunkt berühmter Künstler.** Schon zu Beginn des 20. Jahrhunderts gab es zahlreiche Arbeitsaufenthalte expressionistischer Maler wie *Karl Schmidt-Rottluff* und *Ernst Heckel*. Im Kurhaus gingen Künstler wie *Joseph Beuys, Anatol Herzfeld, Julius Preller, Franz Radziwill* und andere ein und aus und hinterließen ihre Spuren. In jüngerer Vergangenheit prägte der **Bildhauer Eckart Grenzer** (1943–2017) den Ort. 1984 meißelte er aus einem Granitblock direkt am Strand

einen 3,20 Meter hohen Phallus, betitelt mit „Begegnung der Geschlechter". Die Rungholt-Sage inspirierte *Grenzer* um die Jahrtausendwende zu der Skulptur „Friesendom", die im Jahr 2005 fertiggestellt wurde: Zwischen vier sechs Meter hohen Granitstelen, die zusammen 50 Tonnen schwer sind, hängt eine Bronze-Glocke; sie beginnt bei orkanartigen Windstärken zu läuten und erinnert so an die Gefahren der See.

Praktische Informationen & Adressen

🔴 **PLZ:** 26316 Varel-Dangast.

🔴 **Tourist-Information Varel-Dangast:** Edo-Wiemken-Straße 61, Tel. 04451 911 40, info@dangast.de, www.dangast.de.

🔴 **Bus:** Linie 254 des Verkehrsverbundes Ems-Jade (VEJ), www.vej-bus.de, fährt nach Varel.

> Der Friesendom von Eckart Grenzer

■**Schwimmbad:** DanGastQuellbad, Edo-Wiemken-Straße-61, dangastquellbad@dangast.de, www.dangast.de. Badespaß und Entspannung im gesunden Jod-Sole-Wasser, mit Riesenrutsche, Dampfbad, Saunalandschaft und großem Außenbereich. Empfehlung: „Mitternachtssauna", Termine im Veranstaltungskalender auf www.dangast.de.

■**Ausflugsfahrten mit der „Etta von Dangast":** Kapitän *August Tapken,* Tel. 04451 79 53, www.ettavondangast.de.

■**Jachthafen:** Jade-Yacht-Club Varel-Dangast e.V., Dangaster Straße, Tel. 04451 53 01, www.jyc-dangast-varel.com.

Museen und Führungen

■**Franz Radziwill Haus:** Sielstraße 3, Tel. 04451 27 77, www.radziwill.de (Erw. 5 €/Kinder 3 €). Der gleichnamige Maler wurde in seinem Schaffen von der Künstlergemeinschaft „Die Brücke" sowie von *Marc Chagall* und *Edvard Munch* inspiriert. 25 seiner Gemälde, die deutlich von den Grundfarben Rot, Gelb, Grün und Blau geprägt sind, werden hier ganzjährig ausgestellt.

■**Nationalpark-Haus Dangast:** Zum Jadebusen 179 (in der alten Dangaster Dorfschule), Tel. 04451 70 58, www.nlph.de. Informationszentrum, es werden u.a. Wattführungen organisiert.

■**Historische Ortsführung „Das Seebad im Wandel der Zeit":** 1½-stündige Führung durch den Ort, Startpunkt ist das Kurhaus Dangast (4 €). Termine siehe Veranstaltungskalender auf www.dangast.de.

Essen und Trinken

■**Kurhaus Dangast:** An der Rennweide 46, Tel. 04451 44 09, info@kurhausdangast.de, www.kurhausdangast.de. Der Familienbetrieb wurde 1797 gegründet. Heute ist der Rhabarberkuchen legendär, es gibt aber auch Herzhaftes wie Scholle mit Bratkartoffeln und die schöne Aussicht von der Terrasse auf den Jadebusen gratis dazu.

■**Restaurant Graf Bentinck:** Adresse s.u. Gutbürgerliche und kreative Küche der Nordsee in friesischem Ambiente, auch Vegetarier kommen auf ihre Kosten.

■**Mamma Mia:** Edo-Wiemken-Straße 58, Tel. 04451 856 53, mammamia90@ymail.com, www.mammamia-dangast.de. Italienische Spezialitäten mit Pizza & Pasta, im Sommer auch auf der Terrasse.

■**Haus Gramberg:** An der Rennweide 44, Tel. 04451 27 79. Familienrestaurant mit deutscher Küche, im Mittelpunkt steht Fisch. (Facebook)

Hotels

■**Hotel Graf Bentinck**③: Dauenser Straße 7, Tel. 04451 13 90, www.bentinck.de. Das Motto lautet „Wohnen wie Zuhause", entsprechend gepflegt und ansprechend sind die Zimmer wie auch der Saunabereich. Zum Hotel gehört ein Restaurant.

■**Zum Störtebeker**②: An der Rennweide 2, Tel. 04451 95 94 49, kontakt@zum-stoertebeker.de, www.zum-stoertebeker.de. Hotel mit Restaurant, gehobener Komfort gepaart mit friesischer Gemütlichkeit.

Camping- und Wohnmobilstellplätze

■**Campingplatz Rennweide Dangast:** Edo-Wiemken-Straße 60, Tel. 04451 31 61, info@rennweide.de, www.rennweide.de. Platz vorm Deich direkt an der See für Wohnwagenurlauber, Zelter und Wohnmobilisten.

■**Strandcampingplatz Dangast:** Auf der Gast 40, Tel. 04451 91 14 22, camping@dangast.de, www.dangast.de. Unmittelbar am Weltnaturerbe Wattenmeer gelegen, es stehen auch Mietwohnwagen zur Verfügung. (Facebook)

Veranstaltungen

■Aktueller Veranstaltungskalender siehe **www.dangast.de.**

■**Beachvolleyballturnier:** Im Juni/Juli auf dem Strand vor dem Kurhaus Dangast, Anmeldung über den Deutschen Volleyballverband.

■**Dangaster Hafenfest/Schlickrennen:** Jährlich Ende Juli/Anfang August, Programm und Termine über den Veranstaltungskalender.

Die oldenburgische Küste

■**Dangaster Dorffest:** Ende Juli/Anfang August, Marktbetrieb und musikalische Unterhaltung.

■**Vareler Mittwoch Live:** Im Sommer am Mittwochabend Live-Musik auf dem Vareler Schlossplatz.

■**Mittelaltermarkt am Meer:** Im August mittelalterliches Programm mit altem Handwerk, Mitmachaktionen für Kinder und Flammenshow (geeignetes Wetter vorausgesetzt).

Abstecher nach Bockhorn und Neuenburg

Westlich von Varel und nur sieben Kilometer von der Nordseeküste entfernt liegt die Gemeinde Bockhorn. An ihrer Grenze zum Ammerland liegt das **Naturschutzgebiet Bockhorner Moor,** mitten hindurch führt der Radwanderweg „Naturerlebnis Südliches Friesland". Sehenswert ist die typische **Friesenkirche St.-Cosmas-und-Damian,** die um 1200 auf einer künstlichen Wurt errichtet wurde. Im Inneren befindet sich eine Orgel, die von einem Schüler *Arp Schnitgers* gebaut wurde. Ein weiteres Highlight im Ort ist die Barocktür des **Hemkenschens Kaufmannshauses** aus dem Jahr 1754, auch bekannt als „Haus Jürgens", so benannt nach seinem letzten Besitzer. Der alte Kaufmannsladen des Hauses aus dem 18. Jahrhundert steht heute im Landesmuseum Oldenburg.

Ganz in der Nähe von Bockhorn befindet sich der 60 Hektar große **Neuenburger Forst,** der überwiegend mit Eichen bepflanzt ist. In seinem Herzen liegt der **„Neuenburger Urwald",** seit 1943 ein Naturschutzgebiet ohne forstliche Nutzung. Hier sind 500 bis 600 Jahre alte Eichen, rund 300 Jahre alte Hainbuchen und etwa 400 Jahre alte Rotbuchen

zu finden, darunter wachsen viele Stechpalmen. Der Wald lässt sich auf sehenswerten verschlungenen Pfaden erkunden. Neuenburg selbst ist ein Ortsteil von Zetel. Im **Neuenburger Schloss** befinden sich ein vogelkundliches Museum, ein Trausaal, ein Kindergarten und eine Kapelle.

Praktische Informationen & Adressen

■**PLZ:** 26345 Bockhorn, 26340 Neuenburg.

■**Informationen:** www.zetel.de.

■**Neuenburger Forst** mit Urwald: Urwaldstraße 55.

■**Neuenburger Schloss** mit Museum: Schlossgang 1.

Varel

Der Ort **südlich des Jadebusens** gehörte im Mittelalter zum Stammesgebiet der Friesen und wurde von Häuptlingen regiert. Mitte des 15. Jahrhunderts geriet Varel unter den Einfluss der Grafschaft Oldenburg. Erst im 19. Jahrhundert wurden zwei Bauernschaften zur Stadtgemeinde Varel zusammengeschlossen. Neben der denkmalgeschützten und sehenswerten **Schlosskirche** ist Varel vor allem für seine **Windmühle** bekannt. Der Galerieholländer stammt aus dem Jahr 1847, ist fünfgeschossig und einer der größten in ganz Deutschland. In den 1970er-Jahren mit großem Aufwand renoviert, dient er heute als **Museumsmühle.** In ihr befindet sich eine Sammlung zur Vareler Industriegeschichte, ferner sind zahlreiche heimatkundliche Exponate zu sehen. Der Vareler **Hafen** liegt wenige Kilometer nordöstlich der Innenstadt. Mit der **Wilhelm-Kammann-Schleuse** stellt er die Verbindung zu Jadebusen und Nordsee her. Hier schaukeln Boote malerisch im klaren Hafenwasser, Cafés und Fischgeschäfte laden zum Verweilen ein. Direkt hinter dem Deich öffnet sich die Meeresbucht Jadebusen.

Praktische Informationen & Adressen

■ **PLZ:** 26316.

■ **Tourist-Information:** Siehe bei Dangast.

■ **Bahn:** Haltepunkt am Rand der Stadt, die Schienenverbindung führt nach Oldenburg und über Sande nach Wilhelmshaven.

■ **Bus:** Linie 251 des Verkehrsverbundes Ems-Jade (VEJ), www.vej-bus.de, fährt nach Varel und Wilhelmshaven.

■ **Fischeinzelhandel Wilters:** Am Hafen 54, Tel. 04451 95 98 57, www.fisch-wilters.de. Meeresspezialitäten und Fisch am malerischen Hafen, mit Imbiss – täglich fangfrischer Granat während der Fangsaison.

■ **Hotel Friesenhof**①: Neumarktplatz 4–6, Tel. 04451 92 50, kontakt@hotel-friesenhof.de, www.hotel-friesenhof.de. Das gemütliche Hotel in zentraler Lage ist eine gute Adresse für Urlaub, Erholung und Wellness.

■ **Windmühle Varel:** Mühlenstraße 52, Tel. 04451 86 08 01, www.heimatvereinvarel.de.

Sehestedt

Eine außergewöhnliche Sehenswürdigkeit findet sich am Jadebusen bei Sehestedt, Teil der Gemeinde Jade: das „**Schwimmende Moor**". Teile des ca. zehn Hektar umfassenden Moores liegen vor der Deichlinie im Bereich der Meeresbucht. Vom einströmenden Wasser höherer Fluten wird ein Teil des Moors angehoben und bleibt dabei intakt. Damit stoßen zwei grundverschiedene Ökosysteme aufeinander, das süßwasser-

abhängige Hochmoor und die an Meerwasser gewöhnten Salzwiesen. Bei der starken Sturmflut 1962 ist das Moor beinahe über die Deichkrone gespült worden. Die **Sicherung des Deiches** macht wegen des sumpfigen Untergrunds immer wieder Probleme; seit 2011 sichern bis zu 25 Meter tief gründende Spundwände den Deich. Für Naturfreunde errichtete man eine Beobachtungsstation, die über einen Bohlenweg erreicht wird.

Praktische Informationen & Adressen

■ **PLZ:** 26349 Jade-Sehestedt.

■ **Tourist-Information:** Jade Touristik, Kirchenstraße 23, 26349 Jade-Schweiburg, Tel. 044 55 14 58, info@ruhigundgemuetlich.de, www.ruhigundgemuetlich.de.

■ **Bus:** Linien 410, 411 und 432, Verkehrsbetriebe Wesermarsch VBW, www.vbw-wesermarsch.jimdo.com.

■ **Nationalpark-Erlebnisstation Sehestedt:** Tel. 044 54 899 39, www.nationalpark-wattenmeer.de.

■ **Kulturzentrum Seefelder Mühle:** Hauptstraße 1, 26937 Stadland, Tel. 04734 12 36, www.seefelder-muehle.de.

■ **Campingplatz:** Strandbad Sehestedt, Tel. 04734 10 92 51, www.ruhigundgemuetlich.de. Von einigen Stellplätzen sind es nur 20 Meter bis zum Wasser. Geöffnet von Mai bis September.

Butjadingen

Östlich der Meeresbucht Jadebusen erstreckt sich die **Halbinsel Butjadingen bis zur Weser.** Wer sich auf der Halbinsel umsehen möchte, kann das gut per Fahrrad tun, zum Wasser ist es auch nirgends weit. **Über 250 Kilometer ausgeschilderte Radwege** sind vorhanden. Das Land ist flach, der Blick verliert sich in waagerechter Unendlichkeit, nur der Deich setzt eine Grenze. Im Mittelalter, als die Nordseeküste durch viele Sturmfluten ihre Form erhielt, war Butjadingen zeitweilig sogar eine Insel. Als Lockfleth und Heete von der Jade zur Weser durchbrachen, versanken zahleiche Orte und Kirchspiele für immer in den Fluten. Bei der Weihnachtsflut 1717 verlor nahezu ein Drittel der Bevölkerung das Leben.

Die Menschen verstärkten daraufhin die Deichlinien, machten sie sturmflutfest und gewannen ihr Land zurück. Während das Marschland damals vor allem landwirtschaftlich genutzt wurde, ist es heute beinahe komplett touristisch erschlossen. Bei der letzten Gebietsreform wurde aus den Gemeinden Burhave, Langwarden und Stollhamm die Gemeinde Butjadingen gebildet, ihr Sitz ist in **Burhave.** Besonders sehenswert ist der Hafen von **Fedderwardersiel.** Dort unterhält der Nationalpark Niedersächsisches Wattenmeer ein Besucher-Informationszentrum.

Butjadingen vorgelagert sind große **Wattenmeerflächen.** Zwischen Weser und Jade erstrecken sich diese gut 20 Kilometer Richtung Nordwest. An der Nordspitze des Hohe-Weg-Wattrückens liegt die **unbewohnte Düneninsel Mellum.** Sie besteht hauptsächlich aus Dünen und Salzwiesen, und ständig verändert sich ihre Form durch Strömung und Wind. Die Insel und die umliegenden Wattgebiete, Platen und Sände gehören zur Schutzzone I und dürfen nur mit einer Ausnahmegenehmigung betreten werden.

Im Westen auf der Jade und im Osten auf der Weser ziehen haushoch beladene Containerschiffe dahin, dazwischen aber

Drei Tipps

■ Mit der **Gästekarte** können Besucher der Nordseehalbinsel Butjadingen kostenlos den **Strandläuferbus** (Linie 408) benutzen. Die Tourist-Informationen halten einen Flyer mit Haltestellen und Ausflugstipps und einen Fahrplan bereit. Von Eckwarden bis Burhave fährt der Bus die Küstenlinie entlang und verlässt sie dann, um über Stollhamm nach Nordenham zu fahren.

■ Die Tourist-Informationen in Butjadingen haben einen kostenlosen **Flyer „Radfahren in Butjadingen"** mit Beschreibungen verschiedener Radtouren mit einer Länge von zehn bis 48 Kilometern zusammengestellt. Auf der Innenseite des Flyers befindet sich eine Karte, in der die Routen, Sehenswürdigkeiten sowie Rastplätze und Schutzhütten angegeben sind.

■ Vielerorts in Butjadingen trifft man auf Schilder mit der Aufschrift **„Melk Hus".** Das ist ein Verweis auf Höfe, die eine einfache Einkehrmöglichkeit anbieten, in der man **frische Milch und Milchspeisen** genießen kann. Besonders für Radler ist das ein schöner Zwischenstopp für eine Pause. Das Angebot in jedem Melk Hus ist verschieden, aber frische Milch und Joghurt stehen immer auf der Speisekarte. Ansonsten sind dem Betreiber keine Grenzen gesetzt, vom Shake bis zum Kuchen oder Milchreis kann alles im Angebot sein.

nskns_055 mna

spielt sich eine Menge Leben ab. Die Sandbänke im Wattenmeer werden von **Seehunden** bevölkert, die des Vorlands und der Deiche von **unzähligen Vogelschwärmen.** Die Schreie Tausender Austernfischer, Brandgänse und Eiderenten vermischen sich mit dem Meeresrauschen, sogar Kormorane werden hier gesichtet.

Vor der Küste Butjadingens, 25 Kilometer nordwestlich von Bremerhaven, steht der **Leuchtturm Hohe Weg.** Der 1856 fertiggestellte Turm ist das älteste feste Leuchtfeuer Deutschlands und bis heute eine wichtige Navigationshilfe an der Außenweser. Noch viel weiter draußen, weit vor allen Sänden der Außenweser, befindet sich der **Leuchtturm Roter Sand.** 1885 fertiggestellt, war er das erste Offshore-Bauwerk der Welt, bis 1964 wies sein Leuchtfeuer den Schiffen den Weg. 2010 wurde er als Historisches Wahrzeichen der Ingenieurbaukunst in Deutschland ausgezeichnet, er gilt als der klassische Leuchtturm schlechthin.

Die **Einheimischen** in Butjadingen nennen sich selbst **Butjenter.** Der Begriff dient aber auch zur Bezeichnung von etwas Lokalem. So gibt es „Butjenter Bratwurst", „Butjenter Lammsalami" oder auch den „Butjenter Schnaps" und vieles mehr. Es wird gern mit dem Begriff gespielt, auch einige Firmen experimentieren in ihrem Namen mit „Butjenter". Auf einer Reise durch die Region trifft man auf manch kurioses Wortspiel.

Eckwarderhörne und Eckwarden

Der Ort Eckwarderhörne befindet sich dort, wo der Jadebusen in die Nordsee übergeht, **ganz im Westen der Halbinsel Butjadingen.** Direkt gegenüber liegt

nskns_056 mna

die Stadt Wilhelmshaven. In den Sommermonaten von Juni bis August gibt es eine Fährverbindung dorthin. Diese „Küstenecke" ist den Kräften der Nordsee besonders ausgesetzt und deshalb kräftig mit Steinen und Beton geschützt. Im Wurtendorf Eckwarden befindet sich Butjadingens ältestes Gebäude, ein 1000 Jahre alter Glockenturm.

Praktische Informationen & Adressen

■ **PLZ:** 26969 Butjadingen-Eckwarderhörne/Eckwarden.

■ **Tourist-Information Burhave:** Nordseeallee 36, Tel. 04733 92 93 40, www.butjadingen.de.

■ **Bus:** Linie 403 der Verkehrsbetriebe Wesermarsch VBW, www.vbw-wesermarsch.jimdo.com, fährt nach Nordenham.

■ **Fährverbindung nach Wilhelmshaven** (nur im Sommer): Reederei Warrings, Neue Straße 9, 26409 Wittmund-Carolinensiel, Tel. 04464 949 50, Fahrplan unter www.reederei-warrings.de.

■ **Eckwarder Hof, Pension, Restaurant und Café**①: Eckwarder Straße 34, Tel. 04736 16 54, info@eckwarderhof.de, www.eckwarderhof.de. Ausflugslokal und Pension direkt im Dorfzentrum. Die Küche ist gutbürgerlich, serviert werden auch Fischspezialitäten.

■ **Camping- und Wohnmobilstellplätze:** Knaus Campingpark Eckwarderhörne, Eckwarder Straße 116, Tel. 04736 13 00, www.knauscamp.de; Ifsen Campingplatz, Zum Leuchtfeuer 110, Tel. 04736 103 03 00, info@treff-am-deich.de, www.treff-am-deich.de.

Tossens

Das **Nordseebad** liegt auf der Halbinsel Butjadingen an der Jade direkt gegenüber von Wilhelmshaven. Die **Wurtenkirche St. Bartholomäus** existiert seit dem 14. Jahrhundert. Am künstlich aufgeschütteten **Friesenstrand** mit Piraten-Abenteuerspielplatz gibt es zahlreiche Spielgeräte mit Seilbahn, Beachvolleyballfeld und einen Aussichtsturm. Das **Erlebnisbad Aqua Mundo** ist Teil des Center Parcs Nordseeküste.

Praktische Informationen & Adressen

■ **PLZ:** 26969 Butjadingen-Tossens.

■ **Tourist-Information Burhave:** Nordseeallee 36, Tel. 04733 92 93 40, www.butjadingen.de.

■ **Bus:** Linie 403 der Verkehrsbetriebe Wesermarsch VBW, www.vbw-wesermarsch.jimdo.com, fährt nach Nordenham.

■ **Campingplatz:** Knaus Campingpark Tossens, Zum Friesenstrand 1, Tel. 04736 219, www.knauscamp.de.

■ **Strand-gut-Hotel Schnaugst**②: Nordseeallee 46, Tel. 04736 92 60, info@hotel-schnaugst.de, www.hotel-schnaugst.de.

■ **Kurhotel Strandhof Brunhilde Wedelstaedt** ①: Rhynsweg 5, Tel. 04736 92 50, hotel@strandhof.de, www.kurhotel-strandhof.de.

■ **Ferienpark Center Parks Nordseeküste:** Nordseeallee 36, Tel. 04736 928 94 94, www.centerparcs.de (Tagespreise). (Facebook, Twitter, YouTube, Instagram)

Langwarden

In Langwarden geht es beschaulich zu, bis ins Mittelalter hatte die Ortschaft noch einen Hafen. Die 850 Jahre alte **St.-Laurentius-Kirche,** ein romanischer Tuffsteinbau, zeugt noch von dieser Pha-

◁ Blick auf die
St.-Laurentius-Kirche in Langwarden

Die oldenburgische Küste

2

Zurück zur Salzwiese

Das Projekt **Langwarder Groden** ist eine **Ausgleichsmaßnahme nach dem Naturschutzgesetz.** Durch den Bau des JadeWeserPorts in Wilhelmshaven und die Verstärkung zweier Hauptdeichstrecken im Jadebusen wurden Natur und Landschaft in Anspruch genommen und beeinträchtigt. Salzwiesen und Wattflächen mussten überbaut und versiegelt werden, das Landschaftsbild wurde durch das riesige aufgespülte Hafenareal verändert. Diese Beeinträchtigung von Natur und Landschaft muss deshalb eine Aufwertung an anderer Stelle nach sich ziehen und kompensiert werden. Eine Möglichkeit, den Lebensraum Salzwiese zu vergrößern, ist es, durch Vor- und Sommerdeichöffnungen wieder eine **regelmäßige Salzwasserüberflutung** zu ermöglichen. Das genau ist im Langwarder Groden 2014 erfolgt. Durch Eindeichung in den 1930er Jahren waren 140 Hektar Salzwiesen von der natürlichen Entwicklung abgeschnitten. Diese sollen, zumindest teilweise, wieder zu neuem Leben erweckt werden.

Salzwiesen gehören heute zu den besonders seltenen und schützenswerten Lebensräumen. Mit dem Langwarder Groden, der zwischen Langwarden und Fedderwardersiel an der Nordspitze der Halbinsel Butjadingen liegt, wurde ein **neues Besucherkonzept** realisiert, bei dem es darum geht, das Verständnis für natürliche Zusammenhänge, wechselseitige Abhängigkeiten und die Einzigartigkeit der Natur zu stärken. Die Besucher können dort das Entstehen einer Salzwiese direkt miterleben, und zwar vom Watt über erste Quellerfluren, die Andelgraszone und die Rotschwingelwiese bis hin zu den Hochstaudenfluren der Strandaster.

Ein **400 Meter langer Bohlensteg** (Abb. s.u.) führt über das erweiterte Sieltief. Besonders bei höheren Tiden ist die Urgewalt und Dynamik der Gezeiten hautnah zu spüren. Der Bohlenweg führt mitten hinein in 70 Hektar Salzwiesenentwicklungsfläche und eröffnet faszinierende Einblicke in die Tier- und Pflanzenwelt des Wattenmeers. Über den etwa vier Kilometer langen **Rundwanderweg** gelangt man auch zu einer Brücke auf den **Vordeich.** Von dort hat man einen herrlichen Blick über die Salzwiesen und zur Schifffahrtsstraße der Außenweser und kann beobachten, welche Wirkung Ebbe und Flut auf die Tier- und Pflanzenwelt haben. Hier ist auch der **beste Ort zur Vogelbeobachtung in Butjadingen,** eigens dafür wurde eine Vogelbeobachtungshütte errichtet. Hier lassen sich Rotschenkel, Kiebitz, Wiesenpieper und Feldlerche

nskns_057 mna

zum Brüten nieder, aber auch große Vögel wie Rohweihe und Sumpfohreule nutzen die Salzwiesen als Brutplatz. Der Austernfischer ist hier natürlich ebenfalls omnipräsent und an seinem lauten Ruf eindeutig zu erkennen. Auf dem Weg stehen einige Fernrohre, mit denen sich Flora und Fauna heranzoomen lassen. Zahlreiche Informationstafeln erläutern Natur und Landschaft (Achtung: Im Winter sind die Infoelemente wegen Überflutungsgefahr abgebaut!). Mit interaktiven Modellen lassen sich die Entwicklung des Deichbaus und Spuren im Watt spielerisch erleben und verstehen, besonders für Kinder ist das eine unterhaltsame Angelegenheit. Entlang des Weges laden zahlreiche Sitzbänke zum Verweilen ein.

Ganz auf das Leben in der Salzwiese spezialisiert hat sich der **Salzkäfer.** Man muss schon ganz genau hinschauen, um den sechs Millimeter großen Käfer (Bledius spectabilis) zu entdecken. Mit seinen Flügeldecken, den transparenten Flügeln und seinem ausgeprägten Horn auf dem Halsschild ist er aber leicht als solcher zu identifizieren. Münzgroße Häufchen auf dem Boden zeigen, wo er wohnt. Mit seinen kräftigen Kieferzangen und den bedornten Vorderbeinen legt er eine unterirdische, zehn Zentimeter tiefe Wohnröhre an. Um sicherzustellen, dass sich der Bau auch bei Überflutung mit Luft versorgen lässt, knickt die Wohnröhre am oberen Ende ab; so hält sie wie beim Waschbecken eine Luftblase fest. Es gibt sogar einzelne „Zimmer": Die Speisekammer ist für Schlechtwetterphasen mit einem Algenvorrat gefüllt, seitlich der Röhre befinden sich 30 kleine Brutkammern für den Nachwuchs und am Ende der Röhre die Toilette, eine Vertiefung für die Kotschnüre.

se des Reichtums. In ihr befindet sich eine Orgel, die 1650 von *Hermann Kröger* und *Berendt Hus* erbaut und später von *Arp Schnitger* erweitert wurde. 1825 hatte die Kirche als **Messpunkt Langwarden** bei der Landvermessung durch *Carl Friedrich Gauß* eine wichtige Funktion. Am nahe gelegenen **Langwarder Groden** lädt ein **Naturerlebnispfad** zum Spaziergang mit interaktiven Modellen ein. Am Beginn des Pfads stehen zwei Wattmobile mit großen Gummireifen für Menschen mit eingeschränkter Mobilität, die gegen 1 Euro Pfand ausgeliehen werden können. Das Wegstück vom Parkplatz bis zum Vordeich ist barrierereduziert ausgebaut, festes Schuhwerk wird empfohlen, da die Bohlen besonders bei Regen rutschig sein können.

Praktische Informationen & Adressen
- **PLZ:** 26969 Butjadingen-Langwarden.
- **Tourist-Information:** Siehe bei Burhave.
- **Bus:** Linie 403 der Verkehrsbetriebe Wesermarsch VBW, www.vbw-wesermarsch.jimdo.com, fährt nach Nordenham.
- **Café im Kulturhaus am Wattenmeer:** Langwarder Straße 112, Tel. 04733 917 55 55, www.kulturhaus-am-wattenmeer.de. Ein Café mit kleinem Museum zur Vermessung und Kartografie, *Gauß* empfängt Gäste und Besucher in Lebensgröße.

Fedderwardersiel

Eine kleine Flotte von Krabbenkuttern liegt im **malerischen Hafen,** der durch einen Priel mit dem Fahrwasser der Weser verbunden ist. Der kleine Hafen hat sowohl Bedeutung durch die Fischerei als auch als touristischer Anziehungspunkt. Hier kann **Granat,** so nennt man die Krabben, direkt von einlaufenden

„Granat! Granat!"

Die **Nordseegarnele** *(Crangon crangon)* ist ein typischer Bewohner des Wattenmeers. Sie zieht sich bei Ebbe ins Meer zurück und kommt bei Flut wieder ins flache Wattenmeer. Hauptfangzeit sind fast alle Monate, die auf „r" enden, also Oktober bis Januar. Im allgemeinen Sprachgebrauch sind Krabben, Garnelen und Shrimps dasselbe. Meist werden sie geschält verkauft. Die „echten" Strandkrabben unterscheiden sich durch zwei Kneifscheren. Sie sind auch an der niedersächsischen Nordseeküste zu finden und heißen dort Krabben, Porren oder Granat.

Nordseekrabben sind eine **gesunde Mahlzeit und ein richtiger Fitmacher** mit hochwertigem Eiweiß, Aminosäuren sowie lebenswichtigen Vitaminen und Mineralstoffen. Zudem ha-

ben sie wenig Fett und einen geringen Fettsäuregehalt. Mit knapp 100 Kalorien pro 100 Gramm (gepult) sorgen sie zudem für ein schnelles Sättigungsgefühl.

Oft wird das Krabbenfleisch **im Fischimbiss** im Brötchen oder auf einem deftigen Stück Schwarzbrot mit Butter angeboten. **In Restaurants** kommen Krabben auf Fisch oder mit Rührei zur Geltung. Als Salat mit Mayonnaise, wie man ihn in den Supermärkten bekommt, verlieren die Garnelen aber an Geschmack. Besser macht man den Salat selbst mit einer Joghurtsoße, einer Marinade oder mit einem Spritzer Zitronensaft an, denn dann kommen die feinen, leicht süßlichen Geschmacksnuancen viel besser zur Geltung.

nskns_058 mna

In vielen Fischgeschäften an der niedersächsischen Küste werden 100 Gramm Krabben für 5,50 bis 7,50 Euro gepult angeboten, ungepulte Ware kostet zwischen 2 und 3 Euro. Zum Pulen braucht man allerdings Geduld und es bleibt nach dem „Auswickeln" aus der Schale auch nur etwa ein Drittel übrig. Im Prinzip ist das **Pulen** ganz einfach: Die Krabbe an beiden Enden anfassen und mit Gefühl etwas aus der naturgegebenen Krümmung biegen. Ein leises Knacken zeigt an, dass der Chitinpanzer bricht; dann wie ein Bonbon gegenläufig drehen und am Kopf leicht ziehen. Danach vorsichtig den Panzer vom Schwanz abstreifen. Mit ein wenig Übung geht das Pulen im Laufe der Zeit schneller und man wird geschickter darin, aber dennoch braucht es seine Zeit, bis eine Brotauflage fertig ist. Deshalb sollte vielleicht erst einmal nur 250 Gramm ungepulte Ware, am besten A-Qualität, gekauft werden, um zu sehen, ob man sich die Arbeit machen möchte. Aber vielleicht ist folgender Reim ja eine Motivation?

„Oh Carola,
letzte Nacht is dat um mi geschehn.
Ik heff Di inne Köök
Krabben pulen sehn …"

Übrigens: Die Überschrift **„Granat! Granat!"** verweist darauf, dass in Küstenorten noch bis zum 2. Weltkrieg von Ausrufern laut bekannt gemacht wurde, wenn ein Kutter im Hafen gelandet war und man frische Ware kaufen konnte.

◁ Nordseegarnelen geschält und ungeschält

Schiffen gekauft werden. Die frischen Meerestiere und Räucherfisch verkauft die direkt am Hafen befindliche Fischereigenossenschaft. Von April bis Oktober werden öffentliche **Hafenkonzerte** veranstaltet, einmal im Jahr gibt es eine **Krabbenkutter-Regatta.** Reizvoll sind auch Ausflugsfahrten mit dem Fahrgastschiff „Wega II" der Reederei Cassen Eils, Ziele sind unter anderem der Leuchtturm Hohe Weg oder die Containerterminals in Bremerhaven.

Praktische Informationen & Adressen
- **PLZ:** 26969 Butjadingen-Fedderwardersiel.
- **Tourist-Information:** Siehe bei Burhave.
- **Bus:** Linie 403 der Verkehrsbetriebe Wesermarsch VBW, www.vbw-wesermarsch.jimdo.com, fährt nach Nordenham.

UNSER TIPP: **Nationalpark-Haus Museum Fedderwardersiel:** Am Hafen 4, Tel. 04733 85 17, info@museum-fedderwardersiel.de, www.nationalparkhaus-wattenmeer.de. Dieses Haus ist eine Kombination aus Nationalpark-Haus und Regionalmuseum, hier kann man sich hervorragend über den Nationalpark und die Geschichte der Region informieren, es ist absolut sehenswert. Es gibt auch ein kleines **Aquarium,** das die Bewohner des Wattenmeers zeigt. Das ganze Haus wurde aufwändig saniert und ist nun barrierefrei gestaltet. Viele interaktive Exponate erleichtern das Verständnis für ökologische Zusammenhänge.

- **Ausflugsfahrten mit dem Fahrgastschiff** „Wega II": Reederei Cassen Eils, Bei der Alten Liebe, 27472 Cuxhaven, info@cassen-eils.de, www.cassen-eils.de, Tickets unter Tel. 04721 66 76 00. (Facebook, Twitter, YouTube)
- **Restaurant/Café Nordseeblick:** Am Hafen 14, Tel. 04733 10 21. Gute Fischgerichte in bester Lage.
- **Hotel zur Fischerklause**②: Sielstraße 16, Tel. 04733 362, www.fischerklause.de. Hotel mit Restaurant direkt am Deich gegenüber des Sieltiefs. (Facebook)

2

■**Jachthafen:** Butjadinger Yachtclub e.V., Lagunenweg, Tel. 04733 16 70 und 0162 732 95 95, www.butjadinger-yachtclub.de.

■**Campingplatz Fischerdorf:** Am Hafen 14, Tel. 04733 700, www.campingplatz-fischerdorf.de. Privat geführter Platz direkt zwischen Kutterhafen, Wattenmeer und dem Jachthafen.

■**Knaus Natur-Campingpark:** Am Yachthafen, Tel. 04733 16 83, www.knauscamp.de. Campingplatz neben dem Jachthafen.

■**Henken's Reisemobilhafen:** Lagunenweg 1, Tel. 04733 15 52, www.reisemobil-hafen.de. Privater Platz mit Stromanschlüssen und Versorgungsstation, geöffnet von März bis Oktober.

Burhave

Sitz der Gemeindeverwaltung Butjadingen ist der mit über 2000 Einwohnern größte Ort, das **Nordseebad** Burhave. Der Name leitet sich aus dem Germanischen ab und bedeutet so viel wie Kirchensiedlung. Vor einigen Jahrhunderten bildete tatsächlich eine aus dem 11. Jahrhundert stammende Wehrkirche den Ortsmittelpunkt. Heute beeindruckt die **St.-Petri-Kirche,** von 1878 bis 1880 im neugotischen Stil erbaut mit Platz für über 600 Personen. Der Tourismus ist der wichtigste Wirtschaftszweig. Da der künstlich angelegte Sandstrand verschlickte, wurde ein **Meerwasserbadesee,** die **„Nordseelagune",** angelegt. Direkt neben der künstlichen Badestelle

ragt eine 200 Meter lange **Seebrücke** in das Wattenmeer hinein – am Horizont sind die Containerterminals von Bremerhaven zu sehen.

Praktische Informationen & Adressen

■**PLZ:** 26969 Butjadingen-Burhave.

■**Tourismus-Service Butjadingen:** Strandallee 61, Tel. 047 33 92 93 40, kontakt@butjadingen.de, www.butjadingen.de.

■**Bus:** Linie 403 der Verkehrsbetriebe Wesermarsch VBW, www.vbw-wesermarsch.jimdo.com, fährt nach Nordenham.

■**Nordseelagune Butjadingen:** Am Deich 21a, Tel. 04733 17 30 94, kontakt@butjadingen.de, www.nordseelagune.de (5,50 € pro Person/Familienkarte 15 €). Von Mai bis September von 10 bis 18 Uhr geöffnet, wird mit „Badespaß ohne Ebbe" beworben. Neben Strandkörben kann man auch Tretboote mieten.

🧒 **Spielscheune Burhave:** Strandallee 57a, Tel. 04733 92 93 71, www.butjadingen.de. Hier können sich Kinder bei Schmuddelwetter so richtig austoben, es gibt eine Kletterburg, Trampoline und eine Riesenrutsche, oder man taucht im Bällebad unter.

■**Hotel Zoller Haus am Meer**①**:** Am Deich 26, Tel. 04733 422, info@hotel-zollers.de, www.zoller-hausammeer.de. Gemütliche Gästezimmer direkt am Nordseedeich, ruhig gelegen zwischen Naturwiesen, dennoch nahe der Strandallee in Burhave. (Facebook)

■**Campingplatz:** Knaus Campingpark Burhave, Strandallee 1, Tel. 047 33 16 83, www.knauscamp.de. Zwischen Deich und Wattenmeer gelegener Platz, der von April bis Oktober betrieben wird. Es werden auch Wohnmobilstellplätze angeboten (unter der Anschrift An der Nordseelagune 1).

UNSER TIPP: Bei *Karin Hellweg* im **Geschäft Meereswolle & Stoffe** mitten in Burhave gibt es nur ökologisch Einwandfreies zu kaufen wie Wolle, Stoffe, Genähtes, Gestricktes und Gefilztes – alles aus Naturmaterialien, gute Beratung inklusive. Workshops zum Spinnen, Stricken, Häkeln, Nähen und

▷ Regenbogen auf dem Watt der Weser

Filzen werden nach Absprache veranstaltet. Etwas ganz Besonderes sind die Naturgarne aus Mohair und der besonders kuscheligen Yakwolle. Es gibt sogar Wolle von Butjenter Deichschafen – und auch Bio-Eier.

Essen und Trinken

■ **Altdeutscher Hof:** Kirchplatz 3, Tel. 04733 385. Gutbürgerliche Gerichte zu fairen Preisen.

■ **Rondell Strandcafé:** Am Deich 25, Tel. 04733 12 26. Hausgemachte Kuchen und nach Familienrezept gebackene Friesentorte mit toller Aussicht auf die Wesermündung. (Facebook)

■ **Käpt'n Hook:** Seepark 1c, Tel. 04733 17 35 72, foadh@t-online.de, www.kaeptn-hook.de. Kulinarische Erlebnisse direkt an der Strandallee, mit Sonnenterrasse.

■ **Korfu:** Budjadinger Straße 43, Tel. 04733 17 38 81. Burhaves „Grieche" bietet gutes Essen und aufmerksamen Service in gemütlicher Atmosphäre. (Facebook)

Blexen

Urkundlich erstmals erwähnt wurde Blexen, heute ein Stadtteil von Nordenham, im Jahr 789; der Friesenmissionar und erste Bremer Bischof *Willehad* verstarb an diesem Ort. Butjadingen war damals eine Insel, vom Festland abgetrennt von der Heete, einem ehemaligen Mündungsarm der Weser. Blexens romanische **Kirche St. Hippolyt** wurde zur Wallfahrtskirche, 1189 machten sich elf Segelschiffe von hier auf den Weg ins Heilige Land, die Mannschaften nahmen am Dritten Kreuzzug teil. Im 13. Jahrhundert bekam die Kirche einen ersten Turm, nach einer Erhöhung diente er auch als Seezeichen. 1754 entstand der massive, aus Backstein gemauerte Westturm, der heute noch steht. An *Willehad* erinnert seit 1875 der aus Sandstein ge-

nckpg_050 mna

fertigte neugotische **Willehad-Brunnen** auf dem Kirchhof.

Nordenham

Die größte Stadt des Landkreises Wesermarsch liegt **am Westufer der Weser gegenüber von Bremerhaven.** Nordenham lässt sich gut mit dem Fahrrad erkunden, sehenswert sind die **Moorseer Mühle** und die historischen Kirchen der Umgebung. Die heutige Stadt entwickelte sich Mitte des 19. Jahrhunderts aus dem Kirchspiel Atens. Ein **großer Schiffsanleger** an der Weser ließ die kleine Ortschaft zu einem wichtigen Handelsplatz heranwachsen. 1875 wurde der Hafen an das Eisenbahnnetz angeschlossen. Durch den weiteren Ausbau der Piers konnte um die Wende zum 20. Jahrhundert zeitweise sogar Übersee-Schiffsverkehr aus Bremerhaven übernommen werden. Im weiteren Verlauf siedelten sich große **Fischerei- und Industrieunternehmen** an der Unterweser

Festungen im Meer

Im Wattenmeer der **Wesermündung** befinden sich auf dem Langlütjensand zwei künstlich angelegte Inseln. Langlütjen I und Langlütjen II wurden in der zweiten Hälfte des 19. Jahrhunderts aus militärischen Gründen angelegt. Das bereitete erhebliche Schwierigkeiten. Die Fundamente von **Langlütjen I,** erbaut von 1869 bis 1870, mussten mit 112.000 Eichenpfählen, die in den Schlick gerammt wurden, stabilisiert werden. Das Material wurde mit einer eigens dafür angelegten Schmalspurbahn auf einem Damm herangeschafft. Nordwestlich der ersten Insel entstand in den Jahren 1872 bis 1876 **Langlütjen II.** Beide Inseln dienten der militärischen Sicherung der Wesermündung und wurden im 1. Weltkrieg mit Kanonen und Geschützen ausgerüstet. Auf Langlütjen II befand sich ein Fort für 100 Mann Besatzung. Doch die „unbeweglichen Schlachtschiffe" kamen im Krieg nicht zum Einsatz, es fanden dort keine Kampfhandlungen statt. Die militärischen Anlagen wurden von den Siegermächten demontiert. Für den 2. Weltkrieg rüsteten die deutschen Militärs erneut auf,

auf Langlütjen I stand eine Flak-Stellung. Auf Langlütjen II richtete die SA 1933 ein „Schutzhaftlager" ein, dort sollen bis zu 100 Gefangene untergebracht gewesen sein. Allerdings nur bis Januar 1934, denn die Versorgung erwies sich als zu umständlich.

Die beiden Inseln gehörten dem Staat, Langlütjen II ist seit 1996 als einzigartige militärische Anlage denkmalgeschützt. Sie wurden 2005 Investoren zum Kauf angeboten und 2006 verkauft. Nun **in Privatbesitz,** befinden sich die Inseln in einem schlechten Zustand. Immer wieder gibt es Gerüchte, dass die künstlichen Inseln zukünftig touristisch genutzt werden sollen. Doch einfach ist das nicht, allein schon die Tatsache, dass sie im Nationalpark Niedersächsisches Wattenmeer liegen, erschwert eine Nutzung. Der Inseldamm Langlütjen I ist für **Vogelbeobachtungen** bestens geeignet, das Schilfried stellt ein bedeutendes Brutgebiet dar. Am Damm steht das **Oberfeuer Langlütjen,** ein gelber Radarturm. Gelegentlich finden geführte Wattwanderungen von Tettens nach Langlütjen II statt.

Die oldenburgische Küste

an. Der Kaufmann und Politiker *Wilhelm Müller* gilt als Gründer von Nordenham, bereits ein Jahr nach seinem Tod 1901 ehrte man ihn mit einem Bronzestandbild; es steht seit 1991 vor der Stadthalle Friedeburg. Auf Nordenhams Wappen ist der alte friesische Adler mit dem Wappen des Herzogtums Oldenburg vereint.

Praktische Informationen & Adressen

■ **PLZ:** 26954.

■ **Nordenham Marketing & Touristik:** Marktplatz 7, Tel. 04731 936 40, www.nordenham.de.

■ **Bahn und Bus:** Der Bahnhof liegt im Ortszentrum, direkt daneben der ZOB; zur Weserfähre geht es mit dem Wesersprinter des VBN Wesermarsch, Linie 440.

■ **Blexen Fähranleger:** Bundesstraße 212, Tel. 0471 30 03-600, info@weserfaehre.de, www.weserfaehre.de (Erw. 2,60 €/Kinder 1,30 €/Fahrzeug 5,90 €). Die Autofähre verkehrt ganzjährig, sie verbindet die Halbinsel Butjadingen mit Bremerhaven.

■ **Restaurant Seeteufel:** Wilhelm-Böning-Straße 15, Tel. 04731 803 25, www.seeteufel-nordenham.de. Der Spezialist für Fisch- und Fleischgerichte in der Fußgängerzone, einen täglich wechselnden Mittagstisch gibt es auch.

■ **Hotel am Markt**②: Marktstraße 12, Tel. 04731 937 20, info@hotel-am-markt.de, www.hotel-am-markt.de. Das Haus für alle, die modernes, stilvolles Ambiente mögen, inklusive Sauna, Restaurant, Bar und Raucherlounge. (Facebook)

■ **Museum Moorseer Mühle:** Butjadinger Straße 132, Tel. 04731 889 38, www.museum-moorseer-muehle.de (Erw. 3 €/Kinder 1,50 €). Das Museum befindet sich auf dem historischen Mühlenplatz. In der 1904 nach einem Brand errichteten Mühle vom Typ Galerieholländer werden Mühlengeschichte und -technik gezeigt.

■ **Museum Nordenham:** Hansingstraße 18, Tel. 04731 888 31, www.museum-nordenham.de (Erw. 3 €/Kinder 1,50 €). Ein Rundgang durch Kultur und Geschichte Nordenhams. Von der Ochsenverladung über Auswandererschiffe bis hin zur Seekabelherstellung und Werftindustrie – hier wird viel Wissen interessant präsentiert.

■ **Wohnmobilstellplatz am Störtebeker Bad:** Atenser Allee 48, Tel. 04731 93 64 0 und 843 34.

⊡ Statue des Stadtgründers in Nordenham

nskns_060 mna

3 **Das Elbe-Weser-Dreieck**

Nordseeküste und Wattenmeer, Shipspotting und Strandurlaub – das geht nur im Elbe-Weser-Dreieck, wo sich das Wattenmeer mit Weser und Elbe vereint. Dazwischen gibt es dank optimalen Klimas im Herbst Äpfel satt. Besonders dann hat die Direktvermarktung am Straßenrand Hochsaison und an Äpfeln kommt hier niemand mehr vorbei.

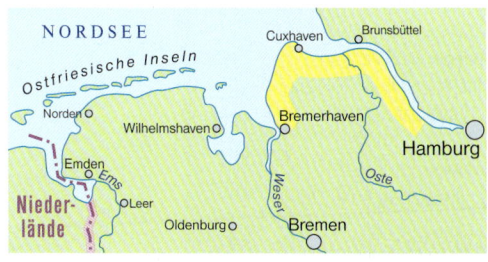

◁ Containerschiff auf der Unterelbe

Das Elbe-Weser-Dreieck

Scharhörn   Helgoland

NORDSEE

St. Michaelisdonn

Marne

Nord-Ostsee-Kanal

Wilster

23

Neuwerk
Leuchtturm Neuerk

Neuwerker Watt
207 Duhnen Döse Kugelbake

Nationalpark Hamburgisches Wattenmeer

5

431

5

Sahlenburg
208 195
Hamburger Leuchtturm

Brunsbüttel

Cuxhaven Leuchtturm Dicke Berta

Freilichtmuseum Natureum
M

213 Balje

215 Freiburg (Elbe)

Spieka-Neufeld

188

WURSTER

211

209

Otterndorf

73

194 Nordholz

212 Neuhaus (Oste)

KEHDINGER LAND

212 Wischhafen

216 495

Glückstadt

192 Dorum-Neufeld

Leuchtturm Obereversand

Cadenberge

Neuland

194

183 Cappel

Midlum

Ihlienworth

Oste

217 Elbinsel Krautsand

218

192

LAND

211 Ahlenmoor

Elbe

189 Dorum

27

217 Osten

Drochtersen

217

Wremen

Leuchtturm Kleiner Preuße

Bad Bederkesa

Hemmoor Schwebefähre

Assel
Barnkrug

Grauerort

192

Lamstedt

Hechtausen

Stadersand

175

169 Blexen

Bremerhaven

Leuchtturm Bremerhaven Oberfeuer

495

219

74

Stade

73

Norden-ham

71

Glinde

Bremervörde

VON BREMERHAVEN BIS STADE

Niedersachsens nördlichste Ecke ist die Halbinsel zwischen der Elbe und der Wesermündung. Hier vereint sich die Nordseeküste mit dem Wattenmeer und das Elbufer mit Stränden. Mit den lebendigen Hafenstädten Bremerhaven und Cuxhaven, der Hansestadt Stade, dem Wurster Land und dem Kehdinger Land gibt es viel zu entdecken. In der historischen Orgellandschaft befinden sich über 80 Denkmalorgeln, nicht weniger von neun Instrumenten von Arp Schnitger (1648–1719), dem größten norddeutschen Orgelbauer, sind erhalten.

Bremerhaven

Die einzige direkt an der deutschen Nordseeküste gelegene Großstadt ist mit 113.000 Einwohnern Bremerhaven. Zusammen mit Bremen und Oldenburg bildet die Hafenstadt die **Metropolregion Bremen/Oldenburg.** Bremerhavens wichtigster Wirtschaftsfaktor sind die Überseehäfen; allein die Stromkaje des Container-Terminals hat eine durchgehende Länge von fast fünf Kilometern. Sie ist damit eines der längsten Terminals der Welt. Der interessierte Besucher kann sich den **weiträumigen Hafengebieten** auf unterschiedliche Weise nähern. Angeboten werden einfache Hafenrundfahrten durch den Neuen Hafen und die Kaiserhäfen oder längere Ausflugsfahrten auf Weser und Nordsee in Richtung der Container-Terminals, um vor Ort nach dicken Pötten zu schauen. Busfahrten durch Bremerhavens Hafengebiet und eine 15 Meter hohe Plattform laden ebenfalls ein zum Blick auf Schleusen, Schiffsverkehr, Brücken oder auf die riesige Autoverladungsanlage. Noch höher hinaus geht es auf die **Aussichts-**

Das Elbe-Weser-Dreieck

plattform des **Sail-City-Hochhauses,** von dort haben die Besucher einen perfekten Blick über Bremerhavens „Havenwelten" und die Wesermündung. Mit seinen gut 140 Metern Höhe ist das Atlantic Hotel Sail City das höchste Gebäude an der deutschen Nordseeküste. Apropos **Sail:** Alle fünf Jahre findet in Bremerhaven eines der größte Windjammertreffen der Welt statt, mehr als eine Million Besucher kommen dann vor allem wegen der vielen spektakulären Segelschiffe.

Geschichte und Sehenswertes

1827 unterzeichneten Vertreter der Hansestadt Bremen und des Königreichs Hannover einen **Kaufvertrag** über 73.658 Taler für ein Stück **Land an der Wesermündung.** Das 88,7 Hektar große Gebiet nördlich des Flüsschens Geeste hielten die Bremer für geeignet, um hier einen neuen Hafen anzulegen. Aus Sicht der Hansestädter war das nötig, denn ihr Weserhafen bei Vegesack drohte zu verlanden. Direkt nach der Übergabe des Geländes begannen die Arbeiten am heutigen **Alten Hafen,** der bereits 1830 fertiggestellt war. Schon bald entwickelte sich der neue Ort Bremerhaven zu einem wichtigen Nordseehafen.

Südlich der neu entstandenen Hafenanlagen gründete das Königreich Hannover 1845 in Konkurrenz zu Bremerhaven einen eigenen Hafen; er erhielt 1847 den Namen **Geestemünde.** Auch dieser Hafen florierte im Zuge der Industrialisierung mächtig. Von jetzt an verlief die Entwicklung der Häfen parallel. Ab 1847 war Bremerhaven Ausgangspunkt der ersten **Dampfschifflinie zwischen Europa und Amerika.** Das Stadtrecht erhielt Bremerhaven kurz darauf 1851. Auch wenn bei der ursprünglichen Stadtplanung keine Kirche vorgesehen war, wurde 1855 die **Bürgermeister-Smidt-Gedächtniskirche** eingeweiht. Der Bremer Architekt *Simon Loschen* (1818–1902) zeichnete verantwortlich für das neugotische Backsteinwerk. Es steht auf einem Fundament von 522 Holzpfählen, die dem Boden die nötige Stabilität verleihen. Am Glockenturm der Kirche wurde noch weitere 15 Jahre gearbeitet.

1852 wurde in Bremerhaven der tideunabhängige **Neue Hafen** in Betrieb genommen, erreichbar mittels Schleuse durch ein Hafensperrtor. Direkt daneben beschlossen die Hafenplaner den Bau eines Leuchtfeuers. Im Stil der norddeutschen Backsteingotik erschuf der schon genannte Architekt *Simon Loschen* den Großen Leuchtturm, das **Bremerhaven Oberfeuer.** Der knapp 40 Meter hohe markante Turm ging 1856 in Betrieb und ist heute das Wahrzeichen der Stadt. Die 1857 gegründete Reederei Deutscher Lloyd initiierte den Bau eines dritten Hafenbeckens: Der **Kaiserhafen** wurde 1875 fertiggestellt. Im Rahmen der Auswanderungswelle in die Vereinigten Staaten von Amerika wurde Bremerhaven zum Zentrum des Passagier-

◁ 1855 eingeweiht –
die Bürgermeister-Smidt-Gedächtniskirche

3

© REISE KNOW-HOW

0 — 500 m

■ Übernachtung
1 Campingplatz
   Spadener See
2 Jugendherberge

Freilichtmuseum
Speckenbüttel
Ⓜ
Parkfreibad

Wurster Straße

Cherbourger Straße

Cherbourger Straße

Gaußstraße

Langener Landstraße

Stadion

1 BAB-Abfahrt
Bremerhaven-
Überseehäfen

2

Spadener Str.

Am Nordhafen

Am Erzhafen

Wende-
becken

Container
Aussichtsturm
★

Verbindungshafen

Kaiserhafen III

Kaiserhafen II

Franziusstr.

Lange Str.

Bahnhof
Lehe

Columbuskaje

Kaiserhafen I

Barkhausenstr.

Rickmersstr.

Stadtverwaltung

Rock-Center

Stadthalle,
Eislaufhalle

Hafenstr.

Stresemannstr.

180

Grimsbystr.

BAB-Abfahrt
Bremerhaven-
Mitte

Havenwelten

Bürgermeister-
Smidt-Str.

Geeste

Columbusstr.

Elbestr.

Rheinstr.

Ludwigstr.

Bürger-
park

Weser

Bismarckstr.

Fr.-Ebert-Str.

Haupt-
bahnhof

An-der-Mühle

Museumsschiff
FMS Gera

Georgstr.

BAB-Abfahrt
Bremerhaven-
Geestemünde

Fischerei-
hafen

Uboot von
Bremen

Schaufenster
Fischereihafen

Phänomenta
Bremerhaven
★ Ⓜ ★ ★

3

verkehrs, Einrichtungen wie die **Lloydhalle** und der **Columbusbahnhof** erlangten Berühmtheit. Ebenfalls 1857 nahm die Rickmerswerft ihren Betrieb auf, allerdings in **Geestemünde.** 1856 bis 1863 baute man in Geestemünde moderne Dock- und Hafenanlagen nach englischem Vorbild mit eigenem Eisenbahnanschluss. 1866 wurde Geestemünde Teil der preußischen Provinz Hannover, das Königreich Hannover gab es nach dem Deutschen Krieg – bekannt auch als Preußisch-Österreichischer Krieg – nicht mehr. 1869 schloss sich Geestemünde mit dem nahe gelegenen Geestendorf zusammen. 1885 wurde in Bremerhaven der erste deutsche Hochseefischereidampfer in Dienst gestellt. Zum Ende des Jahrhunderts wurde auch in Geestemünde der erste **Fischereihafen** seiner Bestimmung übergeben. Doch bevor 1925 der **Fischereihafen II** fertiggestellt werden konnte, fusionierten 1924 Geestemünde und das nördlich von Bremerhaven gelegene Lehe zur Stadt **Wesermünde.**

Die wirtschaftlichen Aktivitäten beider Hafengebiete bewirkten ein starkes **Bevölkerungswachstum.** Kurz vor dem 1. Weltkrieg lebten hier um die 100.000 Menschen. Die ständige Ausweitung gewerblicher Flächen übertrug sich auf die Flächen für Wohnungsraum, Geestendorf wurde zu einem Arbeitervorort für die Hafenstädte. Die größte Veränderung brachte dann der 2. Weltkrieg mit sich. Die **alliierten Bomberangriffe** zerstörten das innere Stadtgebiet weitgehend. Nach dem Krieg beanspruchten

die Amerikaner die Seehafenstädte und fassten sie zu einer Stadt zusammen: Bremerhaven. So entstand hier ein eigenes, zu Bremen gehörendes **Bundesland,** das umliegende Niedersachsen stand unter britischer Herrschaft. Der darauf folgende Wiederaufbau war ein **Neuaufbau.**

Die Stadt bekam in den 1950er- und 1960er-Jahren ein völlig neues Gesicht. In den 1970er-Jahren folgte dann der auffällige **Gebäudekomplex des Columbus-Centers.** Die drei bis zu 88 Meter hohen Gebäudetürme sollen den Schornsteinen von Schiffen nachemp-

nskrs_063 rma

> ▷ Der Leuchtturm Bremerhaven Oberfeuer ging 1856 in Betrieb

Übernachtung
1 Im-Jaich-Hotel
3 Havenhostel Bremerhaven
11 Atlantic Hotel am Flötenkiel
16 Atlantic Hotel Sail City
18 Hotel Haverkamp
19 Hotel am Theaterplatz
20 Nordsee Hotel
22 Hotel an der Karlstadt
24 Wohnmobilstellplatz Doppelschleuse

Essen und Trinken
2 Restaurant Pier 6
13 Ristorante Scala
14 Fischrestaurant Giese
15 Lloyds Restaurant
16 Restaurant Strom
21 Restaurant-Schiff "Seute Deern"
25 Natusch Fischereihafen Restaurant
28 Egbert Höpker Fischbratküche

Einkaufen/Sonstiges
12 J & J Mobile Freizeit
17 Wohnbar Bremerhaven
23 Innoven Marine Service
27 Feinkost Siegel

3

Nachtleben
4 Café de Fiets
5 Quartier No. 159
6 Pferdestall
7 Yesterday Club
8 Das Rüssel
9 Blattlaus
10 Irish Harbour Pub
26 Kühlhouse

0 ——— 100 m

Wiesenstr.

Auf dem Schoner

Auf der

Auf der Bark

Auf der Fregatte

Auf der Korvette

Frühlingstr.

B 6

Rheinstr.

Mozartstr.

Bürger-park

Elbestraße

Blessmannstr.

Rheinstr.

Frühlingstr.

Ludwigstr.

Adolf-Hoff-Weg

Friedrich-

Historisches Museum

Borriesstr.

Karolingerstr.

Rheinstr.

Ebert-

brücke

Polizei

Bismarckstr.

Straße

28

Hauptbahnhof

ZOB

Hartwigstr.

Georgstraße

Schillerstr.

Grashoffstr.

25 26 27
★ Wochenmarkt,
★ Schaufenster Fischereihafen

B 6

Johannesstr.

3

funden worden sein. In den 1990er-Jahren wurde das Gelände um den Fischereihafen wiederbelebt; nun wird in dieser maritimen Erlebniswelt Wissenswertes rund um den Fisch vermittelt. Mit dem Museumsschiff „Gera" und dem Dampfschiff „Welle", mit dem Theater im Fischereihafen und Koch-Shows im Seekochstudio im Fischbahnhof entstand hier das „Schaufenster Fischereihafen". Auf dem Marktplatz finden viele Veranstaltungen statt.

Im neuen Jahrtausend kamen weitere architektonische Attraktionen hinzu: Seit 2008 ragt das **Atlantic Hotel Sail City** am Weserdeich mit seiner Spitze 147 Meter weit in den Himmel, und seit dem 26. Juni 2009 bereichert das **Klimahaus Bremerhaven** das Gebiet um den Alten Hafen; seine Form erinnert an ein Boot. Besuchern bietet es die Möglichkeit einer virtuellen Reise auf dem 8. Längengrad rund um die Erde.

Praktische Informationen & Adressen

■ **PLZ:** 27568.

■ **Tourist-Information:** Hermann-Heinrich-Meier-Straße 6, Tel. 0471 80 93 61 00, www.bremerhaven.de. (Facebook, Twitter, Instagram)

Verkehr

■ **Bahn:** Hauptbahnhof im Stadtzentrum an der Friedrich-Ebert-Straße, die Schienenverbindung führt nach Bremen und über Wremen nach Cuxhaven; im Norden der Stadt gibt es den Bahnhof Bremerhaven-Lehe, er kann zum Umsteigen nach Cuxhaven genutzt werden.

■ **Bus: ZOB** vor dem Hauptbahnhof, Partner im Verkehrsverbund Bremen/Niedersachsen (VBN), www.bremerhavenbus.de.

■ **Flixbus:** Haltestelle Bismarckstraße, Tel. 030 300 13 73 00, info@flixbus.de, www.flixbus.de. (Twitter, Facebook, YouTube, Instagram)

■ **Weserfähre Bremerhaven – Nordenham:** Fähranleger Bremerhaven an der Geeste, Weserfähre GmbH, An der Geeste 27, Tel. 0471 30 36 00, www.weserfaehre.de.

■ **Personenfähre nach Helgoland:** Reederei Cassen Eils, Seebäderkaje, Tel. 04721 66 76 00, www.cassen-eils.de. Parken im Parkhaus Havenwelten für 7 €/Tag.

■ **Blexen Fähranleger:** Bundesstraße 212, Tel. 0471 30 03-600, info@weserfaehre.de, www.weserfaehre.de (Erw. 2,60 €/Kinder 1,30 €/Fahrzeug 5,90 €). Die Autofähre verkehrt ganzjährig und verbindet Bremerhaven mit der Halbinsel Butjadingen.

◁ Das Atlantic Hotel Sail City
ragt 147 Meter hoch in den Himmel

Das Elbe-Weser-Dreieck

Ausflüge und Touren

■ **Container-Aussichtsturm:** Steubenstraße, Tel. 0471 41 41 41. Rundblick in etwa 15 Meter Höhe zu Container-Terminals, Auto-Terminal und Schleusen. Geöffnet März bis Oktober, Eintritt frei.

■ **Radarturm Bremerhaven:** Am Alten Vorhafen 1, Tel. 0471 483 50. Panoramablick von der Plattform aus 59 m Höhe, geöffnet März bis Oktober (Erw. 1 €/Kinder von 6–17 J. 0,50 €).

■ **Aussichtsplattform Sail City:** Am Strom 1, Tel. 0471 30 99 00, www.bremerhaven.de. Panoramablick aus 86 Meter Höhe über die Stadt, die Havenwelten und die Wesermündung, ganzjährig geöffnet (Erw. 3 €/Kinder von 2–12 J. 2 €).

■ **Hafenrundfahrten HaRuFa:** Hermann-Heinrich-Meier-Straße 4, Tel. 0471 41 58 50, www.hafenrundfahrt-bremerhaven.de. Die Fahrt dauert eine Stunde und bietet großartige Perspektiven durch die Binnenhäfen Neuer Hafen und Kaiserhafen, vorbei an beeindruckenden Frachtschiffen und der Autoverladung (Erw. 11 €/Kinder 14–17 J. 7,50 €, 4–13 J. 5 €).

■ **Hafenrundfahrt mit der „MS Geestemünde":** Neuer Hafen am Schleusentor, Tel. 0471 300 36 00, www.ms-geestemuende.de. Die gut zweistündige Dicke-Pötte-Tour geht raus auf die Weser in unmittelbare Nähe zu Kreuzfahrtschiffen, Schleppern und Frachtschiffen (Erw. 11 €/Kinder ab 4 J. 6 €/Familienkarte 28 €).

■ **Hafenrundfahrt mit der „MS Dorsch":** Am Schiffsanleger Schaufenster Fischereihafen, Tel. 0471 929 20 95 oder 0176 68 13 76 24.

■ **Stadtrundfahrt mit dem Hafenbus:** Fahrt durch die Havenwelten inklusive Hafen. Mehrmals täglich, Einstieg am Schaufenster Fischereihafen, Herwigstraße (Erw. 11,50 €/Kinder 4–17 J. 9,60 €/Familien 29,50 €).

■ **„Tour de Fisch":** Bei der zweistündigen Bustour dreht sich alles um Fisch, eingeschlossen ist auch der Besuch des Schiffstrawlers „Gera". Abfahrt am Deutschen Schifffahrtsmuseum (Erw. 12 €/Kinder 4–17 J. 10 €/Familien 32 €).

Museen und Führungen

■ **Deutsches Auswandererhaus:** Columbusstraße 65, Tel. 0471 90 22 00, www.dah-bremerhaven.de (Erw. 14,80 €/Kinder 5–16 J. 8,80 €/Familien 38 €). Rund sieben Millionen Menschen verließen zwischen 1830 und 1974 ihre Heimat über Bremerhaven und versuchten, ihr Glück woanders zu finden. Das Auswandererhaus erzählt ihre Geschichte. Das Erlebnismuseum ist preisgekrönt.

■ **Klimahaus Bremerhaven:** Am Längengrad 8, Tel. 0471 902 03 00, www.klimahaus-bremerhaven.de (Erw. 16 €/Kinder 4–17 J. 11,50 €/Familien 48 €). Im Klimahaus reist der Besucher auf dem 8. Längengrad einmal rund um den Globus und erlebt hautnah, wie sich das Klima verändert und der Mensch die Natur beeinflusst. Fühlbar, denn die Räume sind entsprechend temperiert, und sogar die Luftfeuchtigkeit ist angepasst: In der Arktis wird gefroren, in Afrika geschwitzt. Das vergisst man nicht so schnell.

Unser Tipp: Ausflug zum Leuchtturm Roter Sand: Ein ganz besonderes Erlebnis verspricht ein Ausflug zu dem vor der Wesermündung einsam in der Nordsee gelegenen Leuchtturm Roter Sand, dem **Wahrzeichen Bremerhavens.** Für die rund 45 Kilometer lange Strecke braucht das Boot drei Stunden. Gefahren wird nur bei gutem Wetter im Juni, Juli und August, denn wenn die Wellen höher als einen Meter sind, kann am Leuchtturm nicht festgemacht werden. Nach einer Stunde Aufenthalt geht es wieder drei Stunden zurück. Übernachten kann man dort auch, es gibt sechs Kojenschlafplätze. Gebucht werden können Fahrten und auch die Übernachtung bei **23** **Innoven Marine Service,** Westkai 34, Tel. 0471 95 84 50 90, www.innoven.de, nur nach vorheriger Anmeldung (Fahrt 99 €/Übernachtung 625 €).

3

🔴 **Deutsches Schiffahrtsmuseum:** Hans-Scharoun-Platz 1, Tel. 0471 48 20 70, www.dsm.museum (Erw. 4 €/ermäßigt 2,50 €/Familien 8 €). Das Museum vereinigt Ausstellung und Forschung, die Museumsgebäude direkt neben den historischen Schiffen im Museumshafen stehen unter Denkmalschutz. Die Bremer Kogge aus dem Jahr 1380 gilt als die Hauptattraktion, aber auch die Ausstellungsräume zu den verschiedenen Epochen der Schifffahrt sind interessant dargestellt und sehenswert. (Facebook, YouTube, Twitter)

🔴 **U-Boot „Wilhelm Bauer":** Im Museumshafen, Hans-Scharoun-Platz 1, Tel. 0471 482 07 10, www.u-boot-wilhelm-bauer.de (Erw. 3,50 €/Kinder 2,50 €). Tauchen Sie ein in die bedrückende Enge eines U-Bootes aus dem 2. Weltkrieg.

🔴 **Zoo am Meer:** Hermann-Heinrich-Meier-Straße 7, Tel. 0471 30 84 10, www.zoo-am-meer-bremerhaven.de. Spezialisiert auf im Wasser lebende Tierarten mit Gehegen und Salzwasseraquarien. Der Zoo ist barrierefrei (Erw. 9 € /Kinder ab 15 J. 6,50 €, 4–14 J. 5,50 €). (Facebook)

🔴 **Historisches Museum Bremerhaven:** An der Geeste, Tel. 0471 30 81 60, info@historisches-museum-bremerhaven.de, www.historisches-museum-bremerhaven.de (Eintritt frei). Hier wird Stadtgeschichte interessant und lebendig präsentiert, die Dauerausstellung ist sogar preisgekrönt.

🔴 **Phänomenta:** Schaufenster Fischereihafen, Hoebelstraße 24, Tel. 0471 41 30 81, www.phaenomenta.de (Erw. 6 €/Kinder 3 €/Familien 15 €). Natur und Technik interaktiv erleben.

🔴 **Stadtführung durch die Havenwelten:** Auf Anfrage über die Tourist-Information.

🔼 Schwebende Boote
im Deutschen Schiffahrtsmuseum

3

Einkaufen

■ **Wochenmarkt vor der großen Kirche:** Bürgermeister-Smidt-Straße 4–5, montags bis samstags von 14 bis 18 Uhr.

■ **Wochenmarkt:** Heinrich-Kappelmann-Straße 13, freitags von 9 bis 17 Uhr.

12 **J & J Mobile Freizeit:** Lange Straße 8, 27619 Schiffdorf-Bramel, Tel. 04706 606, www.wohnmobile-bremerhaven.de.

27 **Feinkost Siegel:** Am Lunedeich 76, Tel. 0471 95 84 57 14, www.feinkost-siegel.de. Qualitätsprodukte aus der Fischmanufaktur, mehr als 50 leckere Salate, Saucen und Dressings als kulinarische Weltreise – im Schaufenster Fischereihafen.

17 **Wohnbar Bremerhaven:** Obere Bürger 106, Tel. 0471 924 10 80, www.wohnbar-bremerhaven.de. 1000 schöne Dinge, die das Leben ein bisschen bunter machen.

Restaurants

2 **Restaurant Pier 6:** Barkhausenstraße 6, Tel. 0471 48 36 40 80, info@pier6.eu, www.pier6.de. In diesem stylischen Lokal wird feine und gehobene deutsche Küche geboten. Ein weiterer Pluspunkt ist die schöne Terrasse direkt am Neuen Hafen.

15 **Lloyds Restaurant:** Hermann-Henrich-Meier-Straße 6a, Tel. 0471 921 82 66, www.lloyds-am-deich.de. Café und typische Küche der Nordseeküste im Glaspalast am Südende des Neuen Hafens, der für immer mit der Zeit der Auswanderung verbunden bleibt.

16 **Restaurant Strom:** Am Strom 1, Tel. 0471 30 99 05 33, info@restaurant-strom.de, www.restaurant-strom.de. Unter dem Leitsatz „Auf zu neuen Ufern" werden saisonal verschiedene Fisch- und Fleischgerichte stilvoll serviert, und zwar mit Panoramablick auf die Weser. (Facebook)

21 **Restaurant-Schiff „Seute Deern":** Hans-Scharoun-Platz 1, Tel. 0471 41 62 64, www.seutedeern.de. Die Dreimastbark ist heute der größte original erhaltene hölzerne Frachtsegler der Welt, das Restaurant bietet maritime Speisen in einmaliger Umgebung. Wer will, kann hier sogar heiraten.

13 **Ristorante Scala:** Mühlenstraße 11, Tel. 0471 941 87 71, info@ristorante-scala.de, www.ristorante-scala.de. Italienische Spezialitäten mit Fisch und Fleisch vom Lavagrill. (Facebook, Twitter)

28 **Egbert Höpker Fischbratküche:** Bismarckstraße 34, Tel. 0471 217 43, www.eatbu.com. Klassisches Fischgebratenes mit selbst gemachtem Kartoffelsalat direkt am Holzhafen.

14 **Fischrestaurant Giese:** Keilstraße 16, Tel. 0471 456 61, www.fischrestaurant-giese.de. Traditionslokal im Herzen der Stadt, freitags Fischbuffet.

■ **Schaufenster Fischereihafen:** An der Packhalle IV 12 (Plan S. 178), Tel. 0471 301 00 03, info@schaufenster-fischereihafen.de, www.schaufenster-fischereihafen.de. Maritime Erlebniswelt mit Fisch in allen Variationen in der ehemaligen Fischpackhalle IV: Fischbratküchen, Fischrestaurants und Hafenkneipen liegen hier Tür an Tür mit Fischkochstudio, vielen kleinen Geschäften und einem Café.

25 **Natusch Fischereihafen Restaurant:** Am Fischbahnhof 1, Tel. 0471 710 21, info@natusch.de, www.natusch.de. Das Restaurant hat sich bundesweite Bekanntheit erkocht, regelmäßig taucht es in Rankings diverser deutscher Restaurantführer auf – eine Adresse für Feinschmecker.

Nachtleben

9 **Blattlaus:** Gasstraße 18, Tel. 0471 41 18 55, info@blattlaus-bremerhaven.de, www.blattlaus-bremerhaven.de. Gemütliches Kneipencafé, fast schon eine Institution.

4 **Café de Fiets:** Am Gitter 3, marita.defiets@yahoo.de. Sehr gemütliches, uriges Kneipencafé, in dem sich ein buntes Publikum trifft. Es gibt öfters Live-Konzerte. (Facebook)

8 **Das Rüssel:** Bürgermeister-Smidt-Straße 145, Tel. 0471 41 68 00. Gemütliche Sportsbar, ab und zu gibt es auch Live-Musik. (Facebook)

6 **Pferdestall:** Gartenstraße 5–7, Tel. 0471 433 33, info@pferdestall-bremerhaven.de, www.pferdestall-bremerhaven.de. Hier gibt es Theater, Musik und Literatur im Rahmen eines abwechslungsreichen Programms.

3

5 **Quartier No. 159:** Bürgermeister-Smidt-Straße 159, Tel. 0471 95 10 94 78. Gepflegte, ruhige Bar mit schöner Atmosphäre.

10 **Irish Harbour Pub:** Lloydstraße 4, Tel. 0471 29 00 05 92. In der typisch irischen Kneipe kann man auch Darts spielen.

26 **Kühlhouse:** Lunedeich 79 (im Fischereihafen), Tel. 0471 300 49 89. (Facebook)

7 **Yesterday Club:** Bürgermeister-Smidt-Straße 161. (Facebook)

Sport und Freizeit

■**Fahrradverleih:** Radstationen Havenwelten und Schaufenster Fischereihafen; Details über die Tourist-Information.

■**Weser-Strandbad:** Am Alten Vorhafen, Tel. 0471 300 39 40, www.baeder-bhv.de.

■**Im Jaich Lloyd Marina:** Am Leuchtturm 1, Tel. 0471 142 86 90, www.im-jaich.de. An der schönsten Hafenpromenade der Stadt mit hervorragender Infrastruktur direkt neben der modernen Sportbootschleuse, 200 Liegeplätze mit Strom- und Wasserversorgung, Waschsalon, WLAN und Dusche.

Hotels, Hostel und Jugendherberge

16 **Atlantic Hotel Sail City**③: Am Strom 1, Tel. 0471 30 99 00, www.atlantic-hotels.de/hotel-sail-city-bremerhaven. Vier-Sterne-Hotel direkt an der Weser mit Blick auf die „dicken Pötte" und in unmittelbarer Nähe der Museen. Der Bau erinnert an ein aufgeblähtes Segel.

1 **Im-Jaich-Hotel**②: Am Neuen Hafen 19, Tel. 0471 97 16 63 30, www.im-jaich.de. Alle Zimmer bieten bodentiefe Panoramafenster mit Aussicht auf den Jachthafen, den Deich oder die Weser. (Facebook, Twitter, Instagram)

20 **Nordsee Hotel**②: Theodor-Heuss-Platz 14–18, Tel. 0471 90 08 36 00, info@nordsee-hotel-bremerhaven.de, www.snw-hotels.de/nordsee-hotel-bremerhaven. Hotel in Nachbarschaft zu den Havenwelten am Beginn der Fußgängerzone. Helle, lichtdurchflutete Räume in der Drei-Sterne-plus-Kategorie.

22 **Hotel an der Karlstadt**②: An der Karlstadt 35, Tel. 0471 420 21, info@hotel-an-der-karlstadt-bremerhaven.de, www.fewo-turkoswsky.de. Das denkmalgeschützte Hotelgebäude im Jugendstil liegt unweit der Fußgängerzone inmitten der Innenstadt und bietet einfache, aber solide ausgestattete Zimmer.

19 **Hotel am Theaterplatz**①: Schleswiger Straße 5, Tel. 0471 426 20, info@hotelamtheaterplatz.de, www.hotelamtheaterplatz.de. Kleines familiengeführtes Haus in der Innenstadt nahe der Einkaufsgelegenheiten und des Hafengebietes.

18 **Hotel Haverkamp**③: Prager Straße 34, Tel. 0471 483 30, info@hotel-haverkamp.de, www.hotel-haverkamp.de. Liebevoll eingerichtete Zimmer, Entspannung im Wellness-Bereich, mit Restaurant und Bar.

11 **Atlantic Hotel am Flötenkiel**②: Nordstraße 60, Tel. 0471 80 62 60, info@atlantic-hotel-amfloetenkiel.de, www.atlantic-hotel-amfloetenkiel.de. Individuell geführtes Drei-Sterne-Hotel mit ganz eigenem Charakter.

3 **Havenhostel Bremerhaven**①: Bürgermeister-Smidt-Straße 209, Tel. 0471 309 66 90, bremerhaven@havenhostel.de, www.havenhostel-bremerhaven.de. Mitten in der City liegt das Havenhostel, das vom Einzel- bis zum Mehrbett- und Familienzimmer alles im Angebot hat. Sogar Tagungsräume gibt es.

2 **JH Bremerhaven**① (Plan S. 178): Gaußstraße 54, Tel. 0471 98 20 80, info@jgh-bremerhaven.de, www.jgh-bremerhaven.de. An einem kleinen Park außerhalb der City gelegen, die Innenstadt ist mit dem Bus in etwa 15 Minuten zu erreichen.

▷ Hafenrundfahrt in einer Barkasse

Das Elbe-Weser-Dreieck

Camping- und Wohnmobilstellplätze

1 **Campingplatz Spadener See** (Plan S. 178): Seeweg 2, 27619 Schiffdorf, Tel. 0471 30 83 64 56, www.campingplatz-spadener-see.de. Der Platz liegt etwas außerhalb Bremerhavens direkt am See, in dem man natürlich auch schwimmen kann. Für Camper aller Art inklusive Wohnmobilstellplatz, auch Hütten werden vermietet. (Facebook)

24 **Wohnmobilstellplatz Doppelschleuse:** An der Neuen Schleuse 6, Tel. 0471 80 93 61 51, www.bremerhaven.de. An der Doppelschleuse gibt es viel Schiffsverkehr, der Stellplatz ist gut ausgebaut.

Veranstaltungen

■ Aktuelles **Veranstaltungsprogramm** siehe unter www.bremerhaven.de.

■ **Schaufenster Fischereihafen:** Hier ist das ganze Jahr etwas los: Theater, Musik, Schiffstouren, Schaukochen und mehr. Alle Infos dazu unter www.schaufenster-fischereihafen.de.

■ **Rock-Center:** Moltkestraße 13, Tel. 0471 95 84 63 01. Hier wird viel Live-Musik geboten. Aktuelle Hinweise auf das Programm bei Facebook.

■ **SeeStadtFest:** Jedes Jahr im Mai gibt es in den Havenwelten viele Schiffe zum Anschauen und dazu ein vielfältiges Rahmenprogramm an Land und zu Wasser.

■ **Bierfest:** Im August im Schaufenster Fischereihafen.

■ **Sail Bremerhaven:** In allen durch 5 teilbaren Jahren im August treffen sich in den Havenwelten viele Großsegler aus aller Welt.

nskns_066 mna

Von Bremerhaven bis Cuxhaven

Auf der Küstenreise beginnt im Norden des Stadtgebiets von Bremerhaven die **Wurster Nordseeküste.** Das Nordseebad **Wremen** liegt nur wenige Kilometer nördlich von Bremerhavens Container-Terminal entfernt, die Hafenkräne befinden sich noch in Sichtweite. Die Stimmung in den ehemaligen „freien friesischen Seelanden" ist eine gelassene, das **flache grüne Marschland** wird vorwiegend landwirtschaftlich genutzt. Die Kutter der kleinen Häfen gehen vor allem in den ausgedehnten Wattengebieten vor der Küste auf Fangfahrt. Die Ortschaft **Dorum** liegt ein paar Kilometer landeinwärts, in den kleinen Hafenorten **Dorum-Neufeld** und **Spieka-Neufeld** dominieren im Sommer die vielen Badegäste und Urlauber. Weiter geht die Reise Richtung Norden, schon bald kommen die quirligen **Badeorte Cuxhavens** in Sicht, zuerst neben dem Küstenwald **Sahlenburg,** dann das lebendige **Duhnen** gefolgt vom familienfreundlichen **Döse.** Die Kugelbake markiert den Wendepunkt der Küstenroute, hier treffen Nordsee und Elbe aufeinander.

Wurster Land mit Wurster Watt

Salzwiesen und Rapsfelder, Wälder und Wattenmeer – vielschichtig präsentiert sich die Küstenlandschaft in **Niedersachsens nördlichstem Zipfel.** Das Marschland wird im Westen von der Nordsee und im Osten von einem Geestrücken, der Hohen Lieth, begrenzt. Dieser entstand vor 100.000 Jahren und besteht aus Geschiebe der Saale-Eiszeit; er überragt die flache Marschlandschaft um gut 20 Meter. Archäologische Ausgrabungen haben eine **frühe Besiedelung** nachgewiesen. Bereits vor 2000 Jahren lebten hier „Wurtsassen" auf aufgeschütteten Hügeln in der von der See bedrohten Küstenregion. Um 700 nach Christus besiedelten die Friesen das Gebiet. Seit der Taufe des Herzogs *Widukind* im Jahr 785 verzeichnete die **Christianisierung** zunehmend Erfolge. Die friesische Bevölkerung im Hochmittelalter organisierte sich selbst: Deichbau, Urbarmachung des Landes und Gerichtsbarkeit nahm sie im Namen der Friesischen Freiheit selbst in die Hand.

In der jüngeren Vergangenheit, 2015, entstand aus dem freiwilligen Zusammenschluss mehrerer Orte die **Einheitsgemeinde Wurster Nordseeküste.** Während Wremen und Nordholz den Mittelpunkt des Geschäftslebens bilden, ist Dorum-Neufeld zum touristischen Schwerpunkt geworden. Vor der kilometerlangen Deichlinie erstreckt sich das **Wattenmeer.** Das von der UNESCO 2009 zum Weltnaturerbe ausgezeichnete Gebiet ist der Lebensraum für unzählige Organismen: Wattwürmer, Strandkrabben, Einsiedlerkrebse, Austern und Muscheln leben mit den Gezeiten, mit und ohne Wasser. Die vor den Deichen liegenden **Salzwiesen** zwischen Bremerhaven und Dorum-Neufeld sind ziemlich schmal. Aber vorgelagert gibt es sandige Wattflächen, sogenannte **Sandplaten,** die beliebte Rastplätze für die Vogelwelt bilden. Neben Eiderenten und Brandgänsen ist hier seit den 1980er-Jahren auch der Kormoran wieder ansässig. Weit draußen in der Nordsee liegen **Knechtsand** und **Eversand,** wichtige Rastplätze für **Seehunde.** Auf den Sandbänken gebären die Robben ihre Jungen und säugen sie. Die Seehundpopulation in der Nordsee zeigt trotz Wasserverschmutzung und intensiver Schifffahrt wieder einen stabilen Aufwärtstrend.

Wremen

Das **Nordseebad** liegt **direkt an der Wesermündung,** die Containerterminals von Bremerhaven sind am Horizont zu sehen. Wremen besitzt mit **St. Willehadi** die älteste Kirche im Wurster Land, wie das Gebiet zwischen Bremerhaven und Cuxhaven bezeichnet wird. Im Mittelalter war das der östlichste Zipfel der friesischen Seelande.

Wremen steht für traditionelle Kutter, den **Leuchtturm Kleiner Preuße,** das Sommerfest Wremer Grille und das endlos weite Wattenmeer. Von den Gezeiten abhängig ist der **malerische kleine Hafen,** in dem sowohl Krabbenkutter als auch Sportboote Platz finden. Bei Ebbe fällt die schmale Fahrrinne trocken und der schlickige Meeresgrund wird sichtbar, der Horizont dahinter erstreckt sich scheinbar bis in die Unendlichkeit. Der rasengrüne Badestrand ist auch bei Tagesgästen aus dem Umland beliebt. Hier kann man im Strandkorb sitzen und den **regen Schiffsverkehr** auf der Außenweser beobachten.

Praktische Informationen & Adressen

● **PLZ:** 27638.

● **Tourist-Information:** Rolf-Dircksen-Weg 33, Tel. 04705 210, gzwremen@wursternordseekueste.de, www.wursternordseekueste.de. Im Gästezentrum Wremen sind auch Spielmöglichkeiten für Kinder vorhanden.

● **Verkehrsverein Nordseebad Wremen:** Rolf-Dircksen-Weg 55, Gebäude 44, Tel. 04705 210, info@nordseebad-wremen.de, www.wremen.de.

● **Bahn:** Haltepunkt am Rand der Ortschaft Dorum, die Schienenverbindung führt nach Bremerhaven und Cuxhaven.

● **Bus:** Verkehrsgemeinschaft Nordost-Niedersachsen (VNN), www.vnn.de, Linie 526 fährt nach Dorum-Neufeld, Linie 523 nach Dorum.

● **Leuchtturm Kleiner Preuße:** Wremer Straße 118, info@kleiner-preusse.de, www.kleiner-preusse.de. Auch wenn der heutige Turm nur ein Nachbau

> Kutter im Hafenbecken von Wremen

Das Elbe-Weser-Dreieck

Leuchtturmwärter gesucht

Im Februar 2018 vermeldete dpa, dass das Nordseedorf Wremen in Niedersachsen große Not hatte und per Ausschreibung dringend einen Wärter für den **Leuchtturm Kleiner Preuße** an der Einfahrt des Kutterhafens suchte. Der Haken an der Geschichte: Ausgeprägtes Wissen über Seefahrt, Wetter und Gezeiten war gefragt, aber ein Gehalt würde nicht gezahlt werden. Trotz dieser eigentlich schlechten Voraussetzungen für die **ehrenamtliche Aufgabe** gab es 120 Bewerbungen, eine sogar aus Australien. Insgesamt wurden zehn Personen ausgewählt, die sich diese Aufgabe nun teilen. Es handelt sich um sieben Rentner und drei Berufstätige, die überwiegend aus der Umgebung kommen und nun per Dienstplan Kontakt zu den Urlaubern halten und die Fragen der Besucher beantworten. Der Turm – seit 1930 kein offizielles Seezeichen mehr – beherbergt auch eine **Außenstelle des Standesamtes.** Wenn dort gerade eine Hochzeit stattfindet, muss der Leuchtturmwärter mit freundlichen Worten ungebetene Gäste vom Betreten des „Kleinen Preußen" abhalten. Der Leuchtturm ist ein beliebtes Fotomotiv; dass es sich nur um einen Nachbau des ursprünglichen Turms handelt, ist den Fotografen egal.

nskns_068 mna

ist, bietet sich nach anstrengendem Aufstieg eine fantastische Aussicht über das Wremer Tief. Heiraten kann man hier auch.

■ **Willehadi-Kirche:** In der Langen Straße 14. Die Wehrkirche aus Tuffstein stammt aus der Zeit um 1200. In ihr befindet sich die umfassend überholte Peternell-Orgel aus dem Jahr 1864.

Museen

■ **Kurioses Muschelmuseum Wremen:** Zur alten Schule 4, Tel. 04705 605, www.muschelmuseum-wremen.jimdo.com (Erw. 2,50 €/Kinder bis 14 J. 1,50 €). Die Natur ist der beste Baumeister, über 3000 Gehäuse von Muscheln und Schnecken kann man hier bestaunen.

■ **Museum für Wattenfischerei:** Wremer Straße 118, Tel. 04705 12 17, www.museum-wremen.de (Erw. 2,50 €/Kinder bis 14 J. 1,50 €). Fischfang per Kutter, mit Stellnetzen oder Reusen: Hier wird die Geschichte der unterschiedlichen Lebensbedingungen der Fischer dokumentiert. Dazu gehört auch der historische Krabbenkutter „Koralle".

Einkaufen

■ **Wochenmarkt:** Dienstags und donnerstags von 8 bis 16 Uhr bei der Museumsinsel.

Unser Tipp: **Wurster Webstube:** Wremer Straße 140, Tel. 04705 752, eikedoele140@googlemail. com. Kleines Geschäft in der ehemaligen Teppichweberei mit Handgewebtem von der Wurster Nordseeküste, Dekoartikeln, handgetöpferter Friesenkeramik, Teespezialitäten und maritimer Mode mitten im Ort an der Durchgangsstraße. Die Wollboutique führt eine beachtliche Auswahl an Decken, handgestrickten Socken, Mützen und Wolle. Besonders schön sind die handgesponnenen Wollstränge in wunderschönen Farben.

Essen und Trinken

■ **Siebhaus:** Am Wremer Tief, www.siebhaus.de. Leckeren Apfelkuchen und frisch zubereitete Natas, portugiesische Puddingtörtchen, gibt es hier mit tollem Blick auf den Kutterhafen.

■ **Landhaus Wremer Deel:** In der Langen Straße 20, Tel. 04705 10 49, landhaus@wremer-deel.de, www.wremer-deel.de. Geboten werden köstliche Gerichte mit wechselndem Mittagstisch. Das nette Lokal hat von frühmorgens bis spät am Abend geöffnet.

■ **Wremer Fischerstube:** Am Wremer Tief 4, Tel. 04705 12 49, www.krabben-friedhoff.de. Feine Krabben frisch vom Kutter können auch auf der Sonnenterrasse direkt am Deich verspeist werden.

■ **Café Dahl:** In der Langen Straße 41, Tel. 04705 951 99 17, www.cafedahl.de. Kaffee, Kuchen und Eis lassen sich bei passendem Wetter auf einer Terrasse mit wunderschönem Garten genießen. (Facebook)

Sport und Freizeit

■ **Fahrradverleih Stoppel:** Wurster Landstraße 122, Tel. 04705 605, www.fahrradvermietung-wremen.de.

■ **Fahrradverleih Wiebusch:** Am Wremer Tief 14, Tel. 04705 250, www.fewo-wiebusch.de.

■ **Angeln:** Gastkarten für Geeste, Grauwallkanal, Neuer Hafen und Alter Hafen gibt es bei der Tourist-Information.

■ **Gastliegeplätze für Boote:** Bei den Wremer Sportschippern gegenüber vom Krabbenkutterpier, Tel. 04742 18 29 oder 01575 309 44 98 *(Heinz Bauer)*, www.wremer-sportschipper.de.

■ **Wattwanderungen** können über die Tourist-Information gebucht werden.

■ **Tennis:** Sportzentrum Wremen, Auskunft über die Tourist-Information.

■ **Kitesurfen:** Bei Wremen gibt es eine 142 Hektar große Kitesurfzone, sein Sportgerät muss man allerdings selbst mitbringen; gesurft werden darf von April bis Oktober jeweils drei Stunden vor und nach Hochwasser.

Hotels

■ **Upstalsboom Hotel Deichgraf③:** Strandstraße 54, Tel. 04705 660 40, deichgraf@upstalsboom. de, www.hotel-deichgraf-wremen.de.

■ **Landhaus Wremer Deel**①: In der Langen Straße 20, Tel. 04705 10 49, landhaus@wremer-deel.
de, www.wremer-deel.de.

Camping- und Wohnmobilstellplätze

■ **Campingplatz Wremer Tief:** Strandstraße, Tel.
0172 410 92 27, info@camping-wremer-tief.de,
www.camping-wremer-tief.de. Wenn alles fertig
ist, stehen etwa 300 Stellplätze vor dem Deich mit
Blick auf das Wasser zur Verfügung. Geöffnet immer
vom 15.4. bis 15.9., im Winter muss wegen Hoch-
wassergefahr alles abgebaut werden.

■ **Campingplatz Am Wremer Tief:** Am Wremer
Tief 11, Tel. 04705 409 und 0172 200 69 54, info
@campingplatz-wremen.de, www.campingplatz-
wremen.de. Kleiner und beschaulicher Campingplatz für Zelte, Wohnmobile und Wohnwagen sowie
acht Bungalows für bis zu vier Personen direkt hinter dem Deich.

Veranstaltungen

■ **Wremer Grille:** Von Mitte Mai bis Mitte September jeden Mittwoch ab 19 Uhr Live-Musik, Grillver-
gnügen und Fischbrötchen in dem an der Hauptstraße gelegenen Kurgarten. Wer einen Sitzplatz er-
gattern will, sollte um 18 Uhr da sein, dann gibt es
schon Getränke – in der Regel kommen bei gutem
Wetter ein paar Hundert Besucher und es wird
schnell eng.

■ **Wremer Markt:** Immer am vierten Wochenende im Juli.

■ **Strandfest:** Anfang August.

Dorum und Dorum-Neufeld

Die **St.-Urbanus-Kirche** stammt aus der
Zeit um das Jahr 1200. In der Ausstattung spiegelt sich der damalige Wohl-
stand der Wurster Schiffer wider. Neben
dem Taufstein aus dem 12. Jahrhundert
zählt das romanische Kruzifix aus dem
13. Jahrhundert zum ältesten Kirchen-
inventar an der Wurster Küste. Dorums
kleiner **Sielhafen Dorum-Neufeld** liegt
rund sieben Kilometer vom Hauptort
entfernt. Dort dominiert der **Leuchtturm Obereversand** den Blick aufs Wattenmeer; er wurde im März 2003 vom
Eversandwatt hierher versetzt. Mit einer
neuen Seebrücke und einem seitlichen
Treppenturm ausgestattet, ist er eine
große Touristenattraktion mit tollem
Ausblick auf Hafen und Meer. Direkt neben dem Hafen liegen das Nationalpark-
Haus und das Schwimmbad. Aber auch
zu Fuß im Schlick ist das Weltnaturerbe
zu erwandern, am besten mit kundigem
Führer.

◁ Leuchtturm Obereversand im Wattenmeer

Praktische Informationen & Adressen

■ **PLZ:** 27632 Dorum und Dorum-Neufeld (Wurster Nordseeküste).

■ **Tourist-Information Wurster Nordseeküste:** Am Kutterhafen 3, OT Neufeld, Tel. 04741 96 00, www.wursternordseekueste.de. (Facebook, Twitter)

■ **Bahn:** Haltepunkt am Rand der Ortschaft Dorum, die Schienenverbindung führt nach Cuxhaven und Bremerhaven.

■ **Bus:** Verkehrsgemeinschaft Nordost-Niedersachsen (VNN), www.vnn.de, Linie 526 fährt von Dorum-Neufeld nach Wremen, Linie 524 von Dorum-Neufeld nach Dorum.

■ **Deichmuseum Land Wursten:** Poststraße 12, Tel. 04742 10 20, info@deichmuseum-landwursten.de, www.deichmuseum-landwursten.de (Erw. 2.50 €/Kinder 1,50 €). Zahlreiche Exponate veranschaulichen die Geschichte des Deichbaus, die Entwässerung des Landes und den Küstenschutz.

■ **Nationalpark-Haus Wurster Nordseeküste:** Am Kutterhafen 1, OT Neufeld, Tel. 04741 96 02 90, nationalparkhaus@wursternordseekueste.de, www.nationalparkhaus-wattenmeer.de.

■ **Schwimmbad „Watt'n Bad":** Am Kutterhafen 3, OT Neufeld, Tel. 04741 96 01 71, www.wursternordseekueste.de. Schwimmen im Hallenbecken und im weitläufigen Außenbereich mit rasanten Rutschfahrten ins Wellenfreibecken. Einen Zugang zum Strand gibt es zusätzlich.

Sport und Freizeit

■ **Fahrradverleih Der Radgeber:** Poststraße 12, Tel. 04742 92 66 08.

■ **Fahrradverleih Das Tretmobil Kröger:** Sieltrift 5, OT Neufeld, Tel. 04741 16 60 oder 16 03, www.dastretmobil.de.

■ **E-Bike-Verleih Cuxland-Ferienparks:** Sieltrift 37, OT Neufeld, Tel. 04741 390, www.cuxland-ferienparks.de.

■ **Tennis:** Tennis-Club Dorum, Valger Landstraße, Auskunft und Platzreservierung über die Tourist-Information.

■ **Angeln:** Gastkarte über die Tourist-Information.

■ **Jachthafen Dorum:** Hafen im OT Neufeld, Tel. 04742 92 66 21 und 0179 397 28 73 *(T. Künsting)*, www.dorumer-yachtclub.de.

Hotels

■ **Sporthotel Dorum**①: Valger Landstraße 24, Tel. 04742 344 26 63, sporthotel-dorum@gmx.de, www.sporthotel-dorum.de. Unterkunft mit Indoor-Soccerhalle und Sportsbar mit TV-Übertragung von Bundesliga- und Champions-League-Spielen.

■ **Deichhotel Grube**①: Am Neuen Deich 2, OT Neufeld, Tel. 04741 969 70, mail@deichhotel-grube.de, www.deichhotel-grube.de. Das Hotel direkt am Deich hat auch Ferienhäuser, Apartments und einen Wohnmobilstellplatz im Angebot.

Camping- und Wohnmobilstellplätze

■ **Campingplatz Grube:** Kajediek 1, OT Neufeld, Tel. 04741 31 31, info@campingplatz-grube.de, www.camingplatz-grube.de. 330 Dauerstellplätze und 70 Plätze für durchreisende Kurzzeitcamper hinter dem Deich. Achtung: Bitte eigenes Toilettenpapier mitbringen! (Facebook).

■ **Knaus Campingpark Dorum:** Am Kutterhafen 1, OT Neufeld, Tel. 04741 50 20, www.knauscamp.de. Gemütlicher Campingplatz direkt am Meer unmittelbar neben dem Leuchtturm.

■ **Familien-Camping Kransburger See:** Kransburger Straße 1, 27632 Midlum, Tel. 04742 929 80, www.kransburgersee.de. 400 Stellplätze auf insgesamt 26 Hektar Fläche, mittendrin befindet sich ein 6000 Quadratmeter großer Badesee.

■ **Wohnmobilstellplatz am Deichhotel Grube** (siehe „Übernachtung").

Veranstaltungen

■ **Strandfest mit Wattentaufe:** Anfang August.

■ **Leuchtturmfest:** Jährlich im August.

■ **Dwarsloeper-Festival:** Im September, die teilnehmenden Gastronomen bieten Kulinarisches für Feinschmecker; Infos unter www.dwarsloeper-festival.de. *Dwarsloeper* bedeutet übrigens „Querläufer" – so werden die Strandkrabben genannt.

Cappel

„Bei der Kapelle" bedeutet der Name der kleinen Ortschaft im Wurster Land, die sich beinahe in Sichtweite zur Nordsee befindet. Zisterzienser-Mönche gründeten die **Peter-und-Paul-Kirche** im 12. Jahrhundert, im 15. Jahrhundert kam dann der Turm hinzu. Dieser diente damals auch der Schifffahrt als Landmarke in der Wesermündung. Auf der **Orgel** der Peter-und-Paul-Kirche geben heute hochrangige Künstler Konzerte; sie stammt vom berühmten Orgelbaumeister *Arp Schnitger*. Ursprünglich wurde das Instrument für eine Hamburger Klosterkirche gebaut, nach einem Brand setzte man die Orgel dann 1816 nach Cappel um. Sie gilt als eine der am besten erhaltenen Schnitger-Orgeln und wird wegen ihres Klangs hoch geschätzt.

Praktische Informationen & Adressen

■ **PLZ:** 27632 Cappel (Wurster Nordseeküste).
■ **Tourist-Information:** Siehe bei Dorum.
■ **Bus:** Verkehrsgemeinschaft Nordost-Niedersachsen (VNN), www.vnn.de, Linie 549 fährt nach Midlum.
■ **Tennis-Club Midlum:** Bahnhofstraße 16, Tel. 04741 21 19.

Nordholz

Der größte Ort der Gemeinde Wurster Nordseeküste hat knapp 7500 Einwohner und ist vor allem wegen seines Flugplatzes von Bedeutung. Auf dem **Fliegerhorst Nordholz** ist mit mehreren Geschwadern das Marinefliegerkommando stationiert. Der Teil des Geländes, der zivil genutzt wird, heißt **Sea-Airport Cuxhaven Nordholz.** Seit 2009 findet auf dem Gelände jährlich das **Musikfestival Deichbrand** mit mehr als 50.000 Besuchern statt.

Praktische Informationen & Adressen

■ **PLZ:** 27637 Nordholz (Wurster Nordseeküste).
■ **Tourist-Information:** Wurster Straße 7, Tel. 04741 10 48, www.wursternordseekueste.de.
■ **Bus:** Verkehrsgemeinschaft Nordost-Niedersachsen (VNN), www.vnn.de, mehrere Linien des Stadtverkehrs Cuxhaven.
■ **Aeronauticum:** Peter-Strasser-Platz 3, Tel. 04741 181 90, www.aeronauticum.de. Das deutsche Luftschiff- und Marinefliegermuseum zeigt auf dem 3,6 Hektar großen Freigelände zahlreiche Exponate der Marine nach 1945, im Innenbereich geht es u.a. um die historische Entwicklung der Fliegerei (Erw. 9,50 €/Kinder 6–15 J. 4,50 €).
■ **Fahrradverleih Eddi's Zweiradscheune:** Dorfstraße 68, Tel. 04741 41 83.
■ **Sea-Airport Cuxhaven Nordholz:** Walter-Carstens-Straße 1, Tel. 04741 18 18 16, www.sea-airport.com.
■ **Deichbrand-Festival:** Sea-Airport Cuxhaven/Nordholz, Walter-Carstens-Straße 1, Tel. 01577 855 07 00, www.deichbrand.de. Mehrtägiges Festival mit Musik aus den Bereichen Metal, Emo und Rock plus dreitägiger Poetry Slam.
■ **Campingplatz Nordholz-Süd:** Wanhödener Straße 28, Tel. 04741 85 88, www.nordholz-camping.de. 200 Plätze für Wohnwagen, Wohnmobile, Mobilheime und Zelte; es gibt auch Wohnwägen zu mieten.

▷ Watt und Containerschiff auf der Außenelbe

Cuxhaven

Koog ist die niederdeutsche Bezeichnung für eingedeichtes Land – und damit beginnt die noch relativ junge Geschichte Cuxhavens. Im 16. Jahrhundert wurden an der **Elbmündung** zwei Köge eingedeicht, die man im 17. Jahrhundert noch erweiterte. Der dort entstandene Hafen wurde nach ihnen benannt, aus Kuckshafen wurde Kuxhaven und schließlich Cuxhaven. Heute ist das **Nordseeheilbad** in Kurteile gegliedert, die bekanntesten liegen im Norden und heißen **Sahlenburg, Duhnen** und **Döse.** Zwischen drei und vier Millionen Übernachtungen werden hier Jahr für Jahr gebucht, die meisten von ihnen an der Küste direkt am Nordseewatt – dort hat der touristische Kommerz schon bedenkliche Ausmaße angenommen. Aber in der Stadt, im Lotsenviertel und um die Hafenanlagen schwingt noch immer die gute alte Zeit mit. Damals stachen hier die großen Passagierdampfer Richtung Amerika in See.

Stadt an der Elbmündung

Als ungefähr 1000 Jahre nach Christi Geburt die Wikinger in der Deutschen Bucht und der Elbmündung ihr Unwesen trieben, gab es im Bereich des heutigen Cuxhaven nicht viel zu holen. Mit der Gründung der **Hanse** zu Beginn des 13. Jahrhunderts und dem zunehmenden **Seehandel** von Hamburg und Stade wuchs die strategische Bedeutung der Elbmündung. Auf der vorgelagerten **Insel Neuwerk** errichtete der Rat der Hansestadt Hamburg einen Turm, der als Festungsbauwerk und als Seezeichen zugleich diente. Der 1310 fertiggestellte und knapp 40 Meter hohe Turm steht noch heute, er ist Neuwerks Wahrzei-

Das Elbe-Weser-Dreieck

nskns_070 mna

chen. Der Turmbau gefiel den Burgherren zu Ritzebüttel und der Kirchspiele Altenwarde und Groden überhaupt nicht, sahen sie sich doch als „Herren" der Ländereien an der Elbmündung. Aber die Hamburger Ratsherren blieben stark, und so kam es nach der Fehde zu einem Friedensschluss. Ritzebüttel und die Insel Neuwerk wurden danach einem hamburgischen Ratsherrn unterstellt. Der Mündungstrichter der Elbe mit den vorgelagerten Inseln Neuwerk und Scharhörn wurde zum **Stützpunkt der Hamburger gegen Piraterie und Strandräuberei.** Schließlich wollten die Hansestädter ihren Handelsinteressen ungestört nachgehen und nicht Opfer der Freibeuter werden. Aber die Weiterentwicklung der Exklave erwies sich als schwierig, bei der **Eindeichung des Elbufers** mussten immer wieder Rückschläge in Kauf genommen werden. Erst 1733 gelang es, den ständigen Abbruch des Ufers zu stoppen. Durch die Versenkung von drei ausgedienten Schiffen und dem Hinzufügen von Pfählen und Buschwerk entstand ein stabiles Fundament. Vom vordersten der damals versenkten Schiffe leitet sich der Name dieses später als Schiffsanleger genutzten Bauwerks ab: <mark>**Alte Liebe.**</mark>

Seebad nach englischem Vorbild

Ende des 18. Jahrhunderts empfahl der Naturforscher *Georg Christoph Lichtenberg,* an der Elbmündung einen Badeort nach englischem Vorbild zu gründen. **1816** wurde das Realität, Hamburger Politiker und Kaufleute gründeten das Seebad Cuxhaven. Unmittelbar am Elbufer errichtete man ein erstes Badehaus. Es stand in der Nähe der „Alten Liebe", hier begrüßte man im Sommer **1816** die **ersten Badegäste.** Die damaligen Badeärzte

Das Elbe-Weser-Dreieck

behandelten die Gäste unter anderem gegen „schwarze Melancholie" und „wilde Raserey", dazu verordneten sie Seewasserkuren oder gossen eiskalte Sturzbäder über die Köpfe der Patienten. Die dann nötige Erholung bekamen diese auf Sonnenliegen in einem Pavillon – mit Elbblick selbstverständlich.

Industrialisierung als Wachstumsmotor

Das **Amt Ritzebüttel** war vom 14. Jahrhundert bis 1864 Hamburgs Außenposten an der Elbmündung. 1872 wurde es schließlich mit der Hafensiedlung Cuxhaven vereinigt, so entstand die Landgemeinde Cuxhaven – und dieser Name begann sich durchzusetzen. Jetzt nahm die Entwicklung Fahrt auf, die Phase der Hochindustrialisierung im Deutschen Kaiserreich trug dazu bei. 1881 bekam Cuxhaven den ersten **Eisenbahnanschluss,** die Niederelbebahn verband Harburg mit dem Ort an der Elbmündung. An dieser wurde 1891 der **Neue Hafen** geplant und bis 1896 gebaut, um die Passagierschiffe der Hamburg-Amerika-Linie von Cuxhaven aus über den großen Teich zu schicken. Nach langen Verhandlungen zwischen Hamburg und der Eisenbahngesellschaft entstand 1902 neben den Hapag-Hallen ein **Hafenbahnhof.** Die Wartesaalausstattung erregte viel Aufmerksamkeit, denn neben dem mondänen Flair gab es dort das erste elektrische Licht Cuxhavens. Die **Hapag-Reederei** war zu dieser Zeit die größte Reederei der Welt. Da die Transatlantikschiffe zu Beginn des 20. Jahrhunderts größer gebaut wurden, mussten die Schiffsanleger mitwachsen. Die neue Pier, das **Steubenhöft,** entstand von 1911 bis 1913; mit 400 Metern Länge war sie die größte Pier der Welt.

Parallel dazu entwickelte sich auch der **Fischereihafen,** der 1892 in Betrieb genommen wurde und schon wenige Jahre später, von 1906 bis 1907, ausgebaut und vergrößert werden musste. Mit festen Kaimauern versehen, entstanden an seinem Ostufer zwei jeweils 120 Meter lange Fischhallen; so konnte der Fisch noch direkt am Hafen versteigert und weiterverarbeitet werden. Die Gründung der **Cuxhavener Hochseefischerei AG** fand am 1. Februar 1908 statt – bereits im Gründungsjahr wurden mit 13 Fischdampfern 3500 Tonnen Fisch umgesetzt.

riskins_071 mina

◁ Alte Liebe Cuxhaven mit Münzfernrohren

3

Cuxhaven wird Stadt

Der Ort entwickelte sich im Gefolge des wirtschaftlichen Aufschwungs: 1905 wurde der Vorort **Döse** ein Teil von Cuxhaven. In Döse stand damals schon ein Vorläufer der **Kugelbake** (s.u.). Die Landgemeinde Cuxhaven bekam 1907 die Stadtrechte verliehen. So entstand ein **städtisches Gebilde mit sehr unterschiedlichen Teilen,** dem wirtschaftlich starken Hafengebiet auf der einen Seite und den kleinen Erholungsorten an der See andererseits. Dazwischen lag ländlich geprägter Raum. Sieben ehemalige Landgemeinden, unter ihnen auch Duhnen und die Inseln Neuwerk und Scharhörn, wurden 1935 eingemeindet. Im Zuge einer Hamburger Gebietsbereinigung kam Cuxhaven 1937 in die Hände der preußischen Provinz Hannover und wurde nach dem 2. Weltkrieg Teil des 1946 gegründeten Bundeslandes Niedersachsen. 1969 aber gingen die beiden Inseln Neuwerk und Scharhörn zusammen mit den umliegenden Wattflächen wieder an die Hansestadt Hamburg zurück. Um die Schönheit des Wattenmeeres mit den Inseln zu sichern, wurde das Gebiet 1990 zum **Nationalpark Hamburgisches Wattenmeer** erklärt.

Insel Neuwerk

Eine Sehenswürdigkeit ist die etwa zehn Kilometer vom Festland entfernte Insel Neuwerk. Gut **drei Quadratkilometer** misst das Marschland, auf dem etwa 30 Menschen leben. Von Sahlenburg führt ein mit Pricken gekennzeichneter **Wattenweg** zur Insel, auch in Duhnen kann

3

man zu Fuß starten. Wattführer gehen oft mit großen Gruppen über den Meeresgrund. Wer den weiten Weg durch den Schlick scheut, fährt mit einem von Pferden gezogenen **Wattwagen,** die ebenfalls von Sahlenburg oder Duhnen aus starten. Die Wattwagen legen auf der Insel etwa eine Stunde Pause ein bevor es zurück zum Festland geht. Die Reederei Cassen Eils steuert Neuwerk auch per **Schiff** an, aber nur wenn die Gezeiten es zulassen. Angeboten werden auch **kombinierte Touren** mit Wanderung oder Wattwagen und einer Schifffahrt. Der **Turm Neuwerk** ist die Sehenswürdigkeit der Insel, in ihm gibt es eine Gastwirtschaft und sogar übernachten kann man hier. Von der **Aussichtsplattform** des Turms ist das umliegende Wattenmeer aus der Höhe zu betrachten: Bei klarer Sicht sieht man die Nachbarinsel Scharhörn und die weiteren Sände der Elbmündung, Richtung Süden zeigt sich die Küste des Festlands mit hell leuchtenden Stränden und der dichten Bebauung mit Hotels und Apartmenthäusern.

Cuxhavens Strände

Dem Hafen am nächsten liegt der ca. zwei Kilometer lange **Rasenstrand an der Grimmerhörner Bucht.** Vom Strandkorb aus lässt sich der Schiffsverkehr auf der Elbe prima beobachten. Es gibt dort ein **Bojenbad,** das von der DLRG überwacht wird. Im Norden wird der Strand sandig, **Döse** wirbt mit Familienfreundlichkeit, auch hier ist der Blick auf die Schiffe der Elbe grandios. Überhaupt sind die Strände Cuxhavens **gut gepflegt, sauber und mit reichlich Strandkörben** ausgestattet. Am meisten

los ist natürlich in **Duhnen;** wenn das Wetter dort nicht so ansprechend ist, kann man ins Schwimmbad „ahoi!" gehen und sich im Wellnessbereich verwöhnen lassen. Ob man den Schlick im Watt oder Thalasso im Bad bevorzugt, es gibt genug von beidem. In Duhnen besteht die größte Auswahl an Hotels, Ferienwohnungen, Restaurants und Bars. **Sahlenburg** gilt als Familienbad, hinter dem Deich und Strand wächst hier der **Wernerwald.** Dieser Küstenwald, benannt nach seinem Begründer Dr. *A. Werner,* ist das einzige Waldgebiet direkt an der deutschen Nordseeküste. Auf rund 315 Hektar Fläche wachsen im sandigen Boden vorwiegend Kiefern. Das Wahrzeichen Cuxhavens ist die **Kugelbake;** sie markiert den Übergang von der Elbe zur Nordsee und den nördlichsten Punkt Niedersachsens.

Praktische Informationen & Adressen

■ **PLZ:** 27475.

■ **Tourist-Information:** Cux-Tourismus, Cuxhavener Straße 92, Tel. 04721 404-200, info@tourismus. cuxhaven.de, www.tourismus.cuxhaven.de. Informationsstellen gibt es im Zentrum beim Bahnhof, in Altenbruch, Döse, Duhnen und Sahlenburg.

■ **Leuchtturm Dicke Berta:** Cuxhaven-Altenbruch, Döschers Trift, Tel. 04722 457. Hier kann man sich trauen lassen.

Verkehr

■ **Bahn:** Hauptbahnhof im Stadtzentrum an der Konrad-Adenauer-Allee, die Schienenverbindung führt nach Bremerhaven.

■ **Bus: ZOB** gegenüber vom Hauptbahnhof, VNN, www.vnn-service.de, oder KGV Stadtverkehr Cuxhaven, www.kgv-bus.de, verschiedene Linien im Stadtgebiet.

3

Cuxhaven

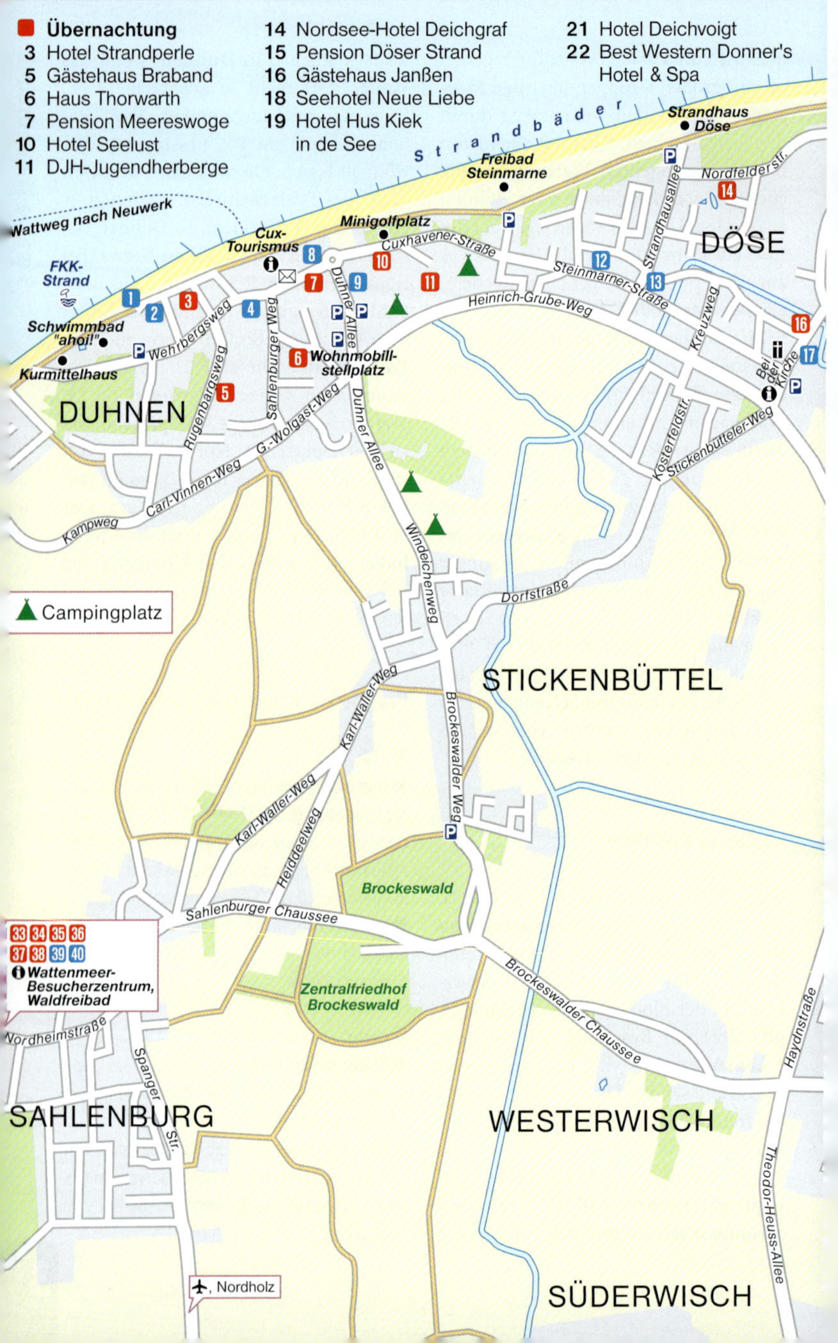

■ Übernachtung

3 Hotel Strandperle
5 Gästehaus Braband
6 Haus Thorwarth
7 Pension Meereswoge
10 Hotel Seelust
11 DJH-Jugendherberge

14 Nordsee-Hotel Deichgraf
15 Pension Döser Strand
16 Gästehaus Janßen
18 Seehotel Neue Liebe
19 Hotel Hus Kiek
   in de See

21 Hotel Deichvoigt
22 Best Western Donner's
   Hotel & Spa

Strandbäder

Strandhaus
Döse

Wattweg nach Neuwerk

Cux-Tourismus

Minigolfplatz

Freibad
Steinmarne

Nordfelderst.

14

FKK-Strand

Cuxhavener-Straße

8

10

11

Steinmarner-Straße

12

Strandhausallee

DÖSE

Schwimmbad
"ahoi!"

7

Dühner Allee

Heinrich-Grube-Weg

13

Kreuzweg

16

Wehrbergsweg

4

Sahlenburger Weg

Rugenbargsweg

6

Wohnmobil-
stellplatz

17

Kurmittelhaus

5

DUHNEN

Carl-Vinnen-Weg

G.-Wolgast-Weg

Dühner Allee

Kösterstelf.

Stickenbütteler Weg

Kampweg

Windeichenweg

▲ Campingplatz

Dorfstraße

STICKENBÜTTEL

Karl-Waller-Weg

Brockeswalder Weg

Karl-Waller-Weg

Heidkeweg

Brockeswald

Sahlenburger Chaussee

Brockeswalder Chaussee

33 34 35 36
37 38 39 40
ⓘ Wattenmeer-
Besucherzentrum,
Waldfreibad

Zentralfriedhof
Brockeswald

Haydnstraße

Nordheimstraße

Spanger Str.

SAHLENBURG

WESTERWISCH

Theodor-Heuss-Allee

✈ Nordholz

SÜDERWISCH

0   400 m

24 Hotel Stadt Cuxhaven
25 Hotel Lerche
28 Havenhostel Cuxhaven
33 Campingplatz Finck
34 Campingplatz Wernerwald
35 Campingplatz Achtern Huus
36 Hotel Muschelgrund
37 Mertingkus Nordseehotel
38 Hotel Strandhus

■ Nachtleben
26 Die Kiste
29 Disco Flair
32 Janssens Tanzpalast

■ Essen und Trinken
1 Leuchtfeuer
2 Osteria Martini
4 Blauth's Streetfood & Meer
8 Sterneck
9 Björn's Beach
12 Da Peppino
13 Fischrestaurant Alt-Döse
17 Restaurant Yamass
20 Restaurant Seeterrassen
23 Hus op'n Diek Fischrestaurant
27 Seeteufel
30 Fischereihafen Restaurant & Lloyd's
31 Die kleine Fischkiste
39 Itjen Strandcafé
40 Restaurant Kupfer-Kessel

Kugelbake

Minigolfplatz
★ Fort Kugelbake
Wohnmobilstellplatz
Kurpark
Piratenspielplatz

Kurparkallee
Strandstraße

15

Strandstr.

Promenade

Hundestrand

Strichweg

18

Strandbad

Grimmershörner Bucht

Döser Feldweg

Döser Seedeich

Hundestrand

Wohnmobilstellplatz

Fährhafen

19

20

Strich-weg

Felweg

Catharinenstraße

21

Gorch-Fock-Straße

Wagnerstraße

Brammstraße

Am Seedeich

Marienstraße

Jachthafen

Hamburger Leuchtturm

Wetterwarte

22 23

Alter Hafen

Seebäderbrücke

Neuwerk   Helgoland

Alte Liebe
★ Alte Liebe
★ Feuerschiff "Elbe 1"

Steubenhöft

Rathaus
Rathausstraße

24

Mittelstraße

26

Alter Fischereihafen

27

Str.

Lenzstraße

Amerikahafen

Beethovenallee

Poststraße

25

28

Präsident-Herwig-Str.

Windstärke 10

M 30 31

Baudirektor-Hahn-Str.

Wasserturm

Röhden-str.

29

Bahnhof

Aberdrothstraße

Bahnhofstr.

INNEN-STADT

ZOB

Hauptbahnhof

Treffpunkt Fischmarktführung

Neuer Fischerei-hafen

Brockeswalder Chaussee

Westerwischw.

Westerwisch

Süderwisch

Süderreihe

Süderleben

Süderssteinstraße

Altenwalder Chaussee

Landwehrkanal

★ Schloss Ritzebüttel

Meyerstr.

Wernerstraße

Grodener Chaussee

Neufelder Straße

Meyerstraße

32

■ **Flixbus:** Haltestelle ZOB (vor dem Hbf), Tel. 030 300 13 73 00, info@flixbus.de, www.flixbus.de. (Facebook, Twitter, YouTube, Instagram)

■ **Elbfähre:** Von Wischhafen nach Glückstadt; siehe bei Wischhafen.

■ **Parken am Fähranleger in Cuxhaven:** 5 € pro Tag auf dem Großraumparkplatz am Anleger. Achtung: Es besteht Überflutungsgefahr! Besonders in den Herbst- und Wintermonaten ist es besser, eine Parkmöglichkeit hinter dem Deich zu wählen. Dann ist der Garagenservice am Bahnhof mit Shuttle-Bus zum Anleger die bessere Wahl.

Ausflüge und Touren

■ **Tagesfahrten nach Helgoland bzw. nach Neuwerk:** Reederei Cassen Eils, Bei der Alten Liebe 12, Tel. 04721 66 76 00, info@cassen-eils.de, www. cassen-eils.de, Abfahrt Cuxhaven Fährhafen Seebäderbrücke (Helgoland: Erw. 44 €/Kinder 4–14 J. 24 €/Familien 115 €; Neuwerk: Erw. 28 €/Kinder 4–14 J. 17 €).

■ **Tagesfahrten nach Helgoland mit dem Katamaran „Halunder-Jet":** FRS Helgoline GmbH & Co. KG, Norderhofenden 19–20, 24937 Flensburg, Tel. 0461 864 44, info@helgoline.de, Abfahrt bei der „Alten Liebe" (Erw. 59–75 €/Kinder 4–14 J. 30–38 €/Familien 143–181 €).

■ **Tagesausflug nach Helgoland mit dem Feuerschiff „Elbe 1":** siehe „Museen, Führungen und Rundfahrten".

■ **Tagesausflug zur Insel Neuwerk und Rundfahrten mit dem Wattwagen:** *Werner Fock,* Tel. 04721 290 43, www.fock-cuxhaven.de (einfache Fahrt nach Neuwerk Erw. 22 €/Kinder bis 9 J. 11 €). Die Termine sind gezeitenabhängig und ändern sich daher täglich.

Museen, Führungen und Rundfahrten

■ **Wattenmeer-Besucherzentrum Cuxhaven:** Nordheimstraße 200, Tel. 04721 70 07 04 00, www.nationalparkhaus-wattenmeer.de. Wie beeinflusst der Mensch das Wattenmeer? Was lässt sich gegen seine Verschmutzung tun? Wie funktio-nieren Ebbe und Flut? Diese und viele weitere Fragen rund um das Weltnaturerbe Wattenmeer und den Klimawandel in der Nordsee beantwortet diese sehenswerte Einrichtung. Auch Exkursionen ins Watt, in Salzwiesen und die Heide werden angeboten. Moderne Schnitzeljagd mit dem Geocaching Cuxnatur.

■ **Windstärke 10:** Ohlroggestraße 1, Tel. 04721 70 07 08 50, windstaerke10@cuxhaven.de, www. windstaerke10.net (Erw. 9,50 €/Kinder 6–16 J. 4 €/Familien 19 €). Das Wrack- und Fischereimuseum erzählt mit einer spannenden Ausstellung von den Gefahren auf dem Meer, von Schiffbrüchen und Überlebenskämpfen, aber auch von der harten Arbeit auf einem Fischtrawler. An bestimmten Tagen kann man beim Knüpfen von Fischernetzen und Knoten zusehen oder selbst mitmachen.

■ **Schloss Ritzebüttel:** Schlossgarten 8, Tel. 04721 721 18 12, www.schlossverein-ritzebuettel. de. Das historische Schloss Ritzebüttel liegt in Bahnhofsnähe und ist von einem prächtigen und sehenswerten Park umgeben. Heiraten kann man hier auch.

■ **Feuerschiff „Elbe 1":** Sommerliegeplatz an der „Alten Liebe", www.feuerschiff-elbe1.de, geöffnet von April bis Oktober (Erw. 3 €/Kinder bis 15 J. 2 €/Familien 8 €). Das Schiff ist ein fahrendes Museum, das man auf eigene Faust oder bei einer Führung erkunden kann. Heiraten kann man hier ebenfalls. Auch Ausflugsfahrten und Lesereisen werden angeboten (Termine auf der Website). Auf Fahrten kann das Feuerschiff-Patent abgelegt werden.

■ **Stadtrundfahrten mit dem Cux-Liner:** Tel. 04721 60 06 45, www.cuxliner.de. Nach dem Hop-on-hop-off-Prinzip auf einem 40 Kilometer langen Rundkurs in 100 Minuten mit Haltestellen an allen wichtigen Sehenswürdigkeiten, zusätzlich Sondertouren (Erw. 16 €/Kinder 4–15 J. und Hunde 8 €/Familien 40 €).

▷ Traber beim Duhner Wattrennen (jedes Jahr im Juli)

3

Das Elbe-Weser-Dreieck

■**Cuxlibahn:** Halbstündige Fahrten zwischen „Alte Liebe" und den Hapag-Hallen von Ende März bis Mitte Oktober (fester Fahrplan, einfache Fahrt: Erw. ab 12 J. 4 €/Kinder 3–11 J. und Hunde 2,50 €/Familien 11 €; Hin- und Rückfahrt: 6 €/4 €/ 17 €).

■**Dühnenbahn:** Die beräderte Bahn fährt zwischen Badhotel Sternhagen in Duhnen und dem Campingplatz Wernerwald in Sahlenburg von Mitte März bis Anfang Oktober nach festem Fahrplan hin und her (einfache Fahrt: Erw. ab 12 J. 5 €/Kinder 3–11 J. und Hunde 3 €/Familien 13 €; Hin- und Rückfahrt: 7 €/5 €/20 €).

■**Hafenrundfahrt** mit „MS Otter" und „MS Störtebeker": Anleger an der Aussichtsplattform „Alte Liebe", Tel. 04721 39 44 66 und 0172 397 58 79, www.cuxhaven-schifffahrt.com. (Facebook)

■**Hafenrundfahrt, Minikreuzfahrten zu den Seehundbänken mit „MS Jan Cux"** und „MS Jan Cux II": Reederei Narg, Kapitän-Alexander-Straße 19, Tel. 04721 725 01, www.reederei-narg.de.

Essen und Trinken in der Innenstadt

31 **Die kleine Fischkiste:** Niedersachsenstraße 1, Tel. 04721 227 15, www.kleine-fischkiste.de. Den Status des „Geheimtipps" hat das Restaurant längst hinter sich gelassen, vom Feinsten ist das Frühstück mit Rührei-Krabben-Brötchen. Im Laden direkt nebenan wird frischer und geräucherter Fisch verkauft.

30 **Fischereihafen Restaurant & Lloyd's:** Neufelder Straße 11, Tel. 04721 39 90 84, www.fischrestaurant-cuxhaven.de. Feine Fisch- und Fleischgerichte in behaglicher moderner Atmosphäre.

27 **Seeteufel:** Präsident-Herwig-Straße 29, Tel. 04721 20 19 50, www.seeteufel-cuxhaven.de. Kleines Fischlokal mit eigener Räucherei.

nskns_072.pct

Die Seenotretter

Die Schifffahrtswege durch die Nordsee waren schon immer gefährlich, und die Deutsche Bucht ist heute eines der weltweit am stärksten befahrenen Seegebiete. Entlang der gesamten Küste und auf fast allen Inseln Niedersachsens gibt es leistungsfähige Rettungseinheiten der **Deutschen Gesellschaft zur Rettung Schiffbrüchiger (DGzRS),** denn hier verlaufen mehrere Großschifffahrtswege. Heute existieren **Stationen** in Norddeich (Seenotrettungsboot „Wilma Siorski"), Neuharlingersiel (Seenotrettungsboot „Neuharlingersiel"), Horumersiel (Seenotrettungsboot „Baltrum"), Hooksiel („Seenotkreuzer „Bernhard Gruben"), Wilhelmshaven (Seenotrettungsboot „Otto Behr"), Fedderwardersiel (Seenotrettungsboot „Hermann Onken"), Bremerhaven (Seenotkreuzer „Hermann Rudolf Meyer") und Cuxhaven (Seenotkreuzer „Anneliese Kramer"). Weitere befinden sich auf den Inseln Wangerooge (Seenotrettungsboot „SRB 68"), Langeoog (Seenotrettungsboot „Secretarius"), Baltrum (Seenotrettungsboot „Elli Hoffmann-Röser"), Norderney (Seenotkreuzer „Eugen"), Juist (Seenotrettungsbott „Hand Dittmer") und Borkum (Seenotkreuzer „Alfried Krupp").

Sturmtiefs, meist aus nordwestlicher Richtung, haben früher viele Segelschiffe stranden lassen. Mitte des 19. Jahrhunderts verunglückten vor der deutschen Nordseeküste jährlich ca. 50 Schiffe. Oft hatte die Besatzung keine Chance, lebend an Land zu kommen. Daher wurden verschiedene Techniken entwickelt, um den Seeleuten von Land und auch vom Wasser aus helfen zu können, zum Beispiel die „Hosenbojen", Rettungsringe mit angenähten Hosen.

1861 gründeten sich in Hamburg, Bremerhaven und Emden die ersten **Rettungsvereine,** um Menschen in Seenot zu helfen. Aus deren **Zusammenschluss** entstand vier Jahre später die DGzRS. Maßgeblichen Anteil daran hatte der Redakteur des „Bremer Handelsblattes" Dr. *Arwed Emminghaus,* der damit, statt einzelne ört-

nskns_073 jz

liche Vereine zu haben, die Seenotrettung in einer Gesellschaft bündeln wollte. Zu dieser Zeit war Helgoland jedoch britisch. Erst 1892, nachdem die Insel im Rahmen des „Helgo-land-Sansibar-Vertrages" deutsch geworden war, stationierte die DGzRS dort ihr erstes eigenes Rettungsboot. Anfangs eilten die Helfer in offenen Ruderbooten zur Hilfe, **ab 1911** kamen die **ersten Motorrettungs-boote** zum Einsatz – heute umfasst die Flotte rund 60 Seenotrettungskreuzer und -boote.

Die DGzRS ist für den maritimen Such- und Rettungsdienst bei Seenotfällen hauptsächlich in den deutschen Hoheitsgewässern verantwortlich. **2016** hatten die Seenotretter in der Nordsee **819 Einsätze,** halfen fünf Menschen in Seenot und befreiten 179 weitere Personen aus Gefahrensituationen. Schirmherr der DGzRS ist der jeweilige Bundespräsident. Zudem werben Prominente als „Botschafter" für die Seenotretter, so beispielsweise auch seit 2013 der Moderator *Yared Dibaba*. Seitdem steht in der Kulisse seiner Sendung im NDR-Fernsehen eines der typischen **Sammelschiffchen** der Seenotretter, die sich an der gesamten Küste in vielen Einrichtungen finden und darauf warten, mit Geld „gefüttert" zu werden. Die DGzRS finanziert sich als gemeinnützige Hilfsorganisation ausschließlich aus **Spenden,** die steuerlich absetzbar sind. Mehr Informationen auch zu regelmäßigen Spenden gibt es auf www.seenotretter.de. Zum 125-jährigen Jubiläum zierte das Sammelschiffchen sogar eine Sonderbriefmarke der Deutschen Post.

◁ Seenotkreuzer „Alfried Krupp"

23 Hus op'n Diek Fischrestaurant: Am Alten Hafen 1, Tel. 04721 380 08, www.husopndiek.de. Das älteste Fischrestaurant Cuxhavens bietet Klassiker wie Labskaus und manches mehr in uriger Gemütlichkeit.

20 Restaurant Seeterrassen: Am Seedeich 38, Tel. 04721 377 00, www.seeterrassen-cuxhaven.de. Panoramarestaurant mit Elbblick und internationaler Küche.

Essen und Trinken in Cuxhaven-Döse

13 Fischrestaurant Alt-Döse: Strandhausallee 2, Tel. 04721 69 06 55, www.alt-döse.de. Im Traditionslokal wird alles frisch gekocht, auch Vegetarier und Fleischliebhaber werden hier fündig.

17 Restaurant Yamass: Bei der Kirche 10, Tel. 04721 66 41 94, www.yamass-doese.de. Griechisches Spezialitätenrestaurant, das Wert auf gute Produkte legt. (Facebook)

12 Da Peppino: Steinmarner Straße 94, Tel. 04721 500 80 01. Sehr guter „Italiener" mit leckerer Pizza und Pastagerichten.

Essen und Trinken in Cuxhaven-Duhnen

1 Leuchtfeuer: Duhner Strandstraße 35, Tel. 04721 39 34 42, www.leuchtfeuer-cuxhaven.de. Tolles Restaurant in bester Lage auf dem Deich mit aufmerksamer Bedienung und frisch zubereiteten Speisen und traumhaften Torten.

9 Björn's Beach: Cuxhavener Straße 69, Tel. 04721 666 91 56, www.björns-beach.de. Umfangreiche Karte mit Burgern, Currywurst, frischen Salaten, Suppen und Nudelgerichten, alles selbst gekocht.

2 Osteria Martini: Duhner Strandstraße 31–32, Tel. 04721 510 67 77, www.osteria-martini.de. Gemütliches italienisches Restaurant mit wechselnden Tagesspezialitäten, die man auch auf der Sonnenterrasse genießen kann.

8 Sterneck: Badhotel Sternhagen, Cuxhavener Straße 86, Tel. 04721 43 40, www.badhotel-sternhagen.de. Hier kocht der 2-Sterne-Koch *Marc Rennhack* allerfeinste Speisen der gehobenen Küche.

4 Blauth's Streetfood & Meer: Cuxhavener Straße 101, Tel. 04721 590 09 42, www.blauths.de. Fischbrötchen, Burger, Salate, Fischsuppe und noch so manch andere leckere Kleinigkeiten.

Essen und Trinken in Cuxhaven-Sahlenburg

39 Itjen Strandcafé: Wernerwaldstraße 3, Tel. 04721 203 20, www.itjen.de. Bäckerei und Konditorei mit mehreren Filialen, auch Frühstück wird serviert.

40 Restaurant Kupfer-Kessel: Nordheimstraße 182, Tel. 04721 291 15, www.kupfer-kessel.de. Gerichte mit selbst geräuchertem Fisch und andere Speisen der klassischen deutschen Küche. Keine Kartenzahlung möglich.

Nachtleben

29 Disco Flair: Holstenstraße 2, Tel. 04721 339 62, www.disco-flair.de. DJs sorgen für gute Musik und die Gäste für gute Stimmung. Mit Raucherlounge.

26 Die Kiste: Kapitän-Alexander-Straße 60, Tel. 04721 423 70 15, www.die-kiste.info. Trendige Kneipe mit vielen Cocktails, dazu gibt es Tapas und Burger. In den Themennächten wird getanzt, oder es wird gekickert.

32 Janssens Tanzpalast: Jacobistraße 21, Tel. 04724 813 30. Großraumdisco mit vier Tanzflächen und Hightech-Anlage.

Sport und Freizeit

■ **Kletterpark Cuxhaven-Sahlenburg:** Beim Waldspielplatz, Wernerwaldstraße 2, Tel. 04721 698 61 38, www.kletterpark-cuxhaven.de (Erw. 24 €/ Kinder bis 17 J. 19 €).

■ **Wattwanderungen nach Neuwerk:** Brandentenweg 2, 27639 Wurster Nordseeküste, Tel. 0173 734 15 19, www.wattwandernneuwerk.de. Von Cuxhaven-Sahlenburg aus 10 Kilometer in drei Stunden, von Cuxhaven-Duhnen aus 12 Kilometer in 3½ Stunden, Rückfahrt mit dem Schiff nach drei Stunden Inselaufenthalt möglich.

■ **Entdeckungspfad Duhner Heide:** Zwischen Sahlenburg und Duhnen in Nachbarschaft zum Watt-tenmeer verläuft dieser knapp zwei Kilometer lange Rundweg durch ein einmaliges Küstenheidegebiet. Die Tour dauert je nach Kondition und Wissbegierde ein bis 1½ Stunden.

Fahrradfahren

■ **Fahrrad & Werkstatt:** Alter Deichweg 9, Tel. 04721 698 01 88, www.fahrradundwerkstatt.com.

■ **Cuxbike:** Cuxhavener Straße 69, Tel. 04721 664 97 50, www.cuxbike.de.

■ **Rad & Tour:** Sandbank 134, www.mietrad.de.

■ **Geführte Radtouren:** Tel. 04721 467 66, www.kuestenlotse.de.

Schwimmbäder

■ **ahoi!:** In Cuxhaven Duhnen, Wehrbergsweg 32, Tel. 04721 40 45 00, www.tourismus.cuxhaven.de. Vielfältiges Angebot mit Thalassozentrum und Spa, Wellenbad und Sauna, Kuren und Fitness.

■ **Freibad Steinmarne:** In Cuxhafen-Döse, Neptunweg 10, Tel. 04721 44 64 46, www.doese.de. Ein 50 x 25 Meter großes Becken gibt es hier unter freiem Himmel mit Liegewiese.

■ **Waldfreibad:** In Cuxhaven-Sahlenburg, Wernerwaldstraße 20, Tel. 04721 44 64 66, www.tourismus.cuxhaven.de. Das beheizte Süßwasserbad liegt mitten im Wernerwald; die Ausstattung umfasst ein Beachvolleyballfeld, Tischtennisplatten und einen Grillplatz.

Übernachtung in der Innenstadt

Seit 2018 erhebt die Stadt Cuxhaven zusätzlich zur **Kurtaxe** eine **Übernachtungssteuer** in Höhe von 2,75 Prozent auf die Bruttomiete, die bei Anreise zu entrichten ist.

24 Hotel Stadt Cuxhaven②: Alter Deichweg 11, Tel. 04721 58 20, www.hotel-stadt-cuxhaven.de. Nettes Haus mitten im Lotsenviertel.

22 Best Western Donner's Hotel & Spa③: Am Seedeich 2, Tel. 04721 50 90, www.besternwestern.de. Das große Vier-Sterne-Hotel liegt in der Nähe der „Alten Liebe".

28 **Havenhostel Cuxhaven**①-②: Kapitän-Alexander-Straße 16, Tel. 04721 667, www.havenhostel-cuxhaven.de. Vom Einzel- bis zum Mehrbett- und Familienzimmer ist alles da.

21 **Hotel Deichvoigt**②: Strichweg 2, Tel. 04721 556 50, www.hotel-deichvoigt-cuxhaven.de. Familiengeführtes Hotel mit mehreren Häusern.

25 **Hotel Lerche**①: Wilhelm-Heidsiek-Straße 19, Tel. 04721 375 97. Preiswertes, kleineres Hotel mitten in der Innenstadt.

19 **Hotel Hus kiek in de See**②: Döser Seedeich 2, Tel. 04721 341 02, www.villa-caldera.de. Das einstige Stammhotel von *Joachim Ringelnatz* ist in einer alten Villa direkt am Rasenstrand untergebracht und hat sehr schöne Zimmer.

Übernachtung in Cuxhaven-Döse

15 **Pension Döser Strand**①: Strandstraße 37, Tel. 04721 478 35, www.pension-döser-strand.de. Familiär geführte Pension, die nur 300 Meter vom Sandstrand entfernt liegt.

18 **Seehotel Neue Liebe**②: Prinzessinnentrift 12, Tel. 04721 797 40, www.seehotel-neue-liebe. de. Größeres Hotel in schönster Lage direkt am Döser Seedeich mit Blick auf die Elbmündung.

16 **Gästehaus Janßen**①: Bei der Kirche 14, Tel. 04721 473 14, www.gaestehaus-janssen.de. Im alten Ortskern von Döse liegt dieses kleine, gepflegte familiengeführte Hotel.

14 **Nordsee-Hotel Deichgraf**③: Nordfeldstraße 16, Tel. 04721 40 50, www.deichgraf.com.

Übernachtung in Cuxhaven-Duhnen

5 **Gästehaus Braband**①-②: Rugenbargs Weg 23, Tel. 04721 483 32, www.gaestehaus-braband. de. Familiengeführtes ruhiges Hotel mit fast 100-jähriger Tradition, fünf Minuten zum Strand.

10 **Hotel Seelust**②: Cuxhavener Straße 65–67, Tel. 04721 40 20, www.hotel-seelust-duhnen.de. Großes Hotel mit Tagungsbereich, eleganter Bar und Spa in zentraler Lage.

3 **Hotel Strandperle**③: Am Wattenweg 15, Tel. 04721 400 60, www.strandperle-hotels.de. Der große Hotelkomplex punktet mit bester Lage direkt am Strand.

7 **Pension Meereswoge**①: Cuxhavener Straße 83, Tel. 04721 335 97, www.pension-meereswoge. de. Einfache familiengeführte Pension in zentraler Lage.

6 **Haus Thorwarth**②: Am Grooten Stehen 10, Tel. 04721 484 95, www.hotel-thorwarth.de. Familiengeführtes Hotel in ruhiger Lage mit Garten und Liegewiese.

11 **DJH-Jugendherberge**①: Schlensenweg 2, Tel. 04721 485 52, www.cuxhaven.jugendherberge.de. Zwischen Duhnen und Döse in unmittelbarer Strandnähe. Für Rollstuhlfahrer geeignet.

Übernachtung in Cuxhaven-Sahlenburg

36 **Hotel Muschelgrund**②: Muschelgrund 1, Tel. 04721 20 90, www.muschelgrund.de. Familiengeführtes kleines Hotel direkt hinterm Deich mit sehr schönen Zimmern und Wellnessbereich.

37 **Mertingkus Nordseehotel**①: Nordheimstraße 57, Tel. 04721 280 11, www.nordseehotel-sahlenburg.de. Das zentrale Hotel mit Restaurant befindet sich direkt gegenüber vom Wernerwald, die Zimmer müssen bar bezahlt werden.

38 **Hotel Strandhus**②: Am Sahlenburger Strand 25, Tel. 04721 39 99 30, www.hotel-strandhus.de. Das kleine Hotel liegt zwischen Deich und Campingplatz und hat sogar ein eigenes Schwimmbad mit Saunabereich.

Campingplätze in Cuxhaven-Duhnen

■ **Campingplatz am Bäderring:** Duhner Allee 5, Tel. 04721 42 61 61, www.campingplatz-duhnen. de. Ganzjährig geöffnet, 150 Stellplätze.

■ **Campingplatz Wattenlöper:** Cuxhavener Straße 57, Tel. 04721 42 60 51, www.wattenloeper.de. Von Mitte März bis Anfang November geöffnet, 200 Stellplätze.

■ **Camping Seelust:** Cuxhavener Straße 65–67, Tel. 04721 40 25 04, www.camping-seelust.de. Ganzjährig geöffnet, 150 Plätze, gehört zum Hotel Seelust.

■ **Campingplatz Nordsee:** Cuxhavener Straße 17, Tel. 04721 489 51, www.camping-nordsee-cux-haven.de. Ganzjährig geöffnet, fast 200 Stellplätze.
■ **Campingplatz am grooten Stehen:** Duhner Allee 30, Tel. 04721 483 25, www.hauhut.de. Ganz-jährig geöffnet, 130 Stellplätze.

Campingplätze in Cuxhaven-Sahlenburg
33 **Campingplatz Finck:** Am Sahlenburger Strand, Tel. 04721 39 99 30, www.camping-finck.de. Von Mitte März bis Ende Oktober geöffnet, knapp 500 Stellplätze.
35 **Campingplatz Achtern Huus:** Sahlenburger Chaussee 51, Tel. 04721 286 62, www.achtern-hu-us.de. Von April bis Okt. geöffnet, 160 Stellplätze.
34 **Campingplatz Wernerwald:** Wernerwald-straße 6, Tel. 04721 290 12, www.cuxhaven.de. Ganzjährig geöffnet, 480 Stellplätze. Tipp: Von März bis Oktober Übernachtung im Baumhaus in vier Me-ter Höhe (bis drei Pers.) mit Blick aufs Wattenmeer.

Wohnmobil-Stellplätze
■ **Wohnmobilstellplatz am Fährhafen:** Am Alten Hafen, genannt „Die Platte".

nskns_074 mna

■ **Wohnmobilstellplatz Messeplatz-Döse:** Cuxhaven-Döse.
■ **Wohnmobil-Strandparkplatz Duhnen:** Duhner Allee 2, Tel. 04721 482 41.

Jachthäfen
■ **City-Marina Cuxhaven:** Tel. 04721 39 90 00, info@marinakontor.de, www.marinakontor.de. Ein-fahrt durch den Alten Hafen, zum Öffnen der Klapp-brücke Tel. 04721 50 01 20 anrufen oder UKW-Kanal 69 (Schleuse Cuxhaven). Ganzjährig Gastplätze vor-handen.
■ **SVC Marina Cuxhafen:** Am Yachthafen 1, direkt hinter der Seebäderbrücke, Tel. 04721 341 11, svc-hafen@svconline.de, www.svconline.de.

Veranstaltungen
■ Aktueller **Veranstaltungskalender** siehe unter www.cuxhaven.de.
■ **Sahlenburger Dorffest:** Ende Juni Straßenfest mit Spiel, Spaß und Unterhaltung.
■ **Lotsenfest:** Jährlich im Juli wird im Cuxhavener Lotsenviertel ein Straßenfest mit Rahmenpro-gramm und Flohmarkt gefeiert.
■ **Duhner Wattrennen:** Jährlich im Juli am Strand herrscht Renn- und Wettbetrieb sowie beste Unterhaltung.
■ **Sommerfest im Park der Lichter:** Im August im Kurpark Döse mit Rahmenprogramm und Licht-installationen.
■ **Cuxhavener Hafentage:** Jährlich im Sommer im Hafen mit Veranstaltungen und Unterhaltung für die ganze Familie, auch Schiffsbesichtigungen sind möglich.
■ **Cuxhavener Buttfest:** Jedes Jahr im Septem-ber gibt es Folklore, Tanz, Live-Musik und mehr auf dem Butt- und dem Kämmererplatz.
■ **Op no Dös:** Alljährlich im September großes Straßen- und Volksfest rund um die Döser Kirche.

◁ Großer Wohnmobilstellplatz in Cuxhaven

Von Cuxhaven bis Stade

Die **Kugelbake** markiert den Wendepunkt, hier beginnt die Elbe. Den Strom aufwärts Richtung Osten wird es nach den umfangreichen Hafenanlagen Cuxhavens beschaulicher, nach der hübschen Kleinstadt **Otterndorf** beginnt das **Kehdinger Land.** Merkmale der traumhaften Marschlandschaft an der Oste sind Obstplantagen und Pferdeweiden. Urlaubsflair herrscht an den Stränden der **Elbinsel Krautsand.** Die Reise an der Nordseeküste Niedersachsens endet in der **Hansestadt Stade,** in der die vielen historischen Fachwerkhäuser in der prächtigen Altstadt mit ihren vielen Gassen noch heute ein lebendiges Bild vergangener Tage zeigen. Dazu gibt es jede Menge Museen, Kultur und Veranstaltungen, Erlebnisse mit dem Schiff „Tidenkieker", der Bahn „Moorkieker" und dem Entdeckerbus „Vogelkieker" – und natürlich die **Elbe am Stadersand,** mit Blick auf die riesigen Containerschiffe.

Otterndorf

Die niedersächsische Kleinstadt mit über 7000 Einwohnern liegt **am Flüsschen Medem** und ist ein **Nordseebad,** das zur Samtgemeinde Land Hadeln gehört. Otterndorf hat eine kleine, aber se-henswerte Altstadt voller historischer Fachwerkhäuser. Hervorzuheben sind das Kranichhaus, die Lateinschule, das Torhaus mit Museum und das Rathaus aus dem 16. Jahrhundert. Überragt werden diese Gebäude von der **St.-Severi-Kirche,** dem sogenannten Bauerndom, deren älteste Teile aus dem 12. Jahrhundert stammen. Im Inneren befindet sich die im 18. Jahrhundert neu aufgebaute Gloger-Orgel. Der heutige Kirchturm aus dem Jahr 1807 ist bereits der dritte. *Johann Heinrich Voß* (1751–1826), der Rektor der Otterndorfer Lateinschule, dichtete dazu: „Auch unser krummer Kirchturm, mein Nachbar, hat nicht gerne Sturm: Sonst fällt das alte Übel noch gar auf meine Giebel." Der markante kupferne Turmhelm wurde ihm erst 1876 aufgesetzt.

Die grüne Stadt an der Elbmündung hat etwa zweieinhalb Kilometer vom Stadtzentrum entfernt ein **Strandbad** mit großzügigem Grünstrand, einer Ba-

> Otterbrunnen mit Herbstlaub

destelle in der Elbe und einem gut ausgestatteten Seglerhafen. Zusätzlich gibt es die **Badeseen Nordsee und Südsee,** an denen viele Ferienhäuser sowie ein großer Campingplatz liegen. Auf der in die Elbe mündenden Medem verkehren Ausflugsschiffe Richtung Altstadt. Dort wird jährlich Anfang August das **Otterndorfer Altstadtfest** gefeiert – es hat sich zu einer der größten Veranstaltungen in der Region entwickelt. Am **Fluss Medem** stehen noch einige alte Speichergebäude; mit im Dachfirst befindlichen Kränen wurde die Ware in die Lagerräume befördert. Einen guten Überblick über Otterndorfs historische Gebäude mit Informationen zu verschiedenen architektonischen Epochen bekommt man bei einer Stadtführung.

Praktische Informationen & Adressen

■ **PLZ:** 21762.

■ **Tourist-Information:** Alte Feuerwache, Wallstraße 12, Tel. 04751 91 91 31, touristik@otterndorf.de, www.otterndorf.de. (Facebook, Twitter, YouTube)

■ **Wochenmarkt:** Freitags von 8 bis 12.30 Uhr, Am Großen Specken.

■ **Bahn:** Haltepunkt am Rand der Altstadt, die Schienenverbindung führt nach Cuxhaven und Stade.

■ **Bus:** Verkehrsgemeinschaft Nordost-Niedersachsen (VNN), www.vnn.de, verschiedene Linien, u.a. nach Altenbruch und Neuhaus (Oste).

Museen und Führungen

■ **Museum gegenstandsfreier Kunst:** Marktstraße 10, Tel. 04751 97 99 99, www.mgk-otterndorf.de (Erw. 3 €/Kinder 1,50 €). Das Museum zeigt Werke aus seiner Sammlung sowie wechselnde Ausstellungen verschiedener Künstler.

■ **Kranichhaus Museum des alten Landes Hadeln:** Reichenstraße 3, Tel. 04751 914 80, www.

kranichhaus.de (Erw. 1 €/Kinder frei). Regionale Kulturgeschichte und Volkskunde aus der bürgerlichen Lebenswelt präsentiert das Kranichhaus, sehenswert ist vor allem die einmalige Sammlung Otterndorfer Silbers.

■ **Stadtführung:** Treffpunkt an der Tourist-Information, Wallstraße 1, www.otterndorf.de (Erw. 4 €/Kinder 1 €). Es werden Touren durch die historische Altstadt, Fledermausführungen und weitere Touren für die ganze Familie angeboten.

Essen und Trinken

■ **Restaurant In de Grund:** Am Großen Specken 5, Tel. 04751 998 95 33, maike@indegrund.de, www.indegrund.jimdo.com. Speisen im Traditionslokal in einem Gebäude aus dem 18. Jahrhundert direkt am Wasser der Medem.

■ **Gaststätte Alt Otterndorf:** Am Kirchplatz 12, Tel. 04751 33 08, www.altotterndorf.de. Fisch in allen Variationen und anderes frisch zubereitet.

■ **Ratskeller:** Rathausplatz 1, Tel. 04751 38 11. Gutbürgerliche Speisen in altem Gewölbekeller, gute Qualität und aufmerksamer Service.

■ **Freibeuter Strandbar:** Außendeich am Badestrand, Tel. 04751 38 91. Einfache Speisen mit Imbisscharakter in ganz toller Lage mit Elbblick.

Sport und Freizeit

■ **Ausflugschifffahrten:** Abfahrt Am großen Specken, Tel. 04751 91 25 13, medemschipper@web.de, www.schifffahrt-otterndorf.de. Von April bis Oktober finden romantische Fahrten mit der „MS Jens" statt.

■ **Geführte Wattwanderungen:** Zu buchen über die Tourist-Information.

■ **Spiel-und-Spaßscheune:** Norderteiler Weg 2a, Tel. 04751 91 96 76, www.spiel-und-spass-scheune.de (Erw. 2,50 €/Kinder 1–3 J. 3 €, 4–17 J. 4 €).

■ **Sole-Therme Otterndorf:** Goethestraße 12, Tel. 04751 36 68, www.sole-therme-otterndorf.de (Erw. 5–18 €/Kinder 1–5 J. 2–3,50 €, 6–17 J. 4–9 €). Badelandschaft mit Kleinkind- und umfangreichem Saunabereich.

3

Das Elbe-Weser-Dreieck

■ **Wake-Boarden und Kite-Surfen:** Norderteiler Weg, Tel. 0176 10 17 18 80, www.wakegarden.de. Das vielfältige Wassersportangebot richtet sich an die ganze Familie.

🛝 **FußBallGolf:** Norderteiler Weg 9a, Tel. 0151 25 13 85 58, www.fussballgolf-otterndorf.de (Erw. 10 €/Kinder bis 15 J. 7,50 €). Mit viel Fußspitzengefühl geht es über 18 Spielbahnen – ein tolles Erlebnis für Klein und Groß.

■ **Seglerhafen Otterndorf:** Medem-Vorhafen, Platzvergabe über den Hafenmeister, Tel. 0160 91 38 02 32, von Mitte April bis Mitte Okt. geöffnet.

■ **Angeln:** Gastkarten über den Campingplatz See Achtern Diek (s.u.).

Fahrradfahren und Paddeln

■ **NordWestRad:** Im Bahnhofsgebäude, Tel. 04751 991 07 88.

■ **Fahrrad- und Tretmobilvermietung Traute Fredebohm:** Radhof, Norderteiler Weg 2, Tel. 04751 38 91.

■ **Fahrradvermietung H. Schoormann:** Schleusenstraße 129, Tel. 04741 57 62.

■ **Kanu- und Fahrradvermietung Ihlienworth:** Eichenweg 4, 21775 Ilienworth, Tel. 04755 752 oder 0174 411 27 72.

Hotels und Jugendherberge

■ **Hotel am Medemufer**②: Goethestraße 15, Tel. 04751 999 90, info@hotel-am-medemufer.de, www.hotel-am-medemufer.de.

■ **Altstadt-Hotel Eibsen**②: Marktstraße 33, Tel. 04751 27 73, info@altstadthotel-eibsen.de, www.altstadthotel-eibsen.de.

■ **Hotel Restaurant Zur Post**①: Cuxhavener Straße 32, Tel. 04751 49 36, info@zurpost-otterndorf, www.zurpost-otterndorf.de.

■ **Hotel Land und Meer**②: Müggendorfer Straße 2, Tel. 04751 97 83 50, info@land-und-meer.com, www.land-und-meer.com.

■ **Jugendherberge Otterndorf**①: Schleusenstraße 147, Tel. 04741 31 65, www.jugendherberge.de.

■ **Campingplatz See Achtern Diek:** Am Campingplatz 3, Tel. 04751 29 33, campingplatz@otterndorf.de, www.campingplatz-otterndorf.de. Geöffnet von April bis Oktober, etwa 600 Plätze.

Veranstaltungen

■ **Otterndorfer Altstadtfest:** Jährlich im Juli wird an drei Tagen gefeiert, dazu gibt es ein buntes Rahmenprogramm.

■ **Sternmarkt:** Weihnachtsmarkt an einem Wochenende im Dezember.

Ausflug zum Ahlenmoor

🌼 Knapp 20 Kilometer von Otterndorf entfernt liegt das **sehenswerte Hochmoorgebiet** mit rund 40 Quadratkilometern Fläche. Nur noch wenige Flächen sind im ursprünglichen Zustand erhalten, teilweise wurde eine Renaturierung eingeleitet. Auf ausgewiesenen **Holzbohlenwegen** kann man das Moorgebiet in Eigenregie sicher erwandern und sich der einzigartigen Tier- und Pflanzenwelt nähern. Mit der **Moorbahn** lässt sich im Rahmen einer etwa zweistündigen Fahrt durch das Naturschutzgebiet Wissenswertes, Historisches und Aktuelles erfahren. An vier Haltestellen mit unterschiedlichen Schwerpunkten gibt es längere Stopps. Der Moorbahnhof liegt direkt neben dem **Moor-Informationszentrum;** es beherbergt eine Gästeinformation, eine spannende Moorausstellung, einen Themenshop sowie das Café-Restaurant Torfwerk mit leckeren Kuchen der Landfrauen.

■ **Moor-Informationszentrum:** Am Hohen Kopf 3, 21776 Wanna-Ahlen-Falkenberg, Tel. 04757 818 95 58, www.ahlenmoor.de.

3

Neuhaus (Oste)

Der Flecken Neuhaus blickt auf eine über 600-jährige bewegte Geschichte zurück. Im historischen Kornspeicher kann man in die Vergangenheit eintauchen, hier befindet sich das **Heimatmuseum.** Der alte Ortskern mit den Häusern an der Deichstraße wurde in den letzten Jahren aufwändig saniert. **Viele kleine und große Brücken** brachten Neuhaus den Beinamen „Venedig des Nordens" ein. Am **idyllischen Binnenhafen** befindet sich die letzte aktive Werft an der Oste. Der Erholungsort inmitten grüner Marschlandschaft liegt **am westlichen Ufer der Oste,** dem längsten Nebenfluss der Niederelbe. An der Oste gibt es einen tideunabhängigen Jachthafen. Ungefähr drei Kilometer vom Ort entfernt liegt der **Ostesee,** der ein Altarm des Flusses ist. Mit eigenem Ferienpark ist der See ein Paradies für Sportangler und Wassersportler, man kann sogar Wasserski fahren und wakeboarden.

Praktische Informationen & Adressen
■ **PLZ:** 21785.
■ **Tourist-Information:** Schleusenplatz 1a, www.neuhaus-an-der-oste.de.
■ **Seglervereinigung Neuhaus:** Tel. 0173 191 14 83, www.svno-neuhaus.de. Tidenunabhängiger Jachthafen mit 30 Gastliegeplätzen.
■ **Wasserskianlage Ostesee:** Infos unter Tel. 04752 12 60, www.wasserski-neuhaus.de.
■ **Wohnmobilstellplatz:** Am Yachthafen, Tel. 0151 16 73 40 21.

▷ Die Oste im Morgenlicht

Kehdinger Land

Die flache grüne Landschaft ist durch den **Elbdeich** geprägt, er schützt das Land vor Sturmfluten. Weite Teile des Landes Kehdingen werden im Frühjahr in ein rosa Blütenmeer verwandelt, dann stehen die **unzähligen Obstbäume** in voller Blüte. Denn wie im Alten Land unterstützen die fruchtbaren Böden und das milde Klima den Obstanbau. Im Sommer blüht der Raps, baumgesäumte Alleen durchschneiden die von der Elbe geprägte Landschaft. Im Herbst und Frühjahr bereiten **gigantische Vogelschwärme** den Hobby-Ornithologen große Freude. Eine besondere Atmosphäre herrscht in diesem Stück idyllischer Natur, in dem **Marsch- und Moorlandschaften** das Bild bestimmen. Auch für Radfahrer ist die Gegend von großem Interesse, der **Elbe-Radweg** und zahllose andere Routen laden zu kleinen und großen Touren ein. Dabei kann man sich auch mit dem Elbe-Radwanderbus zu zahlreichen Attraktionen bringen lassen; er verkehrt zwischen dem Natureum und Harsefeld im Landkreis Stade. Wer sich das Kehdinger Land erwandern möchte, bekommt in den Tourist-Informationen Vorschläge zu verschiedenen **Wanderrouten** mit unterschiedlichen Längen und Themen.

Praktische Informationen & Adressen
■ **Tourist-Information Kehdingen Wischhafen:** Stader Straße 175, 21737 Wischhafen, Tel. 04770 83 11 29, info@tourismus-kehdingen.de, www.tourismus-kehdingen.de.
■ **Tourist-Information Kehdingen Drochtersen:** Drochterser Straße 39, 21706 Drochtersen, Tel. 041 43 91 21 40, tourist@tourismus-kehdingen.de, www.tourismus-kehdingen.de.

3

🔴 **Elbe-Radwanderbus im Tourismusverband Landkreis Stade:** Kirchenstieg 30, 21720 Grünendeich, Tel. 041 42 81 38 38, info@tourismusverband-stade.de. (Facebook, Twitter)

🔴 **Kehdinger Wildganstage:** Jährliche Veranstaltungsreihe im Oktober mit Ausflugsfahrten, Vorträgen und Musikveranstaltungen.

Balje

Das Wort Balje bedeutet Wasserrinne im Watt. Hinter schützenden Deichen befindet sich die gleichnamige Gemeinde im Land Kehdingen zwischen Oste und Elbe. Sie liegt an der **Deutschen Fährstraße.** Die **St.-Marien-Kirche** stammt aus dem Jahr 1936, sie ersetzte die zuvor abgebrannte mittelalterliche Kirche. Das von 1964 bis 1966 gebaute **Ostesperrwerk** schützt das Binnenland vor Sturm-fluten. Das Bauwerk besteht aus fünf Öffnungen; der Mittelteil ist mit einer Klappbrücke versehen und sorgt dafür, dass auch Schiffe mit hohen Masten durchfahren können. Direkt neben dem Sperrwerk kann man dem interessanten **Freilichtmuseum Natureum** einen Besuch abstatten. Vor dem Deich steht der alte **Baljer Leuchtturm** aus dem Jahr 1904; er ist von kulturhistorischer Bedeutung und kann von Juli bis August besichtigt werden, da er mitten im **Vogelschutzgebiet** liegt (Öffnungszeiten unter www.foerderverein-baljer-leuchtturm.de).

Praktische Informationen & Adressen

🔴 **PLZ:** 21730.

🔴 **Touristikverein Kehdingen:** Stader Straße 175, 21737 Wischhafen, Tel. 04770 83 11 29, www.tourismus-kehdingen.de.

nskns_076 mna

Küstenschutz

Der Schutz der Küsten und Inseln ist eine Daueraufgabe, denn rund 14 Prozent der Landesfläche Niedersachsens ist durch **Sturmfluten** gefährdet. Das Bundesland hat seit 1955 gut drei Milliarden Euro investiert, die höchsten **Deiche** sind inzwischen bis zu neun Meter hoch, und in den nächsten Jahren sollen alle Deiche, sofern nicht schon geschehen, um 25 Zentimeter erhöht werden. Sie sollen das Hinterland auch vor sehr schweren Sturmfluten sichern. Einen absoluten Schutz gibt es natürlich nicht, aber die Höhe der Hauptdeiche wird nach dem zu erwartenden höchsten Tidehochwasser bemessen, der Wellenlauf wird noch hinzugerechnet. So hat sich bereits bei der Nikolausflut von 2013 mit höheren Wasserständen als bei den verheerenden Sturmfluten von 1962 und 1976 gezeigt, dass die Schutzmaßnahmen greifen.

Es gibt übrigens keine Häufung von Sturmfluten, wie vielfach behauptet wird. Das belegen die Aufzeichnungen vom Pegel Norderney, wo seit mehr als 100 Jahren der Wasserstand erfasst wird, eindeutig. Vielmehr sind **unterschiedliche Sturmflutaktivitäten** nichts Ungewöhnliches. Während es in den 1950er- und 1960er-Jahren nur wenige Sturmfluten gab, stieg die Zahl in den darauffolgenden drei Jahrzehnten sowie 2007 und 2008 deutlich an. Die Jahre 2009 bis 2011 lagen mit drei Sturmfluten wieder deutlich unter dem Schnitt von zehn pro Jahr, während im Winter 2014 und 2015 13 leichtere Sturmfluten registriert wurden. Von 2016 bis 2018 waren es elf Sturmfluten, drei davon schwer. Ebenfalls unstrittig ist ein weltweiter **Anstieg des Meeresspiegels,** Auslöser scheint die von Menschen verursachte Klimaerwärmung zu sein. Zwischen 1870 und 2018 wurde an der Nordseeküste ein Meeresspiegelanstieg von ca. 25 Zentimetern gemessen. Das wird in der Zukunft für erhöhte Überschwemmungsgefahr sorgen, daher sind die Kosten der Küstenschutzmaßnahmen eine sinnvolle Investition.

nskns_077 mna

Allein die **niedersächsische Hauptdeich-linie** ist rund 610 Kilometer lang. Kommen die tidebeeinflussten Flussmündungen und die vorgelagerten Inseln noch hinzu, sind es mehr als 1000 Kilometer. Kein Wunder, dass das Thema Küstenschutz in Niedersachsen einen hohen Stellenwert genießt. Zuständig dafür ist der **Niedersächsische Landesbe-trieb für Wasserbetrieb, Küsten und Na-turschutz,** kurz NLWKN. Er ist verantwortlich für die Planung und den Bau der landeseigenen Anlagen für den Küstenschutz. Niedersachsen ist übrigens das einzige Bundesland mit einem eigenen **Deichgesetz.** Gemeinsam tragen alle im Schutz der Deiche lebenden Grundstückseigentümer die Verantwortung für die Erhaltung der Deiche und Schutzmauern.

Übrigens leisten die für das Landschaftsbild so typischen **Schafe** auf den Deichen einen wichtigen Beitrag zum Küstenschutz. Ihr Gewicht verdichtet den Boden auf wirkungsvolle Art und Weise und sie halten das Gras kurz. Schwere Tiere wie beispielsweise Kühe, aber auch die Tunnel grabenden Kaninchen und Bisamratten würden die Deiche zerstören. Wer sich an dem Anblick der weißen Schafe auf grünem Grund vor blauem Himmel erfreut, kann dies in doppelter Hinsicht tun: Die freundlichen Tiere blöken nicht nur nett, liefern Wolle oder Fleisch, sondern sie schützen auch die Menschen hinterm Deich.

◁ Schafe tragen zum Küstenschutz bei

■ **Bus:** Verkehrsgemeinschaft Nordost-Niedersachsen (VNN), www.vnn.de, Linie 2026 fährt über Freiburg (Elbe) nach Stade.

🦋 **Natureum Niederelbe:** Neuenhof 8, Tel. 04753 84 21 10, www.natureum-niederelbe.de (Erw. 8 €/Kinder bis 16 J. 5 €/Familien 20 €). Das Freilichtmuseum besteht aus einem Naturpark an der Ostemündung mit mehreren Gebäuden, in denen Dauer- und Sonderausstellungen stattfinden. Zu bewundern sind auch verschiedene Aquarien und ein Walskelett. (Facebook, YouTube)

■ **Wohnmobilstellplatz:** Am Oste-Sperrwerk/Natureum, Tel. 04770 83 11 29, www.tourismus-kehdingen.de.

Freiburg (Elbe)

Erwähnenswert in Freiburg ist neben der **St.-Wulphardi-Kirche** vor allem der **malerische Hafen.** Er ist tideabhängig; die in ihm befindlichen Sportboote können über den zwei Kilometer langen Freiburger Hafenpriel auf die Elbe gelangen. Die **Bootswerft Hatecke** auf dem Hafengelände baut und repariert unter anderem Helgolands Börteboote. Direkt neben dem Hafen steht das **Kulturzentrum Historischer Kornspeicher,** in dem sich auch ein Restaurant mit schöner Terrasse und tollem Blick auf das Hafenbecken befindet.

Praktische Informationen & Adressen

■ **PLZ:** 21729.

■ **Tourist-Information:** Siehe oben bei Kehdinger Land.

■ **Bus:** Verkehrsgemeinschaft Nordost-Niedersachsen (VNN), www.vnn.de, Linie 2026 fährt nach Stade.

■ **Historischer Kornspeicher:** Elbstraße 2, Tel. 04779 89 94 74, info@kornspeicher-freiburg.de, www.kornspeicher-freiburg.de. Abwechslungsreiches Kulturprogramm in historischem Gebäude mit Gastronomie.

🟥 **Wohnmobilstellplatz Freiburg:** Am Sport- und Freizeitzentrum, Am Bassin 25, Tel. 04770 83 11 29, www.tourismus-kehdingen.de.

🟥 **Angeln:** Gastkarten gibt es bei der Tourist-Information.

🟥 **Jachthafen:** Tel. 04779 92 51 97, www.sv-freiburg.de. Gastliegeplätze vorhanden.

Wischhafen

Das maritime Erbe ist in Wischhafen auf Schritt und Tritt zu spüren, nicht nur die noch immer wichtige **Elbfähre** erinnert daran. Hinter dem Deich am alten Hafen

☑ Die Schwebefähre in Osten ist ein technisches Kulturdenkmal

lässt das **Küstenschifffahrts-Museum** frühere Zeiten aufleben. Viele Exponate informieren über die Geschichte von Flussfischerei und Schiffsbau, ein Museumshafen mit Küstenmotorschiff gehört ebenfalls dazu.

Praktische Informationen & Adressen

🟥 **PLZ:** 21737.

🟥 **Tourist-Information:** Siehe oben bei Kehdinger Land.

🟥 **Bus:** Verkehrsgemeinschaft Nordost-Niedersachsen (VNN), www.vnn.de, Linie 2026 fährt nach Stade.

🟥 **Elbfähre Glückstadt – Wischhafen:** Glückstädter Straße 1, Tel. 04124 24 30, www.elbfaehre.de.

🟥 **Fährhaus Wischhafen:** Fährstraße 16, Tel. 04770 71 72, www.stade.city-map.de/de/faehrhaus-wischhafen. Kleines Hotel und Restaurant an der Süderelbe, aus einigen Räumen kann man auf den Fluss blicken.

nskns_078 mna

Das Elbe-Weser-Dreieck

■**Kehdinger Küstenschiffahrts-Museum:** Unterm Deich 7, Tel. 04770 83 11 40, info@kuesten-schiffahrtsmuseum.de, www.kuestenschiffahrts-museum.de (Erw. 4 €/Kinder 8–16 J. 1 €/Familien 8 €). Zum Museum im denkmalgeschützten Getreidespeicher gehört auch das restaurierte Küstenmotorschiff „Iris-Jörg".

■**Bildungsschiff „Anna-Lisa von Wischhafen":** Das historische Plattbodenschiff vom Typ Besan-Ewer bietet Bildungsfahrten in Form verschiedener Törns an. Kontakt über anna-lisa@bildungsschiff.de, www.bildungsschiff.de.

■**Angeln:** Gastkarten gibt es bei der Tourist-Information.

■**Wischhafener Yachtclub Niederelbe:** Fährstraße 21, Tel. 04770 77 77, www.wycn.de. Liegeplätze in der malerischen Umgebung der Wischhafener Süderelbe.

■**Wohnmobilstellplatz Wischhafen-Fähre:** Glückstädter Straße, Tel. 04770 83 11 29, www.tourismus-kehdingen.de.

Abstecher nach Osten (Oste)

Die kleine Ortschaft liegt **in der Ostermarsch** am Ufer des Flusses Oste und ist **Teil der Samtgemeinde Hemmoor.** 1909 begann eine besondere Form der Flussquerung: Die **Schwebefähre** wurde in Betrieb genommen. Sie ist heute ein technisches Kulturdenkmal, weltweit sind nur acht weitere Fähren dieser Bauart bekannt. 2006 wurde die Schwebefähre „Osten-Hemmoor" restauriert, für touristische Zwecke transportiert sie noch immer Menschen über den Fluss.

Praktische Informationen & Adressen
■**PLZ:** 21756.
■**Tourist-Information Hemmoor:** Bahnhofsweg 4, 21745 Hemmoor, Tel. 04771 686 97 68, www.gemeinde-osten.de.

■**Schwebefähre „Osten-Hemmoor":** Fährstraße 2, Tel. 0172 661 84 67, www.schwebefaehre-osten.de. Fahrt mit dem geschichtsträchtigen technischen Denkmal mit anschließendem Besuch im Museum De Fährstuv. (Facebook)

■**Museum Alte Rektorschule:** Am Markt 5 (direkt an der Kirche), Tel. 0159 05 87 87 95, www.buddelmuseum.de. Über 35 Jahre hat das Ehepaar *ten Doornkat* eine Sammlung von etwa 4500 Behältnissen für alkoholische Getränke zusammengetragen – aus aller Welt.

Drochtersen mit Insel Krautsand

Die Gemeinde Drochtersen wird neben dem Hauptort aus den Ortsteilen Assel, Hüll, Dornbusch und der Elbinsel Krautsand gebildet. Die einstige Insel besteht aus mehreren Sänden, Elbinseln und der Süderelbe, die teils durch natürliche Prozesse und teils durch menschliche Maßnahmen zusammenwuchsen. Der Krautsand ist ein beliebtes Urlaubs- und Ausflugsziel, am rund **vier Kilometer langen Sandstrand** kann man beinahe im Fahrwasser der dicken Pötte schwimmen. Zur Krokusblüte im Frühling (März/April) feiert Drochtersen das **Blütenfest.** Aus diesem Anlass gibt es ein Oldtimertreffen, sodass neben den Blüten historische Autos, Motorräder, Lastkraftwagen und Traktoren bestaunt werden können.

Praktische Informationen & Adressen
■**PLZ:** 21706.
■**Tourist-Information Kehdingen:** Drochterser Straße 39, Tel. 04143 91 21 40, www.tourismus-kehdingen.de
■**Bus:** Verkehrsgemeinschaft Nordost-Niedersachsen (VNN), www.vnn.de, Linie 2026 fährt nach Stade.

3

■**Elbwasser Café & Bar Krautsand:** Elbinsel Krautsand 62, Tel. 04143 21 99 66, www.elbwasser-krautsand.de. Leckere Baguettes und Cocktails mit Bundesligafußball. (Facebook)

■**Café-Restaurant Zum Oberfeuer:** Leuchtturmweg 5a, Tel. 04143 99 99 52, www.oberfeuer.org (geschlossen Nov. bis März). Hier gibt es alles, von kleinen Gerichten bis zum Candle-Light-Dinner.

■**Museum Heimatstube:** Asseler Straße 42, OT Assel, Tel. 04775 89 82 65 oder 04148 15 58. Gebrauchsgegenstände aus Haushalten und Handwerksbetrieben aus verschiedenen Zeitepochen sind hier ausgestellt (geöffnet April bis Oktober).

■**Wassersportverein Drochtersen Elbe e.V.:** Tel. 0151 18 76 01 81, www.wsde.de. Gäste sind im tideabhängigen Hafen herzlich willkommen, auf einigen Liegeplätzen fällt man trocken.

Übernachtung

■**Elbstrand Resort Krautsand**②: Elbstraße 1, Tel. 04143 206 00, hotel@elbstrand-resort.de oder ferienwohnung@elbstrand-resort.de, www.elbstrand-resort.de. Modernes Hotel mit Ferienwohnungen, Bistro und Restaurant direkt hinter dem Elbdeich.

UNSER TIPP: Baumhaushotel Krautsand③: Schanzenstraße 23, Tel. 04143 91 19 50, www.elbinselhof-krautsand.de. Jedes der drei stylisch eingerichteten Stelzenhäuser steht inmitten alter knorriger Weiden – nur eine Pferdeweide und der Deich trennen sie von der Elbe.

Camping- und Wohnmobilstellplätze

■**Campingplatz Krautsand:** Elbinsel Krautsand 58, Tel. 04143 14 94, info@campingplatz-kraut-

nskns_079 mna

sand.de, www.campingplatz-krautsand.de. Von Ende März bis Ende Oktober geöffnet. (Facebook)

🔴 **Campingplatz am Leuchtturm:** Leuchtturmweg 5a, Tel. 04143 55 22, info@campingplatz-krautsand.de, www.campingplatz-krautsand.de. Direkt am Elbdeich können die passierenden Schiffe – 80.000 sind es pro Jahr – beobachtet werden. Geöffnet von April bis Okt., fast 300 Plätze. (Facebook)

🔴 **Wohnmobilstellplatz Krautsand:** Elbinsel Krautsand 28, Tel. 04770 83 11 29 und 04143 91 21 40, Kontakt auch über die Tourist-Information. Vor dem Deich direkt an der Elbe gelegen.

🔴 **Wohnmobilstellplatz Assel:** Am alten Hafen, Kontakt über die Tourist-Information.

⌄ Strandleben auf der Elbinsel Krautsand

Stade

Das Elbe-Weser-Dreieck

Die mehr als 1000-jährige Geschichte der **Hansestadt** Stade ist in der **sanierten Altstadt** überall präsent. Die ältesten Gebäude, wie zum Beispiel das Gewölbe des Rathauskellers, stammen aus dem 13. Jahrhundert. Das **Rathaus** gehört auch zu den sehenswertesten Gebäuden der Stadt, dazu kommen die großen mittelalterlichen Kirchen St. Wilhadi und St. Cosmae et Damiani, der Schwedenspeicher und **zahlreiche Fachwerkhäuser.** Am **Hansehafen** schlug einst das wirtschaftliche Herz der Stadt. Dort wurde

© REISE KNOW-HOW

0   100 m

NSKN20 11/19

■ **Übernachtung**
1 Vier Linden Kiek in Hotel
3 Jugendherberge
8 Wohnmobilstellplatz am Schiffertor
12 Hotel Stade Herzog Widukind
13 Hotel Stade

■ **Essen und Trinken**
4 Restaurant Knechthausen
5 Pannekoken-Hus
7 Altstadtcafé
9 Ratskeller Stade
14 Elbblick

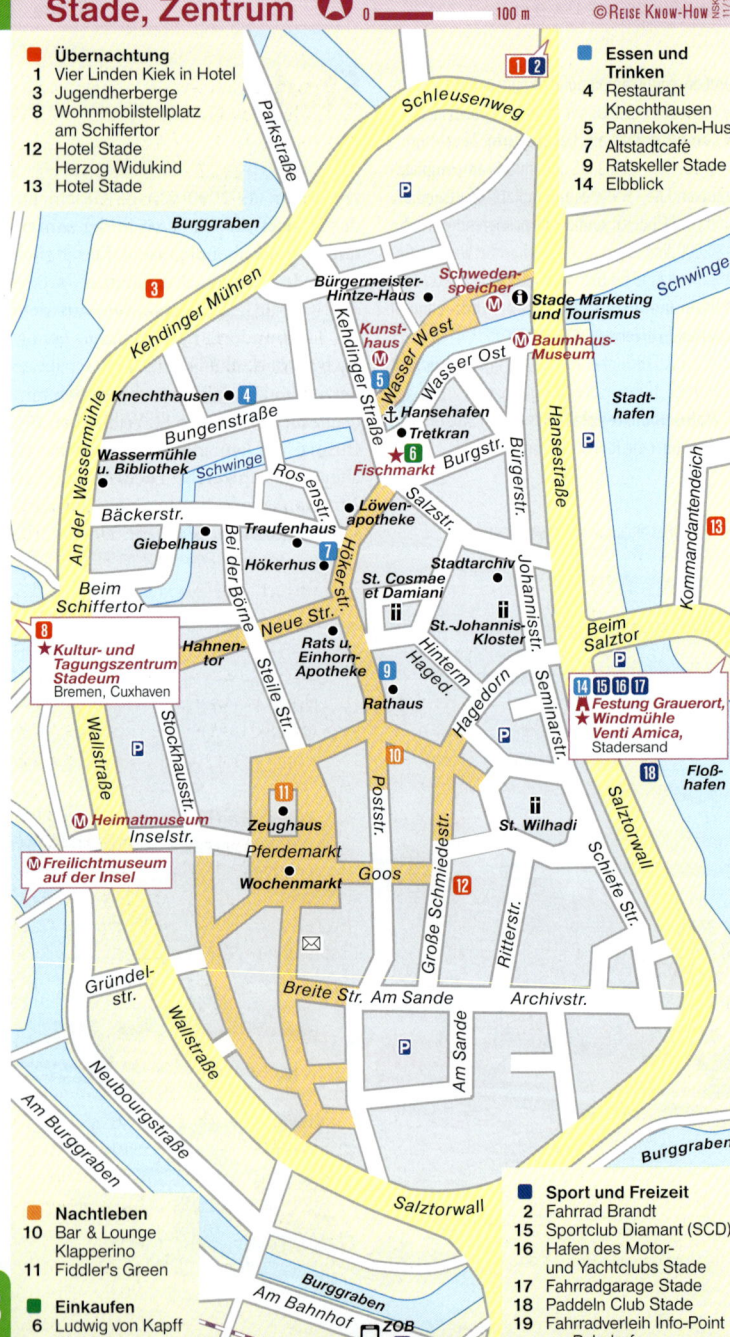

Schleusenweg

Parkstraße

Burggraben

Kehdinger Mühren

An der Wassermühle

Knechthausen

Bungenstraße

Wassermühle u. Bibliothek
Schwinge

Bäckerstr.

Giebelhaus

Beim Schiffertor

Bürgermeister-Hintze-Haus

Schwedenspeicher

Stade Marketing und Tourismus

Kunsthaus

Baumhaus-Museum

Wasser West
Wasser Ost

Hansehafen

Tretkran

Fischmarkt

Burgstr.

Rosenstr.

Salzstr.

Löwen-apotheke

Traufenhaus

Hökerhus

Höker-str.

St. Cosmae et Damiani

Stadtarchiv

Johannisstr.

Bürgerstr.

Hansestraße

Stadt-hafen

Kommandantendeich

Schwinge

Schwinge

★ **Kultur- und Tagungszentrum Stadeum**
Bremen, Cuxhaven

Hahnentor

Neue Str.

Rats u. Einhorn-Apotheke

St.-Johannis-Kloster

Beim Salztor

▲ **Festung Grauerort, ★ Windmühle Venti Amica,** Stadersand

Rathaus

Hinterm Haged

Hagedorn

Seminarstr.

Floß-hafen

Wallstraße

Stockhausstr.

Steile Str.

Poststr.

Große Schmiedestr.

Salztorwall

Schiefe Str.

M **Heimatmuseum**
Inselstr.

M **Freilichtmuseum auf der Insel**

Zeughaus

Pferdemarkt

Wochenmarkt

Goos

St. Wilhadi

Ritterstr.

Breite Str. Am Sande

Archivstr.

Gründel-str.

Wallstraße

Neubourgstraße

Am Sande

Burggraben

Am Burggraben

Salztorwall

■ **Sport und Freizeit**
2 Fahrrad Brandt
15 Sportclub Diamant (SCD)
16 Hafen des Motor- und Yachtclubs Stade
17 Fahrradgarage Stade
18 Paddeln Club Stade
19 Fahrradverleih Info-Point am Bahnhof

Burggraben

Am Bahnhof

ZOB
19 Bahnhof

■ **Nachtleben**
10 Bar & Lounge Klapperino
11 Fiddler's Green

■ **Einkaufen**
6 Ludwig von Kapff Weinlager

3

1977 nach dem Vorbild des Alten Krans in Lüneburg ein **Tretkran** errichtet. Das baufällige Original in Stade hatte man 1898 abgebaut. Natürlich ist Stade stark vom Wasser beeinflusst. Neben dem Alten Hansehafen, der über den Unterlauf des Flüsschens Schwinge mit der Elbe verbunden ist, ist der **Burggraben,** der Stades Innenstadt umgibt, von prägender Bedeutung. Dort kann der Besucher sich im Fleetkahn entlang der alten Wallanlagen schippern lassen und die Hansestadt aus neuer Perspektive kennenlernen.

Geschichte und Sehenswertes

Der Name leitet sich von einem alten Wort für Ufer ab und ist noch immer im Wort Gestade enthalten. Urkundlich erstmals erwähnt wurde Stade im Zusammenhang mit einem Wikingerangriff, das war im Jahr 994. Um die damalige Jahrtausendwende wurde bereits der **Alte Hafen an der Schwinge** ausgebaut. Schnell entwickelte sich der kleine Marktflecken zu einem **wichtigen Handelsplatz an der Niederelbe.** Nach dem Aussterben der Grafen von Stade kam *Heinrich der Löwe* an die Macht. Er vereinte die einzelnen Stadtviertel zu einem Ganzen und befestigte sie mit Wall und Graben. Nach seiner Entmachtung wurden sich die Welfen und das Erzbistum Bremen nicht einig, was die Stadt für ihre Entwicklung nutzte. Kaiser *Otto IV.* verlieh Stade 1209 das Stadtrecht. Gleich zu Beginn der **Hanse** wurde Stade Mitglied in dem Bund norddeutscher Kaufleute. Um 1300 wurde das Hafenbecken erweitert und mit Kaimauern befestigt. Die Schwinge und der Hafen mussten

mehrfach vertieft werden, immer wieder verlandete das Flüsschen. Stades **Blütezeit** reichte bis in die Zeit des Dreißigjährigen Krieges. Doch die schwedische Eroberung 1645 verwandelte Stade zunehmend in eine Garnisons- und Verwaltungsstadt. Rund 70 Jahre lang gehörte Stade zur schwedischen Krone. Am 26. Mai 1659 fielen zwei Drittel der Stadt einem großen **Brand** zum Opfer.

Der Wiederaufbau erfolgte mit unverändertem Grundriss, so behielt die Innenstadt Stades nach der Katastrophe ihren Charakter. Auf dem Gewölbe des abgebrannten Rathauses bauten die Stader 1667 ein neues im flämischen Stil. Von kulturhistorischer Bedeutung sind die beiden Innenstadtkirchen, deren Mauerwerk die Flammen überstanden hatte. *Erasmus Bielefeldt* stattete die **Kirche St. Wilhadi** mit einer Orgel aus. Die **Kirche St. Cosmae et Damiani** wurde von *Berendt Hus* und seinem Gesellen *Arp Schnitger* mit einer bedeutenden Barockorgel aufgewertet. Im Jahr 1705 stellten verschiedene Baumeister den **Schwedenspeicher** fertig; in seinem Mauerwerk wurden 176.326 Steine des abgebrochenen Schlosses in Bremervörde verbaut. Rund 270 Jahre später wurde der Schwedenspeicher zum Museum: Nach umfassender Restaurierung öffnete es 1977 mit einer Sonderausstellung über die Wikinger seine Türen.

Stades **Innenstadt** mit der Schwinge, dem Burggraben, dem Stadthafen und den alten Fachwerkgebäuden sollte man als **Gesamtkunstwerk** betrachten. Es gibt viel Historisches zu entdecken, genug, um hier ein paar Tage zu verbringen. Dabei kann man das Augenmerk auch auf das **Umland** der Hansestadt richten: Dort, wo die Schwinge in die Elbe mündet, liegt der **Stadersand**. Mit einem Café und einem kleinen Schiffsanleger ist es ein herrlicher Ort, um das Abendlicht an der Elbe zu genießen und den vorbeiziehenden großen und kleinen Schiffen hinterherzuschauen.

Praktische Informationen & Adressen

■ **PLZ:** 21682.

■ **Tourist-Information:** Stade Marketing und Tourismus, Hansestraße 16, Tel. 04141 77 69 80, info@stade-tourismus.de, www.stade-tourismus.de.

■ **Stader Stadthafen:** Tel. 0151 15 04 04 95 (Hafenmeister), es muss eine Klappbrücke passiert werden (Tel. 04141 23 17).

UNSER TIPP: In der Tourist-Information sind die **Freizeitkarten „Erlebnisreich" und „Radlerreich"** mit verschiedenen Fahrradrouten und Freizeittipps in der Region erhältlich. Für den über 800 Kilometer langen **Elbe-Radweg** besteht in der Saison die Möglichkeit, einzelne Etappen mit dem Radwanderbus zurückzulegen (www.elbe-radwanderbus.de oder www.radeln-altes-land.de).

Verkehr

■ **Bahn:** Hauptbahnhof südlich der Altstadt in der Nähe des Stadtgrabens, die Schienenverbindung führt nach Otterndorf und Buxtehude.

■ **Bus: ZOB** am Bahnhof, VNN, www.vnn.de, oder KVG, www.kvg-bus.de.

■ **Flixbus:** Haltestelle Am Bahnhof, Tel. 030 300 13 73 00, info@flixbus.de, www.flixbus.de. (Facebook, Twitter, YouTube, Instagram)

▷ Das Museum Schwedenspeicher informiert über die Geschichte der Hansestadt Stade

Ausflüge und Touren

■ **Fleetkahnfahrten auf dem Burggraben:** Bremervörder Straße 3, Tel. 04141 77 69 80, www.fleetkahn.de oder www.stade-tourismus.de. Die Fahrten starten am Holzhafen.

■ **Tidenkiekerfahrt:** März bis Oktober, Tel. 04141 77 69 80, www.stade-tiedenkieker.de/de/tiedenkieker. Schifffahrt auf der Schwinge durch rauschende Schilfwälder in Nebenarme des Stroms, von der Stader Altstadt bis hinunter zur Elbe.

■ **Moorexpress:** Zu buchen über die Tourist-Information, www.moorexpress.de. Von Mai bis Oktober geht es von Stade durch das Teufelsmoor nach Bremen und wieder zurück. Ideale Kombination mit dem an der Strecke ausgeschilderten Radwanderweg „Vom Teufelsmoor zum Wattenmeer"; für die Fahrräder gibt es ein Extraabteil, die Mitnahme muss vorreserviert werden.

Museen und Führungen

■ **Baumhaus-Museum:** Wasser Ost 28, Tel. 04141 454 34, www.museen-stade.de (Eintritt frei). Kleines, privat geführtes Museum direkt gegenüber vom Schwedenspeicher mit der liebevoll zusammengetragenen Sammlung „Alt Stade".

■ **Freilichtmuseum auf der Insel:** Bei der Insel 1a, Tel. 04141 77 69 80, info@museen-stade.de, www.museen-stade.de (Erw. 8 €/Kinder frei). Die Insel liegt auf einem Teil der Stader Festungsanlage, das Museum ist eines der ältesten Freilichtmuseen Deutschlands.

■ **Schwedenspeicher:** Wasser West 39, Tel. 04141 797 73 30, info@museen-stade.de, www.museen-stade.de (Erw. 8 €/Kinder frei). Einzigartige Ausstellung zum Thema Hanse direkt neben dem alten Hansehafen. Die Stadtgeschichte wird dank der modernen Museumskonzeption hervorragend dargestellt.

■ **Kunsthaus Stade:** Wasser West 7, Tel. 04141 797 73 30, info@museen-stade.de, www.museen-stade.de (Erw. 8 €/Kinder frei). Wechselnde Kunstausstellungen in einem historischen Speichergebäude der Altstadt.

■ **Heimatmuseum:** Inselstraße 12, Tel. 04141 797 73 40, info@museen-stade.de, www.museen-stade.de. Während der Sanierung (2018) ist das Heimatmuseum geschlossen. Unter den Kontaktdaten erfragen, wann es wieder öffnet.

■ **Windmühle Venti Amica:** Mühlenstraße 16, 21723 Hollern-Twielenfleth, Tel. 04141 768 18, www.venti-amica.de. Voll funktionsfähige Gewerbemühle.

■ **Festung Grauerort:** Schanzenstraße 52 (an der Elbe zwischen Barnkrug und Abbenfleth), Tel. 04146 92 97 01, www.grauerort.com (Eintritt 3 €). Die Festung nördlich der Stadt am Elbdeich wurde von den Preußen zum Schutz vor feindlichen Schiffen von 1869 bis 1879 errichtet. (Facebook)

■ **Stadtführungen:** Streifzug durch das über 1000-jährige Stade, Dauer: ca. 90 Minuten, Karten an der Tourist-Information am Hafen, Hansestraße 16 (Erw. 7 €/Kinder 4–14 J. 3,50 €). Für Stadtführungen in Tracht Aufpreis von 10 €, auch Führungen auf Plattdeutsch und abendliche Stadtrundgänge, zur Architektur, Hanse und noch einiges mehr sind im Angebot. Sogar eine Wein-Tasting-Tour durch Stades Altstadt gibt es.

Einkaufen

■ **Wochenmarkt:** Mittwochs und freitags von 8 bis 13.30 Uhr, Am Pferdemarkt in der Altstadt.

6 **Ludwig von Kapff Weinlager:** Fischmarkt 10, 04141 23 35, www.ludwig-von-kapff.de. Mitten in der Altstadt können Genießer hochwertige Weine probieren und kaufen, das fachkundige Team um *Michael Hübner* hält mehr als 500 Weine und Spirituosen aus aller Welt bereit.

Essen und Trinken

7 **Altstadtcafé:** Hökerstraße 29, Tel. 04141 443 77, altstadtcafe@email.de, www.altstadtcafe-stade.de. Neben einem Kuchenbuffet mit hausgemachten Torten gibt es auch eine Mittagskarte mit

nskns_080 mna

Fischspezialitäten. Im Herzen der Altstadt im Höker-haus, einem denkmalgeschützten Kaufmannshaus. Eine schöne Terrasse mit Blick über die Häuserdä-cher lädt zum Verweilen ein.

14 Elbblick: Stader Elbstraße 1, Tel. 04141 79 46 41, www.elbblick-stadersand.de. Das SB-Café ist auch unter Touristen kein Insidertipp mehr, die Aus-sichten sind einfach zu gut.

5 Pannekoken-Hus: Wasser West 1, Tel. 04141 446 02, pannekoken-hus@t-online.de, www.pan-nekokenhus.de. Süße oder deftige Pfannkuchen nach holländischem Geheimrezept mit Blick auf den Hansehafen.

9 Ratskeller Stade: Hökerstraße 10, Tel. 04141 78 72 28, www.ratskeller-stade.de. Die Gäste wer-den im historischen Gewölbekeller mit selbst ge-brautem Bier, erlesenen Weinen und gutbürgerli-cher Küche verwöhnt.

4 Restaurant Knechthausen: Bungenstraße 20, Tel. 04141 529 63 60, www.restaurant-knecht-hausen.de. Gehobene Küche für wundervolle Aben-de mit hervorragenden Weinen in einem wunder-schönen Fachwerkhaus. (Facebook)

Nachtleben

10 Bar & Lounge Klapperino: Poststraße 34, Tel. 0173 905 65 51, www.klapperino.com. Richtig gute Bar mit kleinem Dancefloor im Untergeschoss.

11 Fiddler's Green: Pferdemarkt 11, Tel. 04141 542 73, www.fiddlersstade.de. Irish Pub mit Live-Musik in einem denkmalgeschützten Gebäude.

Sport und Freizeit

2 Fahrrad Brandt: Freiburger Straße 45, Tel. 04141 92 26 69, www.fahrrad-brandt.de.

19 Fahrradverleih Info-Point am Bahnhof: Am Bahnhof 1a, Tel. 0176 41 15 88 64.

17 Fahrradgarage Stade: Altländer Straße 19, Tel. 04141 991 44 99, www.fahrrad-garage-stade.de.

18 Paddeln: SUP Club Stade, Salztorswall 8/Am Holzhafen, Tel. 0151 65 10 27 49, www.stade-tou-rismus.de. Verleih von Stand-up-Paddling-Boards, Kanus und Kajaks.

⌂ Fachwerkhäuser in der Altstadt

Das Elbe-Weser-Dreieck

15 Sportclub Diamant (SCD): Tel. 0170 520 65 77, www.sc-diamant.de. Der Sportboothafen hat 54 Gastliegeplätze, der Hafen ist tideabhängig und kann trockenfallen, er liegt ca. drei Kilometer von der Stader Altstadt entfernt.

16 Hafen des Motor- und Yachtclubs Stade: Tel. 04141 655 83 und 0151 61 46 52 45, www.myc-stade.com. Der Hafen an der Schwinge kann trockenfallen, Gastliegeplätze sind vorhanden.

Hotels und Jugendherberge

12 Hotel Stade Herzog Widukind②: Große Schmiedestraße 14, Tel. 04141 999 80, stade@h-hotels.com, www.h-hotels.com. Im Herzen der Altstadt gelegen, kann man diese auf kurzen Wegen gut zu Fuß erkunden. (Facebook, Twitter, YouTube, Instagram)

13 Hotel Stade①: Kommandantendeich 1–3, Tel. 04141 999 70, stade@h-hotels.com, www.h-hotels.com. Einige Zimmer bieten Blick auf den Stadthafen nahe der Altstadt. (Facebook, Twitter, YouTube, Instagram)

1 Vier Linden Kiek In Hotel②: Schölischer Straße 63, Tel. 04141 927 02, info@hotel-vierlinden.de, www.hotel-vierlinden.de. Umgeben von viel Grün in unmittelbarer Nähe zur Innenstadt steht auch ein Restaurant zur Verfügung.

3 Jugendherberge Stade①: Kehdinger Mühren 11, Tel. 04141 463 68, stade@jugendherberge.de, www.stade.jugenherberge.de. Direkt am Burggraben auf einer ehemaligen Bastion gelegen.

Camping- und Wohnmobilstellplätze

8 Wohnmobilstellplatz am Schiffertor: Schiffertorstraße 21, Tel. 04141 40 87 97, www.stade-tourismus.de/de/zu-gast-als-wohnmobilist. Großzügig angelegte Parzellen mit vorzüglicher Ausstattung und die Nähe zur Altstadt sind starke Argumente für diesen Platz.

Veranstaltungen

- Aktueller **Veranstaltungskalender** siehe unter www.tourismus-stade.de.
- **Kultur- und Tagungszentrum Stadeum:** Schiffertorstraße 6, Tel. 04141 40 91 20, www.stadeum.de. Vielseitiges Angebot: Kulturveranstaltungen wie Theater, Musik, Comedy und vieles mehr, Programm über die Website.
- **Frühjahrsmarkt:** Traditioneller Jahrmarkt im April.
- **Frühjahrströdelmarkt:** Jährlich im Mai.
- **Altstadtfest:** Jährlich im Juni mit Spiel, Spaß und Unterhaltung.
- **Winzerfest:** Jährlich im Juli dreht sich alles um Wein.
- **Holk-Kulturfestival:** Abwechslungsreiches Programm im August/Sept., organisiert vom Stadeum.
- **Herbstmarkt:** Großer Jahrmarkt, der jedes Jahr im September stattfindet.
- **Stader Fastnacht:** Saisoneröffnung der Fastnachtsgilde, immer am 11.11. um 11.11 Uhr vor dem Alten Rathaus.
- **Weihnachtsmarkt:** Von Ende November bis zum 23. Dezember in der Altstadt.

☐ Metallschild des Restaurants Knechthausen

4 Praktische Reisetipps A–Z

Warum muss ich Kurtaxe zahlen? Wie kann ich mich vor der Sonne optimal schützen? Das sind Fragen, die den Tourist-Informationen häufig gestellt werden. Das vorliegende Kapitel beantwortet übergreifende Fragen rund um die Reiseplanung. Alles andere steht in den praktischen Hinweisen zu den jeweiligen Orten.

◁ Blick vom Deich in Neuharlingersiel aufs Vorland, Salzwiesen und Wattenmeer

Fortbewegung

Wer die niedersächsische Nordseeküste in ihrer gesamten Länge bereisen und dabei nicht nur durch die Orte fahren, sondern auch etwas sehen möchte, braucht **Zeit.** Am besten wäre es, für alle drei im Buch genannten Etappen jeweils zwei bis drei Wochen Zeit zu haben. Natürlich geht es auch schneller. Die Erfahrung hat jedoch gezeigt, dass das Reiseerlebnis intensiver wird, wenn man sich ausreichend Zeit nimmt, um Land und Leute besser kennenzulernen.

Mit dem Fahrzeug

Ideal für einen Individualurlaub entlang der Küste sind ein **Wohnmobil oder Wohnwagen.** Gerade für Wohnmobile gibt es inzwischen viele Stellplätze mit sehr unterschiedlicher Ausstattung – und es werden ständig mehr, denn die Gemeinden, besonders an der Küste, und auch die Städte rüsten wegen der regen Nachfrage ständig auf. Mit dem Wohnmobil ist der Reisende **am flexibelsten,** da er immer alle Sachen dabeihat und überall hinfahren oder auch bleiben kann, wo es ihm gefällt. Der Wohnwagen wiederum hat den Vorteil, dass man nicht jeden Tag erneut alles verstauen muss, sondern von seinem Campingplatz aus verschiedene Tagestouren unternehmen kann.

An der Küste und auch im Hinterland gibt es viele **Fahrradwege,** einige Radfernwege und jede Menge kleiner Straßen. Da die Strecken in der Regel eben sind, lässt es sich hier bestens radeln. Und weil der Wind fast immer aus West kommt, empfiehlt es sich, von West nach Ost zu fahren und nicht in umgekehrter Richtung – Rücken- statt Gegenwind. In den Ferienorten gibt es sehr viele **Fahrradverleihe,** inzwischen werden auch immer mehr **E-Bikes** angeboten und die Lade-Infrastruktur verbessert sich zunehmend. E-Bikes haben den Vorteil, dass man sich keine Sorgen um Gegenwind machen muss.

Natürlich kann man sich auch eine feste Unterkunft suchen und sich ansonsten mit dem **Auto** bewegen.

Wer einen **Ausflug zu den Inseln** plant, findet entsprechende Hinweise in den Tourist-Informationen der jeweiligen Hafenorte. Dort ist auch angegeben, wo man sein Auto für die Dauer der Abwesenheit parken kann. Grundsätzlich ist es vor allem in den Herbst- und Wintermonaten sinnvoll, sein Auto auf einem Stellplatz hinter dem Deich zu parken, damit es vor Sturmfluten geschützt steht. Manch ein Parkplatzanbieter sagt zwar zu, dass die geparkten Fahrzeuge rechtzeitig auf sicheres Gelände umgeparkt werden, doch es besteht darauf kein Anspruch und der Service klappt häufiger nicht.

Der Nordsee-Flitzer

Im Wangerland bieten die Tourist-Informationen in Krummhörn-Greetsiel, Norden-Norddeich, Dornum, Esens-Bensersiel, Werdum, Neuharlingersiel Carolinensiel, Wangerland und Varel-Dangast einen tollen Service: Wer ohne eigenes Auto angereist oder einfach neugierig darauf ist, mal ein **Fahrzeug mit Elektroantrieb** auszuprobieren, kann sich den Nordsee-Flitzer **mieten.** An allen genannten Orten befindet sich auch eine **E-Tankstelle,** wo das Auto wieder aufgeladen werden kann. Wer die Nordsee-Service-Card (Kurkarte; siehe „Kurtaxe") hat, darf beim ersten Mal sogar vier Stunden kostenfrei fahren. So ist man auch ohne eigenes Fahrzeug flexibel und gleichzeitig umweltfreundlich unterwegs.

Mit öffentlichen Verkehrsmitteln

In den **Städten** ist das Netz des öffentlichen Nahverkehrs recht gut, und einige Städte haben auch einen Bahnanschluss. Wer sich aber in **kleinere Orte an der Küste begibt,** kann es schwerer haben. Besonders außerhalb der Saison ist es auf dem Land nicht leicht, bequem von A nach B zu kommen. Es gibt viele verschiedene Anbieter und die Fahrpläne der verschiedenen Linien sind nicht immer aufeinander abgestimmt.

Aus den großen Städten Deutschlands und aus den Regionen, aus denen viele Urlauber in die Ferienorte anreisen, fahren inzwischen **regelmäßig Fernbusse,** im Sommer werden die Zielgebiete mindestens täglich angesteuert.

■ **Flixbus:** Tel. 030 300 137 300, www.flixbus.de. (Facebook, Twitter, YouTube, Instagram)

Fahrkartenschalter am Hafen von Neßmersiel

nskns_110 mna

Da sich das Geflecht öffentlicher Buslinien verschiedener Betreiber an der Küste und in Ostfriesland für den Außenstehenden recht unübersichtlich darstellt, gibt es hier den **Verkehrsverbund Ems-Jade (VEJ).** Dieser bietet einen speziellen Service für Urlauber zwischen Ems und Jade an, den sogenannten **Urlauberbus.** Der Tarif von nur 2 Euro je Richtung und Person gilt auf allen Linien des Verkehrsverbundes und umfasst die Landkreise Aurich, Friesland, Leer und Wittmund sowie die Städte Emden und Wilhelmshaven. Von mehr als 4900 Haltestellen aus kann man sich auf 220 Linien mit dem Vorzeigen der Gästekarte ohne eigenes Fahrzeug günstig fortbewegen. Auf der Website www.urlauberbus.info findet man zur besseren Orientierung den Streckennetzplan sowie weitere Informationen.

■ **Verkehrsverbund Ems-Jade (VEJ),** Norderstraße 32, 26603 Aurich, Tel. 04941 933 77, www.urlauberbus.info.

Auf der Halbinsel Butjadingen verkehren die **Verkehrsbetriebe Wesermarsch (VBW),** www.vbw-wesermarsch.jimdo.com, an der Elbe fährt die **Verkehrsgemeinschaft Nordost-Niedersachsen (VNN),** www.vnn.de. In den größeren Küstenstädten sind städtische Anbieter zuständig.

nskns_111 mna

Gastronomie

Siehe zur Thematik auch das Kapitel „Die Nordsee/Speisen und Getränke".

Fast alle gastronomischen Betriebe, vor allem natürlich **Restaurants,** haben eine Speisekarte, auf der von Kleinigkeiten bis hin zum Menü oder der Tagesempfehlung vieles zu finden ist. Mittagstisch ist nicht unüblich, wobei die Karte meist eingeschränkt ist, aber dafür zahlt man weniger als abends. Milch- und Mehlspeisen wie Milchreis oder Pfannkuchen und Omeletts sind oftmals günstig. Bei den **Imbissen** gibt es wie überall gute und schlechte. In den Küstenorten sind auch die schlechten gut besucht, sodass dies kein sicheres Indiz für die Qualität der angebotenen Speisen ist. Auch die Preise sind sehr unterschiedlich, und so erstaunt es nicht, dass das Fischbrötchen direkt am Hafen oder auf der Promenade manchmal teurer ist als das im Fischimbisswagen vor dem Supermarkt.

Wie viel im Urlaub für Essen und Trinken ausgegeben wird, hängt in erster Linie davon ab, ob man im Hotel inkl. Frühstück, Halb- oder Vollpension wohnt oder auf dem Campingplatz, in

◁ Landstraße im Kehdinger Land

▽ Alter Kornspeicher mit Café in Freiburg (Elbe)

nskns_112 mna

Lot jo dat schmecken – Lasst es Euch schmecken

Labskaus, Insett Bohnen und Wuddeldick sind drei der vielen Gerichte, die an der niedersächsischen Nordseeküste **traditionell** auf der Speisekarte zu finden sind. Dazu werden Zutaten aus der Region verwendet, kombiniert mit Fleisch bzw. Matjes. Frisch gekocht schmecken die Gerichte besonders lecker. Die verwendeten Gemüsesorten waren und sind auch heute in vielen Gemüsegärten zu finden, da sie im Küstenboden besonders gut gedeihen und lange haltbar sind.

Labskaus

Der traditionelle Labskaus wird an der deutschen Nordseeküste **in fast jedem Restaurant** angeboten. Jedes hat sein eigenes Rezept. Ein Bestandteil ist gepökeltes Rindfleisch. Wer es einfach mag, nimmt Corned Beef aus der Dose oder frisch vom Metzger. Das Gericht ist einfach zuzubereiten und schmeckt ausgesprochen lecker, sofern man die Zutaten mag.

Zutaten (für zwei Personen)

500 Gramm gepökeltes Rindfleisch
   (oder Corned Beef aus der Dose)
2 Lorbeerblätter
8 Pfefferkörner
3 mittelgroße Zwiebeln
50 Gramm Butter
600 Gramm Kartoffeln
200 Gramm eingelegte Rote Beete
100 Gramm Gewürzgurken
2 Matjesfilets
2 Rollmöpse zum Verzieren
4 Gewürzgurken zum Verzieren
2 frische Eier
Salz und Pfeffer
Petersilie nach Geschmack

Zubereitung

Das Fleisch zusammen mit den Gewürzen etwa zwei Stunden bei mäßiger Hitze in Wasser garen lassen. Die Zwiebeln fein hacken und mit der Butter in einem Topf andünsten. Matjes, Rote Beete und Gurken in Stücke schneiden, miteinander vermischen und hinzugeben. Die weich gekochten Kartoffeln und das in ganz kleine Stücke geschnittene Pökelfleisch (wahlweise Corned Beef, das Gelee löst sich mit der Hitze relativ zügig auf) hinzufügen. Alles gut durchstampfen und unter ständigem Rühren nochmals erhitzen, ggf. etwas Brühe zufügen. Mit Salz, Pfeffer und der klein geschnittenen Petersilie abschmecken. Mit Gewürzgurken, Rollmops und den beiden frisch gebratenen Spiegeleiern servieren.

☑ Fischgerichte wie Labskaus und Matjes werden in vielen Restaurants an der Küste angeboten

nskrs_113.mma

Insett Bohnen

Früher wurde das Gericht als „Bohnenstamsel"
bezeichnet.

Zutaten (für zwei Personen)
500 Gramm Schnippelbohnen
375 Gramm Kartoffeln
2 Kasseler Koteletts
100 Gramm geräucherter Bauchspeck
1/8 Liter Wasser
Salz und Pfeffer

Zubereitung
Die gesalzenen Schnippelbohnen (Schneide-
bohnen) gründlich waschen, evtl. wässern und
anschließend mit Wasser abgießen. Schnippelbohnen mit dem Wasser, dem klein gewürfelten
Speck und den Kasseler Koteletts eine Stunde
lang langsam garen. Dann die geschälten und
gewürfelten Kartoffeln zugeben. Mit Salz und
Pfeffer würzen. Alles bei mittlerer Hitze nochmals 20 Minuten garen lassen. Das Fleisch her-
ausnehmen, Kartoffeln und Bohnen durchstampfen. Mit dem Fleisch servieren.

Wuddeldick (Möhreneintopf)

Zutaten (für vier Personen)
1 Kilogramm Schweinefleisch
   (Nacken, Hohe Rippe, mageres Bauchfleisch)
750 Milliliter Wasser
150 Gramm durchwachsener Speck
1 große Zwiebel
1 Kilogramm Möhren
1 Kilogramm Kartoffeln
Petersilie
Salz, Pfeffer, eine Prise Zucker
Apfelmus

Zubereitung
Das Fleisch und den gewürfelten Schinken mit
Wasser in einem Topf zum Kochen bringen und
eine Stunde kochen lassen. In der Zwischenzeit
das Gemüse schälen und in Würfel schneiden.
Zum Fleisch geben und eine halbe Stunde mit-
kochen. Das Fleisch aus dem Gemüse nehmen,
in Scheiben schneiden und warm stellen. Mit
dem Kartoffelstampfer das Gemüse andrucken
und würzig abschmecken. Die Petersilie hacken
und darüber streuen. Das Fleisch darauf anrich-
ten. In Butjadingen gehört Apfelmus dazu.

einer Pension oder einer Ferienwohnung untergekommen ist. Wer selbst kocht, kommt günstiger weg, als wenn er ins Restaurant geht. Das gilt vor allem beim Verzehr von Getränken, denn daran verdienen die Gasthäuser und Imbisse am meisten. Sie sind oft ein Vielfaches teurer, als wenn man sie selbst im Geschäft einkauft und in seiner Unterkunft kühlt. In Restaurants herrscht meist eine nette, gesellige Atmosphäre, oder man wird mit einem sensationellen Blick aufs Watt, Meer oder den Touristentrubel in der Innenstadt belohnt – wer will da schon selbst am Herd stehen?

Hauptsaison

Die Saisonzeiten werden überall unterschiedlich gehandhabt. Aber es lässt sich grundsätzlich davon ausgehen, dass in den **Ferienzeiten von Niedersachsen und Nordrhein-Westfalen** sowie von **Weihnachten** bis zum **Heiligen-Drei-Königs-Tag** die Höchstpreise bezahlt werden müssen. Viele Unterkünfte legen ihre Hauptsaisonzeiten auf **Mitte Mai bis Mitte September.** Manche haben nur eine Haupt- und eine Nebensaison, andere fügen jeweils im Frühjahr und im Herbst noch eine Zwischensaison ein. Wer nicht an die Ferienzeiten gebunden ist und seine Termine relativ frei wählen kann, wird durch kluge Planung gutes Geld sparen können. Vor allem bei den Ferienwohnungen variieren die Preise zwischen den Saisonzeiten ganz erheblich. Es gibt einige Vermieter, die **in der Hauptsaison nur wochenweise** vermieten – Leerstände während der Hauptsai-

son will sich niemand leisten. Ein Aufenthalt von zehn Tagen wird dann abgelehnt, weil die Ferienwohnung vier Tage nicht vermietet werden kann und die Miete entfällt, denn die meisten Urlauber fahren von Samstag bis Samstag.

Kurtaxe

Wegen der Seeluft und des gesunden Klimas wird überall an der Küste eine Kurtaxe erhoben. Egal ob der Urlaub oder gesundheitliche Gründe die Ursache für einen Aufenthalt sind: **Jeder muss Kurtaxe zahlen** – ausgenommen sind nur beruflich bedingte Aufenthalte, für die man sich eine Sondergenehmigung bei der Kurverwaltung holen muss. Wer Kurtaxe zahlt, bekommt die sogenannte **Nordsee-Service-Card,** die beim Besuch von Museen und Schwimmbädern und sonstigen Einrichtungen vorgezeigt werden muss. Dafür gibt es dann meist einen kleinen Preisnachlass.

Der Kurbeitrag wird verwendet, um die Badestrände zu säubern und zu bewachen, Parkanlagen zu pflegen, öffentliche Toiletten zu stellen und den Urlaubern verschiedene Unterhaltungs- und Sportprogramme zu bieten. Die Mitarbeiter der Kurverwaltungen sorgen dafür, dass das alles reibungslos funktioniert. Die Entgelte unterscheiden sich minimal und liegen in der Hauptsaison meist **zwischen 2 und 3 Euro pro Tag,** in der Zwischen- und Nebensaison oft darunter. Der Kurbeitrag muss ab dem 18. Lebensjahr gezahlt werden, Schwerbehinderte bekommen Nachlass oder sind ganz davon befreit.

Licht und Schatten

Wenn man an die See fährt, so geschieht das in den meisten Fällen der **Sonne** wegen. Gewiss, man kann auch bei sonnenlosem Wetter Ferien machen. Aber mehr Spaß bereitet es schon, wenn der Himmel lacht und nicht weint.

Die **Risiken** dabei: Unumstritten ist, das **UV-Licht** die Haut altern lässt, was bei notorischen Sonnenanbetern gut zu erkennen ist. Schon ein schlichter Sonnenbrand bewirkt innerhalb von drei Tagen eine Alterung der Haut um ein halbes Jahr. Wer sich regelmäßig zu sehr der Sonne aussetzt, hat auch ein höheres Risiko, an Hautkrebs zu erkranken. Besonders **Sonnenbrand** ist ein echter Risiko-

faktor. Für die Haut ist es besser, sich öfter nur kurz in der Sonne aufzuhalten als über einen längeren Zeitraum. Besonders Kinder und junge Menschen haben eine sehr empfindliche Haut, die UV-Strahlen stärker durchlässt und so langfristig in Mitleidenschaft gezogen wird.

Schutzmaßnahmen: Mediziner raten, das Sonnenbaden behutsam anzugehen, damit sich die Haut an das Licht gewöhnen kann. Besonders in den ersten Tagen des Sommerurlaubs ist es zu empfehlen, sich nur vor 11 und nach 15 Uhr in der Sonne zu bewegen. Am frühen Vor- und späten Nachmittag ist die Strahlung der schädlichsten UV-Varian-

⌃ Wattmobil und Wattkarre
sind nützlich für Wattwanderungen

4

te nämlich wegen des längeren Wegs durch die Erdatmosphäre entscheidend geschwächt. Die übrige Zeit sollte man möglichst im **Schatten** verbringen. Schatten ist überhaupt das beste prophylaktische Mittel. Ein bedeckter Himmel reicht allerdings nicht: Er lässt immer noch bis zu 80 Prozent der UV-Strahlung durch. Auch **Sonnencreme** mit möglichst hohem Lichtschutzfaktor (LSF) bietet einen guten Schutz, sofern sie eine halbe bis dreiviertel Stunde vor dem Sonnenbad gründlich aufgetragen wurde. Dabei sollte man nicht sparen und auch die Ohren und den Haaransatz nicht vergessen. Nach einer Empfehlung der EU braucht man etwa 36 Gramm, um von Kopf bis Fuß richtig geschützt zu sein. Mit anderen Worten: Eine vierköpfige Familie benötigt eine ganze Flasche Sonnenschutzcreme pro Strandtag. Es gibt sogar wasserfeste Sonnenmilch mit LSF 50. Allerdings sollte man diese nach dem Baden oder starkem Schwitzen erneut auftragen, denn auch wenn „wasserfest" auf der Packung steht, verschwindet ein Teil des Schutzes durch die Feuchtigkeit. Interessant ist auch, dass der LSF nicht linear, sondern exponenziell mit der Auftragsmenge abnimmt. Wer also nur die Hälfte der empfohlenen Menge verwendet, ist nicht etwa halb so gut geschützt wie auf der Packung steht, sondern deutlich schlechter. Die Sonnencreme dick aufzutragen lohnt sich also, selbst nach acht Stunden ist der Schutz noch zu gut 40 Prozent gewährleistet. Für die Lippen gibt es zusätzlich spezielle Pflegestifte mit Sonnenschutz, ebenso Schutzsprays für die Haare. Will man den ganzen Tag draußen bleiben, kann es je nach Sonnenintensität sinnvoll sein, passende Kleidung – es gibt auch solche mit Lichtschutzfaktor – und eine Kopfbedeckung zu tragen, um einem Sonnenbrand vorzubeugen. Die UV-Strahlen sind nämlich direkt am und im Wasser durch die Reflektion deutlich stärker als sonst.

Sollte man dennoch einmal einen **Sonnenbrand** bekommen, hilft es am besten, die betroffenen Hautpartien zu kühlen. Ein leichter Sonnenbrand lässt sich gut selbst behandeln, zum Beispiel mit kühlenden Umschlägen wie Quarkwickeln, feuchtigkeitsspendenden Lotionen und Kompressen mit kaltem Wasser. Die Sonne sollte man dann für längere Zeit meiden. Ein starker Sonnenbrand muss auf jeden Fall vom Arzt behandelt werden. Bekommt man nach einem Aufenthalt im Freien Kopfschmerzen, Schwindelanfälle und Übelkeit bis zum Erbrechen, könnte es sich um einen **Sonnenstich** handeln. Darum ist es ratsam, dass vor allem Menschen mit wenig oder keinem Haar in der Sonne eine Kopfbedeckung tragen.

Nach den letzten Absätzen sollte der Leser sich jedoch nicht so fühlen, wie nach dem Lesen des Beipackzettels mit Risiken und Nebenwirkungen in der Medikamentenschachtel. Wenn die Tipps zum Schutz vor der Sonne berücksichtigt werden, steht einem entspannten Urlaub an der niedersächsischen Nordseeküste nichts im Weg.

▷ Wattwanderer unterwegs nach Baltrum

4

Meer und Gesundheit

Die besonderen klimatischen Bedingungen an der Küste, also die Verbindung von **Sonne, Salzwasser und Wind,** sorgen für ein Reizklima, das das Immunsystem anregt. Bei einem Spaziergang an der Brandungszone des Meeres ist die Luft voller **Aerosole,** mikroskopisch kleine Meerwassertröpfchen, die reichlich Jod, Magnesium und Salz enthalten. Die Gischt wirkt wie eine Inhalation, **die Atemwege werden frei,** und man kann wieder tief durchatmen. Viele Erkrankungen, besonders im Bereich der Atemwege und der Haut, lassen sich durch einen Aufenthalt an der Nordseeküste spürbar lindern. Vor allem für Pollenallergiker ist die Region ideal, die Luft ist pollen- und schadstoffarm.

Der Wechsel von Bewegung und Ruhephasen hilft erschöpften Menschen dabei, wieder **Kraft für den Alltag** zu tanken. Der positive Einfluss der Seeluft kann zur Steigerung der Leistungsfähigkeit beitragen. Meist schläft man dank des gesunden Klimas und des fehlenden Großstadtlärms auch besser, tiefer und länger. Die gesundheitsfördernden Aspekte eines Aufenthalts am Meer sind durch entsprechende Studien belegt.

Wattwanderungen

Keine Experimente im Watt! Das UNESCO-Weltnaturerbe Wattenmeer lädt zwar zu Erkundungen ein, aber

nskns_114 mna

Wattwanderungen sollte man auf keinen Fall auf eigene Faust unternehmen. Zu groß ist die Gefahr, bei auflaufendem Wasser und Seenebel die **Orientierung zu verlieren.** Die Gefährdung ist leicht zu unterschätzen, denn die großen Wattflächen sehen besonders im Sonnenschein friedlich und harmlos aus. Dennoch kann beim Rückweg der vormals flache Priel wegen des auflaufenden Hochwassers unpassierbar geworden sein. Es besteht also immer das Risiko, vom Wasser eingeschlossen zu werden. Wer einmal erlebt hat, wie unglaublich schnell sich dichter Seenebel entwickeln kann, weiß, dass dann die Orientierung völlig unmöglich ist. Deshalb bitte nur mit ausgebildeten und ortskundigen Wattführern in den Schlick wandern. Die geführten Wattwanderungen bieten zusätzlich viele interessante Informationen, die sehr nützlich sind für das bessere Verständnis einer der artenreichsten Lebensräume der Welt.

Ob man auf einer Wattwanderung Surf- bzw. Tauchschuhe oder Gummistiefel anzieht, ist abhängig von der Bodenbeschaffenheit. Darüber sollte man sich bei der Anmeldung beim Wattführer informieren. **Schuhe und Stiefel** können sich im Schlick regelrecht festsaugen und bleiben dann stecken. Barfuß geht es immer, aber Vorsicht ist vor scharfkantigen Muscheln und Austernschalen geboten. Die einfachste Lösung ist es, zwei Paar Tennissocken übereinander anzuziehen.

Übernachtung

Während der Ferienzeiten ist es in der Regel sehr voll, es empfiehlt sich daher, **frühzeitig** zu **buchen;** das gilt auch für Campingplätze. In der **Hauptsaison** von Mai bis September sehen es Hotels, Pensionen und Vermieter von Ferienwohnungen nicht gern, wenn man nur einen Kurzaufenthalt plant. Oft sind die **Preise** an den ersten drei Tagen deutlich höher, viele geben bei längeren Aufenthalten auch Rabatt. Viele größere **Hotels** und Hotelketten sind inzwischen zu Tagespreisen übergegangen, die sich nach der Nachfrage richten. Je mehr Bedarf besteht, umso höher sind die Übernachtungskosten. Oftmals werden die Preise gar nicht mehr angegeben und man muss eine konkrete **Buchungsanfrage** mit Terminen stellen. Es ist zudem sinnvoll, vor Buchung anzurufen und kon-

Übernachtung: Preiskategorien

① **bis 45 €**
② **45–65 €**
③ **über 65 €**

In diesem Buch sind die Übernachtungspreise in drei Kategorien unterteilt. Die Preise für Hotels, Hostels und Jugendherbergen richten sich nach dem günstigsten Angebot des Hauses und gelten jeweils **pro Person im Doppelzimmer mit Frühstück.** Zimmer mit Seeblick, Balkon oder mehr Platz sind meist teurer.

▷ Hotel Delphin am Südstrand in Wilhelmshaven

kret nachzufragen, was im angegebenen Preis alles inklusive ist, denn viele Posten werden extra berechnet, z.B. WLAN, Hotelparkplätze oder auch das Frühstück.

Viele Bewohner der niedersächsischen Nordseeküste leben direkt oder indirekt vom Tourismus. Die meisten bieten auch **Ferienwohnungen** an, reine Zimmervermietungen existieren kaum noch. Es gibt für die meisten Orte ein **Gastgeberverzeichnis** und auch Vermittlungsagenturen, aber in der Regel hilft die Tourist-Information bei der Suche nach einem passenden Quartier in der gewünschten Preis- und Ausstattungsklasse, sofern man nicht selbst über die entsprechenden Buchungsportale (s.u.) reservieren möchte.

Wer während seines Aufenthaltes nicht unbedingt direkt an der Küstenlinie wohnen muss, kommt in ein paar Kilometer entfernten Orten meist **preisgünstiger** unter. Auch **im Hinterland** gibt es viele Ferienwohnungen, Hotels und Pensionen. Etliche Unterkünfte bieten speziell für die zunehmende Zahl der Fahrradtouristen zugeschnittene Dienstleistungen an wie Mietfahrräder, Gepäcktransport oder Shuttle-Services.

Jugendherbergen

Die Jugendherbergen haben sich in den letzten Jahren hervorragend gemacht. Es gibt **inzwischen besseren Service, bessere Verpflegung, bessere Zimmer.**

nskns_116 mna

nskns_117 mna

Vom Einzelzimmer bis zum Mehrbettzimmer oder dem Familienquartier ist fast alles buchbar. Die Jugendherbergen an der Küste bieten häufig **spezielle Unterhaltung für Kinder,** z.B. gibt es Indoor-Spielmöglichkeiten und Sportangebote für schlechtes Wetter. Allerdings sind die Preise entsprechend geklettert. Billig wohnt man dort nicht, aber es ist günstiger als im Hotel, und selbst kochen muss man auch nicht.

Camping- und Wohnmobilstellplätze

An der Küste gibt es **fast in jedem Ort** Camping- und Wohnmobilstellplätze. Generell lässt sich sagen, dass die **vor dem Deich** gelegenen Plätze nur im Sommerhalbjahr geöffnet sind und über den Winter alles abgebaut werden muss, um Schäden durch Sturmfluten zu verhindern. Das bedingt dann auch meist, dass sich die Bäder und Gemeinschaftseinrichtungen in Containern oder auf Warften befinden. Die Preise variieren je nach Standard des Campingplatzes, aber es lässt sich davon ausgehen, dass die teureren mehr Komfort haben.

Die großen Plätze am Meer bieten während der Feriensaison oftmals sogar eigene **Programme für Kinder** an. Auf manchen Campingplätzen lassen sich auch gut ausgestattete **Wohn- und Bauwagen oder Hütten** mieten. Wer Ruhe sucht, sollte besser auf kleinere Plätze ausweichen. Familien mit Kindern sind im Sommer auf den großen Plätzen am Meer besser aufgehoben, denn hier ist meist vom Shop bis zu vielen Spielmöglichkeiten alles zu finden und die Wege

⌂ Die Wohneinheiten des Baumhotels Krautsand stehen auf Stelzen

sind entsprechend kurz. Hier gibt es in vielen Fällen sogenannte **Familienbäder** mit niedrigen Waschbecken und Duschen extra für Kinder. Wenn man rechtzeitig bucht, kann man sogar mit etwas Glück gegen Aufpreis für die Dauer des Aufenthaltes ein **eigenes Bad** mieten, sodass man nicht ständig mit Zahnbürste & Co. über den Platz laufen muss. **Waschmaschinen** und Wäschetrockner haben fast alle Campingplätze; deren Benutzung kostet allerdings eine Extragebühr.

Hinsichtlich der **Wohnmobilstellplätze** wird derzeit kräftig aufgerüstet, so groß ist die Nachfrage. Auch hier gibt es große Unterschiede bezüglich Ausstattung und Qualität. Vom einfachen Stellplatz bis hin zur Luxusvariante mit eigenem Wasserhahn und Stromanschluss ist alles zu finden. Am begehrtesten sind die Plätze mit Meerblick oder diejenigen mitten in der Stadt. Auch die Campingplätze bieten in der Regel Stellmöglichkeiten für Wohnmobile an. Wie überall gilt auch hier: Je höher der Komfort, desto höher der Preis.

Buchungsportale

Als Ergänzung zu den sorgfältig zusammengetragenen Unterkunftsempfehlungen in diesem Buch können Buchungsportale wie Booking.com, Agoda.com oder AirBnB.de dazu genutzt werden, **aktuelle Preise** und die Bewertungen anderer Reisender einzusehen sowie Unterkünfte direkt zu buchen.

Die Plattformen listen **Unterkünfte aller Art** auf und machen sie für Reisende leicht auffindbar. Sie übernehmen bürokratische Aufgaben wie die Abwick-

lung der Bezahlung oder stellen den Kontakt zwischen Unterkunft und Unterkunftssuchenden her.

Hilfreich bei der Entscheidungsfindung sind die **Bewertungen anderer Kunden** in diesen Portalen. Gäste bewerten eine Unterkunft nach oder während ihres Aufenthalts und sorgen im besten Fall für aussagekräftige Benotungen (1–10, 10 ist das Optimum). Je mehr Nutzer eine Bewertung abgegeben haben, desto verlässlicher ist das Ergebnis. Vorsicht ist geboten, wenn nur sehr wenige Nutzer ihre Meinung äußern. Aber auch sonst lohnt es sich, **kritisch zu lesen**: Achtet man auf die zu den Rezensionen verfassten Texte, so erhält man oft Aufschluss über die Echtheit der Bewertung. Auch lassen sich Veränderungen im Qualitätsstandard erkennen, wenn eine insgesamt positiv bewertete Unterkunft in jüngster Zeit zahlreiche schlechte Bewertungen erhalten hat.

Über die Plattform **AirBnB** können private und gewerbliche Vermieter ihr „Zuhause" oder einen Teil davon anbieten. Auch hier vermittelt das Portal zwischen Anbieter und Kunde. Es werden zusätzlich Touren und Aktivitäten mit Einheimischen vermittelt, bisher allerdings nur in touristischen Ballungsgebieten.

Tripadvisor ist ein reines Bewertungsportal, das die Nutzer bei Bedarf an Buchungsportale und/oder die Websites von Unterkünften bzw. Restaurants weiterleitet und sich besonders für Gastronomietipps eignet.

Ob man sich für die Buchung über ein Online-Buchungsportal entscheidet, hängt von der Präferenz der Nutzer ab. Zur generellen **Sondierung der Marktsituation** und zur **Einschätzung von**

Unterkünften sind die Portale meist empfehlenswert. Die Nutzung ist für Endkunden zunächst kostenlos, für die Betreiber der Unterkünfte fällt jedoch eine Provision an – die im Zweifel irgendwann eingepreist wird. Die Haltung der Betreiber ist unterschiedlich: Während manche über das Portal sogar günstigere Preise anbieten, freuen sich andere ausdrücklich, wenn man persönlich und direkt bucht.

Preise

Unterkünfte in unmittelbarer Nähe der Strände sind am teuersten, das gilt für die ganze Küste. Wer etwas weiter weg wohnt, also in der zweiten Reihe, zahlt meist weniger. Und wer sich eine Unterkunft sucht, die ein paar Kilometer von den Küstenorten entfernt im Inland liegt, kann ganz beträchtlich sparen.

Die Preise richten sich nach **Ausstattung und Service. Hotels** sind am teuersten, bieten aber in der Regel auch Rundum-Versorgung an für diejenigen, die das gern möchten. **Pensionen** sind günstiger, aber seltener zu finden – und oft schon älteren Datums. Hier hängt der Preis ebenfalls von der Ausstattung ab; die Zimmer haben meist nur ein Waschbecken, ansonsten gibt es Gemeinschaftsbäder auf dem Gang. Bei **Ferienwohnungen und -häusern** richten sich die Preise nach Ausstattung, Größe und Lage. Auch hier wird der Seeblick in der Regel mit Aufpreis bezahlt werden müssen. Wer in einer Ferienwohnung mit modernem Mobiliar und gut ausgestatteter Küche wohnen möchte, zahlt entsprechend viel. Günstige Preise sind oft ein Hinweis darauf, dass sich nicht alles topmodern präsentiert und auch nicht unbedingt im allerbesten Zustand ist. Bei den Ferienwohnungen ist es zur genauen Preisermittlung empfehlenswert, sich ein komplettes Angebot mit allen gewünschten Serviceleistungen geben zu lassen. Oftmals kommen **Nebenkosten** hinzu und Bettwäsche, Handtücher und Endreinigung werden extra berechnet. Besonders bei der Recherche oder Buchung über Buchungsportale lässt es sich nicht vermeiden, alle Kommentare zur Unterkunft sehr sorgfältig zu lesen, um Enttäuschungen vorzubeugen.

Umweltschutz

Dass **drei Viertel des Mülls im Meer aus Plastik** bestehen, ist weitgehend bekannt. Die Erkenntnis, dass sein Umfang immer größer wird, er jedes Jahr viele Tausend Tiere das Leben kostet und auch uns Menschen gefährdet, ist inzwischen ebenfalls bei vielen Verbrauchern angekommen. Das Hauptproblem ist, dass sich Plastik erst nach 350 bis 400 Jahren zersetzt. Davor zerfällt es in immer kleinere Teile. Sind sie kleiner als fünf Millimeter, spricht man von Mikroplastik.

Gerade im Meer sind diese kleinen Partikel ein besonderes Problem, denn das **Mikroplastik** gelangt in die Nahrungskette, wie sich in Muscheln, Fischen, Garnelen und Krebsen nachweisen lässt und sich dort sogar anreichert. Da wir diese Tiere ebenfalls essen, gelangt das Plastik auch in den menschlichen Körper. Noch sind die Auswirkungen nicht vollständig erforscht, aber si-

4

cher ist, dass die im Plastik enthaltenen Weichmacher und Flammschutzmittel giftig sind.

Beim Müll im Meer handelt es sich um unterschiedlichste Stoffe wie Plastiktüten, -flaschen, Teile von Fischernetzen und deren Abrieb, Plastikwannen, Fender und vieles mehr. Die Hinterlassenschaften kommen mit der Flut oder im Sturm auch an die **Küstenufer.** Im Sommer werden sie von den Kurverwaltungen morgens weggeräumt, damit der Strand sauber ist, aber wer im Herbst oder Winter nach einem Sturm am Strand entlanggeht, kann den Plastikmüll meist säckeweise einsammeln.

Auch andere Gifte landen in den Ozeanen. Jeder Einzelne kann auch im Kleinen einen **Beitrag zum Schutz der Umwelt** leisten. Hier ein paar Beispiele:

■ **Vernünftig einkaufen:** Das Wichtigste ist es, Plastikverpackungen zu vermeiden und sie gar nicht erst in die Umwelt gelangen zu lassen. Ein Stoffbeutel oder Einkaufskorb ist wiederverwendbar und leistet nicht nur während der Ferien gute Dienste. Am besten unverpackte, lose Ware einkaufen. Auch der Verzicht auf PVC ist zu empfehlen.

■ **Einmalverpackungen vermeiden:** Coffee to go mag morgens eine bequeme Sache sein, doch es wird nur wieder zusätzlicher, leicht vermeidbarer Müll produziert. Allein für die Plastikdeckel der Becher werden in Deutschland 22.000 Tonnen Rohöl benötigt. Und wo landet das Plastik schlussendlich? Richtig: im Meer. Also: Man lege sich seinen eigenen Coffee-to-Go-Becher zu – die Umwelt freut's und ein gutes Gewissen darf man auch haben.

■ **Sondermüll fachgerecht entsorgen:** Chemikalien gehören weder in den Müll noch in den Garten. Oft gibt es pflanzliche Alternativen zur Schädlingsbekämpfung. Lösungsmittel und Lacke können bei den örtlichen Abfallwirtschaftsbetrieben fachgerecht entsorgt werden. Dort gibt es Sondermüll-

Sammelstellen. Auch Holz lässt sich in vielen Fällen mit umweltfreundlichen Alternativen schützen.

■ **Biologische Produkte verwenden:** Wer Bioprodukte kauft, vermeidet Umweltgifte. Die strengen Biosiegel wie Demeter oder Bioland geben eine hilfreiche Orientierung bei den Nahrungsmitteln, der Blaue Engel hilft bei Produkten wie Papier, Lacken und Pflanzenschutzmitteln.

■ **Saubere Wäsche und ein gutes Gewissen:** In vielen Waschmitteln ist wasserschädliches Phosphat enthalten, vor allem Weichspüler ist sehr umweltschädlich. Es stehen inzwischen sehr gute phosphatfreie Waschmittel zur Verfügung, auf den schädlichen Weichspüler lässt sich ebenfalls gut verzichten.

■ **Das Auto ab und zu stehen lassen:** Das geht im Urlaub natürlich besonders gut, wenn man mal das Fahrrad benutzt, zu Fuß geht oder die öffentlichen Verkehrsmittel nutzt.

☑ Wischhafen – alter Hafen mit Booten im Nebel

5 Die Nordsee

In diesem Kapitel werden die Geschichte der Nordsee und die Entstehung der Küstenlinie beschrieben. Hier finden sich auch Informationen zum Nationalpark Niedersächsisches Wattenmeer sowie über Klima und Wetter. Mit der Beaufort-Skala lässt sich die Windgeschwindigkeit leicht selbst einschätzen.

◁ Schwarzes Seezeichen auf dem Seedeich

Land und Meer damals und heute

Die **Geschichte der Nordsee** begann im Erdmittelalter **Mesozoikum,** also vor rund 250 Millionen Jahren. In dieser Zeit fanden die wichtigsten gesteinsbildenden Prozesse statt. Heute ist es kaum noch vorstellbar, aber damals lebten im Bereich der heutigen Nordsee viele Tiere wie Dinosaurier, alles war dicht bewachsen und es herrschte ein für Verwitterungsprozesse ideales tropisches und subtropisches Klima.

Während der drei Eiszeiten im **Quartär** – dem vor 2,1 Millionen Jahren beginnenden jüngsten Zeitabschnitt der Erdgeschichte – lag das Gebiet der heutigen Nordsee oberhalb des Meeresspiegels. Die Bildung kontinentaler Eismassen und Gletscher entzog den Ozeanen viel Wasser und ließ den Meeresspiegel um über 100 Meter tiefer als heute sin-

ken. Damals erstreckten sich große Eismassen über die Arktis und Antarktis, und auf der nördlichen Halbkugel bildeten sich auch auf den kontinentalen Landmassen weite Eisschilde. Durch die Erwärmung des Erdklimas tauten die Eismassen nach der Eiszeit in Schüben wieder ab und der Meeresspiegel stieg.

Auf dem Höhepunkt der **Weichseleiszeit** in der Zeitspanne vor etwa 60.000 bis 15.000 Jahren – es war die letzte im nördlichen Mitteleuropa – lag das Niveau des Meeresspiegels weltweit rund 120 Meter niedriger als heute. Durch das Schmelzen der mächtigen Eispanzer stieg er in den letzten 10.000 Jahren gewaltig an. Die riesigen **Schuttmassen**, die die Gletscher mit sich führten, blieben nach dem Auftauen als Moränen aus Sand, Lehm und Gesteinsschutt zurück. Diese **Ablagerungen** bilden heute die Geestrücken der Landschaft in Norddeutschland; im Gegensatz zum Schwemmland der Marsch liegt die Geest höher. Oft sind die Böden sandig und unfruchtbar.

Das Wasser des Atlantischen Ozeans drang durch den **Anstieg des Meeresspiegels** immer weiter nach Süden vor und überspülte große Landmassen, so entstand die Nordsee. Dabei verschob sich die Küstenlinie mehrere hundert Kilometer landeinwärts. Die ursprüngliche Landbrücke nach England ging verloren, als vor etwa 9000 Jahren der Ärmelkanal entstand. Zwischen 7000 und 5000 v.Chr. verlangsamte sich der Anstieg des Meeresspiegels wieder. Vor etwa 5000 Jahren entwickelte sich die Küstenlinie der Nordsee im Großen und Ganzen so, wie wir sie heute kennen: mit ihren Watten, Marschen und oft bewaldeten Geestkuppen. Die **Gezeiten und Strömungen** transportierten Sedimente und lagerten diese an Untiefen und Sandbänken ab. Nach und nach wuchsen diese zur Kette der vorgelagerten Ostfriesischen Inseln heran.

nskris_120 mna

◁ Sonnenuntergang über dem Wattenmeer

Am Festland reichte die Nordsee buchtartig zwischen den Geestinseln bis weit ins **Landesinnere.** Während der Rückzugsphasen des Meeres bildeten sich Torfe, die nach erneuten Meeresvorstößen verschlickten. Diese „**schwimmenden Moore**" waren besonders in Ostfriesland und im Wilhelmshavener Raum verbreitet. Die Menschen begannen in begrenztem Umfang, auf den Seemarschen und den höher gelegenen Geestkernen zu siedeln. Zum Schutz vor den Fluten des Meeres taten sie das auf künstlich errichteten Hügeln, **Warften** oder **Wurten** genannt. Erste **Ringdeiche** wurden zum Schutz von Ackerfläche schon zur Zeit von Christi Geburt gebaut, geschlossene **Deichlinien** entstanden aber erst im 13. Jahrhundert. Seitdem sind nicht nur Klimaveränderungen für die heutige Küstenlinie verantwortlich, sondern auch der Mensch.

Die großen **Meeresbuchten** des Jadebusens und des Dollarts gibt es erst seit katastrophalen **Sturmfluten im Mittelalter.** Damals entstanden weitere Buch-

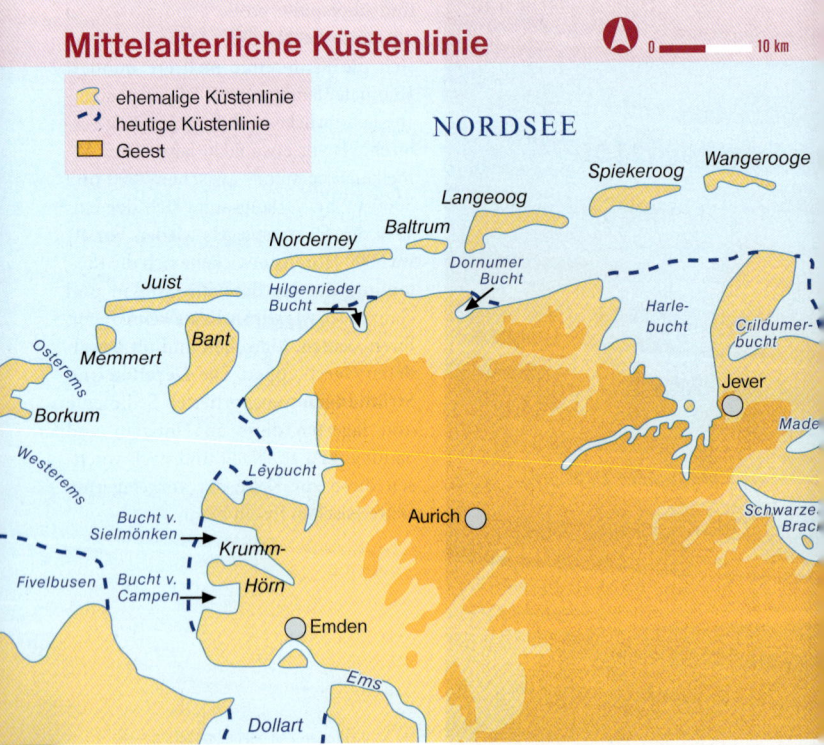

Mittelalterliche Küstenlinie

0 ▬▬▬ 10 km

ehemalige Küstenlinie
heutige Küstenlinie
Geest

NORDSEE

Wangerooge
Spiekeroog
Langeoog
Baltrum
Norderney
Dornumer Bucht
Juist
Hilgenrieder Bucht
Harlebucht
Crildumerbucht
Bant
Osterems
Memmert
Jever
Borkum
Made
Westerems
Leybucht
Schwarze Brac
Bucht v. Sielmönken
Aurich
Krumm-
Fivelbusen
Bucht v. Campen
Hörn
Emden
Ems
Dollart

ten im Bereich der Krummhörn, die große Harlebucht und nördlich des heutigen Wilhelmshaven die Madebucht und die Crildumerbucht. Um die Gewalten des Meeres einzudämmen, verstärkten die Menschen den Bau von Deichen, die Seemarschen und großen Moorgebiete im Hinterland wurden entwässert. So konnte über Jahrhunderte altes Marschland zurückgewonnen und später sogar neues Land dem Meer entrissen werden. Die durch Eindeichung von Watt gewonnenen Gebiete werden **Pol-** **der** oder **Koog** genannt. Wegen des gestiegenen Umweltbewusstseins wird heute kein Neuland mehr gewonnen. Allerdings wird das Anwachsen von Vorland mit seinen Salzwiesen durch Lahnungsbau unterstützt; hier finden Seevögel Platz zum Rasten und reichlich Nahrung.

Meeresschutz und Ökologie

Millionen Jahre waren die Nordsee und ihre Vorläufer so sauber wie eine tropische Korallenlagune. Auch als die Küsten besiedelt wurden, änderte sich zunächst nichts. Doch in den letzten zweihundert Jahren hat sich die Situation deutlich verschlechtert, und das tut sie weiterhin immer schneller. Die Situation in den Meeren ist inzwischen für Mensch und Tier besorgniserregend geworden. Mit dem starken **Bevölkerungswachstum** ab dem 19. Jahrhundert fing es an, die **Industrialisierung** hat die Sache noch beschleunigt, und auch durch Faktoren wie **Überfischung,** Seeschifffahrt mit Schweröl, Plastikmüll im Wasser und andere Verschmutzungen sank die Qualität des Nordseewassers erheblich.

In der zweiten Hälfte des 20. Jahrhunderts war die Nordsee so verschmutzt wie noch nie. Ganze Flotten von Schiffen kippten damals ihre **Tankrückstände** ins Meer. Dazu flossen **Chemikalien** schlimmster Zusammensetzung über die Flüsse in die Nordsee, manche von beklemmender Lebensfeindlichkeit. Auch

Bauschutt, Chemie- und Atommüll wurden in der Nordsee verklappt. Es kam immer wieder zu Fisch-, Vogel- und Seehundsterben. Da aber die Menschen keinen sichtbaren Schaden nahmen, änderte sich lange Zeit nichts. Erst in den 1970er-Jahren traten die ersten **Umweltschützer** auf den Plan. Schnell wurde klar, dass auch das Ökosystem der Meere äußerst schützenswert ist. Eine der größten Herausforderungen dabei ist die wachsende **Komplexität der vielen Probleme.** Chemische, biologische und physikalische Prozesse im Meer beeinflussen sich gegenseitig – meist gibt es keine einfache Lösung.

Die größten Bedrohungen sind nach wie vor Überfischung, Meeresverschmutzung, Klimawandel und der damit verbundene Anstieg des Meeresspiegels. Hinzu kommen Versauerung und Bioinvasion – also das Einschleppen nicht heimischer Tier- und Pflanzenarten, die keine Fressfeinde haben und die heimischen Arten verdrängen. **Die Ozeane und Meere sind heute weltweit so bedroht wie noch nie,** und es ist eine sehr große Herausforderung, die Natur zu schützen und die Situation deutlich zu verbessern. Besonders die Küstenregionen sind betroffen, weil das Meer dort intensiv genutzt wird: Hier wird der meiste Fisch gefangen, nach Erdöl und Erdgas gebohrt, es wächst die Anzahl der Offshore-Windparks und es herrscht sehr starker Schiffsverkehr. Das gilt für die Nordsee im Besonderen. Die neuesten Forschungen legen nahe, dass der Anteil an Mikroplastik im Meer so sehr gestiegen ist, dass er in der Nahrungskette einen festen – und schädigenden – Platz hat (siehe auch Abschnitt „Praktische Reisetipps A–Z/Umweltschutz").

Nationalpark Niedersächsisches Wattenmeer

Das Wattenmeer zwischen dem niederländischen Den Helder und dem dänischen Esbjerg ist die weltweit größte zusammenhängende Wattlandschaft. Ein bedeutender Teil dieses Ökosystems liegt im 1986 gegründeten Nationalpark Niedersächsisches Wattenmeer, in dem sich die **Nordseeküste Niedersachsens** und auch die etwa 90 Kilometer lange Kette der **Ostfriesischen Inseln** befinden. 3450 Quadratkilometer misst die Wattlandschaftsfläche Niedersachsens. Nach langen erfolgreichen Schutzbemühungen erklärte die UNESCO den Nationalpark zum Biosphärenreservat; seit 2009 gehört er zum **UNESCO-Weltnaturerbe.** Der Titel verpflichtet dazu, das Gebiet dauerhaft zu erhalten und seinen Besuchern Wissen über diesen einzigartigen Lebensraum zu vermitteln.

Der durch die Gezeiten geprägte **Übergangsbereich zwischen Land und Meer** wird täglich bei Hochwasser überflutet und fällt bei Niedrigwasser wieder trocken. Gezeitenbedingt strömt das Wasser der Nordsee bei auflaufendem Wasser durch die zwischen den Ostfriesischen Inseln liegenden Seegatte (Tiderinnen) auf die riesigen Wattflächen zwischen Inseln und Festland. Ist der Höhepunkt der Flut erreicht, fließt das Wasser wieder zurück. Da diese Seegatte schmal sind, entstehen **starke Gezeitenströme,** die den Untergrund ständig verändern. Die Ostfriesischen Inseln bieten dem

Festland zwar etwas Schutz, aber dennoch droht auch der Küste durch Sturmfluten im Winter Gefahr. Deshalb sind die fortwährenden **Küstenschutzmaßnahmen** mit der Ertüchtigung und dem Ausbau der Deiche von immenser Bedeutung.

Vor den Seedeichen liegen die Wattbereiche, dazwischen gibt es häufig Vorland mit Salzwiesen. Man unterscheidet je nach Art der Bodensedimente zwischen **Schlick-, Sand- und Mischwatten.** Der Meeresboden fällt zur offenen Nordsee hin nur leicht ab, maximal sind es zehn Meter Höhenunterschied. Der **Tidenhub,** also der Unterschied zwischen Niedrig- und Hochwasser, beträgt an der Niedersächsischen Nordseeküste zwei bis drei Meter und ist damit stark genug, um Sand und Sediment aus dem Meer anzuspülen.

Auf den ersten Blick wirkt das Watt so, als sei dort nicht viel Leben zu finden. Beim genauen Betrachten erkennt man jedoch, dass es **einer der produktivsten Lebensräume der Erde** ist. Wer im Watt leben will, muss mit den extremen Lebensbedingungen zurechtkommen, die hier herrschen. Es gibt starke Temperaturschwankungen, der Salzgehalt verändert sich ständig, und neben den häufigen Überschwemmungen fließen in dem Gebiet starke Strömungen. Die Nährstoffe aus Wattboden und Meerwasser bilden die Lebensgrundlage für zahlreiche **Kleinstlebewesen** wie Mikroalgen,

⌄ Große Wattfläche mit Priel und Pricken

nskns_121 mna

die wiederum Nahrung für viele **Würmer, Schnecken, Muscheln, Krebse und Fische** sind. Auf den trockengefallenen Wattflächen finden Millionen von **Zugvögeln** auf ihrer Wanderung von und in die Brutgebiete einen reich gedeckten Tisch. Aber die Wattflächen sind auch ein wichtiger Lebensraum für heimische Tierarten.

Eine **Wattwanderung** ist eine Wanderung auf dem Meeresgrund. Nur der Wind, die Rufe der Vögel und leise Geräusche des Wattbodens sind zu hören. In ihm verbirgt sich eines der reichsten Biotope der Erde. In einem Fingerhut **Wattsubstanz** befinden sich eine Million Algenzellen (grüne, braune und rote Makroalgen sowie Hunderte Mikroalgen), Tausende Kleinkrebse wuseln in einem Quadratmeter Schlick. Diesen teilen sie sich mit Watt- oder Pierwürmern, deren Auswürfe in Form dünner Sandwürste oft das einzige Lebenszeichen an der Oberfläche sind. Die im Watt leben-

Nationalpark Niedersächsisches Wattenmeer

Zone I (Ruhezone)
Zone II (Zwischenzone)
Zone III (Erholungszone)
❶ Nationalpark-Haus bzw. -Zentrum

Wangerooge
Spiekeroog
Langeoog
Norderney
Juist
Baltrum
Carolinensiel ❶ ❶
Hornumersiel
Dornumersiel
❶ Norddeich
Jever
Borkum
Wittmund ○ ○
❶ Greetsiel
○ Aurich
○ Emden

5

den Herz-, Sandklaff- und Miesmuscheln filtern das Meerwasser pausenlos. Während Miesmuscheln an der Wattoberfläche siedeln, graben sich Herzmuscheln mit ihrem muskulösen Fuß tief ins Sediment. Verschiedene Organismen leben in enger Symbiose. Sie alle sind Teile einer **Nahrungskette,** an deren Spitze der Mensch steht. Das Wattenmeer ist auch die Kinderstube vieler Fischarten, die es ohne die hier vorherrschenden Bedingungen gar nicht gäbe.

Stichwort **Klimawandel:** Langzeitdatenreihen belegen, dass sich die Nordsee deutlich stärker erwärmt als die Weltozeane im Mittel. Sie ist in den vergangenen 50 Jahren um 1,7° C wärmer geworden. Damit ist die Deutsche Bucht eines der sich am schnellsten erwärmenden Küstenmeere überhaupt. In der Folge verändern sich auch Flora und Fauna. Kälte liebende Arten werden seltener oder verschwinden, aus wärmeren Gefilden wandern Arten ein, die bisher nicht in der Nordsee lebten.

Wind und Wetter

Die Nordsee liegt in der **Westwindzone der gemäßigten Breiten,** die durch den **Golfstrom** beeinflusst sind. Dieser ist eine der größten und schnellsten Meeresströmungen der Erde. Der Golfstrom führt Wärme heran, lässt aber auch Tiefdruckgebiete mit überwiegend westlichen Starkwinden entstehen. Bei uns ist es deshalb im Durchschnitt fünf bis zehn Grad wärmer, als wenn er nicht vorhanden wäre. Aufgrund der Lage an der Nordsee herrscht an der flachen niedersächsischen Nordseeküste ein **ausgeprägt maritimes Klima.** Die Temperatur des Meerwassers verändert sich nicht so schnell wie die der Luft, deshalb sind die Temperaturunterschiede an der Küste generell geringer, dafür ist die Luftfeuchtigkeit höher. Das führt häufiger zu Nebelbildung als im Binnenland. Die **Temperatur** in der Küstenregion liegt im Jahresdurchschnitt bei 7 bis 9° C. Die Wassertemperaturen können im flachen Wasser des Wattenmeers im Sommer

5

20° C erreichen, oft muss man sich beim Schwimmen aber auch mit weniger begnügen. Wegen des tendenziellen Westwindes gibt es **das ganze Jahr über Niederschläge.** Am meisten regnet es in Herbst und Winter, die Gesamtmenge beträgt zwischen 550 und 850 Millimeter. Das wechselhafte Wetter führt dazu, dass die Nordsee nicht gerade von der Sonne verwöhnt wird; die jährlichen Sonnenstunden schwanken zwischen 1450 und 1650.

Klimatische Bedingungen

Deutschland liegt in einer Zone wechselhaften Wetters. Die mit dem Klimawandel verbundene **Erderwärmung** führt auch in der Deutschen Bucht zu extremeren Situationen. Im Verlauf des Golfstroms steigt erhitzte Luft auf, die durch die Erdrotation in drehende Bewegung versetzt wird – **Tiefdruckgebiete** entstehen. Auf dem Rücken eines mächtigen Azorenhochs gelangen sie nach Nordeuropa, wo manche erst vor der Küste ihre volle Kraft erreichen. Je länger ihr Weg über das Wasser ist, desto stärker werden sie. Es ist zu vermuten, dass die **Wetterextreme** zukünftig weiter zunehmen, sofern die Klimaerwärmung nicht verlangsamt oder gestoppt werden kann. Das zumindest ist die heutige Einschätzung der meisten Experten.

Wetterabfolge

In der Deutschen Bucht gibt es **selten Windstille. Meist kommt der Wind aus westlicher Richtung.** Herrscht Tiefdruck, dreht sich der Wind auf der Nordhalbkugel gegen den Uhrzeigersinn. Jedem Küstenbewohner ist bekannt, dass Wind aus südlichen bis südwestlichen Richtungen schlechtes Wetter bringt. Denn ein Tief bewegt sich dann auf den Nordseebereich zu, und bald bekommt man auch dessen Ausläufer zu spüren: mehr oder minder satter Regen von einer Warmfront. Dann, nach einem wahrscheinlichen Windsprung auf west-

liche Richtungen, folgen Schauer und manchmal auch im Gefolge einer Kaltfront Gewitter. Danach weht es normalerweise kräftiger als zuvor aus Nordwest bis Nord – so entsteht das für die Nordsee typische Rückseitenwetter. Mit Wetterglück läutet der **Nordwind** ein nachfolgendes Hoch ein, um das sich der Wind im Uhrzeigersinn dreht und wieder besseres Wetter mitbringt.

Es ist empfehlenswert, sich bei einem Aufenthalt an der Küste mit seiner Kleidung auf **häufiger wechselndes Wetter** einzustellen. Sinnvoll sind windfeste Kleidung und eine Regenjacke für den Notfall. Auch die Sonnenstrahlung ist

⌄ Wolkenwand über Deich und Watt

am Meer intensiver, weil das Licht vom Wasser reflektiert und dadurch verstärkt wird. Deshalb sind Sonnenschutzmaßnahmen wie Sonnencreme und Kopfbedeckung auch bei bedecktem Himmel auf jeden Fall eine gute Idee.

Kräftige Stürme

Die **Beaufort-Skala,** die nach einem britischen Admiral benannt ist (siehe Exkurs „Sturm und Wellen"), beschrieb ursprünglich die Windstärken in einer Skala von ein bis zwölf Beaufort (Bft). Sie wurde später um fünf weitere Stufen nach oben erweitert und ist eine **praktische Messlatte,** um die Windverhältnisse vor Ort auch ohne Windmesser annähernd einschätzen zu können. Deshalb hat sie auch im Computer-Zeitalter weiterhin Bestand. Obwohl der Wind heutzutage oft in km/h angegeben wird, ist die metrische Methode weitaus weniger aussagefähig. Wer kann sich schon vorstellen, wie die See bei 50 km/h aussieht? Dagegen erhält man über die Angabe 7 Bft einen guten Eindruck, was dieses „Fahrmaximum in Ortschaften", das einem im Auto ziemlich langsam vorkommt, bereits anzurichten vermag.

Ist der Wind stärker als 8 Bft, werden die meisten Schiffsverbindungen eingestellt, weil die Verletzungsgefahr für die Passagiere an Bord wegen der heftigen Wellenbewegungen einfach zu groß ist. Dieser Passus höherer Gewalt ist in allen Transportverträgen enthalten, und selbst wenn einem dadurch die ganze Urlaubsplanung durcheinander gerät, muss man Verständnis dafür aufbringen, dass die Sicherheit stets Priorität besitzt. Bei Sturmprognosen, die in der Haupt-saison selten sind, ist es ratsam, Kontakt mit der Reederei zu halten, bevor man womöglich nutzlos an die Küste reist und dort auf Wetterberuhigung warten muss. Die **Sturmsaison** in den Herbst- und Wintermonaten für eine Nordseereise völlig auszuschließen, wäre jedoch auch nicht richtig. Denn besonders an Sturmtagen zeigt die Küste oft eine ihrer faszinierendsten Seiten und die ganze Macht und Wucht der Natur. In den Monaten, die auf den Buchstaben „r" enden, präsentieren See und Küsten oft prächtige Panoramen, und der Wind fegt scharf über die Seedeiche. Das Meer ist dann oftmals wie ein wildes Tier. Wetterfeste Kleidung sollte man deshalb immer dabeihaben.

Blitz und Donner

Gewitter gibt es nicht nur an Land, sondern auch auf See, und zwar **zu jeder Jahreszeit** und auch im Winter. Durch die kräftigen, meist westlichen Winde kann es schnell zu einem Wetterwechsel kommen. Die im Kielwasser von Tiefdrücken vorkommenden **Kaltfronten** sind generell von Gewittern begleitet. Sie können im Winter mitunter heftiger sein als in der Folge sommerlicher Schwüle.

Die statistische Wahrscheinlichkeit, jemals vom **Blitz** getroffen zu werden, ist verschwindend gering. Dennoch sollte man sich vorsichtig verhalten und vor allem den Kontakt mit Wasser meiden, denn Wasser leitet die elektrische Energie viel besser als der Boden. Bei Annäherung eines Gewitters ist es empfehlenswert, in Gebäuden oder im geschlossenen Auto **Schutz** zu **suchen.** Im Freien ist es am besten, in einer Bodensenke in

Deckung zu gehen und das Schlimmste abzuwarten. Metallgegenstände wie Fahrräder, Regenschirme und Walkingstöcke wirken auf Blitze wie Magnete, man sollte sich während des Gewitters besser davon trennen. **Seegewitter** sind oft sehr laut und es grollt beängstigend. Ein wissenschaftlich bis heute nicht vollständig erforschtes Phänomen ist es, dass es auf dem Meer und an der Küste deutlich mehr Blitze gibt als an Land.

Wetterprognose

- Hilfreich ist die Website **www.dwd.de** mit punktgenauen Angaben für jeden Standort.
- Segler und Surfer finden auf **www.windfinder.com** Informationen zur Windprognose.
- Die kostenpflichtige Wetterapp **WeatherPro** bietet umfangreiche und detaillierte Inhalte zur Wettervorhersage.

Ebbe und Flut

Das Gezeitenspiel von Ebbe und Flut **bestimmt den Rhythmus des Insellebens** und ist neben Sturm und Wellen die treibende Kraft bei der stetigen Veränderung der Küstenlinie. Zweimal täglich fließen große Gezeitenströme auf und wieder zurück. Sie fallen abhängig von Windrichtung und Seegang sehr unterschiedlich aus. Die Gezeiten des Meeres, **Tiden** genannt, setzen sich aus dem **ablaufenden Wasser (Ebbe)** und dem **auflaufenden Wasser (Flut)** zusammen. Die Wechselpunkte zwischen Ebbe und Flut nennt man **Niedrigwasser bzw.**

☑ Pegellatte am Hafen von Ditzum

nskns_123 mna

Sturm und Wellen

Im Folgenden werden die Windstärken nach der erweiterten **Beaufort-Skala** (1–17) mit den jeweils charakteristischen Bewegungen der See aufgelistet. Sie ist nach dem irischen Hydrografen Sir *Francis Beaufort* benannt, aber erfunden hat er sie nicht. Der englische Ingenieur *John Smaeton* veröffentlichte 1759 erstmals eine Tabelle mit elf Windstärken. Es gibt keine verbindliche Version, sondern sie wird in verschiedenen Varianten verwendet.

Bft	km/h	Wind	Zustand der See
0	< 1	Stille	Spiegelglatt
1	1–5	Leichter Zug	Leichte Kräuselwellen
2	6–11	Leichte Brise	Kleine, kurze Wellen mit glasigen Kämmen
3	12–19	Schwache Brise	Anfänge der Schaumbildung
4	20–28	Mäßige Brise	Kleine, länger werdende Wellen, überall Schaumköpfe
5	29–38	Frische Brise bzw. Wind	Mäßige Wellen von großer Länge, überall Schaumköpfe
6	39–49	Starker Wind	Größere Wellen mit brechenden Köpfen, überall weiße Schaumflecken.
7	50–61	Steifer Wind	Weißer Schaum von den brechenden Wellenköpfen legt sich in Schaumstreifen in die Windrichtung
8	62–74	Stürmischer Wind	Ziemlich hohe Wellenberge, deren Köpfe verweht werden, überall Schaumstreifen
9	75–88	Sturm	Hohe Wellen mit verwehter Gischt, es beginnen sich Brecher zu bilden
10	89–102	Schwerer Sturm	Sehr hohe Wellen, weiße Flecken auf dem Wasser, lange und überbrechende Kämme, schwere Brecher
11	103–117	Orkanartiger Sturm	Brüllende See, Wasser wird waagerecht weggeweht, starke Sichtverminderung
12	118–133	Orkan	See vollkommen weiß, Luft mit Schaum und Gischt angefüllt; keine Sicht mehr
13	134–149	Wirbelsturm	Ab hier erweiterte Beaufort-Skala nach *Peter Petersen*
14	150–166	Wirbelsturm	s.o.
15	167–183	Wirbelsturm	s.o.
16	184–201	Super-Wirbelsturm	s.o.
17	>201	Hyper-Wirbelsturm	s.o.

Die Nordsee

Hochwasser. Die Gezeiten werden von den **Anziehungskräften des Mondes und der Sonne** bestimmt. Stehen Sonne und Mond im rechten Winkel zueinander, gibt es eine **Nipptide,** der Höchststand des Wassers fällt dann niedriger als gewöhnlich aus. Stehen Sonne und Mond auf einer Linie, entsteht das Gegenteil, eine **Springtide,** weil ihre Kraft gemeinsam am Flutberg zieht. Nipptiden gibt es nur bei Halbmond, Springtiden nur bei Neu- und Vollmond.

Je nach geografischer Konstellation verändert sich zusätzlich der **Tidenhub,** also die Differenz der Wasserhöhe zwischen Niedrig- und Hochwasser. Der Tidenhub fällt auf der ganzen Welt sehr unterschiedlich aus. In der Nordsee wird er von den **Schwingungswellen der Gezeitenströme** im Atlantik bestimmt. In Wilhelmshaven am Jadebusen liegt der Tidenhub bei über drei Metern, in den trichterförmigen Buchten der Flussmündungen fällt er noch höher aus, weil sich hier das Wasser aufstaut. Für die einzelnen Urlaubsorte an der Nordseeküste gibt es jeweils eigene **Tidenkalender bzw. Gezeitentabellen.** Die Vorausberechnungen sind nötig, da sich die Tiden nicht zur selben Zeit wiederholen, sondern pro Tag um etwa 50 Minuten versetzt sind. Von einem Hoch- zum nächsten Niedrigwasser ergibt sich zweimal am Tag mithin eine Verschiebung von 25 Minuten: Eine Tide (oder Gezeit) dauert also sechs Stunden und 12½ Minuten.

■ **Tidenkalender bzw. Gezeitentabellen** kann man auf der Website www.bsh.de des Bundesamtes für Seeschifffahrt und Hydrografie einsehen.

Die Natur an der niedersächsischen Nordseeküste

Wattenmeer

Das Wattenmeer weist die **größte Artenvielfalt der europäischen Küsten** auf und ist die Kinderstube vieler Fische und anderer Tiere. Der Meeresgrund wird im Wechsel der Gezeiten mit Wasser überspielt und fällt danach wieder trocken. Ein besonders eindrucksvoller Aspekt der Artenvielfalt wird bei einer vogelkundlichen Führung deutlich: Das Wattenmeer bietet rund 10.000 Arten ein Zuhause und hat international eine immens große Bedeutung als Mauser-, Rast- und Überwinterungsgebiet für **Vögel.** Zeitgleich halten sich hier während der Zugzeiten bis zu sechs Millionen Vögel auf. Sie finden ausreichend Nahrung in Form verschiedener Lebewesen, die hier dauerhaft leben. Darunter befindet sich eine große Zahl von Arten im Bereich der **Mikrofauna,** neben verschiedenen Algenarten wachsen aber auch etliche Seegräser.

Biodiversität im Watt – die Bevölkerungsdichte auf einem Quadratmeter

■ bis zu 1000 Wattwürmer
■ bis zu 2000 Herzmuscheln
■ bis zu 4000 Schlickkrebse
■ bis zu 100.000 Wattschnecken
■ bis zu 2.500.000 Sandlückentiere

Im Schlick ist die **Tierwelt** ebenfalls sehr zahlreich vertreten, es ist einer der produktivsten Lebensräume der Erde. Angefangen beim Zooplankton über Würmer, Muscheln, Krebstiere und Fische reicht das Spektrum bis zu den großen Meeressäugern. **Seehunde** sieht man im Sommer auf den Sandbänken oft in großer Zahl. Gelegentlich tauchen auch **Kegelrobben** unter ihnen auf. Im Nordseewasser tummeln sich darüber hinaus **Schweinswale,** auch Kleine Tümmler genannt, die sich von Krebstieren und Fischen ernähren. Das Wattenmeer zeigt viele ökologische Spezialisten, die ganz besondere Lebensgemeinschaften gebildet haben. Dies ist besonders an der Schnittstelle zwischen Land und Meer zu sehen, wo sich Pflanzen und Tiere zwischen Ebbe und Flut und den Gebieten, in denen Süß- und Salzwasser aufeinander treffen, der ständig wechselnden Landschaft auf oft erstaunliche Weise anpassen müssen.

Salzwiesen

An den Rändern des Wattenmeeres entstehen Salzwiesen durch **Ablagerungen von Sedimenten und organischem Material** auf dem flachen Boden. Diesen Prozess unterstützen die Küstenschutzorganisationen mit dem Bau von **Lahnungen,** niedrigen Dammanlagen zur Landgewinnung im Watt. Je stärker der Boden aufwächst, umso mehr wird er von Pflanzen besiedelt. Bei stärkerem Bewuchs bleibt weiteres Sediment liegen, die Salzwiese wächst weiter auf und verlandet schließlich.

Die Primärpflanze im nassen Schlick ist der **Queller,** auch „ostfriesische Salzstange" genannt. Er ist die einzige Salzwiesenpflanze, die ohne regelmäßige Salzzufuhr nicht lebensfähig ist. Sein Lebensbereich wird **Quellerzone** genannt und etwa 700 Mal pro Jahr vom Meerwasser überflutet; hier wächst nur noch das Schlickgras. Queller ist essbar und gilt als wohlschmeckend – das wissen auch die hier rastenden Gänse.

▷ Nonnengänse, auch Weißwangengänse genannt, am Dollart

Die nächste Zone, die **Andelgraszone,** wird ca. 200 Mal pro Jahr überflutet. Hier wachsen Strandaster, Strandflieder, Keilmelde, Dreizack und das namensgebende Andelgras. In der **Vielfältigkeits- oder Rotschwingelzone,** die nur noch etwa 20 bis 70 Mal pro Jahr vom Meereswasser überspült wird, wachsen Rotschwingel und verschiedene Binsenarten. Typische Pflanzen sind Strandwermut, Strandbeifuß und Strandgrasnelke. Gegen das salzige Meerwasser schützen sich die Pflanzen mit dicken Stängeln und festen Blättern.

In den Salzwiesen leben auch zahlreiche **Insektenarten,** die sich auf diesen besonderen Lebensraum spezialisiert haben. Rund 400 Insektenarten leben allein auf den 25 häufigsten Salzwiesenpflanzen. Auch deswegen sind die Salzwiesen ein beliebtes Brutgebiet für **viele Vogelarten** wie Enten, Gänse und Watvögel wie Rotschenkel oder Uferschnepfe. Einer der charakteristischsten Vögel an der Nordsee ist der schwarz-weiß gefiederte **Austernfischer** mit seinem knallroten Schnabel und seinem markanten Ruf.

nskns_125 mna

Seedeiche

Mit dem Bau der ersten Seedeiche wurde das Leben am Meer sicherer. Das Wissen darüber lernte man von den benachbarten Niederländern. Die ersten dieser **längsseits zum Meeresufer gebauten Schutzanlagen** der Region entstanden etwa um das 1. Jahrtausend. Getreu dem Motto „De nich will dieken, de mutt wieken" – wer nicht eindeichen will, muss weichen – war die Beteiligung am Deichbau bald Pflicht für alle Anlieger. Deiche sind überall **an der Küste allgegenwärtig,** häufig gibt es ältere Innendeiche in der Marsch und direkt an der Küste höhere Seedeiche. Sie schützen das **Marschland,** das häufig auf dem Niveau des Meeresspiegels oder sogar darunter liegt. Die Höhe und Breite der Deiche ist von der jeweiligen Landschaft abhängig, teilweise sind sie über neun Meter hoch und bis zu hundert Meter breit. Ihre schützende Grasnarbe wird häufig von **Schafen** gepflegt, sie halten das Gras kurz und treten die Oberfläche fest. Unerwünscht dagegen sind die ebenfalls vorkommenden **Bisamratten,** die durch ihre Wühltätigkeit die Stabilität der Deiche gefährden. Deswegen dürfen sie das ganze Jahr über gejagt oder gefangen werden. Da die Deiche ständig erhöht und verstärkt werden müssen, wird viel **Kleiboden** aus der Marsch benötigt. Die durch die Bodenentnahmen hinter dem Deich entstehenden, bis zu drei Meter tiefen Gruben, **Kleipütten** genannt, füllen sich wegen der Nähe zum Grundwasser rasch mit Wasser. Wenn diese neuen Lebensräume mit strukturreichen Ufer-, Flach- und Tiefwasserzonen naturnah gestaltet werden, entstehen wertvolle Lebensräume insbesondere für Wat- und Wasservögel.

Marschland

Das hinter dem Deich liegende fruchtbare Flachland ist **Schwemmland.** Marschbauern haben es über Jahrhunderte dem Meer abgerungen. Das Marschland an der deutschen Nordseeküste bildet zusammen mit den niederländischen und dänischen Flächen das größte Marschgebiet der Welt. Die norddeutschen Marschgebiete werden nahezu vollständig vom Menschen bewirtschaftet. Auf dem Grün findet **Viehhaltung** statt, zum Sinnbild Ostfrieslands sind die Herden schwarz-bunter Rinder geworden. Im Pferdeland Niedersachsen sieht man natürlich auf grüner Marsch häufig auch das Wappentier. **Ackerbau** wird hier auch betrieben, im Sommer ernten zahlreiche Mähdrescher das reife Getreide. Zur Elbe hin ändert sich das, statt Getreide dominiert im Elbe-Weser-Dreieck der **Obstanbau.** An Oste und Elbe finden sich zahlreiche Apfelplantagen, für die das relativ gleichmäßige Klima und ausreichend Feuchtigkeit ideale Voraussetzungen sind.

Entwässerung und Nutzung der Flüsse

Das Land der Nordseeküste Niedersachsens liegt nur unweit oberhalb des Meeresspiegels und ist vielerorts durch Landgewinnungsmaßnahmen entstanden. Einige Flächen liegen sogar darunter. Wäre das Land nicht eingedeicht,

würde zweimal täglich bei Flut die Nordsee ins Landesinnere strömen. Deshalb sind für eine künstliche Entwässerung die Landstriche von **Gräben, Kanälen und Bächen** durchzogen, in denen das Regenwasser zur Nordsee und zu den großen Flüssen abfließt. Durch die **Eindeichung der Flüsse** kann kein Meerwasser nach innen fließen, aber auch kein Regenwasser auf natürlichem Weg in die Nordsee gelangen. Deshalb ist eine künstliche Entwässerung unabdingbar. Im Laufe der Jahrhunderte ist ein ausgeklügeltes Entwässerungssystem entstanden, damit das Wasser abfließen kann. Die Flüsse werden aber nicht nur für die Entwässerung, sondern auch für die Bewässerung genutzt.

Aber auch wenn die Entwässerung sehr wichtig ist, manchmal fehlt dem Land auch Wasser. Zum Beispiel **im Sommer,** wenn sehr wenig Regen fällt und es äußerst trocken ist. Die Tiere auf den Weiden benötigen dann Trinkwasser, und auch für die wild lebenden Pflanzen und Tiere ist das Wasser sehr wichtig. Dann wird zugewässert und Wasser künstlich ins Land geholt.

Ems, Weser und Elbe sind Flüsse, die von der **Schifffahrt** genutzt und deshalb regelmäßig ausgebaggert und ständig vertieft werden. Was für die Industrie gut sein mag, zieht negative Konsequenzen für das Ökosystem nach sich. Bereits heute stößt die Ent- und Zuwässerung auf Probleme. Die Zuwässerung muss teilweise unterbrochen werden, weil der Salzgehalt in den Flüssen zu hoch ist. Der **hohe Salzgehalt** ist zum einen auf die Erhöhung des Meeresspiegels zurückzuführen, zum anderen auf die Flussvertiefungen. Die Strömungen verändern sich dadurch, Meerwasser dringt weiter in die Flüsse ein als zuvor. Die hohen Salzgehalte schaden den Tieren und den Pflanzen, aber auch der Landwirtschaft; steigt der Salzgehalt des Wassers weiter an, kann das Wasser in den Gräben nicht mehr zur Bewässerung genutzt werden. Derzeit wird an Konzepten gearbeitet, um das Problem der Versalzung zu mindern. Verschiedene Interessenlagen erschweren das Finden schneller und vernünftiger Lösungen leider erheblich, und so bleibt abzuwarten, ob sich zukünftig Wesentliches ändern wird (Quelle: Nationalparkhaus Fedderwardersiel).

Die Menschen an der Küste

Nicht alles ist so, wie es auf den ersten Blick erscheint. Bei vielem lohnt es sich, etwas genauer hinzuschauen und sich erst danach ein Urteil zu bilden. So sind die eigenwillig und oftmals wortkarg erscheinenden Norddeutschen meist nett und freundlich, auch wenn es vielleicht anfangs anders aussehen mag. Das liegt daran, dass die Küstenbewohner, und hier besonders die Ostfriesen, **seit eh und je auf sich selbst gestellt** waren. Sie hatten ihr Land vor den Gewalten des Meeres zu schützen und es teilweise mühsam der Nordsee abgerungen, deshalb ließen sie sich von Außenseitern wenig sagen und versuchten, ihre Selbstständigkeit zu bewahren.

Geschichte

Die ersten schriftlichen Berichte über die Nordseeküste aus der Zeit um Christi Geburt verfassten die **Römer,** als sie versuchten, die **Germanen** in ihr Reich einzubeziehen und bis zu den Mündungen von Ems, Weser und Elbe vorstießen. Funde in der Nähe des Ortes Jemgum im Rheiderland bestätigen die Anwesenheit eines römischen Heeres im Jahr 16 n.Chr. Etwa von der Mündung

◁ Bovinger Tief im grünen Weideland

des Rheins bis zur Ems lebten damals die **Friesen.** Während der Zeit der **Völkerwanderung** im fünften Jahrhundert besiedelten die Angelsachsen Britannien; sie kamen von der deutschen Küste aus dorthin. Zeitgleich errichteten sächsische Stämme im Land Wursten Burgen und Hafenanlagen. Die Friesen hingegen besetzten die niedersächsische Nordseeküste bis hin zur Weser. Heute leben Friesen als nationale Minderheit in den Niederlanden und im deutschen Ostfriesland, nicht jedoch an der oldenburgischen Küste und im Elbe-Weser-Dreieck.

Immer wieder versuchten im Laufe der Geschichte **Herrscherdynastien,** sich die niedersächsische Nordseeküste einzuverleiben, aber meist scheiterten sie oder die Bewohner machten trotzdem so weiter, wie sie es bisher getan hatten, ignorierten fremde Gesetze und Regeln und blieben ihrer Sprache treu. Das war während der dänischen Herrschaft nicht anders als unter französischer oder preußischer. Die Besatzer bissen sich sprichwörtlich die Zähne aus an diesem eigensinnigen Menschenschlag. Es zeigt sich an der Art und Identität der Küstenbewohner, welch starken Einfluss die wechselvolle Geschichte der Region darauf bis heute hat. Bereits im 13. Jahrhundert, als im restlichen Deutschland noch finsterstes Mittelalter regierte, gründeten die Ostfriesen den **Upstalsboom,** eine Art Eidgenossenschaft und frühe Form der Demokratie. „Lever dood as Slav" lautete das Motto. Dies ist wohl auch der Grund, weshalb sich die Industrialisierung mit ihrem Lohnknechtschaftssystem in Ostfriesland erst spät durchsetzte (siehe Exkurs „Friesische Freiheit").

Art und Identität der Menschen

Auch heute hat sich nichts Wesentliches daran geändert, dass die Einwohner der Küstenlandstriche zusammenhalten und die gegenseitige **Hilfsbereitschaft** insbesondere in den ländlichen Gebieten groß ist. Das muss auch so sein, denn nur gemeinschaftlich lassen sich die Herausforderungen meistern, die Wind, Wetter und die teilweise abgeschiedenen Lagen mit sich bringen. Es gibt meist ein **reges Vereinsleben,** und der Winter gilt als die Jahreszeit, in der man endlich einmal Zeit für Freunde und Familie hat. Denn in den Sommermonaten arbeiten die meisten Bewohner ohne Unterbrechung und freie Wochenenden im Tourismus. Besonders gegen Ende der Saison macht sich die **schwere Arbeit** dann oft deutlich bemerkbar. Wenn man den Menschen als Gast jedoch freundlich und auf Augenhöhe begegnet und sie mit dem gebotenen Respekt behandelt, wird man in der Regel auf offene Ohren und viel Hilfsbereitschaft stoßen.

Die Menschen im Norden Niedersachsens, insbesondere die von Mooren und Meer umgebenen Ostfriesen, mussten aufgrund ihrer abgeschiedenen Lage das meiste mit sich selbst ausmachen. Deshalb hat sich hier ein etwas eigenwilliger Menschenschlag entwickelt, der hohen Wert auf seine **Eigenständigkeit** legt, die sich in Sprache, Kultur, Identität und Küche zeigt. Die Küstenbewohner freunden sich nicht sofort mit jedem an. Sie reden nicht lang herum, kommen gern schnell auf den wesentlichen Punkt und tun damit sprichwörtlich „Butter bei die Fische". Das kann auf Menschen, die nicht aus dem Norden kommen und das in dieser Deutlichkeit so nicht ken-

5

nen, mürrisch wirken. Es ist aber selten so gemeint.

Die Sprache

„Sprache ist Heimat", stellte der Philosoph und Sprachwissenschaftler *Wilhelm von Humboldt* schon im 19. Jahrhundert fest. Die erste Sprache, die wir hören und zu sprechen lernen, festigt die persönlichen Wurzeln, die Beziehung zu anderen und die eigene Identität. Die Einwohner der Region an der niedersächsischen Küste sprechen **Niederdeutsch,** umgangssprachlich auch als **Plattdeutsch** oder **Plattdütsk** bezeichnet. Es gibt eine Vielzahl unterschiedlicher Dialekte, die manchmal sogar von Ort zu Ort wechseln, sodass Sprachkundige schon an der Wortwahl erkennen, wo oder von wem jemand seine Sprache gelernt hat.

Das Niederdeutsche hat sich aus dem Altsächsischen entwickelt, das zu den westgermanischen Sprachen zählt. In Niedersachsen, hauptsächlich in Ostfriesland und im Elbe-Weser-Dreieck, sowie in Schleswig-Holstein in Dithmarschen lebt die größte **Sprecherzahl;** in Deutschland sind es etwa **vier bis fünf Millionen Menschen,** gut sechs Prozent der Bevölkerung. Aber es gibt auch viele Niederdeutsch – Nedersaksisch – sprechende Menschen im niederländischen Westfriesland sowie in anderen Gebieten in und außerhalb Deutschlands, z.B. in Dänemark, Brasilien, den USA und Kanada, also überall dort, wohin Menschen aus Norddeutschland ausgewandert sind. Die Sprache **ähnelt dem Englischen und dem Friesischen,** was an der gemeinsamen Herkunft liegt. Es handelt sich um eine Sprachform, die in den „niederen", also den nördlichen, Regionen Deutschlands beheimatet ist. Da die germanische Bevölkerung Großbritanniens ursprünglich aus dem heutigen Norddeutschland stammt, haben die angelsächsischen Dialekte und das Altenglische starke Übereinstimmungen mit dem Niederdeutschen bzw. Altsächsischen. Das Englische hat also seinen westgermanischen Grundcharakter nie verloren und Basisworte wie Kind, Butter, Kindergarten oder Angst sind eins zu eins übertragen worden. Aber auch in Ländern wie den Niederlanden, Dänemark, Island, Schweden und Norwegen gibt es viele **Ähnlichkeiten** bei Worten wie Wasser, Pfanne, Salz, Milch oder Kopf. Vater beispielsweise heißt auf Niederdeutsch *Vadder,* Englisch *father,* Niederländisch *vader,* Friesisch *Faader,* Schwedisch und Norwegisch *far.*

Das Niederdeutsche weicht erheblich vom Hochdeutschen ab. Beim Zuhören assoziiert man sofort eine Mischung aus Englisch, Hochdeutsch und Niederländisch. Mit etwas Gewöhnung lässt sich aber ganz gut verstehen, was die Leute sagen. Die Sprache hat einen **eigenständigen Wortschatz** und auch eine **eigene Grammatik.** Erst Mitte des 19. Jahrhunderts fand Niederdeutsch auch in der Literatur Verwendung, zum Beispiel in einigen Dialogen in *Thomas Manns* Roman „Die Buddenbrooks". Ob es sich beim Niederdeutsch um eine **eigene Sprache oder** um einen **Dialekt** handelt, ist wissenschaftlich umstritten, aber die Unterschiede zum Hochdeutschen spre-

▷ Warten auf das Schiff – Ship-Spotting ist bei Urlaubern und Einheimischen beliebt

chen überwiegend dafür, dass Plattdeutsch nicht als Mundart anzusehen ist. In den Niederlanden und in Deutschland ist es durch die Sprachencharta des Europarats offiziell anerkannt und geschützt, in Deutschland gilt es auch als Amtssprache. 75 Prozent der Einwohner im Sprachgebiet haben passive Sprachkenntnisse.

Ursprünglich war Niederdeutsch nur eine **gesprochene Sprache.** Das änderte sich aber; in der Zeit zwischen 1200 und 1600 entwickelte es sich zu einer bedeutenden **Schriftsprache.** Sie wurde neben Latein in Urkunden und Gesetzen verwendet, es gab Ende des 15. Jahrhunderts mit der Kölner und der Lübecker Bibel sogar niederdeutsche Fassungen der Bibel. Im 16. Jahrhundert nahm die Bedeutung als Schriftsprache jedoch

nach und nach ab. Als regionale Sprache wurde Niederdeutsch mündlich aber lange weiterverwendet, während es in der Schrift vom Hochdeutschen Stück für Stück verdrängt wurde und sowohl Funktion als auch Prestige verlor – erst Mitte des 19. Jahrhunderts wurde Niederdeutsch erneut verschriftlicht.

Niederdeutsch war die **Sprache der „kleinen Leute"** – wer auf sich hielt, sprach Hochdeutsch, und so wurden ihre Überlebenschancen besonders im Zuge der Industrialisierung und Verstädterung immer geringer. Seit Mitte des 20. Jahrhunderts war es dann auch in den küstennahen Schulen Pflicht, **Hochdeutsch** zu lernen. Als dann die Zeitungen ebenfalls auf Hochdeutsch schrieben, wurde dieses zur neuen Gemeinschaftssprache und verdrängte das Nie-

nskns_127 mna

Wenn Di maal de Woorden fehlen – kleiner ostfriesischer Sprachführer für Niedersachsens Küste

Die Einheimischen in Norddeutschlands Bundesländern sprechen **Niederdeutsch,** wie der als **Plattdeutsch** bezeichnete Dialekt korrekt heißt. Die Aussprache in den verschiedenen Regionen weicht zwar voneinander ab, aber man versteht sich untereinander. Sogar mit den in den Ostniederlanden lebenden und Nedersaksisch sprechenden Menschen.

Hier ein kleiner Auszug aus dem **Wörterbuch für Niederdeutsch und küstenbezogene Bezeichnungen.**

A

achtern – hinten
➡ „Ik bün achter d' Diek" –
„Ich bin hinter dem Deich"
anners – anders
➡ „Anners noch wat?" – „Sonst noch etwas?"
ankieken – ansehen, besichtigen

B

Ballje – Badewanne, Bottich
betahlen – zahlen, bezahlen
➡ „Dat is 'n bietje to düür!" –
„Das ist ein bisschen zu teuer!"
Billen – Hintern/Gesäßbacken
➡ „Kinner, de wat willen, kriegen wat vör de Billen." – „Kinder, die was wollen, kriegen was auf den Hintern."
Blanker Hans – poetisch für Nordsee/bildhafte Bezeichnung für die tobende Nordsee bei Sturmfluten
blieven – bleiben
Boßel – Boßelkugel
Büdel – Beutel, Geldbeutel
Buhn – Steindamm zur Uferbefestigung

D

Dag – Tag
Dalben, Duckdalben – Pfahl, Pfahlgruppe zum Festmachen der Schiffe
Deern – Mädchen, Magd, Tochter
Diek – Deich
➡ „Well nich will dieken, de mutt wieken." (ostfriesisches Sprichwort) – „Wer nicht will deichen, der muss weichen" – Wer sich nicht am Deichbau beteiligen will, muss sein Land verlassen.
Dingsdag – Dienstag
Dönnerdag – Donnerstag
Dörp – Dorf
Dwarsloper – Strandkrabbe, „Querläufer"

nskns_128 mna

◁ Boote und Stege werden an Dalben befestigt

E

een – einer, eine, jemand, irgendeiner, man
➡ „Is daar een?" – „Ist da jemand?"
Etenstied – Essenszeit
ehrgüstern – vorgestern

F

Füür – Feuer, auch leuchtendes Seezeichen,
    z.B. Leuchtfeuer, Quermarkenfeuer
Fisk – Fisch
Fredag – Freitag
Frees – Friese
Freesland – Friesland
➡ „Holl di fuchtig!" – Abschiedsgruß (vertraulich)

G

Gatt – (tiefe) Strömungsrinne im Watt,
    z.B. zwischen den ostfriesischen Inseln
Geest – an die Marsch angrenzendes
    gehobenes Land eiszeitlicher Herkunft
Geldbüdel – Geldbeutel
gliek – gleich, sofort
Gröönkohl – Grünkohl
Groden – aus der See gewonnenes
    flaches Marschland (auch Polder oder Koog)
güüst – trocken, unfruchtbar

H

Heck – Achterschiff, Weidegatter
heten – heißen
➡ „Wo heetst du?" – „Wie heißt du?"
Heller – Deichvorland
Hör – Anredeform für Sie/Ihnen
➡ „Wo geiht Hör dat?" – „Wie geht es Ihnen?"
Huus – Haus

I

Ies – Eis
Insett Bohnen – Schnippelbohnen (Gericht)

J

Jack – Jacke
ja – ja
juchtern – herumtoben

K

Karnmelksbreei – Buttermilchbrei
    (ostfriesische Milchspeise)
kieken – gucken, sehen, schauen
Kieker – Fernglas
Kiekut – Aussichtspunkt
Kimm – Horizont
Kinner – Kinder
Klipp – Felsenklippe bzw. steile
    Abbruchkante der Geestküste
Klock – Uhr
klönen – sich gemütlich unterhalten
Klöönsnack – Unterhaltung
Klootscheten – Klootschießen (neben Boßeln
    der zweite ostfriesische Nationalsport)
Kluntje – Kandiszucker
Koffje – Kaffee
Kümo – Abkürzung für Küstenmotorschiff
Kuur – Schnaps

L

Land unner – Überschwemmung
➡ „Nu is Land unner." –
    „Jetzt ist das Land überschwemmt."
leev – lieb
➡ „Ik hebb di leev." – „Ich liebe Dich."
lüttjet – klein

M

Maandag – Montag
maken – machen
➡ „Maken wi al!" – „Wird schon erledigt!"
Marsch – Schwemmland,
    durch Landgewinnung entstanden

Middag – Mittag
Middeweek – Mittwoch
Moder – Mutter
Moin – ostfriesischer Gruß zu jeder Tageszeit,
 bedeutet eigentlich „schön" oder „gut"
➜ „Moin mitnanner." – „Guten Tag zusammen."

N
nee – nein
nüms – niemand

O
Och Heer! – Ach herrje!
Olldag – Alltag
Oostfreesland – Ostfriesland

P
Plaat – Sandbank
Potteten – Eintopf
Pricke – besenartiges Seezeichen im Watt,
 markiert die Fahrrinne
Priel – Wasserrinne im Watt

Q
quaad – böse, gemein
Quall – Qualle

R
Reet – trockenes Schilfgras zum Dachdecken
Rieg – Reihe
➜ „Du büst an de Rieg." – „Du bist an der Reihe."
Rötelmoors – Plaudertasche
Ruder – Steuerrad eines Schiffs

S
sabbeln – quasseln
Sand – Sandbank, flache Sandinsel
Saterdag – Samstag, Sonnabend
Schart – Durchlass im Deich,
 durch den ein Verkehrsweg führt
Snack – Gespräch, Unterhaltung

snacken – reden
Siel – verschließbarer Gewässerdurchlass
 in einem Deich
Slaapstuuv – Schlafzimmer
Sliek – Schlick, Schlamm des Meeres
Smacht – Hunger
Sömmer – Sommer
Stöövke – Stövchen, Teewärmer
Stuuv – Wohnzimmer
Stuut – Weißbrot
Sönndag – Sonntag
Sünn – Sonne

T
Teenöös – Teeliebhaber, „Teenase"
Tied – Zeit
➜ „Ach du leve Tied!" – „Ach du liebe Zeit!"
Tünn – Tonne
twee – zwei

U
unnergahn – untergehen
upstahn – aufstehen

V
Vadder – Vater
van – von
Vörjahr – Frühjahr
Vörmiddag – Vormittag

W
waar – wo
➜ „Waar willen Se denn hen?" –
 „Wo wollen Sie denn hin?"
Wadd – Watt
Weer – Wetter
Week – Woche
Wien – Wein
Wulkje – Wölkchen, Sahnewolke
 (auch „Wölkchen" der Sahne im Tee)
Wuddel – Wurzel

derdeutsche auch aus den meisten Familien. Hinzu kam, dass im und nach dem 2. Weltkrieg viele Zuwanderer aus anderen Sprachgebieten nach Norddeutschland übersiedelten, sodass Plattdütsk als gebräuchliche Sprache der Einheimischen spätestens seit den 1960er-Jahren massiv erodierte.

Unser Tipp: Die Autorin **Jutta Oltmanns** ist in Deutschand in erster Linie Liebhabern und Liebhaberinnen historischer Romane mit Bezug zu ihrer Heimat Ostfriesland bekannt. Sie schreibt und veröffentlicht aber auch Texte auf Niederdeutsch (Lyrik und Prosa). Im Rahmen ihrer Lesungen wird teilweise auch auf Plattdütsk musiziert. Termine und Hinweise sind zu finden auf der Homepage www.jutta-oltmanns.de.

Heute wird aktiv versucht, das **Niederdeutsche wiederzubeleben.** Es gibt eine Supermarktkette, die in Norddeutschland damit wirbt, zweisprachig zu sein, und auch die Beschriftung im örtlichen Laden wird dort ins Plattdeutsche übersetzt. Auch eine immer größer werdende Zahl von Autoren setzt sich für den aktiven Sprachgebrauch ein, es werden mehr und mehr Bücher in Mundart geschrieben, und es gibt inzwischen sogar im Internet einige Wörterbücher und Sprachlektionen für den Fall, dass einem einmal die Worte fehlen (siehe auch den kleinen ostfriesischen Sprachführer in diesem Buch). Eine gebräuchliche oder verbindliche Rechtschreibung gibt es jedoch bis heute nicht, vielmehr benutzen Sprachwissenschaftler eine **phonetische**

Transkription, die die Laute wiedergibt – wobei die Aussprache natürlich von Region zu Region unterschiedlich sein kann. Erstaunlicherweise haben sich viele Worte aus dem Niederdeutschen **ins Hochdeutsche übertragen,** vor allem in der Fachsprache der Seefahrt Begriffe wie Bug, Heck, Reling, Steven oder ein- und ausscheren. Zur deutschen Standardsprache zählen inzwischen aber auch aus dem Plattdeutschen stammende Worte wie Bernstein, Laken, Lappen, Mettwurst, Ufer, Hafen, verrotten oder binnen. Sogar der umgangssprachliche Trecker statt Traktor dürfte fast allen Deutschen bekannt vorkommen, und wenn es mal an etwas „hapert", jemand „pinkeln" muss oder sich „klamm" fühlt, wird das Gesagte wohl kaum unverständlich sein.

> Bremerhaven – Galionsfigur der „Seute Deern"

Es folgen ein ernstes Gedicht von *Jutta Oltmanns* und ein lustiges von *Horst Rehmann,* jeweils auf Platdütsk und mit der hochdeutschen Übersetzung, sodass sich die Sprachen gut vergleichen lassen.

Treck na Huus / *Jutta Oltmanns*
Na 'n lang Tocht
up dat grote Levensmeer
leng ik daarna,
Anker to smieten,
de Seils to strieken,
dat Stüürrad ut d' Hannen to geven,
un in dien Haven binnen to lopen.
Land to sehn in dat Bild,
van dien open Arms.

Heimweh
Nach einer langen Reise
auf dem großen Lebensmeer
sehne ich mich danach,
Anker zu werfen,
die Segel zu streichen,
das Steuerrad aus den Händen zu geben,
und in deinem Hafen einzulaufen.
Land zu sehn, in dem Bild,
deiner offenen Arme.

Alldagstrott / *Horst Rehmann*
Fröh um soess bimmelt de Wecker,
ik sliek drömelig in 't Baad,
glieks achteran birs ik to 'n Bäcker,
denn les ik noch dat Keesblatt.

Twee Rundstück, wieken Camembert,
fix noch een Ei, heeten Tee daarto,
mien Stormschritt is bewunnernswert,
ik sluut de Ingangsdöör un gah.

Acht Stunnen duurt mien Warkdag,
ik flitz nohuus vergnöögt un flott,
gehöör woll to den Minschenslaag,
de bloot noch kennt – den Alldagstrott.

Alltagstrott
Früh um Sechs klingelt der Wecker,
ich schleiche tölpelhaft ins Bad,
gleich darauf renn ich zum Bäcker,
dann les ich noch im Käseblatt.

Zwei Brötchen, weicher Camembert,
schnell noch ein Ei und heißer Tee,
mein Sturmschritt ist bewundernswert,
ich schließ die Eingangstür und geh.

Acht Stunden währt mein Arbeitstag,
ich flitze heim vergnügt und flott,
gehör wohl zu dem Menschenschlag,
der nur noch kennt – den Alltagstrott.

UNSER TIPP: Zum Schluss noch eine Anmerkung zu einer sprachlichen Besonderheit, die – mit Ausnahme von Helgoland – für ganz Norddeutschland gilt: Als Gast sollte man auf jeden Fall mindestens die übliche **Grußformel „Moin"** kennen, in manchen Regionen sagt man auch „Moin Moin". Das heißt nicht, wie viele vermuten, „Guten Morgen", sondern das Wort kommt aus dem Niederdeutschen und bedeutet „schön" oder „gut". Man wünscht sich damit schlichtweg alles Schöne und Gute, egal ob morgens, mittags oder abends.

Sitten und Gebräuche

Dass sich **in abgelegenen Regionen** eigene Sitten und Gebräuche entwickeln können, ist kein Geheimnis. Fast jede Region weist ihre Besonderheiten auf. Die wichtigsten, denen man auf seiner Reise an Niedersachsens Küste begegnen kann, werden hier kurz erklärt.

▷ Deichspaziergänger bei Neuharlingersiel

Ostern wird in Ostfriesland *Paasken* genannt, die drei Tage von Karfreitag bis Ostersonntag sind die höchsten Feiertage im christlichen Jahresverlauf. Schon Wochen vorher ertönen überall die Sägen, es wird fleißig Holz gesammelt und zu riesigen Haufen aufgetürmt. Traditionell versammelt sich am Ostersonnabend in der Dämmerung die Dorfgemeinschaft auf dem Festplatz, man trinkt gemeinsam und wartet auf den Augenblick, in dem das *Paaskefüür* (Osterfeuer) entzündet wird. Auf diese Art verabschieden sich alle vom Winter und begrüßen den Frühling. Am Ostersonntag steht dann das **Eiertrüllern** auf dem Programm. Hart gekochte Eier werden von Kindern und Erwachsenen von Deichen und sonstigen Erhebungen gerollt mit dem Ziel, die Eier möglichst weit und unversehrt nach unten zu befördern. Das gleiche Ziel wird auch beim **Eiersmieten** verfolgt, nur findet hier der Eierweitwurf auf einer Wiese statt.

Der **Tanz in den Mai** mit dem traditionellen Aufstellen des Maibaums ist in ganz Deutschland Tradition. In Ostfriesland steht dieser Brauch besonders bei den Jugendlichen hoch im Kurs. Am Vorabend zum 1. Mai wird in der Gemeinschaft auf dem Dorfplatz ein langer Pfahl mit Tannenzweigen, Birkengrün und bunten Bändern geschmückt und aufgestellt. Nach dem Schmücken des Baums folgt der Tanz in den Mai oder es wird gemeinsam im Freien gefeiert. Der Baum muss in der Nacht gut bewacht werden, denn andere Dörfer dürfen ihn zwischen Sonnenunter- und -aufgang nach bestimmten Regeln stehlen. Ist das erfolgreich gelungen, muss die bestohlene Dorfgemeinschaft den Baum erst wieder auslösen, bevor er an seinen ursprünglichen Ort zurückkehren darf.

nskns_130 mna

Der **Nikolaus** wird in Ostfriesland **Sünnerklaas** genannt. Wie überall in Deutschland stellen die Kinder am Vorabend zum 6. Dezember einen Stiefel vor die Tür und hoffen darauf, dass der Nikolaus diesen mit Leckereien und kleinen Geschenken füllt. Früher bekamen die ostfriesischen Kinder nicht an Weihnachten die meisten Geschenke, sondern an Nikolaus. Damit Nikolaus beim Verteilen der Geschenke nicht am Haus der Kinder vorbeiritt, legten sie eine Scheibe Schwarzbrot, ein Blatt Grünkohl oder ein Stück Kandiszucker auf die Fensterbank. Heutzutags wird das mancherorts auch noch gemacht, nur liegt dort dann ein Stück Würfelzucker. Heute kommen in die Stiefel traditionell ein **Stutenkeerl** (ein Hefegebäck in Form eines Mannes mit einer Pfeife aus gebranntem Ton und Rosinenaugen) und ein **Rieder up Peerd,** ein Pferd aus Spekulatiusteig. Ursprünglich kam dieser Brauch aus den Niederlanden. Der Heilige Nikolaus ist der Schutzpatron der Seefahrer und war daher in den Hafen- und Seefahrergemeinschaften von großer Bedeutung.

Ist ein Leben zu Ende gegangen, wird dem Menschen in der Regel die letzte Ehre erwiesen. In manchen ländlichen Regionen der Küstengebiete werden dann die drei Nachbarn zur linken und zur rechten Seite des Trauerhauses als **Sargträger, Dragers,** bestimmt. Das gilt als Nachbarschaftspflicht. Früher trug man den Sarg vor der Grablegung noch symbolisch dem Teufel entgegen und umrundete dreimal gegen den Uhrzeigersinn den Friedhof. Heute geschieht dies an manchen Orten nur noch in verkürzter Form, nämlich einmal. In einigen Regionen der Krummhörn gehört das traditionelle **„Den Doden verlüden"** zum festen Bestandteil der **Bestattungszeremonie.** Am Läuten erkennen die Einheimischen, an welchem Punkt sich die Zeremonie befindet. Mit dem Beginn des Trauergottesdienstes läutet zunächst eine kleine Glocke, danach folgen weitere. Erst wenn die Familie in der Kirche eintrifft, läutet die Hauptglocke und danach noch einmal zum Ende des Gottesdienstes. Ein viertes Mal wird ge-

Die Namensgebung an der norddeutschen Küste

Hört man die **Vornamen** in Ostfriesland, könnte man den Eindruck gewinnen, im Ausland unterwegs zu sein. Da gibt es Frauen, die auf originelle Namen wie *Cytnera, Dedda, Doda, Enken, Etta, Fenja, Frouwa, Gela, Houwa, Liura, Modera, Sesle, Sitia* oder *Witia* hören. Und Männer namens *Aijold, Amso, Bojo, Diko, Feijo, Fokko, Folko, Haro, Hikko, Keno, Pibo, Remet, Sikko, Sitio, Tamme, Tomke, Ubbo, Uko, Ulbet* und *Wiard.* Es sind einige schöne Namen dabei, die junge Eltern ihrem Nachwuchs geben können, um nicht auf die aktuellen Modenamen zurückgreifen zu müssen. Ostfriesische Kindernamen sind meist ein- oder zweisilbig und aus Kurz- bzw. Koseformen von längeren Vornamen entstanden. Kinder mit diesen außerhalb Norddeutschlands seltenen Namen fallen mit Sicherheit auf. Im Norden jedoch und auf den Inseln sind sie ein **Ausdruck von Tradition und Identität.** Der an der niedersächsischen Nordseeküste am häufigsten vorkommende **Nachname** ist *Jansen,* auch in den Schreibweisen *Janßen* oder *Janssen* und mit einer leichten Abwandlung als *Jensen.*

läutet, wenn die Trauergäste die Grabstätte verlassen haben und zum Leichenschmaus gehen. Das fünfte Läuten ertönt, sobald das Grab geschlossen ist. Wenn sich nach der Teetafel die Angehörigen noch ein letztes Mal am inzwischen geschlossenen Grab versammeln, läutet die Glocke zum sechsten und letzten Mal. Alle Angehörigen der Dorfgemeinschaft können auf diese Weise an der Beerdigung teilnehmen, auch wenn sie nicht persönlich dabei sein können. Und die Angehörigen empfinden es als Trost, dass andere mittrauern.

⌄ Alte Grabstellen an der
St. Bartholomäus-Kirche in Dornum

Regionale Sportarten

Schlickschlittenrennen

Zu den besonderen regionalen Sportarten gehört sicherlich das **Kreierrennen,** das Rennen mit dem Schlickschlitten. Mit diesen Gefährten gelangten früher die Fischer im Dollart zu ihren Reusen. Mit einem Bein kniete man auf dem **speziell geformten Holzschlitten,** mit dem anderen stieß man sich ab. Die Schlitten sind nur ab einer Geschwindigkeit schnell, die einen Wasserfilm unter dem Schlitten erzeugt. Heute wird diese Fortbewegungsart an der gesamten Küste vom Dollart bis zum Jadebusen nur noch in sportlichen Wettbewerben ausgeführt.

nskns_131 mna

Klootschießen

Die älteste Disziplin im Friesensport ist wohl das Klootschießen, auch **Klootscheten** genannt. Die Ursprünge liegen vermutlich in einer **alten Verteidigungstechnik,** bei der man die Gegner mit *Kluten* (Lehmklumpen) bewarf. Die friesischen Kämpfer waren dafür bekannt und gefürchtet. Das Sportgerät ist eine Holzkugel, deren Kern mit Blei gefüllt ist – der Kloot. Ziel des **Mannschaftssports** ist es, mit einem Anlauf von 25 Metern und Absprung auf einer Rampe den Kloot so weit wie möglich zu werfen. Das ist schwierig und setzt Schnelligkeit, Kraft und Konzentration voraus. Traditionell finden die Wettkämpfe meist bei Frost auf einer Wiese oder Weide statt, wobei zwei Mannschaften gegeneinander antreten. Sieger ist der Werfer mit der größten Weite. Der Wahlspruch der Klootschießer lautet „Lüch up und fleu herut" (Hebe auf und fliege weit). Derzeit liegt der Rekord bei über 106 Metern. Der Klootschießerverband zählt rund 41.000 Mitglieder.

Boßeln

Das Boßeln ist Ende des 19. Jahrhunderts **aus dem Klootschießen hervorgegangen.** Voraussetzung für die Ausübung dieser Sportart sind befestigte Straßen. Nicht nur an der Küste und im Binnenland des Nordens wird geboßelt, sondern in verschiedenen Varianten in ganz Europa oder weltweit in Regionen, in denen sich Auswanderer niedergelassen und diesen Sport mitgebracht haben. Auch hier ist das Ziel, eine Kugel aus Hartholz, Kunststoff oder Gummi möglichst weit und mit so wenigen Würfen wir möglich über eine vorher festgelegte Strecke zu werfen. Es treten immer zwei Mannschaften mit vier, acht oder 16 Werfern gegeneinander an. Ein guter Wurf kann bis über 300 Meter reichen, denn hier wird das Ausrollen der Kugel mit zur Weite gezählt. Da beidseits der Straßen im Norden häufig Entwässerungsgräben liegen, die sogenannten Sloote, kann eine Kugel auch schon mal im Wasser landen. Sie wird dann mit dem **Söker,** einem Boßelkugelfangkorb, aus dem Wasser gefischt. Etwa 40.000 Menschen in Ostfriesland und im Oldenburger Land üben diese Sportart aktiv aus. Wenn ein Wettkampf stattfindet, stehen **an den benutzten Straßen Hinweisschilder.** Autofahrer sollten dann entsprechend Rücksicht nehmen und langsam an den Sportlern vorbeifahren.

Padstockspringen

Das Padstockspringen ist eine Sportart, die in Ostfriesland und im niederländischen Friesland nicht sonderlich ernsthaft betrieben wird, aber auf einen realistischen Ursprung zurückgeht. Es war eines der ersten „Verkehrsmittel", denn oftmals war es weit bis zur nächsten Brücke. Mit dem „Padstock", einem langen Stab, kann man hingegen schnell ohne nasse Füße in **Stabhochsprungtechnik** über die vielen wassergefüllten Gräben kommen. Vorausgesetzt, man setzt den Stab nur so weit weg, dass man auch

▷ Granat mit Messbecher –
nur etwa ein Drittel bleibt nach
dem Pulen als reines Krabbenfleisch übrig

noch abspringen kann. Im Rheiderland und auch im Jeverland gibt es einige sportliche Wettbewerbe, bei denen sich die Technik auf unterhaltsame Art und Weise beobachten lässt. Nicht selten enden zur Freude aller Anwesenden die Sprünge im Nassen.

Speisen und Getränke

Kulinarisch geht es in der Küche der Küstenbewohner auch heute noch **bodenständig** zu, und es werden die **Lebensmittel der Region sowie der jeweiligen Saison** bevorzugt. Deftig und reichlich waren die Speisen, schließlich sollten sie die Menschen nach schwerer körperlicher Arbeit satt machen. Sättigende Eintöpfe mit einem Stück Speck als Einlage waren üblich. Milch und Kartoffeln standen das ganze Jahr zur Verfügung, ansonsten variierten die Speisen und hingen insbesondere früher davon ab, was Garten und Meer so hergaben. Für die **langen Wintermonate** legte man Vorräte an, die auf verschiedenste Art und Weise haltbar gemacht worden waren. Es gab Eingekochtes und Getrocknetes, Kohl und Wurzelgemüse hielten sich ohnehin bei richtiger Lagerung recht lang, vor allem natürlich, wenn sie fermentiert worden waren. Täglich gab es Schwarzbrot mit Butter, selten Graubrot und nur sonntags manchmal Weißbrot. Fisch und Krabben, Granat genannt, kamen häufiger auf den Tisch, Fleisch gab es weniger oft, Zucker und

nskns_132 mna

Das Silber der Meere

Besonders an der Küste ist **Matjes** nicht wegzudenken und wird überall angeboten, ob im Lokal oder im Brötchen am Imbiss. Für viele gehört er zum Urlaub einfach mit dazu. In Deutschland werden jährlich rund eine Million Filets verzehrt. Doch was ist Matjes überhaupt?

Um Matjes herzustellen, benötigt man **frischen Hering, der noch nicht geschlechtsreif,** also maximal drei Jahre alt ist. Er wird im Mai/Juni gefangen, die Fische müssen sich mit tierischem Plankton das nötige Fett angefressen haben, dann ist das Fischfleisch an den Bauchseiten rötlich gefärbt. Über den richtigen Zeitpunkt entscheiden das Wetter und Probefänge. Ist es kalt, beginnt die Fangsaison später. Noch an Bord werden die Heringe eingesalzen und für fünf Tage eingelegt. Die Enzyme der Bauchspeicheldrüse und das Salz setzen einen Fermentierungsprozess in Gang, der Fisch „reift" für fünf Tage und wird dann tiefgefroren nach Holland verschifft.

In den dortigen **Fischfabriken** werden die Heringe filetiert, Köpfe, Organe und die Haut entfernt. Anschließend erfolgen die Portionierung und das Verpacken der Ware. Die weitere Verarbeitung übernimmt der Fischhändler oder der Konservenproduzent nach eigenen Rezepten. Es gibt **unzählige Zubereitungsmethoden.** Im Restaurant gibt es Matjes meist „nach Hausfrauenart", also in einer Apfel-Zwiebel-Gurken-Sahne-Marinade mit Kartoffeln, oder „klassisch" als warme Mahlzeit mit Speckbohnen, Kartoffeln und Zwiebelmatjes. Besonders lecker dazu sind Kartoffeln der Sorte „Allians", der Nachfolgerin der „Linda" und „Belana". Wer es lieber kalt mag, genießt den Fisch auf Schwarzbrot mit Zwiebeln, im Brötchen pur mit Zwiebeln oder mit eingelegtem Sherry- oder Kräutermatjes. Im Fischfeinkostgeschäft gibt es jede Menge Matjessalate, fast jeder Betrieb hat sein eigenes „Geheim"-Rezept. Einfach mal selbst herumexperimentieren. Da der Fisch einen guten

nskns_133 mna

Grundgeschmack hat, lässt sich nicht viel falsch machen, wenn der Matjes kleingeschnitten mit Roter Beete, Zwiebeln und Mayonnaise oder mit Tomaten-, Gewürzgurken- und Zwiebelwürfeln in Essig-Öl-Marinade angemacht wird.

Wussten Sie schon? – Der Matjes in Zahlen

■ Nur etwa 0,1% der **Heringslarven** wachsen heran, bei 50.000 Eiern eines Weibchens pro Saison sind das gerade mal 500;

■ 14% des jährlichen **Pro-Kopf-Verbrauchs** in Deutschland entfallen auf Heringskonserven und marinierte Heringe, das sind etwa zwei Kilogramm pro Person;

■ 15–20% **Fettgehalt** muss der Hering für den Matjes enthalten;

■ 90% der deutschen **Hering-Quote** wird mit Schiffen aus Bremerhaven gefangen.

Matjesrezepte – den Urlaub mit nach Hause nehmen

So wird aus Hering Matjes

2 kg frische Heringe ohne Haut
100 g Matjesreifer ohne Glutamat
    und Konservierungsstoffe
80–120 g Salz (besser kein Meersalz
    wegen des Mikroplastiks)
Zwiebeln,
Kräuter wie Rosmarin und Bohnenkraut
Gewürze
Pflanzenöl

Den Matjesreifer in zwei Litern lauwarmem Wasser und mit dem Salz auflösen. Die sauberen Heringe hineinlegen und nach Geschmack Zwiebel, Kräuter und Gewürze dazugeben. Alles an einem kühlen Platz fünf bis sechs Tage ziehen lassen, dabei mehrmals am Tag umschichten,

damit die Reifung gleichmäßig erfolgt. Danach kurz abspülen und verarbeiten, der Fisch bleibt so zwei bis drei Tage frisch. Soll der Fisch länger halten, am besten mit Öl abdecken und im Kühlschrank aufbewahren. Das Öl lässt sich würzen, z.B. mit Kapern, getrockneten Tomaten, Roter Beete oder blanchierten Zwiebeln. Bis zu vier Wochen lässt er sich so verwenden.

Matjestatar – gesund und lecker

3 Frühlingszwiebeln
3 Matjesfilets
Gewürzgurken nach Geschmack
1 süß-säuerlicher Apfel
2 EL Zitronensaft
Salatmayonnaise nach Geschmack
    oder Crème fraiche
Salz
Pfeffer
ggf. Öl, Essig, fein gehackte Kapern,
    Agavendicksaft

Frühlingszwiebeln waschen und in feine Ringe schneiden. Matjesfilets und Gewürzgurken fein (!) würfeln und dazugeben. Den Apfel schälen, entkernen und ebenfalls in feine Würfel schneiden, sofort mit Zitronensaft beträufeln, damit er nicht braun wird und anschließend zu den anderen Zutaten geben. Alles mit Salz Pfeffer, Mayonnaise oder Crème fraiche abschmecken. Nach Bedarf ggf. etwas Öl, weißen Balsamico und einen EL ganz fein gehackte Kapern dazu geben. Manchmal ist auch eine ganz kleine Prise Agavendicksaft notwendig, um dem Gericht mehr Geschmack zu geben. Man kann das Tatar auf Schwarzbrot oder einem Salatgurkenbett essen. Sehr lecker dazu sind auch frische Reibekuchen oder Rösti.

◁ Hier gibt's garantiert frischen Matjes

Süßigkeiten ebenfalls. Heute ist dank des ganzjährigen Angebots im Supermarkt die Küstenküche natürlich vielfältiger geworden. In vielen Restaurants stehen die traditionellen Rezepte jedoch nach wie vor auf der Speisekarte, auch wenn sie teilweise modern interpretiert werden. Das hat seinen Grund: Sie sind einfach richtig lecker.

Fisch

An der Küste wurde **schon immer** Fisch **in allen Formen** gegessen. Im Frühjahr und Herbst Schollen, im Sommer Lachs, Butt, Rochen, im Herbst Granat und Aal, im Winter gab es Miesmuscheln und getrockneten Fisch, auch Klippfisch genannt. Dazu wurden Schollen, Scharben, Schellfisch und Kabeljau ausgenommen, gesäubert und im Freien auf Holzgestellen getrocknet. So waren sie lange haltbar. Zur Zubereitung musste man den Fisch über Nacht einweichen und ließ ihn nach dem Abgießen in wenig Wasser gar ziehen. Heute ist Fisch nach wie vor fester Bestandteil des Speiseplans, auch wenn er teuer geworden ist und die Fangquoten begrenzt sind. Wer seinen Fisch guten Gewissens genießen möchte, sollte **auf Sorten zurückgreifen, die nicht gefährdet sind.** Der WWF veröffentlicht regelmäßig einen Fischratgeber, der sich auch als App aufs Handy laden lässt. Er gibt Empfehlungen, welchen Fisch man bedenkenlos essen kann, ohne die Bestände zu gefährden.

Im Frühjahr beginnt die Saison für **Nordseekrabben,** die eigentlich **Garnelen** heißen. Mit „Krabben" bezeichnet man an der Nordseeküste im engeren

nskns_134 mna

Sinne Krebse. Die frisch gefangenen Tiere werden noch an Bord der Fangschiffe gekocht, erst dadurch bekommen sie ihre charakteristische Rotfärbung. Man kann frische Garnelen fertig gepult oder mit Schale kaufen (1 kg ergibt gepult etwa 400 g Krabbenfleisch; zum Pulen siehe Exkurs „Granat! Granat!"). Am besten schmecken Krabben frisch gepult auf einer Scheibe Schwarzbrot mit Butter oder einem Butterbrötchen. Leider sind die **Krabbenbestände seit Jahren rückläufig.** Es empfiehlt sich, die Garnelen frisch zu kaufen und von abgepackter Ware aus ökologischer Sicht lieber Abstand zu nehmen. Diese Krabben werden häufig in Nordafrika gepult und haben bereits eine lange Reise im Lkw hinter sich.

Besonders im Frühsommer ist für **Matjes** Hochsaison, am berühmtesten ist wohl der Emder Matjes. Ende Mai bis Anfang Juni werden **noch nicht geschlechtsreife Heringe** gefangen, ausgenommen und in Salzlake durch Fermentierung gereift. So entsteht ihre besonders zarte Konsistenz. Die Spezialität Matjes oder auch Hering nach Matjesart wird im Norden **in verschiedenen Variationen** auf den Speisekarten angeboten. Im traditionellen Gericht **Labskaus** wird Matjes zusammen mit Kartoffelstampf, Roter Beete, Fleisch und Petersilie mit Spiegelei und Gewürzgurke serviert. Auch als Salat gibt es zahlreiche abwechslungsreiche Zubereitungen (siehe zur Thematik den Exkurs „Das Silber der Meere").

◁ Frisch verarbeiteter Räucherfisch beim Fischhändler – eine echte Delikatesse

Fleisch und Gemüse

Da die Deiche von Schafen gepflegt werden, gibt es natürlich auch viele Rezepte für die Zubereitung von **Lammfleisch.** Klassisch wird das „Salzwiesenlamm" im Ofen geschmort und mit Bohnen und Kartoffeln serviert. Aber auch hier gibt es unzählige Familienrezepte und Variationen mit verschiedenen Gemüsesorten und Zutaten.

Der **Snirtjebraten** leitet sich aus dem plattdeutschen *sniertjen,* dem Wort für brutzeln oder braten, ab. Das Gericht entstand in einer Zeit, als noch viele Hausschlachtungen stattfanden und das gemeinsame Essen aller Helfer ein Muss war. Zur Zubereitung werden große Schweinefleischstücke, meist aus Nacken und Schulter – als Festessen auch aus Filet und Braten – mit Gewürzen wie Piment, Nelken, Wacholder und Lorbeerblättern vermischt, in einer Pfanne kräftig angebraten und anschließend für zwei Stunden kräftig geschmort. Aus dem Sud kann man eine Soße machen, als Beilagen gibt es Rotkohl, Gewürzgurken, Rote Beete, Kürbisstücke und Salzkartoffeln. Ein kaltes Bier darf dann nicht fehlen. Einige Schlachter bieten das Ganze schon fertig gewürzt auch mit Rindfleisch an, dann heißt es *Rintje* oder *Rintjebraten.*

Das Wintergemüse **Grünkohl** wird in der gesamten Region angeboten, meist mit einer Beilage aus **Schweinefleisch,** geräucherter Mettwurst und Kartoffeln. Dazu gibt es scharfen Senf und Bier sowie den ein oder anderen Schnaps, denn das Gericht ist deftig und fettreich. Grünkohl wird normalerweise erst nach den ersten Frösten und dann den ganzen Winter über geerntet. Der Volksmund

bezeichnet ihn gern scherzhaft auch als „friesische Palme". Wer in den Wintermonaten an der Küste weilt, sollte die Leibspeise vieler Einheimischer unbedingt einmal probieren.

Gemüse wird in der Küstenküche oft zu einem kräftigen **Eintopf** verarbeitet oder aber gekocht mit (Milch-)Soße und Fleischbeilage. Als Beilage werden in der Regel Kartoffeln gereicht, Nudeln und Reis haben keine Tradition.

Kartoffeln gibt es ebenfalls in vielen Variationen, ob als Suppe, mit Birnen oder Äpfeln, als Kartoffelbrei oder Bratkartoffeln. Kartoffelpuffer stehen häufig mit Krabben und Meerrettichcreme, geräuchertem Lachs oder auch Apfelmus auf dem Tisch.

⌃ Schwarzbunte Kühe
gehören im Norden zum Landschaftsbild

Milchspeisen/-produkte

In einer Region, in der Kühe zum Landschaftsbild gehören, dürfen Milchgerichte natürlich nicht fehlen. An der Küste wird vielerorts **Milchreis** angeboten, ein preiswertes und leckeres Gericht, das traditionell mit Zucker und Zimt oder auch mit roter Grütze gegessen wird. Ein Glas gekühlte **Buttermilch** ist besonders im Sommer ein Genuss, oder sie wird zu Buttermilchbrei, *Karmelkbree,* verarbeitet. Einige Bauern bieten selbst gemachten **Käse** an, Kühe und Schafe gibt es in der Region ja reichlich. Auf einigen Bauernhöfen kann man sich im Rahmen einer Führung ansehen, wie Schafskäse und Quark gemacht werden. Selten hingegen sind die früher weit verbreiteten „Milchtankstellen" geworden, an denen man seine Milch frisch und direkt beim Erzeuger kaufen kann.

Getränke

Die Hitliste der Getränke wird im Norden eindeutig vom **Schwarztee** angeführt (siehe Exkurs zum Ostfriesentee). Daraus hat sich eine eigenständige Teekultur entwickelt. Es gehört in jedem Haushalt zum guten Ton, seinen Gästen eine frisch aufgebrühte Tasse Tee anzubieten, auch abends noch.

Traditionell wird an der Küste **Bier** ausgeschenkt, und zwar ein gepflegtes Pils. Dazu gibt es gelegentlich – vor allem auch nach einem reichhaltigen und deftigen Essen – einen klaren **Schnaps,** gern auch als Köm (Aquavit).

Wer den Namen „**Friesische Bohnensuppe**" hört, sollte nicht an einen Eintopf denken. Vielmehr handelt es sich bei **Sinbohntjesopp** um einen Likör aus Rosinen, Zucker, Kandiszucker und *Ostfreeske Brannwien,* einer Art Weinbrand, der in einem irdenen Gefäß angesetzt und in Miniaturteetassen mit kleinen Löffeln serviert wird, mit denen man nach den eingelegten Rosinen fischen kann. Der Tradition nach setzte man die Sinbohntjesopp anlässlich der bevorstehenden Geburt eines Kindes an. Freunde und Nachbarn kamen nach der Geburt zum *Kinnertöön,* also zu Besuch, man stieß mit der Bohntjesopp gemeinsam auf das freudige Ereignis an und begrüßte so den neuen Erdenbürger.

Süßes

Was wären ein Tee oder Kaffee ohne Kuchen? Gerade **Torten und leckere Obstkuchen** sind ein der Küstenküche ein Muss. Besonders bekannt ist die gehaltvolle **Ostfriesentorte.** Dazu wird Biskuitteig etagenweise mit Schlagsahne und Rosinen in Branntwein gefüllt, die oberste Schicht hört mit Sahne auf, die mit *Brannwienskopp,* so nennt man diese Rosinen in Ostfriesland, verziert wird. Auch Apfeltorte und Quarkkuchen haben in den meisten Cafés einen festen Platz in der Auslage. Beim Bäcker darf der **Rosinenstuten** nicht fehlen, ein Hefegebäck – natürlich mit den getrockneten süßen Früchten. Und in der Weihnachtszeit gibt es wie überall in Deutschland Spekulatius und Lebkuchen.

6 Anhang

◁ Seebrücke am Strand der Elbinsel Krautsand

Informationen

Die Feriengebiete der niedersächsischen Nordseeküste im Internet

Google führt unter dem Begriff „Nordseeküste Niedersachsen" mehr als 600.000 Einträge auf. Um sich im Informationsdschungel des World Wide Web leichter zurechtzufinden, nennen wir hier einige nützliche Internetseiten.

Generelle Infos über Niedersachsen und die niedersächsische Nordseeküste sind auf folgenden Websites zu finden:

- www.niedersachsen.de
- www.reiseland-niedersachsen.de
- www.die-nordsee.de
- www.wikipedia.de

Die meisten Orte in den Zielgebieten haben eigene Websites oder sich – je nach Region – zu Tourist-Marketing-Organisationen zusammengeschlossen. Die jeweiligen Plattformen im Netz mit aktuellen Informationen zu Unterkünften und aktuellen Veranstaltungskalendern sind in den entsprechenden Kapiteln angegeben.

Tagesaktuelle News und Programme gibt es unter **www.landundmeer.de.**

Mit einem **Wörterbuch Plattdeutsch – Deutsch** kann man sich ein wenig auf die Sprache vorbereiten:

- www.platt-wb.de
- https://www.oostfreeske-taal.de/buurman

Literaturhinweise, Magazine, Sounds, Apps und Websites

■ *Ahlrichs, Richard:* **Ostfriesland – Natürliches Kleinod voll anmutiger Schönheit,** Verlag Reinhard, Leer 1994. Ein unterhaltsames, informatives Büchlein, geschrieben von einem echten Ostfriesen.

■ **Beachfinder:** App, mit der man seine Strandfunde melden oder selbst nach Unbekanntem suchen kann.

■ *Buchwald, Konrad/Feldt, Walter/Schröder, Theo:* **Nordsee. Ein Lebensraum ohne Zukunft?** Verlag Die Werkstatt GmbH, Göttingen 1991. Pflichtlektüre, um einen tieferen Einblick in die ökologischen Verhältnisse des Nordseeraums zu gewinnen.

■ *Fischer, Ludwig/Steensen, Thomas/Waterbolk, Harm Talling/van Lengen, Hajo/Fredriksen, John/Enemark, Jens/*Hrsg. Wattenmeer-Sekretariat: **Das Wattenmeer – Kulturlandschaft vor und hinter den Deichen,** Theiss Verlag, Stuttgart 2005. Der faszinierende Bildband zeigt die ganze Vielfalt des Wattenmeers mit kultureller Vergangenheit und Gegenwart.

■ *Fründt, Hans-Jürgen* und *Fründt, Hermann:* **Plattdüütsch – das echte Norddeutsch,** REISE KNOW-How Verlag, Bielefeld 2017. Die Kauderwelsch-Reihe stellt u.a. deutsche Dialekte und Mundarten vor, hier geht es um Niederdeutsch. Auch als Download.

■ *Grant, R. G.:* **Wächter der See – Die Geschichte der Leuchttürme,** 2. Auflage, DuMont Buchverlag, Köln 2018. Wundervoll bebildertes Buch mit Karten, Bauplänen und lesenswerten Informationen rund um das Thema Leuchttürme und ihre 2000 Jahre alte Geschichte.

■ *Haag, Holger:* **Was lebt an Strand und Küste? Entdecken – Erkennen – Erleben,** 3. Auflage, Franckh-Kosmos-Verlag, Stuttgart 2018. Das Buch richtet sich an Kinder, die mit seiner Hilfe in der Natur auf Entdeckungsreise gehen können.

■ *Kramer, Karin:* **Ostfriesland kocht. Traditionelle Gerichte in der modernen Küche,** Edition

Anhang

Ostfriesland Magazin, Ostfriesland Verlag, Norden 2016. Kochbuch mit schön bebilderten Geschichten von Grünkohlzüchtern, Blaubeerpflückern etc. mit echten Familienrezepten, um den Urlaub zu Hause nachkochen zu können.

■ **Land & Meer:** Land und Meer Verlag GmbH, Hamburg. Jährlich erscheinendes Magazin über die Küsten an Nord- und Ostsee mit unterhaltsamen Tipps, Reportagen und Infos über Land und Leute.

■ *Meier, Dirk:* **Naturgewalten im Weltnaturerbe Wattenmeer,** Verlag Boyens, Heide 2012. Das Buch erläutert eindrucksvoll die wechselvolle Landschaftsgeschichte des durch Wind und Wasser geformten Naturraums Wattenmeer.

■ *Narten, Michael:* **Ostfriesland – Region zwischen Meer und Moor,** Hinstorff-Verlag, Rostock 2015. Kleiner Bildband über die Landschaft an der ostfriesischen Küste und im Binnenland.

Sommerferien in Deutschland

Bundesland	2019	2020	2021
Baden-Württemberg	29.07.–10.09.	30.07.–12.09.	29.07.–11.09.
Bayern	29.07.–09.09.	29.07.–07.09.	30.07. 13.09.
Berlin	20.06.–02.08.	25.06.–07.08.	24.06.–06.08.
Brandenburg	20.06.–03.08.	25.06.–08.08.	24.06.–07.08.
Bremen	04.07.–14.08.	16.07.–26.08.	22.07.–01.09.
Hamburg	27.06.–07.08.	25.06.–05.08.	24.06.–04.08.
Hessen	01.07.–09.08.	06.07.–14.08.	19.07.–27.08.
Mecklenburg-Vorpommern	01.07.–10.09.	22.06.–01.08.	21.06.–31.07.
Niedersachsen	04.07.–14.08.	16.07.–26.08.	22.07.–01.09.
Nordrhein-Westfalen	15.07.–27.08.	29.06.–11.08.	05.07.–17.08.
Rheinland-Pfalz	01.07.–09.08.	06.07.–14.08.	19.07.–27.08.
Saarland	01.07.–09.08.	06.07.–14.08.	19.07.–27.08.
Sachsen	08.07.–16.08.	20.07.–28.08.	26.07.–03.09.
Sachsen-Anhalt	04.07.–14.08.	16.07.–26.08.	22.07.–01.09.
Schleswig-Holstein	01.07.–10.08.	29.06.–08.08.	21.06.–31.07.
Thüringen	08.07.–17.08.	20.07.–29.08.	26.07.–04.09.

■ *Neumann, Peter:* **Respekt – 150 Jahre Deutsche Gesellschaft zur Rettung Schiffbrüchiger,** Koehlers V. G., Hamburg 2015. Die Hommage an die Seenotretter der DGzRS erzählt Wissenswertes über die Flotte und ihre Geschichte.

■ Oldenburger Landesverein für Geschichte (Hrsg.): **Die Jade, Flusslandschaft am Jadebusen,** Isensee-Verlag, Oldenburg 2015. 71 Autoren steuern ihr Wissen über Natur und Geschichte bei – ein naturkundliches Lesebuch im besten Sinne.

■ **Orgellandschaften Ostfriesland Teil 1 + 2:** Nomine e.V., Johannisstraße 3, 21682 Stade, Tel. 04141 77 83 86, info@nomine.net. CDs mit Orgelkonzerten namhafter Musiker auf bedeutenden historischen Orgeln.

■ **Ostfriesland Magazin:** SKN Druck & Verlag, Norden. Monatlich erscheinendes Magazin über die Region zwischen Dollart und Jade mit Berichten über Landschaften, Menschen, Seefahrt, Politik, Wirtschaft, Kunst, Garten, Umwelt, Geschichte, Kultur, Bücher, Humor und Plattdeutsch.

■ **Seaside:** Land und Meer Verlag GmbH, Hamburg. Das jährliche Magazin widmet sich dem Nordic Lifestyle und liefert Informationen über Urlaub, Events, Fashion, Kulinarisches, Kunst, Sport und sonstige Trends mit vielen Bildern.

■ *Stromann, Martin:* **Ostfrieslands Moore und Fehne,** Ostfriesland Verlag, Norden 2015. Sehr beeindruckender Bildband im ausgeprägten Querformat zum Eintauchen in die abwechslungsreiche Landschaft Ostfrieslands.

■ *Tacke, Achim:* **Landpartie – Erlebnistouren an der Nordseeküste Niedersachsens,** Belser Verlag, Stuttgart 2017. Das unterhaltsame Buch entstand im Rahmen der gleichnamigen NDR-Fernsehsendung und lädt ein, die Region wie *Heike Götz* auf ihren Radausflügen jenseits der ausgetretenen Touristenpfade zu erkunden.

■ *Thiede, Walter:* **Wasser- und Strandvögel – Arten der Küsten und Feuchtgebiete,** 7. Auflage, blv Verlag, München 2012. Handlicher Führer als idealer Begleiter für naturkundliche Touren und zur Bestimmung der Arten.

■ **Tierstimmen am Strand.** Mit CD und Bestimmungshilfe für 40 Tiere, die Stimmen lassen sich aufs Handy übertragen und man kann sie unterwegs anhören.

▷ Alter Deich am Petkumer Sieltief

6

■ *Triczinka, Thomas:* **Wer mordet schon in Stade und im Alten Land?,** Gmeiner-Verlag, Meßkirch 2016. Elf Krimis und 125 hilfreiche Freizeittipps rund um den ermittelnden Kommissar *Jörg Ritter,* die über viele Fußnoten unterhaltsam vermittelt werden.

■ *Wilhelmsen, Ute:* **Was lebt an Strand und Küste?** 9. Auflage, Kosmos-Verlag, Stuttgart 2016. Naturführer für Erwachsene mit Wissen über wirbellose Tiere, Fische, Säugetiere, Vögel, Blütenpflanzen und Algen.

■ **Zwitschern!:** App mit Tierstimmen und Verlinkung auf Wikipedia zur Vogelbestimmung. Über die weitere App des Entwicklerteams Zwitschomat kann man Vogelstimmen aufnehmen und bestimmen lassen.

Hinweis: In den Nationalpark-Häusern sind handliche **laminierte Klapptafeln** erhältlich zu verschiedenen Themen wie Pflanzen, Vogelwelt, Zugvögel, Brutvögel, Funde im Watt und am Strand und Vogelfedern am Meer. Sie lassen sich gut transportieren und man lernt auf seinen Streifzügen durch die Landschaft viel über die Natur. Die Auswahl variiert von Haus zu Haus.

Register

Die Autoren

Nicole Funck, geb. 1963 in Köln, studierte an der Ludwig-Maximilians-Universität in München und ist Expertin für Kommunikation und Marketing mit langjähriger Führungserfahrung in Unternehmen, vorwiegend aus dem technischen Umfeld. Sie lebt und arbeitet heute im Großraum Hannover in der Touristik. Mit dem Schreiben vertraut, veröffentlichte sie viele Beiträge und war an zahlreichen Buchprojekten beteiligt. Ihr Reiseführer über die Mongolei, 2015 im REISE KNOW-HOW Verlag erschienen, wurde mit dem ITB BookAward ausgezeichnet. Vom gleichen Verlag kamen 2017 die gemeinsam mit *Michael Narten* verfassten Reiseführer über die Nordseeinseln Borkum und Helgoland heraus.

Michael Narten, geb. 1964 in Hannover, arbeitete viele Jahre als Art Director in Hannover und Hamburg. Heute ist er als Grafiker, Fotograf und Buchautor in Hannover tätig. In den vergangenen zehn Jahren war er an der Veröffentlichung zahlreicher Bücher beteiligt. Als Autor verfasste er mehrere Titel über die Stadtgeschichte Hannovers, ein weiterer Schwerpunkt seiner Arbeit ist die Aufarbeitung von Firmengeschichten in Buchform. Zwei Bildbände über die Ostfriesischen Inseln und Ostfriesland sind im Hinstorff-Verlag erschienen, zwei Reiseführer über die Nordseeinseln Borkum und Helgoland zusammen mit Nicole Funck im REISE KNOW-HOW Verlag.

Roland Hanewald, geb. 1942 in Cuxhaven, wuchs an der Weser auf. Gut 20 Jahre fuhr er weltweit zur See. Lange Zeit

☑ Erdholländer Werdumer Mühle

nskns_146 mna

6

verbrachte er auf den Philippinen. Er spricht fließend Plattdeutsch. 1955 war er Deutschlands jüngster Rettungsschwimmer. Der vorliegende Band ist eines von *Roland Hanewalds* vielen Büchern. Mit über 1400 Fotoreportagen ist er überdies einer der produktivsten Journalisten seines Genres, vertreten in bislang 48 Ländern.

Danke

Ohne die Unterstützung vieler Helfer kann kein guter Reiseführer entstehen. Deshalb danken wir an dieser Stelle allen ganz herzlich, denn so konnten wir gemeinsam ein Buch machen, das hoffentlich vielen Lesern gefällt: *Jutta Oltmanns* und *Roland Dubberke*, den vielen freundlichen Mitarbeiterinnen und Mitarbeitern der Tourist-Informationen entlang der niedersächsischen Küste, *Stefan Olbrich* vom Schlosspark Lütetsburg, *Roswitha Wand* und *Oswald von Diepholz* vom TeeMuseum, *Ilse Gerdes, Katrin Rodrian* und *Anita Willers* von der Ostfriesischen Landschaft, *Julius Dieter* vom Buddelschiffmuseum, *Susanne Beerens* vom MoorIZ, *Jürgen Wolff* vom Deutschen Sielhafenmuseum, *Andreas Eden* vom Kurverein Neuharlingersiel, *Ralf Baur* und *Jörg Zogel* von der DGzRS, Familie *Hatecke* von der Bootswerft Hatecke, *Michael Schulz, Karsten Latuszek, Eike Döhle-Kaya* von der Wurster Webstube, *Mariola Mamerow, Helga* und *Wolfgang Witting* sowie *Sabine Griem* vom Land & Meer Verlag.

Wenn Sie, liebe Leser, nach Gebrauch dieses Reiseführers Wünsche und Anregungen für die nächste Auflage haben, freuen wir uns auf ihr konstruktives Feedback.

◁ Die Autoren Nicole Funck, Michael Narten und Roland Hanewald (von oben nach unten)